O ANTICLERICALISMO SOB O MANTO DA REPÚBLICA

O ANTICLERICALISMO SOB O MANTO DA REPÚBLICA

TENSÕES SOCIAIS E CULTURA LIBERTÁRIA NO BRASIL (1901-1935)

Cleber Rudy

alameda

Grafia atualizada segundo o Acordo Ortográfico da Língua Portuguesa de 1990, que entrou em vigor no Brasil em 2009.

Edição: Haroldo Ceravolo Sereza e Joana Monteleone
Editora assistente: Danielly de Jesus Teles
Projeto gráfico, diagramação e capa: Laura Klein
Assistente acadêmica: Tamara Santos
Revisão: Alexandra Colontini
Arte de capa: Storni
(Charge extraída de *O Malho*, nº 444, Rio de Janeiro, 18 de março de 1911, p. 9.)

CIP-BRASIL. CATALOGAÇÃO-NA-FONTE
SINDICATO NACIONAL DOS EDITORES DE LIVROS, RJ

R859A

Rudy, Cleber
O anticlericalismo sob o manto da República : tensões sociais e cultura libertária no Brasil (1901-1935) / Cleber Rudy. - 1. ed. - São Paulo : Alameda, 2020.
; 23 cm.

Inclui bibliografia e índice
ISBN 978-65-86081-75-6

1. Anticlericalismo. 2. Ministério leigo - Igreja Católica. 3. Dissidentes religiosos - Brasil - História. Igreja e Estado - Brasil - História. I. Título.

19-61627 CDD: 261.7
CDU: 9322:274

Alameda Casa Editorial
Rua 13 de Maio, 353 – Bela Vista
CEP 01327-000 – São Paulo, SP
Tel. (11) 3012-2403
www.alamedaeditorial.com.br

Todo o homem antirreligioso falta aos seus deveres quando não faz tudo que pode, dia a dia, hora a hora, para suprimir a religião. Todo o homem emancipado da fé, que deixa de combater a padralhada, onde e quando pode, é um traidor.

John Most, *A peste religiosa*

Sejamos homens do nosso século, e combatamos de viseira erguida os homens de batina que procuram perpetuar o mal e impedir – coisa absolutamente impossível – os impulsos da consciência para nos libertar das mentiras que os exploradores de todos os séculos semearam no nosso caminho.

Benjamim Mota, *Rebeldias*

SUMÁRIO

Prefácio

Em tempos de terraplanismo, de fé inabalável nos poderes do criacionismo contra a ciência evolucionista, de invasão irrestrita da esfera espiritual em assuntos seculares e de ingerência das igrejas em assuntos de Estado e no ensino público, o livro de Cleber Rudy sobre o anticlericalismo e a cultura libertária no Brasil durante as primeiras décadas do século XX não poderia ser mais atual, fecundo e inquietante. Acima de tudo, das fileiras da "clerofobia", que se espalhou com ruidoso entusiasmo pelo país naquele período, as críticas, não raras vezes intransigentes, à promiscuidade deletéria entre o religioso e o profano, ecoam ainda como um grito em defesa da liberdade, do livre exame racional baseado na observação e na experiência, da incomensurável inventividade humana e do ceticismo frente a verdades autoevidentes.

A pesquisa que ora se apresenta ao leitor é marcada pela originalidade da exploração de um tema ainda pouco investigado e das copiosas fontes do anticlericalismo, muitas das quais foram por muito tempo ignoradas. O "indiferentismo historiográfico" acerca do assunto, conforme a expressão acertada do próprio autor, confere a este livro o lugar que ele merece na produção acadêmica brasileira: um trabalho incomparável. Longe de ser uma hipérbole – figura de linguagem, aliás, tão ao gosto dos clerófobos analisados por Rudy –, o caráter único do livro é uma constatação. Não há até o momento desta publicação nenhum estudo que tenha mobilizado tão vasta literatura internacional sobre o anticlericalismo, investigado uma gama tão extraordinária e variada de documentos, examinado a amplitude e a circularidade do fenômeno no tempo e no espaço com tamanha avidez e apresentado uma síntese histórica com tal riqueza de detalhes e profundidade analítica.

Não poderia ser outro o tratamento dispensado a um movimento de ideias, pessoas e práticas de dimensões internacionais, com matrizes muito vastas de pensamento e enraizado em bases sociais e culturais multifacetadas. Das páginas deste livro sobressai um anticlericalismo de tal modo heterogêneo que desfaz qualquer imagem simplificadora de que ele teria sido monopólio do anarquismo. Embora a cultura libertária tenha constituído o polo mais dinâmico do movimento, Cleber Rudy identifica outras de suas fontes, como o cientificismo, o livre-pensamento, o liberalismo, a maçonaria, o naturalismo literário, entre tantas expressões racionalistas. Sequer esteve imune ao próprio cristianismo, ao deísmo, ao espiritismo e ao ocultismo.

Uma das contribuições que assume grande força interpretativa e saudável imaginação histórica ao longo do livro está justamente no esforço de compreender esse compósito de ideias e grupos sociais, em alguns casos aparentemente tão díspares, como a existência de um anarquismo alinhado com a maçonaria ou de inspiração cristã, assim como de um catolicismo anticlerical. O autor mostra também que tal movimento abrangia diferentes segmentos sociais, contando com a participação ativa de feministas e livre-pensadoras, o que não se dava sem contradições e ambiguidades. Afinal, o anticlericalismo professado tanto por homens quanto por mulheres atribuía à "natureza feminina" o elo sócio-cultural mais poderoso "entre o padre e a sociedade, entre a igreja e a criança", conforme as palavras da professora, feminista e escritora Maria Lacerda de Moura.

Talvez outra imagem reducionista seja a de que o anticlericalismo não tenha sido mais que a expressão cultural de pequenas minorias militantes, que apenas se comunicavam entre si em conventículos esotéricos. No entanto, a pesquisa monumental de Rudy desfaz tal impressão. Dá o que pensar que, em um país de maioria católica, a tiragem do jornal *A Lanterna*, cujo aparecimento em 1901 marca o início da periodização deste estudo, tenha alcançado a cifra de 20 mil exemplares. A capilaridade anticlerical era de tal ordem que, caso fosse apenas um movimento restrito a um círculo conspirativo de iniciados, não seria possível encontrar um sem-número de ligas, jornais, opúsculos, panfletos, folhetins, charges, gravuras, poesias, peças teatrais e muitos romances dedicados ao tema, compondo o vastíssimo conjunto documental investigado com grande desenvoltura nesta obra. Salta aos olhos a circulação de edições e traduções de textos de várias nacionalidades e línguas, dando impulso a um espantoso comércio livreiro dentro e fora do país. Além da volumosa importação de livros, o anticlericalismo fomentou a criação de diversas editoras, tipografias, livrarias e bibliotecas. Também não faltou charutaria vendendo obras anticlericais, ademais, é claro, de charutos. O autor acompanha ainda as muitas ações anticlericais país afora, como excursões de propaganda, boicotes, *meetings*, *pic-nics* e comícios, com destacada audiência e personagens de proa do anticlericalismo, tais como Benjamim Mota, Everardo Dias, Edgard Leuenroth e José Oiticica, cujas trajetórias povoam parte considerável do livro.

Com igual fôlego, Rudy percorre de perto as campanhas contra a prisão e o fuzilamento do pedagogo e racionalista catalão Francisco Ferrer, demorando-se, não sem razão, no rumoroso "caso Idalina", menina de um orfanato religioso da cidade de São Paulo que, em 1908, teria sido estuprada por um padre e, em seguida, estrangulada, gerando espantoso clamor popular e dramáticos relatos folhetinescos. À medida que tais acontecimentos aumentavam a distribuição e a venda de textos anticlericais, também insuflavam e pareciam legitimar a causa clerofóbica, dando propulsão ao movimento associativo e a projetos e práticas educativas nesse campo.

O estudo sobre o tema seria certamente bastante incompleto se o anticlericalismo não fosse analisado ao lado das políticas e reações da Igreja Católica em suas diferentes articulações com o Estado. Com efeito, Rudy se esmera em compreender o nascimento, o ímpeto e o ocaso do movimento. Ele parte da política laica da República então recém-implantada e da expansão do ensino religioso nas primeiras décadas do século XX, passando pelo declínio da causa anticlerical no contexto da Primeira Guerra Mundial, eclipsada pela "questão social", pelas greves massivas entre 1917 e 1920 e pelos efeitos da Revolução Russa, até chegar à recomposição das forças da Igreja na década de 1920 e, sobretudo, durante o primeiro governo de Getúlio Vargas. Nos anos de 1930, o anticlericalismo conheceu uma espécie de renascimento como reação ao forte entrelaçamento entre Estado e Igreja, que lhe deu lenha para queimar, mas foi essa mesma aliança que marcou o seu crepúsculo. Os avanços católicos foram então de grande monta, tanto por meio de conquistas obtidas na Constituição de 1934 quanto da repressão que se abateu sobre a esquerda e os movimentos sociais após as insurreições comunistas de novembro de 1935, bem como da associação ideológica entre Igreja e nacionalidade e, na feliz expressão de Alcir Lenharo, da "sacralização da política" no decorrer do Estado Novo.

As ideias e práticas anticlericais ao longo do período tratado aqui encontraram seu melhor historiador. Lembro-me de dizer a Cleber Rudy, desde os primeiros resultados da investigação que deu origem a este trabalho, desenvolvido no doutorado em História da UNICAMP, que ninguém no Brasil sabia mais do que ele sobre anticlericalismo. Com a publicação de seu livro, fica lançado o difícil desafio para que outros pesquisadores possam ir além deste estudo ainda sem paralelos.

Fernando Teixeira da Silva
Departamento de História da Unicamp
Campinas, maio de 2019

Introdução

Queres saber por que não tenho religião,
sou anticlerical e não creio em Deus?
Porque fui educado num colégio de jesuítas.

Abel Castilho

Supondo-se que, por curiosidade ou impulsos bibliófilos, certo/a leitor/a empreendesse refinada busca em livrarias e alfarrabistas por obras a respeito do anticlericalismo no Brasil, ele ou ela coligiria menos de uma dúzia de títulos publicados, haja vista o véu de invisibilidade que ainda encobre tal assunto.

Talvez, por uma questão de conveniência historiográfica, no Brasil, o anticlericalismo foi considerado um fenômeno social isento de grandes fatos e eventos, e que, dada essa suposta inexpressividade, dispensou ser lembrado ou problematizado. Além disso, para aqueles mais devotos, é provável que tais acontecimentos, por sua essência contestatória, firam certos credos arraigados desde tempos remotos na cultura brasileira. Por essas e por outras, as campanhas anticlericais[1] foram vistas, pela historiografia brasileira, como tema menor, como denotam os pouquíssimos estudos de caso. Inclusive, em obras de referência sobre o movimento operário brasileiro, o anticlericalismo também foi tratado como um fenômeno opaco.

1 A palavra anticlerical fez sua primeira aparição por volta de 1850, em oposição à postura imperiosa do catolicismo. No entanto, vale notar que antes do surgimento da expressão anticlerical (ou anticlericalismo), há exemplos na literatura europeia do século XVII de sátiras que tinham como alvo sacerdotes. Por sua vez, no século XVIII, durante a Revolução Francesa, a Igreja como instituição foi incisivamente criticada, ora por sua riqueza, ora por sua disfunção, assim, sendo alvo de uma série de campanhas de perfil "anticlerical".

Por seu turno, no cenário internacional, o tema do anticlericalismo tem, atualmente, despertado nova atenção, como bem demonstram os trabalhos coordenados em Portugal por Luís Machado de Abreu – *Variações sobre Tema Anticlerical* (2004); no México por Yves Solis e Franco Savarino – *El Anticlericalismo en Europa y América Latina* (2011); ou na Argentina por Roberto Di Stefano e José Zanca – *Pasiones Anticlericales: un Recorrido Iberoamericano* (2013).[2]

Não obstante, no Brasil, um país de tradição católica, abundam estudos que privilegiaram a Igreja, seus agentes e feitos. Apesar disso, seguindo por um caminho oposto, o presente estudo objetiva fazer emergir desse *palimpsesto* social experiências que se posicionaram contra o clero e sua crescente influência (e intervenção) na vida política, social e cultural.

De qualquer forma, ao ganhar fôlego no contexto das lutas políticas da França, na segunda metade do século XVIII e durante o século XIX – como produto do iluminismo, do racionalismo e do cientificismo –, o anticlericalismo acabou por expressar o ataque e a denúncia das contradições da vida dos clérigos para com as doutrinas eclesiásticas, assim como o combate à influência política da Igreja no seio da sociedade civil – leia-se clericalismo. Logo, essas ideias de aversão ao clero deram forma a movimentos de massa de caráter internacional, que aglutinaram diversos segmentos sociais.

Considerando-se que foi na França que a causa anticlerical ganhou boa parte dos seus contornos políticos, um dos primeiros autores a dedicar um estudo específico ao anticlericalismo foi o francês Auguste Émile Faguet (1847-1916), ligado à Academia Francesa, que, em 1906, publicou *L'Anticléricalisme*. Por sua vez, ao referir-se à indelével presença do anticlericalismo na história das sociedades ocidentais, Franco Savarino e Yves Solis, na introdução de *El Anticlericalismo en Europa y América Latina* (2011), destacam: apesar de certas especificidades

2 ABREU, Luís Machado (coord.). *Variações sobre tema anticlerical*. Aveiro: Universidade de Aveiro, 2004; SOLIS, Yves y SAVARINO, Franco (coords.). *El anticlericalismo en Europa y América Latina: una visión transatlántica*. México: Instituto Nacional de Antropologia e História; Lisboa: Centro de Estudos de História Religiosa – Universidade Católica Portuguesa, 2011; DI STEFANO, Roberto & ZANCA, José (comps.). *Pasiones anticlericales – un recorrido iberoamericano*. Bernal: Universidad de Quilmes, 2013.

nacionais ou de nuances entre a Europa e o continente americano, grosso modo, o anticlericalismo é o mesmo em toda a extensão do mundo católico.[3]

Neste percurso, considerando-se que a causa anticlerical não é incompatível com o sentimento religioso, pode-se inclusive falar de um "anticlericalismo cristão", que se fez ativo em vários momentos da história eclesiástica da Igreja Católica Romana, enquanto "reação interna provocada pela exigência de uma melhor religião e por uma contestação do controle social, considerado excessivo ou manipulador".[4] No tocante a isso, a título de exemplo, tem-se o caso do abade Romulo Murry, que, no começo do século XX, promoveu, na Itália, um cerrado ataque ao "clericalismo reacionário", tendo como convicção "que um católico pode ser anticlerical".[5] Entretanto, como já era de se esperar, o abade reformador acabou excomungado pelo Vaticano. No Brasil, alinhado a esta postura anticlerical mais moderada, o jornal *Bombarda* declarava: "a obra do anticlericalismo é um bem para a própria religião, desde que o que ela visa é afastar o mau elemento, aquele que a explora e não a cultiva, e que, aproveitando-se do papel preponderante que nela exerce, dela se serve para a prática de crapulosos instintos".[6]

Longe de ser um fenômeno de natureza homogênea, uma vez que contextos diferentes definem possibilidades diferentes, o anticlericalismo produziu numerosas experiências amparadas em proposições antirreligiosas e racionalistas. Claramente influenciado pelo naturalismo, pelo materialismo e pelo cientificismo, gravitaram diversas tendências no seio do anticlericalismo, tais como: a) a oposição à religião enquanto instituição social (antirreligiosismo); b) a defesa de que a existência de divindades e outros seres sobrenaturais configuravam-se em uma questão inacessível à compreensão humana (agnosticismo); c) a negação de crenças na existência de divindades, ora por vê-las como irracionais, ora por identificá-las como danosas à socie-

3 Cf. SOLIS, Yves y SAVARINO, Franco (coords.). *El anticlericalismo en Europa y América Latina: una visión transatlántica*. México: Instituto Nacional de Antropologia e História; Lisboa: Centro de Estudos de História Religiosa - Universidade Católica Portuguesa, 2011, p. 5.

4 MOURÃO, José Augusto. "Da funesta liga do trono e do altar - a afecção (anti)clerical", *In*: ABREU, Luís Machado de & MIRANDA, António José Ribeiro (coords.). *Actas do colóquio - O anticlericalismo português: história e discurso*. Aveiro: Universidade de Aveiro, 2002, p. 18.

5 *Gazeta de Joinville*, Joinvile, 5 de junho de 1909, p. 2.

6 *Bombarda*, Curitiba, 15 de novembro de 1910, p. 3.

dade (ateísmo).[7] Aliás, no Brasil, em grande parte instigada pelos anarquistas, foi preponderante, nas primeiras décadas do século XX, uma postura anticlerical pautada no agnosticismo, no antirreligiosismo e no ateísmo.

Compreende-se ainda que, ao contrário de outras doutrinas políticofilosóficas, a exemplo do liberalismo, do socialismo e do anarquismo, o anticlericalismo não estava diretamente ligado a nenhum teórico específico ou a uma obra literária matriz. Desse modo, valendo-se das observações do historiador francês René Rémond, em *L'Anticlericalisme en France* (1976), é interessante notar que, apesar de haver diversos escritores ou filósofos que tenham contribuído para as batalhas travadas contra o poder e a intolerância das Igrejas, o anticlericalismo, em sua essência, jamais, explícita ou exclusivamente, reivindicou a paternidade de qualquer dos grandes nomes que dominaram a história das ideias políticas ou filosóficas.[8]

De mais a mais, numa estreita relação com o livre-pensamento[9] – importante força em luta contra as dominações religiosas[10] –, o anticlericalismo, no transcurso do século XIX, passaria a assumir a maturidade de um movimento político de ação que, paulatinamente, extravasando o cenário francês, ganhou ressonância em outros países. Apesar de certas diferenças de tons e ritmos, os caminhos do livre-pensamento e do anticlericalismo se entrecruzam, compondo um mesmo escopo de oposição à intolerância da Igreja. Destarte, a grande proximidade entre anticlericalismo e livre-pensamento pôs "em realce a co-

---

7 Cf. CAMPBELL, Colin. *Hacia una sociología de la irreligión*. Madrid: Editorial Tecnos, 1977; GONZÁLEZ, Rafael Corazón. *Agnosticismo: raíces, actitudes y consecuencias*. Navarra: Ediciones Universidad de Navarra, 1997; ARVON, Henri. *O ateísmo*. 2ª ed. Mem Martins: Publicações Europa-América, [s. d.].

8 Cf. RÉMOND, René. *L'anticlericalisme en France: De 1815 à nos jours*. Bruxelas: Editions Complexe, 1985, p. 3, [tradução nossa].

9 Segundo observou Fernando Catroga, a expressão livre-pensamento foi usada "pela primeira vez, em 1667, para caracterizar alguns membros da *Royal Society*, de Londres, pertencentes ao anglicanismo liberal. Posteriormente, alguns discípulos de Locke foram designados por *freethinkers* por defenderem o deísmo, a tolerância religiosa e a separação do Estado e da Igreja". CATROGA, Fernando. "Anticlericalismo y librepensamiento en el Portugal decimonónico", *In:* DI STEFANO, Roberto & ZANCA, José (comps.). *Pasiones anticlericales – un recorrido iberoamericano*. Bernal: Universidad de Quilmes, 2013, p. 65, [tradução nossa]. Em linhas gerais, o livre-pensamento é uma perspectiva filosófica que defende que a compreensão do mundo deve se basear na ciência e na razão.

10 Cf. BAYET, Albert. *História do Livre-Pensamento*. Lisboa: Arcádia, 1971, p. 15.

mum partilha da ideia de pensar autônomo e de racionalidade vigilante", enquanto "fruto da luta travada a favor da emancipação da consciência humana contra o peso de tradições e tutelas frequentemente identificadas com a Igreja e os seus agentes mais bem organizados e influentes, como são o clero e algumas ordens e congregações religiosas". Não obstante, "os objetivos do anticlericalismo não só convergem com os do livre-pensamento como lhe fornecem uma feição combativa capaz de tornar mais incisiva e visível a sua ação ao serviço da transformação da sociedade".[11] Assim, por vezes, no campo da propaganda, o entrelaçar dos termos anticlericalismo e livre-pensamento, resultou no emprego destas expressões políticas como complementares.

Tais manifestações políticoculturais, frequentemente, fomentaram o surgimento de uma fecunda produção (e circulação) literária e jornalística, que ganhou expressividade no teatro, na poesia, no romance, assim como na publicação de opúsculos e panfletos. Logo, esta literatura estava pautada num conjunto de estilos que foi do popular e jocoso ao ensaio erudito e científico. Não raro, o uso de uma retórica com base científica e positivista foi empregado como reforço da autoridade intelectual daqueles que se lançavam em campanha contra a Igreja e/ou a religião. Deste modo, para o livre-pensador suíço Emilio Bossi, a ciência positiva armada do método experimental "desfez a bagagem da superstição, do dogma e do apriorismo escolástico, para fecundar com a potente energia do progresso material das veias do corpo social, o pensamento libertado, a autonomia da razão humana".[12] É certo que a ascensão, entre os séculos XIX e XX, de uma visão de mundo positivista e cientificista perpassou a mentalidade das elites intelectuais e exerceu seu grau de influência inclusive entre os libertários.

Obviamente, diante da atuação de doutrinas políticas mais radicais, entre as quais o socialismo e o anarquismo, o ataque ao clero, constantemente, veio acompanhado de duras críticas à religião. Nesse sentido, na segunda metade do século XIX, o anarquista russo Mikhail Bakunin escreveu: "é necessário lembrar-vos, senhores, até que ponto as influências religiosas desmoralizam e corrompem os povos? Elas matam neles a razão, o prin-

11 Até aqui, tudo em ABREU, Luís Machado de. *Ensaios anticlericais*. Lisboa: Roma, 2004, p. 18.

12 BOSSI, Emilio. *Christo nunca existiu*. 2ª ed., Lisboa: Abel D'Almeida & C.ª, 1909, p. 5.

cipal instrumento da emancipação humana, reduzindo-os à imbecilidade, principal fundamento de toda escravidão".[13]

Alguns anos mais tarde, em um folheto intitulado *Lo Que Entiendo por Libre Pensamiento* (1912), o socialista, maçom e livre-pensador argentino Francisco Gicca afirmava: uma vez que o livre-pensamento é sinônimo de racionalismo, ele é antirreligioso. E, a certa altura do seu folheto, há a seguinte pergunta: "Por que o livre-pensamento luta contra a Igreja?". E, sem delongas, Gicca responde: "Porque a Igreja sustenta o dogma que é o erro".[14]

Considerando-se que a causa anticlerical tomou diferentes formas, regularmente, entidades que contaram com a presença anarquista na sua organização buscaram extirpar do seu meio qualquer ranço sobrenatural. Nesse tocante, frente à documentação coligida, fica explícito que houve, no Brasil, vários casos em que o anticlericalismo anarquista, além da clássica ofensiva contra o clero e as religiões, levantou a bandeira de um racionalismo de verve ateia. A título de exemplo, nos estatutos da Liga Anticlerical de São Paulo (1911) e da Liga Anticlerical do Rio de Janeiro (1911), consta: combater "a ideia de Deus e todas as religiões".[15] Consequentemente, tudo isso age como forte contraponto à afirmação de Jacy Alves de Seixas, em *Mémoire et Oubli - Anarquisme et Syndicalisme Révolutionnaire au Brésil: Mythe et Historie* (1992), de que o anticlericalismo de matriz anarquista, que se fez atuante durante a Primeira República no Brasil, não demonstrava traços evidentes de ateísmo.[16] Desta maneira, visa-se na trajetória desta análise demonstrar que houve diversos eventos de expressões assumidamente antirreligiosas e ateias no seio do livre-pensamento e do anticlericalismo, quer fossem círculos de base anarquista, socialista ou liberal.

---

13 BAKUNIN, Mikhail. *Federalismo, socialismo, antiteologismo*. São Paulo: Cortez, 1988, p. 42.

14 Cf. GICCA, Francisco. *Lo que entiendo por libre pensamiento*. Buenos Aires: Biblioteca de la Federación Anticlerical Intransigente del Libre Pensamiento, 1912.

15 Cf. "Estatutos da Liga Anticlerical de São Paulo", *In: A Lanterna*, 6 de maio de 1911, p. 4; *Estatutos da Liga Anticlerical do Rio de Janeiro*. Rio de Janeiro: Ao Luzeiro, 1912, p. 4. Nesta investigação utilizou-se uma cópia do estatuto de 1912, localizado no Espólio Pinto Quartin, anexo ao Instituto de Ciências Sociais da Universidade de Lisboa, [agradeço a Milton Lopes pela cópia desse documento].

16 Cf. SEIXAS, Jacy Alves de. *Mémoire et oubli - Anarquisme et syndicalisme révolutionnaire au Brésil: mythe et histoire*. Paris: Éditions de la Maison des Sciences de l'Homme, 1992, p. 222.

Enfim, tal diretriz, influenciada pelo ceticismo, pelo antirreligiosismo e/ou o ateísmo, e que foi assumida por uma extensa fração do movimento livre-pensador e anticlerical, ocorreu devido aos esforços de numerosas correntes científicas e filosóficas identificadas com o racionalismo e o liberalismo e que, na defesa da razão, do materialismo e da liberdade, propugnaram o combate à Igreja, o fim das religiões e a morte de Deus. Diante dessas posições que ganharam tônica em inúmeros congressos – tendo como importante impulsionadora a *Fédération Internationale de la Libre Pensée* (Bruxelas) –, ficava evidente, no seio do livre-pensamento internacional, uma força de inclinação racionalista, antiespiritualista e ateia. No Brasil, alinhado a essa postura políticofilosófica radical, entre outros, estava o anarquista Benjamim Mota – diretor d'*A Lanterna* (1ª fase), que, em 1900, declarou: "compreendi a especulação que hoje existe na perpetuação da ideia de Deus e das religiões. Resolvi combater estas e destruir aquela".[17]

Apesar disto, é claro que nem só de agnósticos ou ateus se fez a motivação livre-pensadora e anticlerical. Dessa forma, no Brasil, nas primeiras décadas do século XX, tem-se o engajamento nas campanhas anticlericais de elementos deístas, cristãos, espíritas e ocultistas. Aliás, há casos de libertários anticlericais que aderiram a crenças ocultistas, a exemplo de Maria Lacerda de Moura e José Oiticica. Entretanto, essa postura que poderá soar um tanto estranha para alguns, ou até paradoxal para outros, não foi um impedimento para que os dois se tornassem figuras de proa em muitas das lutas travadas contra a Igreja e/ou o Estado.

Mas, enquanto por um lado a causa anticlerical teve um papel importante no programa anarquista internacional, por outro lado, para alguns partidos e organizações de esquerda, o anticlericalismo foi visto "como um desvio da verdadeira luta e uma confusão do verdadeiro inimigo". Assim, em 1909, o líder bolchevique Vladimir Lenin "definiu o anticlericalismo como uma deformação especificamente burguesa para conscientemente desviar a atenção das massas, organizando cruzadas quase-liberais contra o clericalismo".[18] No

17 MOTA, Benjamim. *A razão contra a fé – analyse das conferências religiosas do padre Dr. Julio Maria*. 2ª ed., São Paulo: Casa Endrizzi, 1901, p. 12.

18 Ambas as passagens, DI STEFANO, Roberto. *Ovejas negras: historia de los anticlericales argentinos*. Buenos Aires: Sudamericana, 2010, p. 278, [tradução nossa].

Brasil, nessa mesma época, algumas críticas similares seriam ventiladas pelos anarquistas alinhados ao jornal *La Battaglia*.

No entanto, cabe, aqui, salientar que as campanhas anticlericais que ganhavam forma no Brasil não era um fenômeno exclusivo do século XX. Desde o século XVIII, uma espécie de anticlericalismo difuso e que tinha um verniz europeu se fez presente no Brasil Colônia, mediante a circulação de uma literatura, sobretudo antijesuítica, produzida com afinco na Metrópole. Efetivamente, nas campanhas antijesuíticas que, desde longa data, ganharam tônica em Portugal, a ordem dos inacianos foi apontada como uma perigosa organização ultramontana e que, na ótica anticlerical, se converteu em figura emblemática da perversão, da hipocrisia, do fanatismo, do obscurantismo e da intolerância.[19] Por sua vez, como observou Riolando Azzi, os jesuítas "mantinham-se fiéis à filosofia escolástica, rígido enquadramento do tomismo-aristotélico medieval, sustendando sua vinculação e dependência direta da teologia católica", assim, "opunham-se fortemente às novas concepções do mundo e de natureza provenientes das conquistas científicas".[20]

Comumente, no vocabulário anticlerical, o emprego depreciativo e irônico dos termos "jesuíta" e "jesuitismo" passaram a designar comportamentos atribuídos a distintas ordens religiosas.[21] Em certo momento, a circulação de edições portuguesas e francesas das obras *Monita Secreta* (manual de instruções dos jesuítas, cuja autoria ora é atribuída a Inácio de Loyola e Diego Laínez, ora a Cláudio Acquaviva),[22] *Les Jésuites* (de Edgard Quinet) e *La Mo-*

19 FRANCO, José Eduardo. "Génese e evolução do antijesuitismo em Portugal", *In:* ABREU, Luís Machado de & MIRANDA, António José Ribeiro (coords.). *Actas do colóquio - O anticlericalismo português: história e discurso*. Aveiro: Universidade de Aveiro, 2002, p. 88-89.

20 AZZI, Riolando. *A crise da cristandade e o projeto liberal*. São Paulo: Edições Paulinas, 1991, p. 45.

21 ABREU, Luís Machado de. *Op. cit.*, p. 55.

22 Em prefácio da edição de *Monita secreta: instituções privadas dos jesuítas*, publicada pela editora Seara, de São Paulo, tem-se: "houve tempo em que a sua autoria era atribuída a Acquaviva", porém, "essa suposição foi depois afastada, com o aparecimento de exemplares de data anterior a sua entrada para a Companhia", assim, segundo os editores, a *Monita Secreta* foi redigida por Loyola com a colaboração de Laínez, durante o século 16. Cf. *Monita Secreta: institvições* [sic] *secretas dos jesvitas* [sic]. São Paulo: Seara, [s.d.], p. IX. No entanto, em mais de uma ocasião a autenticidade desse texto foi colocada em dúvida. Nesse sentido, para o historiador francês Alec Mellor o suposto manual não passa

rale des Jésuites (de Paul Bert), ao cativarem leitores no Brasil, contribuiu para que artifícios retóricos acerca da conspiração jesuíta fossem incorporados rapidamente ao discurso anticlerical produzido ao final do século XIX e nas primeiras décadas do século XX. A propósito, tais dispositivos alimentam a narrativa do romance *Padre Belchior de Pontes*, de Júlio Ribeiro, publicado em dois volumes em 1867 e 1868. Também, como amostra desse retrato negativo feito acerca dos jesuítas, o livre-pensador e anarquista Benjamim Mota - que inegavelmente foi influenciado por tal literatura - escreveu: o Estado de São Paulo "está infeccionado de colégios de jesuítas, acobertados com os nomes de salesianos, maristas", uma vez que "os jesuítas, a mais abominável personificação da hipocrisia e da mentira religiosa, procuram por todas as formas bestificar o povo, é necessário que alguém os combata".[23]

Valendo-se do grande interesse do público por obras que alimentavam o mito do complô jesuíta, editores, em Portugal, passaram a rebatizar um conjunto livros, que, apesar de investirem contra os jesuítas, não traziam o respectivo adjetivo enquanto título. Desta maneira, a obra *O Papa Negro* (1901), do escritor italiano Ernesto Mezzabota, foi reimpressa com o título *O Jesuíta - O Papa Negro*. Algo similar ocorrerá com o livro *O Intruso* (1904), do jornalista espanhol Vicente Blasco Ibáñez, que foi vendido tendo, por vezes, o título de *Jesuítas*. Mas, se por um lado entre os livres-pensadores e anticlericais muito se falou sobre um complô jesuíta,[24] por outro lado, no meio católico, se fez presente a revelação de outro complô, ou seja, o mito de uma conspiração judaícomaçônica.

Ora como pensamento, ora como ação política, no Brasil, tal anticlericalismo, notadamente marcado pela reação ao jesuitismo, ao papado e ao clericalismo, manteve estreitas filiações literárias com o positivismo de Auguste Comte e Ernest Renan, bem como com o naturalismo literário de António Eça de Queiroz, com *O Crime do Padre Amaro* (1875), e Émile Zola, com *O Crime do Padre Mouret* (1875).

---

de uma falsificação editada pela primeira vez na Cracóvia, no ano de 1612. Cf. MELLOR, Alec. *Historia del anticlericalismo frances*. Bilbao: Mensajero, 1967, p. 89.

23 MOTA, Benjamim. *Op. cit.*, p. 7-8.

24 Para detalhes sobre a construção do complô jesuíta, cf. LEROY, Michel. *O mito jesuíta*. Lisboa: Roma, 1999; ARAÚJO, António de. *Jesuítas e antijesuítas no Portugal republicano*. Lisboa: Roma, 2004.

Nesta conjuntura, é interessante destacar a postura intransigente adotada pelo Papa Pio IX – ferrenho adversário da maçonaria. Em 1862, na *Bula Gravíssima*, ao frisar que o laicismo e o racionalismo representavam uma ameaça à hegemonia da cristandade, Pio IX afirmou: "Não podemos tolerar que a razão invada, para semear a confusão, no terreno reservado para as coisas da fé". Na sequência, na publicação da encíclica *Quanta Cura* (1864), que trazia como anexo o catálogo *Syllabus Errorum Modernorum*, "denunciou o princípio do Estado laico e todos os demais erros modernos", a exemplo do racionalismo, da maçonaria, do socialismo, do liberalismo, do naturalismo etc. Logo, "ao fazer a defesa ardorosa da sacralização da ordem temporal através unicamente da religião católica, o papa negava o valor da liberdade de consciência".[25] Nesse ínterim, objetivando aguçar a ofensiva ao naturalismo e ao racionalismo, convocou o Concílio Vaticano I (1869-1870), que instituiu a centralização do poder religioso na pessoa do Papa, assim como tornou dogma a infalibilidade papal. Tal postura fez com que, no meio liberal, se intensificasse a reação ao ultramontanismo – convertido em papismo. Mas, o que estava por trás do chamado ultramontanismo?

O ultramontanismo[26] foi um movimento políticocultural europeu que defendeu plenos poderes do Papa. No decorrer do século XVIII, diante da ofensiva liberal, "o ultramontanismo passou a ser o termo de referência para os católicos de diversos países, cuja preocupação básica era a fidelidade às diretrizes romanas". Tal movimento restaurador católico estava alicerçado em uma orientação religiosa de tendência antimoderna e conservadora, que se opôs radicalmente ao racionalismo iluminista, bem como lançou ferozes condenações ao liberalismo. No Brasil, ao ganhar impulso a partir do século XIX,

---

25 Até aqui, tudo em OLIVEIRA, José Eduardo Montechi Valladares de. *O anticlericalismo na República Velha: a ação dos anarquistas*. Dissertação (mestrado em História) - FFLCH - USP, São Paulo, 1996, p. 64.

26 Segundo apontam alguns estudiosos, a origem do termo remonta a França do século XIV, durante o reinado de Felipe, o Belo, que foi marcado por fortes conflitos, uma vez que o galicanismo procurou manter a autonomia de suas igrejas frente às diretivas do poder papal. Como a França foi um dos principais centros irradiadores do ultramontanismo (*ultramontes*), o termo é uma referência direta ao Papa, que está para lá das montanhas (os Alpes). Cf. AZEVEDO, Antonio Carlos do Amaral. *Dicionário de nomes, termos e conceitos históricos*. 3ª ed., Rio de Janeiro: Nova Fronteira, 1999, p. 445-446; AZZI, Riolando. *O Estado leigo e o projeto ultramontano*. São Paulo: Paulus, 1994, p. 5-8.

o movimento ultramontano foi suplantando o antigo catolicismo tradicional, de feições luso-brasileiro, iluminista, regalista[27] e liberal, por um catolicismo renovado, ou seja, romano, clerical, tridentino, individual e sacramental, que ganhou penetração no país com a chegada de alguns padres lazaristas. Dentro em breve, impulsionado pelo bispo Dom Antônio Joaquim de Melo, o catolicismo ultramontano substituirá aquele catolicismo de traços iluministas.[28]

Tais posições, cada vez mais centralistas e autoritárias assumidas pela Igreja, eram uma resposta aos ferozes embates políticos que a instituição enfrentava. Desse modo, no transcurso do século XIX, "a centralização da autoridade pastoral e doutrinária nas mãos dos pontífices romanos foi fundamental para manter a unidade da Igreja e impedir a sua desagregação". Sem demora, "os setores mais liberais entre os católicos foram progressivamente anulados e excluídos".[29]

Neste cenário de fortalecimento da autoridade Papal, acompanhado da defesa de que o Estado deveria estar a serviço da religião, não faltaram vozes contrárias a esses postulados políticos. Assim, engrossando o debate no Brasil, em 1877, publicou-se, no Rio de Janeiro, o livro *O Papa e o Concílio – a Questão Religiosa*, cujo autor se ocultava sob o pseudônimo Janus.[30] Essa obra, traduzida e prefaciada por Rui Barbosa, em que ele deu a sua apresentação um forte teor anticlerical, fez com que a obra (cujo tradutor, por vezes, foi confundido com o autor) caísse nas graças de inúmeros livres-pensadores e anticlericais.

Desta forma, especialmente na segunda metade do século XIX, visando frear a influência da Igreja, o debate anticlerical foi conduzido por agrupamentos liberais, positivistas e republicanos. Em 1873, em meio à Questão Religiosa,[31] o liberal e abolicionista Joaquim Nabuco escreveu o folheto *A Inva-*

---

27 O regalismo foi uma "concepção teórica e prática de uma vinculação mais forte da Igreja local ao poder do Estado, mediante maior independência com relação à Santa Sé", *In:* AZZI, Riolando. *A crise da cristandade e o projeto liberal...*, p. 137.

28 Cf. WERNET, Augustin. *A Igreja paulista no século XIX: a reforma de D. Antônio Joaquim de Melo (1851-1861)*. São Paulo: Ática, 1987; AZZI, Riolando. *A crise da cristandade e o projeto liberal...*, p. 24-33.

29 OLIVEIRA, José Eduardo Montechi Valladares de. *Op. cit.*, p. 58.

30 O autor da referida obra era o teólogo alemão Johann Joseph Ignatz Von Döllinger (1799-1890), professor de História Eclesiástica e de Direito Canônico.

31 No Brasil, durante o século XIX, quando as relações entre o Estado e a Igreja eram reguladas pelo regime do padroado, tem-se a famosa Questão Religiosa, ocorrida, entre 1872 e 1875, devido à atuação de Dom Vital, bispo de Olinda, e Dom Macedo Costa, bispo do

são Ultramontana, enquanto que o liberal Saldanha Marinho publicou *A Igreja e o Estado* (1874-1975). Na sequência, em 1888, tem-se a publicação do folheto *Abolicionismo e Clericalismo*, cujo autor era o positivista Teixeira Mendes. A propósito, o texto de 1888 era um ataque à conduta incongruente de Joaquim Nabuco, que, naquele momento, visando acabar de vez com o sistema escravista no Brasil, havia apelado à intervenção do Papa Leão XIII. Destarte, entre as críticas desferidas por Mendes, pesava a acusação de que Nabuco obedecia ao clero católico e apelava na sua influência política e moral.[32]

Não obstante, a história do anticlericalismo está marcadamente assentada no antagonismo, ora dos clérigos para com as doutrinas que pregam, ora dos anticlericais na questão ideário *versus* ação. No que diz respeito a isso, vale lembrar a trajetória de dois notórios liberais, Joaquim Nabuco e Rui Barbosa, "cada um anticlerical ao seu modo no período da Proclamação e ambos reconciliados com a Igreja, cada um ao seu modo, no final de suas vidas".[33] Diga-se ainda que, no meio libertário, a figura de Rui Barbosa representava um sentimento misto de simpatia e desprezo. Num primeiro momento, agraciado por sua posição assumidamente anticlerical, como denota a introdução de *O Papa e o Concílio*, tempos depois, já em descrédito nos círculos libertários - ora devido a sua atuação política junto ao Estado que, em mais de uma ocasião, evocou a repressão a agitadores estrangeiros (leia-se anarquistas), ora frente a sua conversão ao catolicismo –, Rui Barbosa era acusado de "perder o caráter", "vender o talento" e "prostituir a consciência".[34]

Ao final do século XIX, a implantação da República delimitou novas relações entre o Estado e a Igreja. Num primeiro momento, "embora protes-

---

Pará, dois ardorosos defensores do catolicismo ultramontano, que passaram a pregar a inconveniência de católicos estarem vinculados à maçonaria. Uma vez que integrantes da família real eram maçons, não tardou a reação do Império, que resultou na prisão dos respectivos bispos. Ademais, tal atitude antimaçônica adotada pela Igreja instigou diversas campanhas anticlericais patrocinadas pela maçonaria. Cf. CASTELLANI, José. *Os maçons e a questão religiosa*. Londrina: A Trolha, 1996.

32 Cf. MENDES, R. Teixeira. *Abolissionismo i clericalismo*. Rio de Janeiro: Apostolado Pozitivista do Brazil, 1888.

33 SOUZA, Ricardo Luiz de. *Laicidade e anticlericalismo: argumentos e percursos*. Santa Cruz do Sul: EDUNISC, 2012, p. 176.

34 MOURA, Maria Lacerda de. *Fascismo, filho dileto da Igreja e do Capital*. São Paulo: Paulista, [1935], p. 95.

tando em nome da concepção teológica da época, os bispos se dispunham a aproveitar a liberdade que a nova situação lhes oferecia", uma vez que, pela influência do bispo Dom Antônio de Macedo Costa, "a hierarquia católica tomava consciência de que finalmente estava livre da opressão do Estado".[35] Por outro lado, o decreto da separação entre Igreja e Estado "trouxe uma nova consequência que atingiu profundamente a vida católica: a falta de colaboração econômica por parte do governo".[36]

Entrementes, o projeto inicial da Constituição republicana, que se espelhava no modelo político Francês, "continha vários pontos considerados inaceitáveis pela Igreja", a exemplo da incorporação pelo Estado "do patrimônio das extintas corporações eclesiais, ensino leigo, expulsão dos jesuítas, proibição da entrada de novos frades estrangeiros no país e a incapacidade jurídicoeleitoral dos religiosos". Após discussões e negociações entre os líderes da hierarquia da Igreja – em que terá um papel crucial o bispo Dom Antônio de Macedo Costa – e representantes do Estado, entre os quais, encontrava-se Rui Barbosa, favorável a uma solução conciliatória, prevaleceu a defesa de um modelo político similar ao dos Estados Unidos e que, em grande medida, se suavizou na Carta Magna, o teor de algumas daquelas primeiras prerrogativas, "ficando acertado que o patrimônio das entidades católicas não seria incorporado pelo Estado, assim como seria liberada a entrada de novos sacerdotes e religiosos estrangeiros no país".[37] Curiosamente, essa postura mais moderada por parte do novo regime e favorável, em diversos aspectos, à causa da Igreja Católica foi endossada pela ala positivista – que outrora empenhada na defesa da separação dos poderes espiritual e temporal, lançou-se em campanha contra o clericalismo.

35 Até aqui, tudo em AZZI, Riolando. *O Estado leigo e o projeto ultramontano*. São Paulo: Paulus, 1994, p. 20.

36 *Ibidem*, p. 13.

37 Até aqui, tudo em FARIAS, Damião Duque de. *Em defesa da ordem: aspectos da práxis conservadora católica no meio operário em São Paulo (1930-1945)*. São Paulo: Hucitec, 1998, p. 91-92.

Desta maneira, esta atitude adotada por parte dos positivistas, que resultou em concessões ao clero católico, foi fundamental para a manutenção e expansão da influência da Igreja durante as décadas seguintes.[38]

Todavia, tempos depois, ao condenar o Estado laico, o episcopado brasileiro reafirmou sua mentalidade clericalista, como demonstrará o teor da pastoral coletiva de 1900, marcada por afirmações do seguinte tom: "decretou-se que nossas escolas primárias e superiores fossem seminários de ateísmo, onde nada se ensinasse de religião, nada de Deus", logo, "não queremos ser nação sem religião e sem Deus" como almeja tal Estado leigo, que equivale "a um Estado ímpio e ateu", ou seja, "despojado de valores éticos que permitissem a sua legitimidade e o reconhecimento por parte dos cristãos".[39] Destarte, na ótica da hierarquia eclesiástica, que encontrava sérias dificuldades "em amoldar-se a uma concepção moderna de Estado", a República, ao declarar-se laica, "havia estabelecido uma ruptura violenta contra as próprias raízes culturais do povo brasileiro".[40]

Inegavelmente, a constante vinda de clérigos estrangeiros, sobretudo após a proclamação da República, contribuiu para o fortalecimento do clericalismo no tecido social, via a ampliação da sua rede de ensino pelos lazaristas, jesuítas, beneditinos, bem como pelos salesianos e irmãos maristas,[41] enquanto parte do projeto ultramontano que, desde a primeira metade do século XIX, ganhava impulso e concretude como programa político da Santa Sé. Sem demora, tudo isso serviu de fermento à causa anticlerical que, gradativamente, foi tomando forma no seio da República, como denota a publicação, em 1894, no Rio de Janeiro, do jornal *A Bomba* – órgão de propaganda contra o sebastianismo, o clericalismo e o estrangeirismo.[42]

Tal conjuntura tinha como elemento agravante um passado recente de hostilidades do clero à maçonaria, da qual boa parte dos republicanos fazia

38 FARIAS, Damião Duque de. *Op. cit.*, p. 91-92.

39 Até aqui, tudo em AZZI, Riolando. *Op. cit.*, p. 20 e 29.

40 Até aqui, tudo em *Ibidem*, p. 28 e 82.

41 AZZI, Riolando. "Presença da Igreja na sociedade brasileira e formação das dioceses no período republicano", *In:* SOUZA, Rogério Luiz de & OTTO, Clarícia (org.). *Faces do catolicismo*. Florianópolis: Insular, 2008, p. 19.

42 Posteriormente, muda de nome, passando a circular entre os anos de 1895 e 1896, com o título *O Nacional* – órgão de propaganda contra o sebastianismo, clericalismo e o estrangeirismo.

parte,[43] e que passou a alimentar um dos eixos do anticlericalismo. Comumente, este cenário de embates foi marcado pela atuação proeminente da maçonaria e pela intensa ofensiva anarquista. Aliás, cabe lembrar que, em mais de um caso, militantes anarquistas estiveram vinculados a lojas maçônicas, a exemplo de Benjamim Mota.

É interessante ainda notar que, especialmente na Europa, foi intensa a participação de anarquistas nas fileiras da maçonaria. Como bem demonstrou o militante libertário francobelga Léo Campio – iniciado em abril de 1930 na loja *Les Amis Philanthropes* (Bruxelas) – autor da obra *Le Drapeau Noir, L'equerre et le Compas* (1978),[44] foi grande o número de anarquistas maçons, figurando entre os quais Proudhon, Bakunin, Reclus, Hamon, Volin e Faure.

Neste ensejo, referindo-se ao papel desempenhado pela maçonaria nas campanhas anticlericais no Brasil, merece destaque a postura adotada pelo Congresso dos Veneráveis, realizado em Porto Alegre, em 1902. Durante tal encontro, ao afirmar que era dever da maçonaria combater o clericalismo, estipularam as seguintes orientações: 1º) Doutrinar as massas populares, para lhes mostrar onde está o erro e onde está a verdade; 2º) Negar ao padre recursos de qualquer natureza; 3º) Demonstrar que a Igreja Católica Apostólica Romana não é a executora das doutrinas do cristianismo; 4º) Promover, empenhada e ostensivamente, a fundação de clubes anticlericais.[45] Não obstante, "entre os veículos de difusão do anticlericalismo se encontrava a franco-maçonaria, que com seus ideais de deísmo, liberdade e racionalismo, funcionou como um eficaz meio de preparação das atitudes e das ideias anticlericais".[46]

---

43 SOUZA, Ricardo Luiz de. "O anticlericalismo na cultura brasileira: da Colônia à República", *In: Revista de Ciências Humanas*, nº 37. Florianópolis: UFSC, 2005, p. 190.

44 CAMPION, Léo. *Le drapeau noir, l'equerre et le compas*. Oléron: Éditions Alternative Libertaire, 1997.

45 COLUSSI, Eliane Lucia. "Os filhos da viúva: uma contribuição ao estudo da maçonaria no Rio Grande do Sul", *In: Revista de Filosofia e Ciências Humanas*, ano 12, nº 1/2. Passo Fundo: EDIUPF, 1996, p. 26.

46 RUSSO, Maurizio. "Entre racionalismo, nacionalismo, masonería, laicismo, positivismo, socialismo y anarquismo. Las mil almas del anticlericalismo italiano em la segunda mitad del silgo XIX", *In:* SAVARINO, Franco & MUTOLO, Andrea (coords.). *El Anticlericalismo en* México. México: Miguel Ángel Porrúa; Instituto Tecnológico y de Estudios Superiores de Monterrey (Campus Santa Fe), 2008, p. 431, [tradução nossa].

Claramente, diante das políticas de secularização do mundo moderno, que ganharam tônica no século XIX, o anticlericalismo lançou-se em defesa dos principais princípios laicistas,[47] tais como a separação das esferas religiosa e profana; a independência absoluta do Estado frente às Igrejas; a liberdade de consciência individual; e a não ingerência do clero na política e na sociedade civil.[48]

Em meio a esta insistente campanha de combate ao clero (tanto o secular quanto o regular), tem-se, no Brasil, o surgimento dos periódicos anticlericais *A Lanterna* (1901-1935) e *O Livre Pensador* (1903-1915), pelas mãos do livre-pensador e anarquista Benjamim Mota e do livre-pensador e socialista Everardo Dias. Tais periódicos transformaram-se em aglutinadores de grande parte dos debates e das manifestações anticlericais, ocorridas nas primeiras décadas do século XX. Também será nas páginas desta imprensa que se propagará uma vasta literatura (livros, opúsculos/folhetins) sobre a qual se voltará a atenção nessa investigação, visando identificar o que os anticlericais, no Brasil do início do século XX, liam, no intuito de compreender de que maneira se articulava o conteúdo destas obras na constituição de uma propaganda pela ação direta contra o clericalismo. Nesse sentido, como observou Luís Machado de Abreu, os motores do mecanismo argumentativo "aparecem como energia de raiz emocional e cognitiva, que se transforma em impulso para conceber e elaborar argumentos, privilegiando determinadas razões ou fatores de persuasão".[49]

Ainda em 1901, a disseminação do livre-pensamento e do anticlericalismo, em suas lutas contra a "planta maldita, chamada clericalismo", foi corroborada por uma gama de outros jornais, tais como *Electra* (Curitiba-PR) e *A Verdade* (Ponta Negra-RJ) e que evidenciavam uma imprensa que, mesmo com duração efêmera, cerrou fileiras em meio à propaganda anticlerical, fomentada com afinco, sobretudo pela *A Lanterna*. Diante das campanhas anticlericais que ganharam forma em 1901 e em que tiveram um papel exponencial os periódicos *A Lanterna* e *Electra*, não há dúvida de que é possível identificar pelo menos

47 A laicidade, grosso modo, é uma ideologia política que defende a total separação do Estado e da Igreja. Por seu turno, vale destacar que o termo laicismo tem um sentido diferente, uma vez que se refere a posicionamentos contrários à religião.

48 Cf. RÉMOND, René. *Op. cit.*, p. 14.

49 ABREU, Luís Machado de. *Op.cit.*, p. 61.

duas frentes de ação, uma ligada ao anarquismo (São Paulo) e a outra ao simbolismo (Paraná), ambas entrecruzadas pela influência da maçonaria.

Deste modo, esta imprensa, por seu caráter combativo, possibilita, em certa medida, a análise das linhas de pensamento e de ação do anticlericalismo, buscando entender seus desdobramentos políticos, redes de intercâmbios, canais de difusão e os segmentos sociais aglutinados em torno dos embates com a Igreja a partir da implantação da República. Como destacou António Jose Ribeiro Miranda, a produção discursiva anticlerical, de modo geral, remete "a um sujeito coletivo, representante e porta-voz de um conjunto de indivíduos que, numa dada circunstância histórica, constituem uma dada posição ideológica, falando e pensando como parte e como representante de uma identidade coletiva".[50]

Todavia, nem só da publicação de jornais se alimentou o impulso anticlerical. É certo que, no Brasil, a organização das ligas – usadas como ferramenta de luta desde o final do século XIX – desempenhou um papel crucial na canalização dos esforços de inúmeras tendências, em prol de uma unidade coesa de luta contra a Igreja e os seus agentes. Fundada na cidade de Paris, pelo jornalista Léo Taxil, a primeira Liga Anticlerical data de 1879. Sem demora, essa estratégia de ação política fez adeptos em outros países, a exemplo do Brasil, que, em 1899, viu surgir a Liga Anticlerical de São Paulo, a primeira de muitas outras que traziam o qualificativo de liga na sua documentação de constituição. Aliás, será a partir das ligas que boa parte dos festivais, espetáculos de teatro, publicação de livros e jornais ganharão forma. Não obstante, valendo-se dos estudos empreendidos por Jean-Pierre Rioux a respeito da história associativa na França, é crível no caso das associações anticlericais que emergiram no Brasil, reconhecer que tais grupos de pressão procuraram "agir sobre uma instituição já estabelecida, a instituição-alvo", ou seja, a Igreja Católica. Logo, "é nos conflitos que a opõem à instituição-alvo" que este ativismo associativo encontraria sua coerência.[51]

50 MIRANDA, António José Ribeiro. "Contribuição para o estudo do discurso anticlerical na imprensa do século XIX – O caso da folha política *A Lanterna*", *In:* ABREU, Luís Machado de & MIRANDA, António José Ribeiro (coords.). *Actas do colóquio – O anticlericalismo português: história e discurso.* Aveiro: Universidade de Aveiro, 2002, p. 352.

51 Ambas as passagens, RIOUX, Jean-Pierre. "A associação em política", *In:* RÉMOND, René (org.). *Por uma história política.* 2ª ed., Rio de Janeiro: FGV, 2003, p. 110-111.

Considerando-se que o movimento operário brasileiro "retomará os temas habituais do socialismo europeu, principalmente o anticlericalismo, o antimilitarismo e o internacionalismo proletário",[52] no transcurso da Primeira República, figuras exponenciais do anarquismo, tais como Benjamim Mota, Edgard Leuenroth, José Oiticica, Oreste Ristori, entre outros, lançaram incisivos ataques à Igreja (e às religiões, em particular o catolicismo), visando extirpar a influência eclesiástica, sobretudo do meio operário.

Apesar da predominância anarquista em boa parte das campanhas do movimento anticlerical, não faltaram vozes que defendessem a soberania do Estado em detrimento da Igreja. Ademais, a separação entre Estado e Igreja, por vezes reivindicada, foi vista como primeiro passo em defesa do progresso e da civilização, ou, em outras palavras "a alavanca do progresso material e do desenvolvimento do espírito humano".[53] Tal miscelânea de posições era fruto das diversas tendências políticas e filosóficas que gravitavam no seio do anticlericalismo. No entanto, superando as divergências, a colaboração em ações concretas se estabeleceu em várias circunstâncias, independente de opções ideológicas e/ou partidárias.

Mas, após momentos de intensa agitação, um novo quadro social, marcadamente influenciado pela Grande Guerra (1914-1918), passava a exigir outras demandas, uma vez que a questão social se agravava, tornando ainda mais paupérrimas as condições de trabalho no cenário fabril, e que, na ótica das lideranças operárias, só uma revolução, a exemplo da que ocorreu na Rússia, traria dias melhores. Devido à gravidade da situação, em que greves se tornaram uma constante, e do endurecimento da repressão ao movimento operário, o programa anticlerical foi gradativamente sendo deixado para segundo plano.

Mais tarde, no Brasil, devido à subida ao poder, na década de 1930, do político gaúcho Getúlio Dornelles Vargas que, na busca por legitimar o seu Governo Provisório, encontrou na Igreja Católica e na figura de Dom Sebas-

52 RODRIGUES, Leôncio. *Conflito industrial e sindicalismo no Brasil.* São Paulo: Difusão Europeia do Livro, 1966, p. 125.

53 PÉREZ-RAYÓN, Nora. "Anticlericalismo en el siglo XIX: el periódico *El Libre Pensador* (1870)", *In:* SOLIS, Yves y SAVARINO, Franco (coords.). *El anticlericalismo en Europa y América Latina: una visión transatlántica.* México: Instituto Nacional de Antropologia e História; Lisboa: Centro de Estudos de História Religiosa – Universidade Católica Portuguesa, 2011, p. 226.

tião Leme (arcebispo do Rio de Janeiro) importantes aliados, novas iniciativas de caráter anticlerical ganhariam forma, a exemplo da *Associação de Propaganda Liberal* (1931), criada por Everardo Dias, seguida pelo ressurgimento do jornal *A Lanterna* em 1933 (3ª fase), sob os cuidados de Edgard Leuenroth. Na mesma época, surge a *Coligação Nacional Pró-Estado Leigo* (1931), que teve a colaboração da livre-pensadora Maria Lacerda de Moura, e o *Comitê Pró-Liberdade de Consciência* (1931), que contou com o militante anarquista Florentino de Carvalho. De mais a mais, nesse período, é perceptível a continuidade de algumas das antigas campanhas levadas a cabo durante a Primeira República, a exemplo da intensa ofensiva ao ultramontanismo, ao clericalismo e ao jesuitismo (marcado pelos ecos de *Monita Secreta* e *O Papa Negro*), bem como o surgimento de um novo elemento, a luta contra o fascismo.

Curiosamente, no transcurso da década de 1930, o nome do aguerrido (e já sessentão) Benjamim Mota[54] aparece parcamente na programação anticlerical. Uma das suas aparições se dá no festival comemorativo do primeiro aniversário da 3ª fase d'*A Lanterna*, ocorrido em 1934, no Salão Celso Garcia (São Paulo). A propósito, esse festival, realizado na data simbólica de 14 de Julho (Queda da Bastilha), contou com outras figuras de peso da velha guarda anticlerical, tais como Everardo Dias, Edgard Leuenroth, Raimundo Reis e João Penteado.

Assim, com o foco nos mais variados aspectos da luta político-cultural do anticlericalismo militante, este estudo tem, entre os seus objetivos, tratar da ressonância anticlerical em distintas regiões do Brasil, via a existência de uma rede de organização inter-regional que, frequentemente, resultou em campanhas de excitação política ao nível nacional. Desse modo, esta análise está ancorada em diversos periódicos da imprensa operária e anticlerical, principalmente os jornais *A Lanterna* (São Paulo) e *O Livre Pensador* (São Paulo), bem como na literatura de propaganda difundida por esses periódicos. Além do uso da imprensa operária enquanto fonte e objeto, outro recurso imprescindível foi à utilização de jornais da imprensa diária, visando entrecruzar informações, almejando preencher lacunas, especialmente durante os momentos que os jornais de propaganda anticlerical não se encontravam em circulação. Também fez parte

---

54 Em 1934, a redação do jornal *A Lanterna* comunicava que Benjamim Mota encontrava-se em tratamento no Hospital da Beneficência Portuguesa, devido uma fratura na perna.

do suporte documental desta investigação, um conjunto de fontes (uma parte delas inéditas) coligidas em arquivos nacionais e estrangeiros, assim como estatutos de associações anticlericais e prontuários de militantes anarquistas engajados no movimento anticlerical, fichados no Departamento Estadual de Ordem Política e Social de São Paulo (DEOPS/SP).

Inegavelmente, discorrer sobre o tema da literatura anticlerical abundou em dificuldades, ora frente ao desaparecimento de diversos folhetos e opúsculos, ora devido ao fato que parte deste corpo documental/literário que sobreviveu ao peso do tempo e/ou a saga destrutiva dos opositores, não raro, se encontra em deplorável estado de conservação (e por vezes, inacessíveis a consultas) ou ainda disperso em arquivos estrangeiros. Além disto, em meio a esta encruzilhada literária e seus agravantes, vale destacar que acompanhar a publicação de determinadas novelas em folhetim tornou-se um objetivo inatingível. A título de exemplo, a coleção de *O Livre Pensador*, localizada no Arquivo Edgard Leuenroth (AEL), apesar de possuir em seu acervo expressivo montante de exemplares, encontra-se incompleta.

Seja como for, o recorte temporal situa-se entre os anos de 1901 e 1935, tendo como ponto de partida o surgimento do jornal *A Lanterna,* em 1901, assim como pela expressiva produção editorial ocorrida no início do século XX, fechando o recorte investigativo em 1935, data que marca o empastelamento do jornal *A Lanterna* (3ª fase), durante o primeiro governo de Getúlio Vargas. Este período permite levantar ainda a seguinte problemática: quais circunstâncias históricas haveriam propiciado o declinar da ideologia anticlerical no cenário político da chamada Nova República, numa época marcada por novas articulações do anticlericalismo diante da aproximação entre Igreja e Estado?

Em suma, o presente estudo compõe-se de quatro capítulos. No capítulo de abertura são abordadas as primeiras iniciativas de organização e difusão do anticlericalismo ocorridas no começo do século XX, com destaque para os jornais de combate, os militantes envolvidos e as convergências entre elementos políticos distintos, bem como as associações, visando compreender os elementos políticos e sociais que estavam em jogo nesse cenário de conflito. Nessa senda, terá relevo a presença de anarquistas na maçonaria e a sintonia do movimento anticlerical brasileiro com determinados eventos internacionais, a exemplo da participação de uma delegação de anticlericais do Brasil no

Congresso Internacional do Livre Pensamento, realizado na Argentina, em 1906. Por sua vez, em meio a tal trajetória do ativismo associativo, também ganharão ênfase certas expressões antirreligiosas e ateias que marcaram seus signos em distintos círculos de livres-pensadores e anticlericais no Brasil.

O segundo capítulo trata da propaganda anticlerical e da sua dinâmica rede de subterfúgios. Para além dos jornais e das associações [tratados no Capítulo 1], os militantes anticlericais investiram na publicação de opúsculos, importação e distribuição de livros, assim como na criação de editoras e livrarias, tendo ainda no teatro um importante instrumento de difusão da propaganda. Ademais, esses impressos revelam manifestações da mentalidade anticlerical na literatura, bem como modos de pensar e agir dos mais diversos grupos sociais articulados nas campanhas do anticlericalismo, e que resultou em curiosas apologias, a exemplo da figura de Jesus Cristo como um agitador social.

No terceiro capítulo, destacam-se algumas das principais manifestações e campanhas promovidas pelo movimento anticlerical. Assim, diante da notícia do fuzilamento do pedagogo Francisco Ferrer, ocorrido na Espanha, em outubro de 1909, diversos protestos passaram a agitar algumas cidades brasileiras, dando novo impulso à causa anticlerical, inclusive, resultando no surgimento de novas associações identificadas com o anticlericalismo. Neste percurso, os anarquistas projetam uma ampla campanha contra o Orfanato Cristovão Colombo, devido ao desaparecimento de uma das suas internas, chamada Idalina, situação que apimentará ainda mais o cenário de lutas entre anticlericais e Igreja. Em meio a isso, o ano de 1910 foi marcado por intensa agitação, devido à vinda de clérigos expulsos de Portugal. Do mesmo modo, como parte das campanhas anticlericais, chegava ao Brasil, em 1911, a conferencista espanhola Bélen de Sárraga Hernández, para realizar uma série de conferências.

Por fim, o quarto (e último) capítulo se ocupa da década de 1930, que foi marcada por uma nova orientação política, mediante as aproximações/articulações entre Estado e Igreja, ocorrida no primeiro governo de Vargas (1930-1945). Essa conjuntura permitiu que os católicos se lançassem como força atuante na arena política, numa aliança (informal) entre poder estatal e eclesiástico que, como contraponto, originou diversas manifestações anticlericais. Frente a isso, periódicos e associações ganharam forma, a exemplo da retomada das atividades da Liga Anticlerical do Rio de Janeiro, em 1929; seguida pela republicação, em 1933, do jornal *A Lanterna*; e, naquele mesmo ano, da fundação, na cidade de Campinas (São Paulo), da Liga Anticlerical local, enquanto iniciativas de militantes anarquistas. Também, devido ao estabelecimento de uma educação de perfil confessional a partir de 1931, os anticlericais passam a promover forte campanha em defesa do ensino racionalista, aparelhada nas ideias do pedagogo catalão Francisco Ferrer. Por sua vez, em 1935, a polícia política do governo Vargas passou a reprimir movimentações como o anticlericalismo, tachado pelas autoridades como um movimento de ideias "avançadas e extremistas". Assim, sem abusar da lógica, é possível aventar a seguinte hipótese: o declínio do anticlericalismo em tal contexto social não se deu em função de sua eventual irrelevância política, mas, devido ao processo repressivo equacionado no transcurso da década de 1930.

Desta forma, valendo-se especialmente de um vasto suporte documental (periódicos, folhetos etc.), a presente análise almeja responder a seguinte interpelação: Será que as experiências anticlericais podem aumentar nossa compreensão acerca da história social do Brasil? Ao fim e ao cabo, apoiando-se em documentação inédita, bem como nas lentes da história social, considera-se premente esse estudo na sua densidade e complexidade, enquanto tentativa de acertar as contas com o indiferentismo historiográfico acerca do anticlericalismo.

1. Dias de lutas: anticlericalismo em ação

O clericalismo, eis o inimigo!

Léon Gambetta[1]

O século XX iniciava com força sua jornada de lutas políticosociais. Desse modo, em 1901, na Espanha, pululavam manifestações de aversão ao clero, tonificadas pela encenação do recente drama anticlerical *Electra*, do escritor espanhol Benito Pérez Galdós, episódio que repercutiu pelo mundo afora. No Brasil, diante do entusiasmo popular que agitava o cenário espanhol, com gritos de "morras ao clericalismo", novos agrupamentos anticlericais dariam forma a associações e a uma imprensa de combate ao jesuitismo, ao clericalismo e ao ultramontanismo.

Mas, a ofensiva anticatólica não era um fenômeno exclusivo do Brasil República, uma vez que, durante o Império, o anticlericalismo (em sua versão antijesuítica) fez-se forte e atuante no seio do republicanismo.[2] Ademais, desde meados do século XIX, numerosas congregações religiosas estrangeiras (majoritariamente provenientes da França e da Itália) instalaram-se no Brasil, ora como exiladas, devido à agitação liberal na Europa, ora como parte da política ultramontana católica – centralista, verticalizada, conservadora e antimoderna –, aliada à promoção de uma educação de caráter confessional, que despertou a reação de liberais, positivistas, republicanos, socialistas, anarquistas e maçons.

1 Apesar de tal expressão ser comumente atribuída a Gambetta, há quem considere Alphonse Peyrat como o verdadeiro autor. Cf. LALOUETTE, Jacqueline. "El anticlericalismo en Francia, 1877-1914", *In:* CRUZ, Rafael (ed.). *El anticlericalismo.* Madrid: Marcial Pons, 1997, p. 15-16.

2 Cf. SOUZA, Ricardo Luiz de. *Laicidade e anticlericalismo: argumentos e percursos.* Santa Cruz do Sul: EDUNISC, 2012.

Logo, as manifestações de 1901, ocorridas no Brasil, que ganhavam fermento frente à campanha anticlerical desencadeada na Europa (que resultou na fuga de inúmeros clérigos para cá), sinalizavam que esses embates se prolongariam pelo ainda incipiente século XX.

Com a Proclamação da República no Brasil, ao final do século XIX, membros do clero deixaram evidente sua oposição a certas mudanças políticas nas relações entre Igreja e Estado, como bem demonstrou a pastoral coletiva de 1890, em que um grupo de bispos afirmou que somente tolerariam o novo regime se ele "assegurasse a manutenção da sociedade como católica".[3] Em suma, o episcopado queria manter os privilégios de outrora, a exemplo da subvenção econômica do Estado às obras da Igreja, bem como a obrigatoriedade do ensino religioso nas escolas públicas, a não secularização dos cemitérios e o casamento religioso.[4]

Todavia, na defesa de um Estado republicano de perfil laico, a Constituição de 1891 lançou por terra tais interesses do clero brasileiro, uma vez que suprimiu "tanto a ingerência secular nos assuntos eclesiásticos como a intromissão espiritual nos assuntos seculares".[5] Apesar disso, será marcante a relutância de setores da Igreja, que continuaram a intervir na vida social e política do país, em parte "porque a Igreja Católica Romana optara por uma rejeição total da ideologia da razão e do progresso".[6] Sem demora, tal situação serviu de incremento a uma gama de posições anticlericais que, por intermédio da imprensa, lançaram sua ofensiva ao clericalismo católico.

Destarte, em 1901, surgem os órgãos anticlericais *A Lanterna* (São Paulo), *Electra* (Paraná) e *A Verdade* (Rio de Janeiro), em uma iniciativa de militantes vinculados às ligas anticlericais, as quais possuíam, na base da sua

3 OLIVEIRA, José Eduardo Montechi Valladares de. *O anticlericalismo na República Velha - a ação dos anarquistas*. Dissertação (mestrado em História) - FFLCH - USP, São Paulo, 1996, p. 115.

4 *Ibidem*.

5 OLIVEIRA, Anderson José Machado de; RODRIGUES, Cláudia. "El anticlericalismo en el Brasil", *In:* DI STEFANO, Roberto & ZANCA, José (comps.). *Pasiones anticlericales - un recorrido iberoamericano*. Bernal: Universidad de Quilmes, 2013, p. 217, [tradução nossa].

6 HOBSBAWM, Eric J. *A era dos impérios - 1875-1914*. Rio de Janeiro: Paz e Terra, 1988, p. 368.

constituição, a convergência de distintas correntes políticas, tendo a maçonaria desenvolvido um papel significativo.

Evidentemente, conforme assinala Antonio Candido,

> [...] os anticlericais do começo do século representavam por um lado um movimento pequeno-burguês de crítica, mas por outro entroncavam em muitos aspectos vivos dos interesses e reivindicações populares, formando uma espécie de fraternidade internacional entre republicanos, maçons e socialistas, sacudida aqui e ali pela virulência maior dos anarquistas.[7]

Estas redes de oposição tinham, especialmente na imprensa, seu instrumento de manifestação. Com efeito, o mais promissor desses periódicos produzidos no Brasil foi o jornal *A Lanterna*. Lançado em março de 1901, na capital paulista, pelos esforços do anarquista Benjamim Mota e de um grupo de maçons da Loja Luso-Brasileira,[8] esse órgão de imprensa fomentará a propaganda anticlerical por três décadas.

Enquanto isso, o drama *Electra* fazia sucesso para além do continente europeu e, em março de 1901, a imprensa paulista anunciava: "*Electra* – este extraordinário drama em 5 atos, que vem de agitar toda a Espanha e Portugal,[9] acaba de ser traduzido em português pela redação d'*A Lanterna*".[10] O drama encontrava-se à venda na Casa Endrizzi – tipografia e livraria de propriedade de João Baptista Endrizzi, membro da Liga Anticlerical de São Paulo.

---

7 CANDIDO, Antonio. *Teresina etc.* 2ª ed., Rio de Janeiro: Paz e Terra, 1992, p. 28.

8 *A Lanterna*, São Paulo, 29 de fevereiro de 1904, p. 1.

9 Em Portugal a encenação de *Electra* veio ao encontro das agitações anticlericais decorrentes do Caso Calmon. O mesmo teve como estopim a fuga, em 1900, de Rosa Calmon – filha do cônsul brasileiro em Porto, o dr. José Calmon – visando ingressar na congregação religiosa Doroteias, sem o consentimento da família. O pai José Calmon alegou que a filha sofria de perturbação mental, assim uma perícia médica concluiu que Rosa Calmon (na época com 31 anos) sofria de histeria e loucura afetiva, bem como de misticismo religioso, considerando-a irresponsável. No entanto, em fevereiro de 1901, um grupo de pessoas (instigado por clérigos jesuítas) tentou raptar Rosa. Logo, esse incidente resultou em acesa campanha anticlerical. Para detalhes, cf. GARNEL, Maria Rita Lino. "O Caso Rosa Calmon (1900-1901): género, discurso médico e opinião pública". *In:* CASTRO, Zília Osório de; ESTEVES, João. *Falar de mulheres – História e historiografia*. Lisboa: Livros Horizonte, 2008, p. 71-86.

10 *O Commercio de São Paulo*, 29 de março de 1901, p. 2.

Também por iniciativa de militantes livres-pensadores e anticlericais, em 6 de abril de 1901, na noite do Sábado de Aleluia, *Electra* ganhou os palcos de São Paulo, no teatro Sant'Ana, com expressiva concorrência de espectadores. Devido à agitação que causou nos locais onde a peça foi encenada, o lugar contou com policiamento, visando, assim, prevenir qualquer alteração da ordem.[11] Ainda como medida de segurança, as autoridades constituídas pediram a Benjamim Mota que cancelasse o seu discurso (previsto para ocorrer na sequência do drama), pedido que o propagandista, a princípio, atendeu. Porém, na saída do teatro, um cortejo se dirigiu às imediações da Rua José Bonifácio, para, então, ouvir Benjamim Mota, do alto de um sobrado, realizar o seu já previsto discurso. Logo, "saudando a todos aqueles que vinham de afirmar de modo tão categórico, franco e leal o seu ódio ao jesuitismo", incitou "o povo a continuar na sua obra de saneamento social, até que o último frade e o último jesuíta de batina despissem a sotaina imunda ou, se tanto fosse preciso, até que estivesse exterminada a raça desses parasitas sociais".[12]

E, no calor do momento, um grupo de indivíduos "mais ou menos conhecidos por suas ideias subversivas", apedrejou o convento de São Bento.[13] Na busca por um agente instigador desse movimento, as autoridades voltaram sua atenção para o jornalista Benjamim Mota, que recebeu, na redação d'*A Lanterna*, no dia 8 de abril de 1901, a visita de funcionários da polícia, que o conduziram até a Delegacia, a fim de prestar declaração. Frente à acusação, Benjamim Mota afirmou que estava no seu papel de propagandista das ideias liberais, professadas e defendidas em *A Lanterna*.[14] Após longa conversa, acabou liberado.

Dada a situação, por deliberação das autoridades paulistas, ficavam temporariamente proibidas novas apresentações de *Electra*. Não obstante, o drama anticlerical ganhou o palco de outras cidades brasileiras, entre as quais, Belém, Salvador, Campinas e Curitiba.

Em meio a isso, como explicar o fato de Benjamim Mota, um anarquista, colocar-se como propagandista das ideias liberais? À primeira vista, naquele período, o conceito de liberalismo era entendido num sentido am-

11 Cf. *O Commercio de São Paulo*, 7 de abril de 1901, p. 1

12 Ambas as passagens, *A Lanterna*, São Paulo, 20 de abril de 1901, p. 1.

13 *Ibidem*.

14 *O Commercio de São Paulo*, 8 de abril de 1901, p. 1.

plo, ou seja, "estava associado aos conceitos de liberdade e igualdade, assim como à contraposição ao despotismo, à tirania e a tudo aquilo que pudesse ser considerado como injusto".[15]

Seja como for, aproveitando a receptividade em torno da publicação do seu livro *A Razão Contra a Fé* (1900), que, em poucos dias, vendeu mais de 800 exemplares, quase esgotando a 1ª edição (composto de um milheiro), Benjamim Mota lançava um apelo aos "espíritos emancipados dos preconceitos religiosos":

> Diante da invasão crescente do jesuitismo no Brasil, o que é uma terrível ameaça para as gerações futuras, é necessário que nós todos, livres-pensadores, e vós, anticlericais, cumpramos o nosso dever, custe o que custar, aconteça o que acontecer.
>
> Eu chamo a postos a todos os amigos da liberdade, ameaçada pelos filhos de Loyola e pelos êmulos de Torquemada e Acquaviva.
>
> Serei ouvido?
>
> Terei companheiros para a luta em defesa da liberdade, que os monstros de sotaina negra querem estrangular?
>
> A vós compete responder, enviando o vosso protesto de solidariedade comigo, na luta que tenho sustentado contra o nefasto inimigo do progresso, da liberdade e da emancipação humana.[16]

Por certo, Mota não estava sozinho nesta batalha, visto que, em 1901, na esteira dos episódios em torno da encenação de *Electra*, uma nova manifestação ganhou as ruas do centro de São Paulo no começo de maio, dando vivas ao médico e filósofo Luiz Pereira Barreto – membro da Liga Anticlerical de São Paulo – que, por intermédio do jornal *O Estado de S. Paulo*, teceu duros ataques ao clericalismo.[17] Após terem saudado dr. Barreto, os manifestantes dirigiram-se ao conven-

15 Fabio Wasserman *apud* TALAVERA, Maria Eugenia. "Libertad contra verdad: tensiones entre liberales y religiosos en la Venezuela del siglo XIX", *In:* SOLIS, Yves y SAVARINO, Franco (coords.). *El anticlericalismo en Europa y América Latina: una visión transatlántica.* México: Instituto Nacional de Antropologia e História; Lisboa: Centro de Estudos de História Religiosa - Universidade Católica Portuguesa, 2011, p. 17, [tradução nossa].

16 Cf. MOTA, Benjamim. *A razão contra a fé – analyse das conferências religiosas do padre Dr. Julio Maria.* 2ª ed., São Paulo: Casa Endrizzi, 1901.

17 Artigo intitulado "O século XX: sob o ponto de vista brasileiro" e publicado no *O Estado de S. Paulo*, em 25 de abril de 1901, p. 1-2. Naquele mesmo ano, o texto ganhou publicação como opúsculo.

to de São Bento (outrora apedrejado por anticlericais, devido à apresentação de *Electra*), vaiando ali o abade Miguel Kruse.[18] Frente a esse ato e temendo um novo ataque ao convento, a polícia foi acionada, prendendo alguns dos manifestantes, entre estes, Benjamim Mota, redator do jornal *A Lanterna*.[19]

Mas quem era esse intrépido jornalista que dava voz ao anticlericalismo em São Paulo? Seu nome completo era Benjamim Franklin Silveira da Mota, brasileiro, advogado, jornalista, anarquista e maçom – membro da Loja Sete de Setembro (São Paulo),[20] assim como redator-chefe d'*A Lanterna*. Em um primeiro momento de sua trajetória política, mostrou-se defensor da causa abolicionista e do ideal republicano. Porém, com sua ida para Paris, onde morou de 1891 a 1893, retornou ao Brasil cheio de prestígio literário, boêmio e anarquista.[21] Logo em 1894, ao lado de Lucien Grillot, publicou, em São Paulo, o periódico *O Progresso*, redigido em português e francês e que, em suas páginas, já deixava transparecer críticas de tons anticlericais. Dotado de grande inteligência e apreciável cultura,[22] seu engajamento no jornalismo não parou por aí: foi redator, entre os anos de 1897 e 1898, do jornal *O Rebate* (São Paulo) – semanário republicano independente; assim como, em 1898, publicou a revista *O Libertário* (São Paulo) e colaborou na redação do *Il Risveglio* (São Paulo) – publicação anarquista redigida em italiano e português.[23] Nessa mesma época, lançou o livro *Rebeldias* – primeira obra de propaganda anarquista escrita no Brasil,[24] na qual expôs: "contra as mentiras e contra as hipocrisias, cheguei até

18 Expulso do Equador este frade ultramontano se fixou no Brasil. Alcunhado de "o infame Kruse", sua figura será alvejada pela imprensa anticlerical, em especial por *A Lanterna*.

19 *O Dia*, Florianópolis, 17 de maio de 1901, p. 2.

20 Ao que tudo indica Benjamim Mota vinculou-se a maçonaria na época que estava engajado na causa republicana.

21 Cf. *A Noite*, Rio de Janeiro, 16 de dezembro de 1940, p. 11.

22 *Correio da Manhã*, Rio de Janeiro, 12 de dezembro de 1940, p. 13.

23 Além dessas publicações, Benjamim Mota (1870-1940) foi diretor de *O Rebelde* (1898) e, em 1899, colaborou em *El Grito del Pueblo* (São Paulo) e publicou o folheto *Zola-Dreyfus*. Posteriormente, em 1903, passou a colaborar no jornal *La Nuova Gente* – publicado pelo grupo anarquista La Propaganda, de São Paulo. No ano de 1906, dirigiu o *Jornal do Povo* (São Paulo) e na sequência, em 1908, fundou *A Vanguarda*, publicado em Santos. Anos depois, em 1931, dirigiu o periódico *A Revolução* (São Paulo). Cf. CARONE, Edgard. *Movimento operário no Brasil (1877-1944)*. 2ª ed., São Paulo: Difel, 1984, p. 477-481; RODRIGUES, Edgar. *Os companheiros* – vol. 1. Rio de Janeiro: VJR, 1994, p. 115-121.

24 Segundo Edgar Rodrigues, "O Dr. Benjamin Motta foi um dos primeiros a pregar o anarquismo em São Paulo". *In: Socialismo e sindicalismo no Brasil*. Rio de Janeiro: Laemmert,

o anarquismo, abracei o ideal mais humanitário que existe nas sociedades modernas, preocupando a atenção dos sábios, dos literatos, e, principalmente, do proletariado, a eterna vítima do regime burguês".[25] Em 1899, acusado de fazer propaganda anarquista, Mota foi preso, devido à fixação, no bairro do Bom Retiro, de cartazes em comemoração ao aniversário dos Mártires de Chicago.[26] No ofício de advogado atuou em prol de diversas sociedades operárias e na defesa de militantes socialistas, anarquistas e, por essa lida jurídica junto ao movimento operário, recebeu a pecha de tribuno da plebe.[27]

De imediato, algo no perfil de Benjamim Mota chama a atenção: como explicar o fato de ser ele anarquista e membro da maçonaria? Em linhas gerais, anarquismo e maçonaria não estariam em campos opostos?

Experiências subversivas à luz da maçonaria[28]

Na década de 1950, o jornal anarquista italiano *Umanità Nova* ventilou um caso no mínimo curioso, ou seja, o expurgo de um companheiro anarquista por crime de desvio ideológico. O ocorrido se passou na cidade italiana de Messina, em que um grupo de "anarquistas messineses, sabendo haver um dos seus entrado na maçonaria e convidado outro companheiro a segui-lo, assentaram não considerá-lo mais anarquista", sob a alegação de que "a maço-

1969, p. 80. Quanto à grafia do nome de Benjamim Mota, a mesma aparece, por vezes, escrita como Benjamin Motta.

25 MOTA, Benjamim. *Rebeldias.* Biblioteca Libertária nº 1. São Paulo: Tipografia Brasil de Carlos Gerke & Cia, 1898, p. 11. Trata-se de uma coletânea de artigos outrora publicados pelo autor nos jornais *Il Risveglio*, *O Rebate* e *A Nação*.

26 Sobre este episódio, a imprensa paulista, registrou: "os cartazes em questão, escritos em italiano e concebidos em linguagem violenta, estavam assinados pelos socialistas-anarquistas" Emilio Bruschi, Zeferino Bartolomazzi, Benjamim Mota, Gigi Damiani e Estevão Estrela, "sendo que este último acrescentou à sua assinatura a declaração – socialista revolucionário", *In: Correio Paulistano*, São Paulo, 12 de novembro de 1899, p. 2.

27 Apesar de Benjamim Mota ter frequentado curso anexo a Faculdade de Direito de São Paulo, abandonou-o antes de bacharelar-se, passando a atuar no campo da advocacia criminal como rábula.

28 Como a história da maçonaria esbarra no acesso restrito dos seus arquivos (e consecutivamente na inviabilização de certas fontes primárias), a presente pesquisa está ancorada em algumas obras produzidas, sobretudo por membros da ordem, ou seja, documentos externos à instituição, os quais, em certa medida, permitem elucidar alguns aspectos sobre as vinculações do anarquismo com a maçonaria, tais como o livro *Le drapeau noir, l'equerre et le compas*, de Léo Campion.

naria é sociedade burguesa, hierarquizada, incompatível pois com a liberdade preconizada pelo anarquismo".[29]

O libertário expurgado era o italiano Giacomo Schirone – que, anos antes, havia lutado na Guerra Civil Espanhola (1936-1939) ao lado dos anarquistas. Na sua réplica, publicada em *Visuali – pagine di libero esame per gli amici di "Armonia Anarchica"*, Schirone indagava: mas, se "os grandes pensadores não são nem burgueses, nem proletários, são homens livres", como poderá ser a maçonaria uma "organização burguesa"? E, prosseguindo, pontuava: "por coerência, ignorais talvez" o fato de "ter sido Proudhon maçom?", ou que ele ajudou a escrever "o ritual da maçonaria francesa?" e que "Bakunin fazia conferências numa loja em Florença, por ser filiado à maçonaria"?, bem como "Carlos Cafiero, Eliseu Réclus, Francisco Ferrer, Sebastien Faure, Volin... são anarquistas ah!, desculpa! São maçons".[30] Na mesma ocasião, endossando esta observação de Schirone, o anarquista italiano Domenico Mirenghi, redator da *Visuali*, ao comentar o caso, escreveu: é inegável que "tem havido participação ativa de anarquistas, de todos os tempos, na maçonaria, sempre que esta não se corrompeu acasalando-se com regimes totalitários e dogmáticos".[31]

Ademais, Giacomo Schirone, dirigindo-se aos seus acusadores, também afirmava: "bispos e jesuítas têm o hábito de indagar quem é maçom e lhe registram nome e atividades. Vós, anarquistas messineses prestastes grato serviço a tais eclesiásticos, perseguidores do livre-pensamento, dando-lhes a conhecer o nome de um dos vossos", simplesmente porque "entendeu praticar o livre-pensamento numa forma particular", escolhida por ele livremente e liberta de "quaisquer preconceitos".[32] Porém, tal polêmica não era fruto exclusivo do século XX.

---

29 *Ação Direta*, Rio de Janeiro, novembro e dezembro de 1954, p. 2. No Brasil, o referido caso ganhou divulgação nas páginas desse jornal libertário carioca, via uma matéria intitulada Anarquismo e Maçonaria, que é de se supor que tivesse como mentor o anarquista e maçom Roberto das Neves. Aliás, neste mesmo periódico, em distintos momentos, a questão anarquismo *versus* maçonaria ganhou destaque, instigando o debate em torno dos prós e/ou dos contras da aproximação entre anarquistas e maçons.

30 Até aqui, tudo em *Ação Direta*, Rio de Janeiro, novembro e dezembro de 1954, p. 2

31 *Ibidem*.

32 *Ibidem*.

Desta forma, apesar de comumente ter sido tachada de uma instituição por excelência burguesa,[33] a maçonaria[34] ao tornar suas lojas espaços de debate de diversas posições políticas, acabaria por despertar o interesse de círculos radicais e revolucionários. Entre esses agrupamentos que dela se aproximaram, não raro, figuravam os anarquistas.

Surgido em meados do século XIX, o anarquismo, desde Pierre-Joseph Proudhon e Mikhail Bakunin, agregou, em seu pensamento, um forte conteúdo antirreligioso, como demonstram as afirmações "*Dieu, c'est le mal*" (Proudhon) e "*Ni Dieu, Ni Maître*" (Bakunin). Assim, corriqueiramente, para os anarquistas, "a religião é considerada como uma força alienante, uma instituição repressiva que fomenta a reação e a aceitação da estrutura burguesa de domínio".[35] Em contraste com a posição dos anarquistas, a Constituição de Anderson (1723) - documento que é o ponto de partida ideológico e a lei escrita da nova maçonaria[36] - expunha: o maçom[37] "é obrigado, por dever de ofício, a obedecer a Lei Moral; e se compreender corretamente a Arte, nunca será um estúpido ateu nem um libertino irreligioso".[38] Frente a isso, como seria possível a conciliação entre o ateísmo presente no pensamento anarquista com o rito ecumênico maçônico?

---

33 Expressão usada por Mikhail Bakunin, em uma das suas conferências, realizada na Itália, sobre o desenvolvimento da maçonaria moderna.

34 Data do século XVIII o surgimento, em Londres, da maçonaria moderna (comumente denominada de maçonaria especulativa), a qual substituiu a maçonaria operativa (originada durante a Idade Média). De imediato, a maçonaria moderna, ao defender a tolerância e a fraternidade, configurou-se numa reunião "de homens que creem em Deus, que respeitam a moral natural e querem conhecer-se e trabalhar juntos apesar da diferença de categoria social e da diversidade de suas opiniões religiosas e sua afiliação a confissões ou partidos opostos", *In:* BENIMELI, José Antonio Ferrer. *La masonería.* Madrid: Alianza, 2001, p. 30, [tradução nossa].

35 ZARAGOZA, Gonzalo. *Anarquismo argentino (1876-1902).* Madrid: Ediciones de La Torre, 1996, p. 442, [tradução nossa].

36 Cf. BENIMELI, José Antonio Ferrer. *Op. cit.*, p. 28.

37 A denominação franco-maçom surgiu no século XIV, na Inglaterra, durante o reinado de Eduardo I. Em suma, o termo *Freemason* remete aos trabalhadores (pedreiros) de construções que lidavam no entalhamento das pedras de adorno, visando distingui-los dos *Roughmason* (trabalhadores que realizavam o serviço grosseiro).

38 *Constituição de Anderson.* Disponível em: <http://www.fraternidadeserrana.com.br>. Acesso em: 12 nov. 2014.

Em primeiro lugar, não se pode esquecer que James Anderson – autor da referida Constituição – era reverendo da Igreja Presbiteriana e que, ao ingressar na maçonaria, buscou agregar-lhe seus ensinamentos religiosos. Porém, a trajetória dessa instituição não pode ser resumida unicamente a tais proposições, uma vez que a maçonaria moderna, como qualquer outra instituição histórica, passou por modificações (e dissidências) desde o seu surgimento, em 1717.

Com as mudanças no cenário político e social europeu, desencadeadas no século XVIII pela Revolução Francesa e, posteriormente, pela Revolução de 1848, a maçonaria sofreria reformulações, assim como divisões,[39] resultando na progressiva abertura política de algumas lojas. Nesse âmbito, "a organização maçônica facilitou a conversão de lojas ou grupos mais seletos em centros políticos ou grupos de pressão, uma vez que propiciava a incubação ou a mera proteção a irmandades revolucionárias, que por sua vez se infiltravam".[40] Também a identificação de diversos maçons com o livre-pensamento, o racionalismo iluminista e o liberalismo, traria novos vislumbres à ordem. Deste modo, a partir da Revolução de 1789, a maçonaria francesa iniciará sua guinada à esquerda, que conduzirá até o anticlericalismo.[41]

Na França, durante o século XIX, "pouco a pouco, uma verdadeira paixão antirreligiosa se fez forte, sobretudo, nas lojas dependentes dos Grandes Orientes dos países latinos (tanto europeus como ibero-americanos)", ao ponto que, em vários delas, se chegou à supressão da antiga invocação maçônica: À glória do Grande Arquiteto do Universo.[42]

Desta forma, "o Grande Oriente da França, em 1877, apagava dos seus estatutos a obrigação, até então exigida, para ser um verdadeiro maçom, da crença em Deus, na imortalidade da alma, e de fazer o juramento sobre a

---

39 Alguns historiadores falam em uma divisão ocorrida no século XIX, entre uma maçonaria anglo-saxônica (Inglaterra, EUA, Alemanha, Dinamarca, Noruega e Holanda) e outra latina (França, Bélgica, Itália, Espanha e Portugal). Em síntese, as lojas da maçonaria regular sobre a influência do Grande Loja da Inglaterra seguiam uma linha teísta, enquanto que as lojas que estavam aliadas ao Grande Oriente da França tinham uma inspiração racionalista e liberal. Cf. BENIMELI, José Antonio Ferrer. *Op. cit.*

40 HOBSBAWM, Eric J. *Rebeldes primitivos. Estudio sobre las formas arcaicas de los movimientos sociales en los siglos XIX y XX*. Barcelona: Ariel, 1983, p. 246, [tradução nossa].

41 Cf. MELLOR, Alec. *Historia del anticlericalismo frances*. Bilbao: Mensajero, 1967, p. 238.

42 Ambas as passagens, BENIMELI, José Antonio Ferrer. *Op. cit.*, p. 64, [tradução nossa].

Bíblia, considerada como expressão da palavra e da vontade de Deus".[43] Não obstante, essa decisão ocasionou, noutros meios maçônicos, uma manifestação escandalosa, sobretudo na Inglaterra e nos Estados Unidos. As obediências destes e outros países romperam todas as relações com o Grande Oriente da França, frente a isso, os adeptos dessa linha filosófica agnóstica passavam a ser tachados de maçons irregulares ou heterodoxos.[44]

Inegavelmente, na França, o Grande Oriente promoveu relevantes mudanças na moldura organizacional de suas lojas, permitindo a congregação de segmentos políticos distintos. Assim, ainda em 1818, por intermédio de um grupo de liberais, surge a Loja *Les Amis de la Vérité*, que era, na verdade, um grêmio republicano disfarçado.[45] Consequentemente, "estas infiltrações partidárias, ao introduzir preocupações profanas na Loja, originarão o movimento antitradicionalista do Grande Oriente, que se caracterizará ao longo do século por uma laicização crescente e progressiva do Ritual".[46] Deste modo, na carta de princípios do Grande Oriente da França, datada de 1877,[47] constava: a tolerância mútua, o respeito aos outros e a si mesmo, e a absoluta liberdade de consciência, bem como "considerando as concepções metafísicas como sendo de domínio exclusivo da apreciação individual de seus membros, se nega toda afirmação dogmática".[48]

---

43 Cf. BENIMELI, José Antonio Ferrer. *Op. cit.*, p. 64-65, [tradução nossa].

44 Ambas as passagens, BENIMELI, José Antonio Ferrer. *Op. cit.*, p. 65, [tradução nossa].

45 MELLOR, Alec. *Historia del anticlericalismo frances*. Bilbao: Mensajero, 1967, p. 286, [tradução nossa].

46 *Ibidem*.

47 Segundo Roberto das Neves, "Em 1849, com o objetivo de melhor conquistar o reconhecimento da Maçonaria Universal, o Grande Oriente da França inseriu na sua Constituição a seguinte cláusula: A Maçonaria tem por princípios a existência de Deus e a imortalidade da alma. Tal declaração subsistiu, porém, apenas até 14 de Setembro de 1877, quando, por pressão da forte corrente racionalista, que dominava as lojas maçônicas da França, foi substituída", pela carta de princípios de 1877. NEVES, Roberto das. *Entre colunas: ensaios sociológicos e filosóficos*. Rio de Janeiro: Germinal, 1980, p. 85.

48 Ambas as passagens, CARLES, Federico Rivanera. *Anarquismo, judaísmo y masoneria*. Argentina: Instituto de Investigaciones sobre la Cuestion Judia, 1986, p. 144, [tradução nossa]. Apesar da intencionalidade do autor (o qual era integrante do Movimento Nacionalista Social, na Argentina) ser a paranoica revelação de um esquema de conspiração (e subversão) arquitetado pelos judeus, essa obra em questão (tendo-se a merecida cautela), fornece diversos dados via um conjunto de fontes produzidas pelo movimento anarquista, em que se apontam a proximidade de alguns libertários com a maçonaria. Não obstante, antes de

Ademais, o Grande Oriente da França, assinalava: "A Franco-Maçonaria não é nem deísta, nem ateia, nem sequer positivista. Uma instituição que afirma e pratica a solidariedade humana é alheia a qualquer dogma e credo religioso".[49] Logo, esse caminho traçado pelo Grande Oriente da França foi seguido por um conjunto de lojas em Portugal, Espanha, Argentina, México, Itália etc.

Em 1892, durante assembleia geral realizada na França, o Grande Oriente define que o Livre-Pensamento – complemento e prolongamento da Maçonaria – deveria encontrar asilo nos templos.[50] Desta maneira, em várias partes da Europa, ordens maçônicas "adogmáticas", em consonância com os princípios do livre exame, deixaram nas suas lojas a total liberdade aos seus membros para crer ou não crer em Deus.[51] Essa situação, em certa medida, tornou palpável a aproximação entre maçonaria e anarquismo (assim como entre a maçonaria e o movimento operário). No tocante a isso, vale lembrar que o anarquista Auguste Louis Sébastien Faure, membro atuante da loja *Le Progrès* (Paris), realizou uma série de conferências promovidas pelo Grande Oriente da França que, posteriormente, resultaram na sua obra *Douze Preuves de L'Inexistence de Dieu.*

Para tanto, a partir de meados do século XIX, convergências ocorrem em diferentes partes da Europa, tendo, como elemento motivador, o caráter filosófico, humanista e apolítico, assim como, por vezes, agnóstico, adotado por algumas lojas franco-maçônicas e carbonárias,[52] que atuavam como es-

---

ter-se optado pela inclusão desse livro (de feições polêmicas) na bibliografia, foram colocadas à prova algumas das fontes usadas pelo referido autor, as quais conferem.

49 MARTÍN-ALBO, Miguel. *A maçonaria universal: uma irmandade de caráter secreto*. Lisboa: Bertrand, 2003, p. 397.

50 MELLOR, Alec. *Op. cit.*, p. 378, [tradução nossa].

51 CÉCIUS, Jacques. "Anarchisme et franc-Maçonnerie", *In: L'anarchisme: une utopie nécessaire?* Éditions Castells et Labor. Disponível em: <http://fraternitelibertaire.free.fr>. Acesso em: 02 out. 2014, [tradução nossa].

52 Também denominada de Maçonaria Florestal, foi uma sociedade secreta criada no século XV, pelos carvoeiros de Hanover. Tal organização política teve forte repercussão na França e na Itália e logo passou a ser denominada de Carbonária (do italiano *carbonaro* = carvoeiro). Ao referir-se a Carbonária italiana, escreveu Eric Hobsbawm: "Parece que descendiam de lojas maçônicas ou similares localizadas no leste da França através de oficiais franceses antibonapartistas em serviço na Itália; tomaram forma no sul deste país depois de 1806 e, junto com outros grupos semelhantes, espalharam-se para o norte e pelo Mediterrâneo depois de 1815". HOBSBAWM, Eric J. *A era das revoluções (1789-1848)*. 18ª ed., Rio de Janeiro: Paz e Terra, 2004, p. 167.

cola de formação cultural e científica em prol da transformação da sociedade humana.[53] Além disso, essa vertente materialista vinha acrescida da crítica de que a vinculação religiosa, seguida do rito de culto ao Grande Arquiteto do Universo, era uma contradição frente ao ideal livre-pensador. Porém, diante de certas exceções, a maçonaria está longe de ser considerada uma instituição ateísta ou antirreligiosa.

Entre os revolucionários que se aproximaram da maçonaria, estava o anarquista russo Mikhail Bakunin que, em certa ocasião, afirmou: "todos os grandes princípios da liberdade, da razão e da justiça humana... tinham se tornado, no seio da franco-maçonaria, dogmas práticos e, como base de uma nova moral e uma nova política, a alma de uma empresa gigantesca de demolição e de reconstrução".[54] Iniciado em 1845, frequentou lojas maçônicas na Alemanha e na Suíça e, durante anos, esteve ligado à loja italiana *Il Progresso Sociale* (possuindo o grau 32).[55] Em 1865, escreveu *Catéchisme de la Franc-Maçonnerie Moderne*, que jamais chegou a ser publicado.

Foi também, durante uma fraternização internacional, organizada por socialistas franceses e ingleses, ocorrida em Londres, em 5 de agosto de 1862, na *Free Masons Tavern*, que se decidiu a fundação da Associação Internacional dos Trabalhadores (AIT).[56] A respeito dessa relação, assim como visando dissipar mal-entendidos, o anarquista espanhol Anselmo Lorenzo, declarava: "nunca houve antagonismo entre a Maçonaria e A Internacional, antes ao contrário a primeira serviu de auxiliar a segunda em seu começo".[57]

Nesta importante etapa da organização proletária, segundo observou Nicolá Brihuega, foi ao abrigo da maçonaria que ocorreu a primeira reunião da

53 Cf., FERNÁNDEZ, Alberto Valín. "El movimento obrero y la masonería: el encuentro de dos culturas políticas y sus representaciones". *In*: *Criterios, res publica fulget - revista de pensamiento político y social*, nº 6, A Coruña, 2006; BASTIAN, Jean-Pierre (comp.). *Protestantes, liberales y francmasones. Sociedades de ideas y modernidad en América Latina, siglo XIX*. México: Fondo de Cultura Económica, 1990; VENTURA, António. *A carbonária em Portugal (1897-1910)*. Lisboa: Livros Horizonte, 2004.

54 BENIMELI, José Antonio Ferrer. *Op. cit.*, p. 158, [tradução nossa].

55 Trata-se de um grau elevado, ligado ao Rito Escocês Antigo, que é composto por 33 graus.

56 Ambas as passagens, CARLES, Federico Rivanera. *Anarquismo, judaísmo y masoneria...*, p. 141, [tradução nossa]. Tal confraternização ocorreu devido à presença da delegação de operários parisienses na Exposição Universal de Londres.

57 LORENZO, Anselmo. *El proletariado militante*. Madrid: Alianza, 1974, p. 64, [tradução nossa].

seção italiana de A Internacional. Igualmente, em Genebra (Suíça), desde o início da AIT, realizaram-se reuniões em lojas maçônicas.[58]

Entretanto, como frisou Enric Olive Serret, "é difícil precisar o momento em que militantes internacionalistas - mais tarde aliancistas, ou, mais concretamente, anarquistas-bakuninistas - começaram a fazer parte da maçonaria ou a se interessar por ela".[59] Aparentemente, uma incorporação mais intensa só ocorreu a partir de 1880.

De qualquer forma, ao final do século XIX, surge a loja irregular Obreiros do Futuro, fundada em Lisboa, por republicanos radicais e anarquistas intervencionistas,[60] sendo composta quase exclusivamente de operários.[61] Além disso, alguns núcleos maçônicos constituíram lojas específicas para trabalhadores, como ocorreu na Espanha, em 1890, com a criação da Grande Loja de Adoção para a Classe Operária,[62] sob os auspícios da Grande Loja Simbólica Espanhola.

Como destaca José Benimeli, foi expressivo o número de lojas maçônicas na Espanha, que contaram, em seus quadros, com trabalhadores dos mais variados ramos (mecânicos, carpinteiros, ferreiros, pedreiros, sapateiros, tipógrafos etc.).[63]

---

58 BRIHUEGA, Nicolás. "La influencia mutua entre anarquismo y masonería". *In: Cultura Masonica - revista de francmasonería*, Ano IV, nº 14. Oviedo: Ediciones del Arte Real, 2013, [tradução nossa].

59 SERRET, Enric Olive. "El movimento anarquista catalan y la masoneria en el ultimo tercio del siglo XIX. Anselmo Lorenzo y la logia 'Hijos del Trabajo'". *In: Recerques: Història, economia i cultura*, nº 16. Valencia: Universidad de Valencia, 1984, p. 135, [tradução nossa].

60 Esta corrente anarquista que ganhou o adjetivo de intervencionista, comumente, aliou forças com os republicanos em prol do advento da República em Portugal, convencidos de que o triunfo do regime republicano "abriria novas perspectivas à divulgação das doutrinas libertárias, à organização do seu movimento e, consequentemente, mais rápido chegaria o advento da sociedade que preconizavam". *In:* RODRIGUES, Edgar. *Os anarquistas e os sindicatos (Portugal, 1911-1922)*. Lisboa: Sementeira, 1981, p. 13.

61 VENTURA, António. *Anarquistas, republicanos e socialistas em Portugal - as convergências possíveis (1892-1910)*. Lisboa: Cosmos, 2000, p. 166 e 168.

62 *Ibidem*, p. 182.

63 A exemplo das lojas: *Los Amigos de la Naturaleza y de la Humanidad* (Gijón), *El Trabajo* (Trubia), *Caballeros de la Luz* (Oviedo), *Fraternidad* nº 245 (Huelva), *El Porvenir* (Linares), *Almogávares* nº 10 (Zaragoza) e *Asilo de la Virtud* (El Ferrol). Cf. BENIMELI, José Antonio Ferrer. *Op. cit.*, p. 161-162.

Em 1910, durante assembleia promovida pelo Grande Oriente Espanhol, que, entre outras coisas, tratou da organização das lojas voltadas aos proletários, definiu-se que:

> [...] a missão principal das lojas operárias é a de fomentar entre os operários a afeição ao estudo daqueles problemas que lhes afetam de maneira direta e que terão de resolver por seu próprio esforço, quando se fizerem compenetrados com as ideias de altruísmo, tolerância e persistência, sem as quais nunca poderão empreender a obra de sua emancipação.[64]

Apesar disto, nem sempre as relações entre maçonaria e movimento operário foram harmoniosas, visto que diversos círculos socialistas e anarquistas lançaram duros ataques à maçonaria, considerando-a uma instituição conservadora, reacionária e eminentemente burguesa, e que, desta maneira, estaria constituída pelos inimigos da classe trabalhadora. Frente a tais imperativos, Anselmo Lorenzo, em defesa da maçonaria, afirmou: "como maçom e como anarquista que goza de certo prestígio em ambos os campos, eu sou um protesto vivo contra essa preocupação", faz-se necessário "um laço de união entre os verdadeiros amantes do progresso e da justiça independente da classe social a que pertençam".[65] Todavia, na Espanha, especialmente em 1889, quando se "estala uma viva polêmica no seio do movimento anarquista sobre a necessidade ou a importância de ser ao mesmo tempo maçom e anarquista",[66] não faltaram críticas à figura de Lorenzo.

Anselmo Lorenzo Asperilla era tipógrafo e, desde a segunda metade do século XIX, passou a militar no movimento operário e anarquista espanhol. Em Madrid, em 1870, colaborou na criação do Conselho Federal da I Internacional e na Federação Regional Espanhola. Lorenzo, como tantos outros operários espanhóis, era membro da maçonaria, tendo sido iniciado na loja barcelonesa *Hijos del Trabajo*, em 13 de dezembro de 1883. Como era tipó-

---

64 BENIMELI, José Antonio Ferrer. *Op.cit.*, p. 176-177, [tradução nossa].

65 Ambas as passagens, LÁZARO, Pedro F. Álvarez. *La masoneria, escuela de formación del ciudadano: la educación interna de los masones españoles en el último tércio del siglo XIX*. 3ª ed., Madrid: Universidad Pontifícia Comillas, 2005, p. 193, [tradução nossa].

66 SERRET, Enric Olive. *Op. cit.*, p. 137, [tradução nossa].

grafo, escolheu o nome simbólico de Gutenberg.[67] E, durante anos, ocupou os cargos de maior responsabilidade e influência da loja: Orador e Venerável,[68] tendo ascendido ao grau 30. Em 1895, ingressou na Loja *Lealtad* (Barcelona). Durante sua atuação política, foi um dos grandes defensores da confluência entre anarquismo e maçonaria. Aliás, o grupo formado em torno a *La Academia* – oficina tipográfica do liberal Evaristo Ullastres –, da qual Lorenzo fazia parte, ou ainda de Josep Llunas e o seu periódico *La Tramontana*, tiveram "um papel decisivo no intuito de proclamar a compatibilidade entre o anarquismo e a maçonaria, bem como entre o laicismo militante, o livre-pensamento e a acracia, ou ainda entre o catalanismo e o movimento libertário".[69]

Neste percurso, Anselmo Lorenzo, em nome da Loja *Hijos del Trabajo*, ao tratar das lamentáveis desigualdades e misérias sociais, regidiu um longo texto sob o título de *La Propriedad y el Estado*, em que ganhava tônica o "intento de comprometer a maçonaria em um certo coletivismo antiestatista".[70]

Seja como for, a partir do século XIX "as lojas maçônicas se multiplicavam, exercendo um papel importante na difusão das ideias iluministas e liberais".[71] Independentemente de algumas alterações de princípios introduzidas pelo Grande Oriente da França, na maioria das lojas maçônicas predominou uma estrutura organizativa alinhada ao Rito Escocês Antigo, como demonstra o grau 30[72] (Lorenzo) e o grau 32[73] (Bakunin). Apesar disso, mesmo que lentamente, o anticlericalismo se fez presente no programa de um conjunto de lojas da maçonaria regular.

---

67 SÁNCHEZ FERRÉ, Pedro. "Anselmo Lorenzo, anarquista y masón". *In: História 16*, Ano X, nº 105, Madrid, 1985, p. 31, [tradução nossa].

68 LÁZARO, Pedro F. Álvarez. *Op. cit.*, p. 192, [tradução nossa].

69 SERRET, Enric Olive. *Op. cit.*, p. 136-137, [tradução nossa].

70 *Ibidem*, p. 148, [tradução nossa].

71 AZZI, Riolando. *A crise da cristandade e o projeto liberal*. São Paulo: Edições Paulinas, 1991, p. 24.

72 Grau filosófico, marcado pelas denominações Cavaleiro Kadosh, Cavaleiro da Águia Branca e Negra ou Grande Inquisidor. Há registros da atuação de Lorenzo na maçonaria até 1895. Na sequência, devido sua deportação, ao que parece, o vínculo se desfaz.

73 Grau administrativo, intitulado Sublime e Valente Príncipe do Real Segredo. Sabe-se também que Bakunin foi membro da *Società dei Libero Pensiero*, criada em Siena, em 1864, por Francesco Cellesi. Tudo indica que a vinculação de Bakunin com a maçonaria italiana ocorreu devido aos laços de afinidade que ele manteve com Giuseppe Garibaldi, que era maçom. Aliás, há quem afirme que Bakunin foi elevando ao grau 30 pelo próprio Garibaldi.

Ilustração 1. Emblema da *Federación Regional Española de la AIT* (1870-1881) - que traz ao centro o símbolo maçônico do nível (que simboliza igualdade)[74]

Simpáticos à abertura política de algumas lojas na França, em diferentes épocas, diversos expoentes do anarquismo estiveram vinculados à maçonaria, a exemplo de Pierre-Joseph Proudhon, Élisée Reclus, Paul Robin, Sébastien Faure, Augustin Frédéric Adolphe Hamon e Pierre Robert Piller. Em suma, a congregação de militantes do anarquismo em sociedades herméticas foi possível devido a certos aspectos que nortearam algumas alas da maçonaria, ou seja, "a luta contra a ignorância por meio da escolarização, e a ajuda ao proletariado em sua emancipação".[75] Assim, desde Bakunin até Augustin Hamon, é expressivo o número de anarquistas que ingressaram nas fileiras da maçonaria.

74 Imagem disponível em: <http://madrid.cnt.es/historia/la-federacion-regional-espanola>. Acesso em: 20 dez. 2017.

75 COMBES, André *apud* FERNÁNDEZ, Alberto Valín. "El movimento obrero y la masonería: el encuentro de dos culturas políticas y sus representaciones". *In: Criterios, res publica fulget – revista de pensamiento político y social*, nº 6, A Coruña, 2006, p. 155-156, [tradução nossa].

Por sua vez, no cenário espanhol das primeiras décadas do século XX, a *Confederación Nacional del Trabajo* (CNT, 1910) e a *Federación Anarquista Ibérica* (FAI,1927) contaram, em suas fileiras, com vários anarquistas ligados à maçonaria, entre os quais Juan Montseny Carret, Avelino González Mallada, Eusebio C. Carbó e Avelino González García.

Na Europa, organizaram-se lojas que deixavam transparecer sua afinidade política operária (assim como libertária), tendo em vista os nomes adotados, a exemplo de *Rebeldia, Aurora, Anarquia e Ordem, Francisco Ferrer* e *Obreiros do Futuro*, de Portugal; *Anarquia, Libertad, Revolución, Avant, Primero de Mayo, Hijos del Trabajo, Emancipación* e *Tierra y Libertad*, localizadas na Espanha. Em uma mesma sintonia, no Brasil, tem-se o registro das lojas: *Germinal, Pátria Humana, Francisco Ferrer, Cosmopolita, Liberdade* e *Primeiro de Maio*.[76]

Ao final do século XIX (e início do século XX), "a presença da Maçonaria brasileira nos debates que visavam construir uma nova noção de identidade nacional foi uma constante. Constitui-se, sem dúvida, na principal e na mais bem estruturada organização, no que dizia respeito à necessidade de se instituir uma sociedade mais secularizada".[77] Desta maneira, simpáticos à divisa triangular maçônica Liberdade, Igualdade e Fraternidade,[78] no Brasil, destacados membros do movimento anticlerical e operário vincularam-se a sociedades herméticas, transitando entre a maçonaria e a Ordem Rosa Cruz.

Além disso, no Brasil, nos primeiros anos da década de 1910, ganha forma uma organização de perfil carbonário no Sul do país, a Sociedade Secreta Ganganelli.[79] Composta por sócios secretos e populares, essa associação

76 Cf. NEVES, Roberto das. *Op. cit.*, p. 9.

77 BARATA, Alexandre Mansur. *Luzes e sombras: a ação da maçonaria brasileira (1870-1910)*. Campinas: Unicamp; Centro de Memória, 1999, p. 92.

78 O mesmo foi o *slogan* da Revolução Francesa (1789-1799). Após essa convulsão política ocorrida na França, tal divisa passou a figurar nos documentos maçônicos. Ademais, como destacou Riolando Azzi: "a Revolução Francesa (1789), tornou-se um marco para a afirmação do Estado leigo no Ocidente". *In:* AZZI, Riolando. *O Estado leigo e o projeto ultramontano*. São Paulo: Paulus, 1994, p. 6.

79 O nome da sociedade é uma referência a Giovanni Vincenzo Antonio Ganganelli (1705-1774), o Papa Clemente XIV, autor da bula *Dominus ac Redemptor Noster*, publicada em 1773, que dissolveu a Companhia de Jesus (Ordem dos Jesuítas). Apesar de não haver registros, "há uma tradição maçônica de considerá-lo como um maçom". *In:* BARATA, Alexandre Mansur. *Maçonaria, sociabilidade ilustrada & Independência do Brasil* (1790-1822). Juiz de Fora: UFJF; São Paulo: Annablume, 2006, p. 90. No Brasil, o jornalista

anticlerical defendia: a) Combater por todos os meios e modos o clero, sem escândalos e violências, fazendo públicos todos os seus erros, vícios e crimes; b) Estorvar as relações das famílias, principalmente das mulheres e crianças, com os padres; c) Não contribuir de modo algum para a subsistência da Igreja, recusando-se a ajudar em festas, a fazer batizados ou casamentos etc.[80]

Seguramente, aspirações anticlericais (e antirreligiosas) já estavam presentes em alguns setores da maçonaria brasileira, visto que, em 1909, a Loja Capitular 21 de Março, localizada em Natal, no Rio Grande do Norte, defendia a eliminação de práticas concernentes a atos ou instituições religiosas nos rituais maçônicos.[81] Acresce a isso a postura de outros maçons, a exemplo do paranaense Euclides da Motta Bandeira e Silva – um dos fundadores da Liga Anticlerical Paranaense –, que, em 1905, declarava:

> Como seria para desejar que a Maçonaria no Brasil seguisse o exemplo da França, que já riscou e aboliu várias fórmulas ridículas, suprimindo o famoso *Arquiteto do Universo*, que num século avançado, entre homens que obedecem à direção científica, não pode ser admitido. As lojas do Brasil deviam seguir o movimento renovador francês.
>
> A maçonaria é e deve ser essencialmente livre-pensadora, propagando a moral científica, não admitindo crenças no sobrenatural, isto é, no que a razão repele e nunca foi provado pela experimentação dos sábios verdadeiramente emancipados a todas as concepções teológicas e metafísicas.[82]

Claramente, o contato com o Rito Francês ou Moderno, ocorrido durante viagens a Europa, em especial a França, Bélgica e Portugal, resultou numa postura compromissada com o livre-pensamento por parte de algumas lojas no Brasil. A propósito, desde a segunda metade do século XIX, um grupo identificado com a corrente maçônica francesa e organizado em torno do Grande Oriente do Brasil da Rua dos Beneditinos, no Rio de Ja-

e maçom Joaquim Saldanha Marinho adotou o nome simbólico Ganganelli, com que passou a assinar diversos artigos na imprensa. No Rio de Janeiro, há registros também da fundação de uma loja maçônica nominada Ganganelli.

80 *A Lanterna*, São Paulo, 30 de março de 1912, p. 3.

81 *O Livre Pensador*, São Paulo, nº 13, 1º de dezembro de 1909, p. 28.

82 *Esphynge*, Curitiba, outubro a dezembro de 1905, p. 2.

neiro, incentivou a fundação de diversas lojas que, ao adotarem o Rito Moderno, eliminaram o uso do Livro da Lei Sagrada, bem como a invocação do Grande Arquiteto do Universo.[83] No Paraná, a título de exemplo, as lojas Luz Invisível e Cardoso Júnior foram duas experiências influenciadas pelo Rito Francês. Aliás, Dario Persiano de Almeida Vellozo – fundador da Loja Luz Invisível –, ao se reportar à ação da maçonaria, escreveu: "convicta de que a Liberdade de consciência é direito do Homem, defende-a, embora com sacrifício. Os algozes da Liberdade são seus inimigos: eis porque combate o ULTRAMONTANISMO".[84] Ainda, no Brasil, entre as lojas que seguiam as diretrizes do Rito Moderno, estavam a Loja Ordem e Progresso (São Paulo), a Loja 20 de Setembro (São Paulo), a Loja Electra (Curitiba) e a Loja Francisco Ferrer (São Paulo).[85]

Entrementes, Benjamim Mota, ateu declarado e confesso, que possuía fortes conexões com a maçonaria luso-brasileira de São Paulo, defendeu um livre-pensamento de expressão ateia, que era reforçada por publicações como o folheto *Ni Dios, Ni Patria*[86] – publicado, em 1904, na Argentina, por iniciativa do periódico anarquista *La Protesta*. Para tanto afirmou: "as religiões só são úteis aos parasitas, aos que vivem do suor das classes trabalhadoras. É preciso que o povo se convença desta verdade".[87]

Neste ensejo, ainda em 1899, Mota travou instigante discussão, no jornal *O Brazil*, contra as conferências do padre jesuíta Júlio Maria – importante arauto da possibilidade de acordo entre o clero e a república. Esses embates dariam forma ao livro *A Razão Contra a Fé*, publicado em 1900, que causou grande barulho, inclusive, dividindo opiniões dentro da maçonaria. No jornal *O Estado*

83 Cf. BARATA, Alexandre Mansur. *Op. cit.*, p. 73.

84 VELLOZO, Dario. "O Templo Maçônico". *In: Obras IV*. Curitiba: Instituto Neo-Pitagórico, 1975, p. 83.

85 Para um quadro mais amplo das lojas maçônicas brasileiras adeptas do Rito Moderno, cf. BARATA, Alexandre Mansur. *Op. cit.*, p. 175-194.

86 Tratava-se, inicialmente, de um manifesto que foi publicado, em 1899, no jornal *El Grito del Pueblo* (São Paulo). No começo do século XX, foi traduzido por José Guiraldes para o castelhano, ganhando publicidade como folheto na Argentina. Na sequência, em 1904, vem a lume uma nova edição em Buenos Aires, pelo intento de *La Protesta*. Posteriormente, em 1906, é editado em Portugal pela Biblioteca de *A Vida* (Porto), enquanto no ano de 1931, é publicado em Santiago do Chile pela redação do jornal *Luz y Libertad*.

87 MOTA, Benjamim. *Op. cit.*, p. 10.

de S. Paulo, por intermédio de um texto assinado apenas como *Muitos maçons*, criticava-se o fato de o dr. João Pamphilo de Assumpção – presidente do conselho de Kadosh[88] – haver felicitado Benjamim Mota pela "brilhante refutação" das doutrinas clericais sustentadas pelo padre dr. Júlio Maria. Ademais, tendo em vista que Mota em sua obra atacava a religião e questionava a existência de Deus, esse apoio estaria em antagonismo com os princípios fundamentais da ordem maçônica, já que ela – segundo a afirmação do grupo intitulado *Muitos maçons* – agregava em seus rituais o sentimento religioso.[89]

Frente a isto, imediatamente, diversos maçons livres-pensadores se manifestaram via imprensa, respondendo no seguinte tom: "esse grupo que não assina os seus nomes", sem dúvida, "ignora que a Maçonaria é uma instituição excomungada pela Igreja Católica" e que o Conselho de Kadosh, ao aplaudir a campanha anticlerical encetada por Benjamim Mota, "agiu maçonicamente, uma vez que a Maçonaria foi instituída para combater o jesuitismo e o clericalismo".[90]

Seja como for, também há quem afirme que o anarquista e professor José Oiticica[91] foi iniciado na loja maçônica Francisco Ferrer i Guardia, que era integrada predominantemente por anarquistas espanhóis.[92] Sabe-se ainda que ele estava vinculado à Fraternitas Rosicruciana Antiqua, do Rio de Janeiro, tendo sido inclusive grão-mestre. No ano de 1912, ingressou na Liga Anticlerical do Rio de Janeiro, assim como em 1914 no Centro de Estudos Sociais (Rio de Janeiro), contribuindo ativamente na difusão do anticlericalismo e do anarquismo. Em meio a isso, foi "um profundo estudioso da Bíblia e de outras religiões,

---

88 Trigésimo Grau usado pela Maçonaria de Rito Escocês.

89 Cf. *O Estado de S. Paulo*, 26 de janeiro de 1901, p. 2.

90 Até aqui, tudo em *O Estado de S. Paulo*, 30 de janeiro de 1901, p. 2.

91 José Rodrigues Leite e Oiticica (1882-1957). A partir de 1912, começou a militar junto de círculos anticlericais e anarquistas, atuando na Liga Anticlerical do Rio de Janeiro (fundada em 1911) e no Centro de Estudos Sociais (fundado em 1914). Por vezes, valendo-se de pseudônimos como Sérgio Rud Azalan, Macário Ptokos e João Vermelho, participou ativamente da propaganda libertária, via as publicações *A Vida*, *Spártacus*, *Na Barricada*, *O Germinal*, *Ação Direta*, entre outros. Para detalhes sobre sua vida e obra, cf. OMENA, Maria Aparecida Munhoz de. *José Oiticica: da anarquia à anarcopoesia*. São Paulo: Annablume, 2010; VENTURA, Tereza. *Nem Barbárie, Nem Civilização!* São Paulo: Annablume, 2010; LAMOUNIER, Aden Assunção. *José Oiticica: itinerários de um militante anarquista*. Curitiba: Primas, 2017.

92 NEVES, Roberto das. *Op. cit.*, p. 190.

bem como do ocultismo",[93] ainda como "adepto das ideias científicas e do espírito racional-crítico".[94] Curiosamente, no seu livro de sonetos,[95] publicado em 1919, há em diversos versos a exaltação de uma espécie de filosofia deísta.

Acerca da Loja Francisco Ferrer, cabe abrir parênteses. Inicialmente, nominada de Loja União Espanhola, em outubro de 1909, via sessão solene, adotou o nome simbólico de Loja Francisco Ferrer.[96] Localizado em São Paulo, esse organismo maçônico, que se destacava no seio da maçonaria, pela sua forte preocupação para com a questão social e operária, fez-se atuante nas lutas anticlericais promovidas no Brasil.

Deste modo, em 1915, a Loja Francisco Ferrer lançava as seguintes considerações: a Maçonaria é uma instituição que, na sua Constituição, declara combater o Erro, a Superstição e o Fanatismo, enquanto, a Igreja Católica, como, aliás, todas as Igrejas, "fazem base opulenta de vida na exploração de superstições absurdas e incríveis sob a denominação de rezas, amuletos, relíquias e milagres". Além disso, "a Igreja combate o Progresso, persegue a Liberdade, difama os apóstolos do Bem e da Verdade, não admitindo no mundo senão seus princípios obsoletos e inquisitoriais".[97] Frente a tudo isso, a Loja Francisco Ferrer estipulava que os seus membros deveriam eximir-se de participar de cultos com feito religioso, principalmente católico – seja assistir a missas, batizar ou casar. Não obstante, ao considerar falta imperdoável de dignidade maçônica, o membro que a tais práticas assistisse, realizasse ou mesmo auxiliasse moral ou materialmente, seria imediatamente desligado oficialmente da loja, visto que havia faltado "conscienciosamente" com os princípios maçônicos.[98]

Entre as lides travadas, a referida loja agregou manifestações de protesto ao assassinato do pedagogo libertário Francisco Ferrer i Guardia perpetrado pelo governo espanhol e contra a condenação dos anarquistas italianos Nico-

93 OMENA, Maria Aparecida Munhoz de. *Op. cit.*, p. 273.

94 VENTURA, Tereza. *Op. cit.*, p. 15.

95 OITICICA, José. *Sonetos (2ª série: 1911-1918).* Maceió: Casa Ramalho, 1919.

96 Na imprensa diária, a partir de 1909, ora foi denominada como Loja Francisco Ferrer, ora como Loja União Espanhola.

97 *A Lanterna*, São Paulo, 10 de julho de 1915, p. 3.

98 *Ibidem.*

la Sacco e Bartolomeo Vanzetti,[99] pelo poder judiciário estadunidense. E, em oposição ao novo projeto de lei da autoria de Adolfo Gordo, que tramitava no Senado brasileiro, visando cercear a liberdade de imprensa, os membros da Loja Benemérita Francisco Ferrer, em sessão realizada a 21 de julho de 1922, aprovaram a seguinte moção:

> Considerando que a célebre lei de repressão ao anarquismo, da lavra do Sr. Adolfo Gordo,[100] teve por consequência o fechamento dos portos brasileiros aos trabalhadores estrangeiros, prejudicando o país imensamente e particularmente o Estado de São Paulo;
>
> Considerando que a nova lei sobre imprensa, apresentada no Senado Federal pelo mesmo autor, caso seja aprovada, virá da mesma forma impedir a entrada no território nacional aos operários intelectuais e motivará a perseguição dos jornalistas independentes;
>
> Considerando que a dita lei vem ferir no que tem de mais sagrado o artigo 72 da Constituição Brasileira.
>
> A Loja Francisco Ferrer protesta contra tal lei, por ser contraria a liberdade de pensamento, base fundamental do progresso humano.[101]

Ao final da década de 1910, essa mesma loja maçônica, que se fazia atuante no cenário social da Primeira República, vinculou-se ao Grande Oriente Autônomo de São Paulo.[102] Fundado no início de 1916 (sua instalação definitiva ocorrerá em janeiro de 1917), a princípio, o Grande Oriente Autônomo de São Paulo compreendia as lojas Giuseppe Mazzini, Giustizia e Antica

99 Anarquistas italianos presos e condenados à morte nos EUA, sob a acusação de latrocínio. Apesar da forte agitação internacional contra as condenações de Sacco e Vanzetti e da falta de provas que ligassem os dois envolvidos ao crime, ambos acabaram eletrocutados em 23 de agosto de 1927. Cf. PORTER, Katherine Anne. *Sacco e Vanzetti: um erro irreparável.* Rio de Janeiro: Salamandra, 1978.

100 Referência ao Decreto nº 1641, de 7 de janeiro de 1907, chamado de Lei Adolfo Gordo ou Lei de Expulsão de Estrangeiros.

101 *O Combate*, São Paulo, 22 de julho de 1922, p. 1.

102 Permaneceu sob os auspícios desse organismo maçônico até 1922, quando passou, então, a submeter-se às diretrizes do Grande Oriente do Brasil. Por fim, o Grande Oriente Autônomo de São Paulo extinguiu-se em 1926.

Roma,[103] logo ganhando novas adesões, a exemplo da Loja Libertas (fundada em São Paulo, em 1921) e a Loja Francisco Ferrer.

Desde sua criação, o Grande Oriente Autônomo de São Paulo foi um importante organismo maçônico de ação política no meio operário paulista. Durante a Greve de 1917, em carta aberta aos grevistas, afirmava expressar um "voto de solidariedade sincera" e, partindo da defesa de "que o principal objetivo da instituição maçônica é o de cooperar com o desenvolvimento social da humanidade e, sobretudo, com o melhoramento das classes necessitadas", fazia "votos para a vitória dessas classes que lutam por uma causa nobre e justa".[104] Talvez, justamente nessa declaração de participar ativamente do desenvolvimento social da humanidade, proferida pelo Grande Oriente Autônomo de São Paulo, esteja o elemento definidor para entender a vinculação de diversos militantes socialistas e anarquistas com as lojas maçônicas.

Deste modo, no Brasil, o envolvimento de militantes com a maçonaria traz, em sua lista, outras personalidades. No Paraná, o boticário português, professor e libertário Carlos Alberto Teixeira Coelho, responsável por diversas iniciativas em prol do livre-pensamento e do anticlericalismo na cidade de Ponta Grossa – a exemplo do Centro Livre Pensador (1908) e do periódico *O Anticlerical* (1908) – esteve ligado à Loja Amor e Caridade e foi redator do jornal maçônico *Luz Essênia* (1905).[105] Enquanto, em São Paulo, o socialista italiano, jornalista, professor e advogado Antonio Piccarolo – ativo colaborador nas campanhas anticlericais – manteve vínculos com a Loja Antica Roma (São Paulo) e foi um dos organizadores do Grande Oriente Autonômo de São Paulo, no qual atuou como grão-mestre. Sabe-se ainda, que integrou a Loja Guglielmo Oberdan (São Paulo).[106]

Neste ínterim, o livre-pensador e tipógrafo Everardo Dias – redator do *O Livre Pensador* foi iniciado (cadastro nº 819), em 1904, na Loja Filhos do Universo,

---

103 BIONDI, Luigi. *Classe e nação: trabalhadores e socialistas italianos em São Paulo, 1890-1920.* Campinas: Unicamp, 2011, p. 369.

104 Ambas as passagens, *Ibidem*, p. 356-357.

105 Cf. *Jerusalém*, Curitiba, 18 de julho de 1901, p. 4; *Diário da Tarde*, Curitiba, 10 de fevereiro de 1905, p. 1; *A República*, Curitiba, 10 de março de 1905, p. 2.

106 Cf. BERTONHA, João Fábio. *Sob a sombra de Mussolini: os italianos de São Paulo e a luta contra o fascismo, 1919-1945.* São Paulo: FAPESP; Annablume, 1999, p. 214; *Correio Paulistano*, São Paulo, 20 de setembro de 1911, p. V.

localizada na cidade de Monte Alto. Na sequência, na capital paulista, filiou-se à Loja União Espanhola (1906) e à Loja Ordem e Progresso (1908). Ao corroborar a ideia de que a maçonaria era essencialmente livre-pensadora, assim como vigilante da liberdade de consciência, Everardo Dias insistiu que ela teria for fim essencial combater o fanatismo, o erro e a ignorância.[107] Assim, representando as lojas Perseveranças III (Sorocaba), União Espanhola (São Paulo) e Deus, Justiça e Caridade (Pederneiras), ele exerceu, junto ao Grande Oriente, diversas atribuições entre os anos de 1912 e 1919.[108] Além disso, foi gerente da Oficina Gráfica José Bonifácio, mas, devido a desavenças com Mário Behring - Grão-Mestre do Grande Oriente do Brasil -, foi exonerado em 11 de novembro de 1924.

Entretanto, a maçonaria não contou apenas com homens em suas fileiras e, mesmo que em menor número, a presença feminina se fez efetiva. Em um primeiro momento, vinculadas às lojas de Adoção[109] (maçonaria de damas), criadas na França, em 1774, por intermédio do Grande Oriente da França, o que não passou de gentil concessão à curiosidade das esposas dos maçons,[110] a participação feminina (damas da nobreza) restringiu-se a campanhas de caridade. Possivelmente, com essa iniciativa, a maçonaria, mesmo que de forma sucinta, ambicionasse medir forças com o clero, visto que passou a atuar num campo que era de predominância das instituições religiosas.

Por intercessão do franco-maçom George Martin e da feminista Marie Deraismes - iniciada maçonicamente, em 1882, na Loja *Les Libres Pensuers* (localizada em Pecq)[111] -, novos passos seriam dados rumo ao ingresso feminino nas fileiras da maçonaria, como demonstrava a fundação, em Paris, a

107 DIAS, Everardo. *Semeando...: palestras e conferências.* Rio de Janeiro: E. P. Maçônica José Bonifácio, 1921, p. 18.

108 CASTELLANI, José. *A Loja Ordem e Progresso e Everardo Dias, maçom e líder operário e libertário.* Disponível em: <http://www.lojaordemeprogresso.com.br>. Acesso em: 11 nov. 2014.

109 Segundo destaca Benimeli, "a maçonaria de Adoção consistia de quatro graus: 1°, aprendiz; 2°, companheira; 3°, mestra; 4°, mestra perfeita", *In:* BENIMELI, José Antonio Ferrer. *Op. cit.*, p. 68, [tradução nossa].

110 MOURA, Maria Lacerda de. *A mulher e a maçonaria.* São Paulo: Tipografia do Globo, 1922, p. 30.

111 Ao tomar conhecimento deste fato, a Grande Loja da França considerou tal prática uma violação de seus preceitos, expulsando das suas fileiras a referida loja, assim como o grão-mestre que havia realizado a iniciação.

4 de abril de 1893, da Grande Loja Simbólica Mista da França, denominada Loja *Le Droit Humain* – que se tornaria um importante reduto do anticlericalismo e do racionalismo. Acerca das motivações ligadas à criação dessa loja, o seu fundador George Martin expunha: "a razão de ser da ordem mista é a abolição da escravidão feminina".[112] Sem demora, servindo de exemplo e cativando novos/as adeptos/as, ainda no final do século XIX, crescia o número de lojas mistas, sobretudo na França e na Espanha. No transcurso do século XX, novos projetos de organização ganharam fôlego, resultando no surgimento das primeiras lojas maçônicas femininas independentes.

Neste sentido, em 1887, na Espanha, a Loja *Hijos del Trabajo* afirmava querer "associar a mulher a obra maçônica, não para tê-la no estado de adoção e dependência, como se fosse sujeita a permanente tutela, mas sim para elevá-la a categoria de membro ativo, reconhecendo à iniciada como igual aos demais (tanto em direitos quanto em deveres)".[113]

No Brasil, na cidade de Curitiba, anexa à Loja Acácia Paranaense, é fundada, em 15 de dezembro de 1901, a Loja de Adoção Filhas da Acácia. Também, engajada nas lutas pela emancipação feminina, realizadas no Brasil, a professora mineira Maria Lacerda de Moura, ao mudar-se para São Paulo, em 1921, aproximou-se da maçonaria local via a Loja 14 de Julho, localizada em Santos, onde, em 1922, realizou a conferência: "A Mulher e a Maçonaria".[114] Dando especial destaque aos contributos da maçonaria moderna, que propiciou a participação do elemento feminino nos quadros da ordem, a oradora declarava:

> A Maçonaria é uma das poucas instituições que atravessaram os séculos guardando os tesouros herdados para transmiti-los as gerações sucessivas.
>
> É tempo de se darem as mãos homens e mulheres numa mesma cruzada regeneradora: sem o concurso da mulher [é] impossível a tentativa de qualquer modificação no caráter social.[115]

---

112 MOURA, Maria Lacerda de. *Op. cit.*, p. 23.

113 SERRET, Enric Olive. *Op. cit.*, p. 145, [tradução nossa].

114 Foi publicada na forma de livro. Na folha de rosto da obra, consta: à memória de George Martin e Marie Deraismes. Sabe-se ainda que Carlos Ferreira de Moura, com quem Maria Lacerda de Moura era casada, estava vinculado à maçonaria.

115 MOURA, Maria Lacerda de. *Op. cit.*, p. 40-41.

Maria Lacerda, uma aspirante à ciência antiga dos Rosa Cruz e à "sabedoria dos Iniciados",[116] no decorrer de sua vida, cultivou convicções espiritualistas e esotéricas – influenciada pela leitura de Helena Blavatsky e Annie Besant.[117] Não raro, essa sua postura atrairia críticas da parte de muitos anarquistas. Apesar disso, em 1926, filiou-se ao Círculo Esotérico Comunhão do Pensamento, de São Paulo, por intermédio do qual publicará a 2ª edição da sua obra *Religião do Amor e da Beleza*. Durante anos, esteve ligada à Fraternidade Rosa Cruz,[118] no Rio de Janeiro, onde, em 1944, realizou a conferência "O Silêncio" – aliás, um dos seus últimos trabalhos. Naquela ocasião, tendo como mestres Han Ryner e Jesus Cristo, a oradora interpelava: "Que culpa cabe a Jesus de Nazareth, si de seu nome e de seu amor, surgiram às fogueiras da Inquisição, os Autos de Fé e o Jesuitismo?".[119]

Com grande afinidade pelas lutas do anarquismo, Maria Lacerda de Moura[120] passou a colaborar na imprensa operária e libertária e a realizar inúmeras conferências, com isso, estreitando laços com círculos operários e anarquistas de São Paulo e Rio de Janeiro. Ademais, passou a compartilhar expressões políticas com os anarquistas Rodolfo Felipe[121] e José Oiticica – que, na década de 1940, será seu colega de fraternidade, na Ordem Rosa Cruz.[122] Afora a recusa de Maria Lacerda por definições político-ideológicas específicas (a exemplo do título anarquista), sabe-se que ela manteve importante troca de correspondências com o anarquista individualista francês Émi-

116 MOURA, Maria Lacerda de. *O silêncio*. Rio de Janeiro: Gráfica Tupy, 1948, p. 52.

117 Cf. LEITE, Míriam Lifchitz Moreira. *Outra face do feminismo: Maria Lacerda de Moura*. São Paulo: Ática, 1984.

118 Em 1935, Maria Lacerda rompe com a ordem Rosa Cruz. Todavia, na década de 1940, por influência de José Oiticica, ela retorna ao seio da fraternidade.

119 MOURA, Maria Lacerda. *O silêncio...*, p. 13. Tais ideias-força já estavam presentes na sua obra *Civilização – tronco de escravos*, que foi publicada em 1931.

120 Ao referir-se a Maria Lacerda, o escritor Aníbal Vaz de Melo, autor da obra *Cristo o maior dos anarquistas*, escreveu: "nossa querida irmã em Maçonaria e camarada anarquista". Cf. NEVES, Roberto das. *Entre colunas...*

121 Jornalista e militante do movimento libertário que colaborou nos periódicos *A Plebe*, *Germinal* e *La Barricata*. Na década de 1930, foi diretor do jornal *A Plebe* e esteve à frente da editora A Sementeira e da Livraria Inovadora (ambas de São Paulo), responsáveis pela difusão de obras anarquistas e anticlericais. Cf. RODRIGUES, Edgar. *Os companheiros* – vol. 5. Florianópolis: Insular, 1998, p. 91-98.

122 Cf. RODRIGUES, Edgar. *Os Libertários*. Rio de Janeiro: VJR, 1993, p. 72.

le Armand[123] e com o filósofo libertário individualista Han Ryner[124] - sendo a principal divulgadora da obra deste último, no Brasil.

De maneira especulativa, é possível ainda apontar que outros militantes libertários mantiveram vínculos estreitos com a maçonaria, como é o caso do anarquista Gigi Damiani, que, mesmo não sendo um iniciado, manteve uma relação de reciprocidade com agrupamentos maçônicos durante sua estadia no Paraná. Referindo-se à pessoa de Damiani, a revista maçônica *Ramo de Acácia* (Curitiba), em 1909, publicou: "o intemerato e sereno companheiro, leal e incorruptível, fino observador dos homens e das coisas".[125] Por certo, a colaboração entre anarquistas e maçons se fez efetiva, como bem demonstra a participação do maçom Dario Vellozo[126] em publicações libertárias, como *A Lanterna* (São Paulo, 2ª fase) - que tinha como redator-chefe Edgard Leuenroth -, *A Terra Livre* (São Paulo) - cuja redação era composta por Neno Vasco, Manuel Moscoso[127] e Edgard Leuenroth -, e *A Obra* (São Paulo) - dirigida por Florentino de Carvalho.[128]

---

123 Seu nome verdadeiro era Ernest-Lucien Juin. A troca de correspondências ocorreu na década de 1930, quando Maria Lacerda morava na comunidade agrícola e libertária de Guararema (São Paulo). Vale destacar que no anarquismo individualista prioriza-se a vontade do indivíduo em detrimento de agrupamentos, regimes ou sistemas de vida social que tendam ao autoritarismo e a castração do desenvolvimento individual. Tal corrente política contou entre os seus expoentes com Max Stirner, Émile Armand, Benjamin Tucker etc., e desempenhou um papel crucial no campo da sexualidade, da educação e do antimilitarismo.

124 Tratava-se de um pseudônimo, seu nome verdadeiro era Jacques Élie Henri Ambroise Ner.

125 *Ramo de Acácia*, Curitiba, nº 3/4, janeiro/fevereiro de 1909, p. 55.

126 Em novembro de 1911, de passagem por São Paulo, o "valioso correligionário e amigo" Dario Vellozo, "ardoroso propagandista do livre-pensamento", visitava a redação do jornal *A Lanterna*. E, dando nota disso, registrou a referida folha: "o nosso companheiro de lutas, de quem já temos publicado trabalhos, prometeu-nos colaborar com mais assiduidade na Lanterna", *In: A Lanterna*, São Paulo, 25 de novembro de 1911, p. 3.

127 Anarquista espanhol, em 1890 veio para o Brasil, fixando-se em São Paulo, onde exerceu o ofício de linotipista. No transcurso do século XX, contribuiu assiduamente com a propaganda libertária, ora colaborando em *O Amigo do Povo*, ora compondo a redação de diversos periódicos, tais como *O Libertário*, *A Terra Livre*, *A Voz do Trabalhador*. Cf. Rodrigues, Edgar. *Os companheiros* - vol. 4. Florianópolis: Insular, 1997, p. 90-102.

128 Pseudônimo usado pelo espanhol Raymundo Primitivo Soares (1889-1947), que chegou ao Brasil em 1889. Logo se interessando pela questão social, tornou-se anarquista, colaborando em diversos jornais, entre os quais, *O Libertário*, *A Hora Social*, *Alba Rossa* e *A Plebe*. Para detalhes sobre sua vida e obra, cf. NASCIMENTO, Rogério H. Z. *Florentino de Carvalho: pensamento social de um anarquista*. Rio de Janeiro: Achiamé, 2000.

Horizontes da contestação...

O anticlericalismo que se fez germinar no início do século XX, no Brasil, tinha, como um dos seus inveterados propagadores, o anarquista Benjamim Mota, que estava à frente do combativo jornal *A Lanterna* (alegoricamente, símbolo da verdade e da delação). Essa folha apresentava-se como órgão da Liga Anticlerical de São Paulo. Sua redação ficava na Rua da Quitanda, nº 2 (Sobrado), onde funcionava o escritório de advocacia de Mota, o diretor d'*A Lanterna*.

Desde 1899, junto com outros correligionários, Benjamim Mota lançou os primeiros pilares da Liga Anticlerical,[129] visando, com isso, fazer barreira ao jesuitismo que, "escorraçado da Europa e Filipinas", tentava novamente implantar-se no Brasil.[130] Intui-se que, mesmo de maneira sorrateira, a tática da criação da Liga tomou por excitação o cenário de lutas promovidas, desde longa data, na França, por entidades como a Liga Anticlerical (1879), criada por Léo Taxil, uma vez que Benjamim Mota havia tido contato com esse caldo político-cultural, identificando-se com o mesmo, na época que viveu em Paris.[131]

Em enérgico manifesto dirigido ao povo brasileiro, a Liga Anticlerical de São Paulo afirmava ter entre seus fins:

> - Arrancar aos padres e aos prepostos - os jesuítas de batina ou de calças - a educação da infância e da mocidade, para que eles não modelem na obediência passiva, que conduz ao idiotismo, tantos cérebros, bem como arrancar ao confessionário e ao império jesuítico, as mulheres e as classes trabalhadoras.
>
> - Combater os privilégios que concedeu ao clero e as congregações religiosas a imprevidência republicana, privilégios dos quais se estão

129 Entre os 45 membros que assinaram o manifesto de 1899 da referida associação, estavam Luís Pereira Barreto (médico e filósofo), Benjamim Mota (advogado e jornalista), José Bertoni (hoteleiro e comerciante), Pedro Chiquet Filho (tenente) e João Baptista Endrizzi (dono da Casa Endrizzi - tipografia e livraria).

130 *A Lanterna*, São Paulo, 6-7 de junho de 1903, p. 1.

131 Também se acredita que o periódico *A Lanterna* (São Paulo) tenha tido como referencial as publicações francesas *La Lanterne* (1877) e *L'AntiClérical* (1879), visto que, além do título, há formatações estéticas similares adotadas pelo jornal paulista.

> servindo para explorar o povo, perpetuando-o na ignorância, como para atacar as instituições democráticas.[132]

Mesmo com a fundação da Liga Anticlerical de São Paulo datar de 1899 e de o periódico *A Lanterna*, lançado em 1901, assumir-se como órgão da referida associação, ao que parece, ela só ganhou forma efetiva a partir de 1903, como demonstra um convite de reunião, que, realizada no dia 27 de setembro daquele ano, visava a discussão e aprovação dos Estatutos da Liga e eleição da sua primeira diretoria. A propósito, o chamamento em prol da constituição definitiva da Liga Anticlerical de São Paulo, ocorrida naquele momento, vinha como resposta à expulsão de religiosos da França, como resultado da política patrocinada pelos ministros Pierre Waldek-Rousseau e Émilie Combes, seguido do surgimento de associações clericais, em especial, a Liga de São Pedro e a União Católica Santo Agostinho (ambas de São Paulo).

Por esse papel relevante enquanto agitador e publicista, Benjamim Mota seria laureado como um dos ilustres militantes da causa do livre-pensamento e do anticlericalismo no Brasil, obtendo, inclusive, o reconhecimento de agrupamentos internacionais, tais como a *Federación Internacional de Librepensadores en España, Portugal y América Ibera.*

Entre os anos de 1901 e 1904, Mota esteve à frente de *A Lanterna*, um dos mais influentes órgãos de propaganda anticlerical produzidos no cenário brasileiro. Definindo-a como um irreverente órgão franco-maçom, Boris Fausto observou: "*A Lanterna* é o veículo mais consistente do anticlericalismo anarquista, embora seja razoável supor que ele tenha sido temperado pelo propósito de aglutinar outros círculos além dos libertários".[133]

A estreia d'*A Lanterna* deu-se no dia 7 de março de 1901, saindo de forma quinzenal; sua distribuição, naquele primeiro momento, foi gratuita (custeada por subscrições voluntárias) e ostentava a expressiva tiragem de 10 mil exemplares. No decorrer do seu primeiro ano de existência, a circulação do jornal aumentou, chegando a atingir 26 mil exemplares,[134] ou seja, um

---

132 *A Lanterna*, São Paulo, 6-7 de junho de 1903, p. 1.

133 FAUSTO, Boris. *Trabalho urbano e conflito social.* 4ª ed., São Paulo: Difel, 1986, p. 83.

134 Acerca do crescimento nas tiragens durante o primeiro ano de circulação, tem-se: nº1, nº 2 – 10 mil exemplares; nº 3, nº 4 – 15 mil exemplares; nº 5, nº 6, nº 7 – 20 mil exemplares;

número extraordinariamente elevado para a época, assim como para uma publicação desse perfil. Exagero ou não, essas cifras estão longe de precisar a força numérica anticlerical, visto que o próprio Benjamim Mota, em 1901, em tom diminuto, afirmava: "somos apenas um punhado de homens".[135]

No papel de tribuna aberta, *A Lanterna* acabou por atuar como porta-voz de livres-pensadores e de anticlericais de diversos matizes, entre os quais, correligionários vinculados à maçonaria. Desta maneira, maçons aparecem nas listas de subscrição que sustentavam o jornal, ou como articulistas e anunciantes.[136]

Como era de se esperar, o surgimento de *A Lanterna* inquietou diversos setores religiosos, que buscaram fazer frente à propaganda do órgão anticlerical com as publicações: *O Pharol* (São Paulo, 1901) - jornal católico, *A Crença* (São Paulo, 1901) - revista católica, *A Luz Divina* (São Paulo, 1901) - jornal evangélico e *A Palavra* (São Paulo, 1903) - jornal destinado a defesa da Igreja.

Aliás, ao final de 1904, o redator-responsável de *A Palavra*, Norberto J. Antunes Jorge, curiosamente, aparece entre os participantes de uma reunião promovida pelo recém-surgido Grupo Livre Pensador de São Paulo. E, durante o encaminhamento das discussões fomentadas pelo grupo, o redator de *A Palavra*, visando fazer frente aos correligionários do livre-pensamento, dava um aparte quando falava Benjamim Mota e Antonio Picarollo.[137] Rebatendo a atitude do interveniente, declarava Benjamim Mota que ele, Norberto Antunes, "poderia falar, pois estava numa reunião de livres-pensadores" que o respeitariam, sendo tolerantes, e que não procederiam "como os católicos e os padres que seriam capazes de linchar aquele que desse um aparte dentro de um templo católico".[138]

Efetivamente, ainda em 1901, no embalo do seu surgimento, *A Lanterna* já cruzava o Atlântico, chegando ao conhecimento de círculos atuantes

---

nº 8 - 24 mil exemplares; nº 9 - 26 mil exemplares (a partir desse número o jornal passa a ser vendido por 100 réis).

135 *A Lanterna*, São Paulo, 7 de março de 1901, p. 1.

136 SILVA, Eliane Moura. "Entre religião e política: maçons, espíritas, anarquistas e socialistas no Brasil por meio dos jornais *A Lanterna* e *O Livre Pensador*". *In:* ISAIA, Artur Cesar & MANOEL, Ivan Aparecido (orgs.). *Espiritismo e religiões afro-brasileiras: história e ciências sociais.* São Paulo: UNESP, 2012, p. 97.

137 *O Estado de S. Paulo*, 10 de dezembro de 1904, p. 3.

138 *Ibidem.*

na Espanha, conforme destaca, em suas páginas, o semanário livre-pensador, publicado em Madrid, *Las Dominicales:*

> O Brasil, que se havia entretido com uma filosofia pietista, permitindo a invasão dos frades, começa a despertar do sono:
>
> Guerra ao Clericalismo! Começou a gritar o periódico *A Lanterna*, semanário ilustrado que é impresso e distribuído gratuitamente muitos milhares de exemplares.
>
> A aparição desse periódico tem sido uma revelação para aquele país sedento de liberdade, e chamando as coisas pelos seus nomes e pintando ao vivo os horrores cometidos pelo clero, anima a cada dia maiores entusiasmos nas massas populares.[139]

Seja como for, após a saída do número 8, em 24 de junho 1901, a publicação d'*A Lanterna* cessou por meses, devido a dificuldades de custeio na impressão do jornal. Uma vez que, o periódico apesar de ter despertado grande interesse do público – como sugere o aumento da circulação para 24 mil exemplares –, ainda se mantinha como uma publicação de distribuição gratuita. Até então, o custo de edição e impressão d'*A Lanterna* continuava a cargo dos honorários do seu diretor-chefe Benjamim Mota e de ralas subscrições voluntárias. Deste modo, aparentemente, faltavam fundos suficientes para manter o jornal em constante e estável circulação, ocasionando assim, sucessivas interrupções.

Enquanto isto, na capital paranaense, ganharia forma o periódico *Electra*[140] – órgão da recém-criada Liga Anticlerical Paranaense[141] – que, como o próprio título revelava, vinha embalado pelo frenesi político gerado por *Electra*, do escritor Galdós, que se atribui como causa principal da agitação

139 *Las Dominicales*, nº 15, Madrid, 24 de maio de 1901, p. 4, [tradução nossa].

140 O jornal *Electra* durou de 1901 a 1903, tendo 18 números publicados.

141 Acerca dessa liga, têm-se indícios de sua atividade até o ano de 1905.

popular contra os frades na Espanha,[142] e em outros países, a exemplo de Portugal, Brasil e Argentina.[143]

Ao ganhar as ruas do centro de Curitiba, em agosto de 1901, o jornal *Electra* tinha como responsáveis: Generoso Borges, Ismael Martins, Leite Júnior e Euclides Bandeira.[144] Tratava-se de uma publicação de distribuição gratuita, tendo a sua redação localizada na Rua Visconde de Guarapuava, nº 30, lugar esse que, provavelmente, servia como sede da Liga Anticlerical Paranaense. Fundada em maio de 1901, essa associação tinha por fim combater, leal e francamente, o clericalismo[145] e, para tal feito, se valia de ferramentas de propaganda, tais como o periódico *Electra.*

A criação tanto da liga quanto da folha anticlerical foi iniciativa de jovens escritores inclinados ao simbolismo e vinculados à maçonaria do Paraná. Assim, Generoso Borges de Macedo, jornalista, poeta, cronista e advogado, estava ligado à Loja Acácia Paranaense (Curitiba); Ismael Alves Pereira Martins, professor, jornalista e poeta, era membro das Lojas Fraternidade Paranaense (Curitiba) e Luz Invisível (Curitiba); João Ferreira Leite Júnior, jornalista e poeta, era integrante da Loja Luz Invisível (Curitiba); e Euclides da Motta Bandeira e Silva, jornalista e literato, estava ligado à Loja Fraternidade Paranaense (Curitiba).

O combativo periódico, em seu programa de ação, expunha: "*Electra* guerreará princípios, não pessoas e os seus ataques serão francos, a luz meridiana, e em prol de todos os ideais enfeixados no ciclo luminoso do liberalismo".[146] Essa inclinação pelo "liberalismo" manifestada pelos redatores do órgão anticlerical

---

142 *Gazeta de Petrópolis,* 28 de fevereiro de 1901, p. 1. Em Barcelona, as autoridades eclesiásticas proibiram os católicos de assistirem a exibição de *Electra*, assim como uma comissão de senhoras religiosas organizaram uma representação assinada por famílias tradicionalistas, visando apelar para a intervenção do Papa e da Rainha Regente. Também, na região espanhola de Bilbao, é promovida uma manifestação reacionária contra Benito Pérez de Galdós, o autor de *Electra.*

143 Na Argentina, *Electra* estreou em Buenos Aires, em março de 1901, após a apresentação do drama, alguns populares apedrejaram o Colégio de Salvador e, posteriormente, o edifício da redação do *Diário Clerical*; enquanto que, em Córdoba, dois sacerdotes foram agredidos na rua.

144 A partir de fevereiro de 1902, Evaristo Pernetta assumiu o lugar de Ismael Martins na comissão redatora.

145 *Jerusalém*, Curitiba, 25 de abril de 1901, p. 1.

146 *Electra*, Curitiba, agosto de 1901, p. 1.

paranaense, não seria um entrave na aproximação com outros segmentos, a exemplo dos anarquistas, como bem demonstrava o *meeting* contra a "invasão clerical" (ou seja: contra a entrada no Brasil de clérigos que haviam sido expulsos de outros países), realizado no dia 9 de março de 1902, no Passeio Público de Curitiba, que contou com a presença anarquista, entre outros, de Luigi Damiani – mais conhecido por Gigi –, italiano, recém-chegado de São Paulo. Deste modo, como na França, importantes escritores simbolistas flertaram com os círculos anarquistas, a exemplo de Anatole France e Stéphane Mallarmé. No Brasil, também se presenciou aproximações e simpatias por parte de literatos simbolistas para com o movimento libertário e vice-versa.

Gigi Damiani engajou-se nas lutas sociais desde sua chegada ao Brasil, tornando-se um dos articuladores do movimento operário e anarquista em Curitiba (assim como em São Paulo).[147] Igualmente, identificando-se com a campanha anticlerical, que ganhava fôlego durante a Primeira República, contribuiu assiduamente no periódico *A Lanterna* (São Paulo), assinando alguns dos seus textos como Giani Gimida – um anagrama do nome Gigi Damiani –, ou ainda sob o pseudônimo de Cujum Pecus.[148] Na época que atuou no Paraná, se envolveu em diversas lidas anticlericais, sobretudo nas cidades de Curitiba e Ponta Grossa.

Em meio a isto, as atuações da Liga Anticlerical Paranaense e da folha *Electra* serviam de incentivo para a criação de novas associações no Paraná, tais como a Liga Anticlerical de Palmas (1902), a Liga Anticlerical Rio-Ne-

---

147 Sua primeira estadia em São Paulo foi de 1897 a 1902, neste período, colaborou na criação do *Circolo di Studi Sociali* e no grupo *Pensiero e Azione*, assim como esteve ligado a diversos periódicos libertários (como diretor e/ou redator), a exemplo de *Il Risveglio* (1898), *La Canaglia* (1900), *La Terza Roma* (1901). Cf. BIONDI, Luigi. "Na construção de uma biografia anarquista: os últimos anos de Gigi Damiani no Brasil". *In:* DEMINICIS, Rafael Borges; FILHO, Daniel Aarão Reis (orgs.). *História do anarquismo no Brasil* – vol. 1. Niterói: EdUFF; Rio de Janeiro: MAUAD, 2006.

148 Por vezes, apareceu escrito como Cuyum Pecus, como atesta um dos seus textos, publicado em 1910, em *A Terra Livre* (São Paulo). Também assinou muitos dos seus textos apenas como Cujum e com as iniciais G. D. ou G. G. Em 1901, colaborando em *A Lanterna*, escreveu assiduamente na Sezione Italiana. Durante a 2ª fase de *A Lanterna* (1909-1916), encontram-se pelo menos duas ilustrações de sua autoria, assinadas como Cujum. Além disso, Luigi Damiani (1876-1953) foi autor de diversas peças de teatro, entre as quais La Repubblica, Viva Rambolot, L'Osteria della Vittoria, Allogio Militare e O Milagre, assim como de folhetos, a exemplo de *Cristo y Bonnot* (1927).

grense (Rio Negro, 1902) e a União Anticlerical (Prudentópolis, 1902). Além dessas experiências, tem-se na cidade de Guarapuava, a fundação, em 1902, da Liga Anticlerical Guarapuavana, pela iniciativa de 39 membros ligados à maçonaria (entre os quais constavam professores, militares, comerciantes etc.) e cuja presidência estava a cargo do major Antonio Manoel da Silva. Em um ano e meio de atividade, a referida liga já contava com 132 sócios. Logo, em 1903, também em Guarapuava viu-se surgir a Liga Anticlerical Filhos da Fé – que era constituída por jovens entre 17 a 19 anos.

Evidentemente, "o Paraná foi uma das regiões onde a reação anticlerical contra o estabelecimento de dioceses se fez mais intensa, já que a nova sede episcopal seria um polo de atração de missioneiros estrangeiros",[149] empenhados em difundir a instrução religiosa. Em vista disso, logo após a instalação da Diocese em Curitiba (abrangendo os Estados do Paraná e Santa Catarina), no ano de 1894, Ismael Martins – que, em 1901, seria um dos mentores da Liga Anticlerical Paranaense –, explicitou: "tínhamos plena certeza de que ia surgir entre nós", como tem ocorrido em outros lugares, "a titânica luta da nova abolição", levada a cabo contra "os homens de vestes e consciências negras".[150] Frente a isso, paulatinamente, no Paraná avolumaram-se críticas ao clero e ao seu poder no plano institucional e no plano doutrinário. Segundo a ótica de Júlio Perneta – que, em 1901, dará impulso à Liga Anticlerical Paranaense –, "em todos os tempos o clero tem procurado empolgar o ensino para depois assaltar os governos, impondo-se a estes pela influência que exerce sobre uma parte do povo".[151]

Deste modo, ao vislumbrarem que a reação não poderia ser feita só com palavras, tais grupos – que agregavam maçons, republicanos, liberais, anarquistas, positivistas etc. – investiram na criação de associações. Seguramente, entre as características dessas ligas anticlericais estava o interclassismo, seguido da mistura de credos e do alinhamento político, uma vez que, no combate

149 OLIVEIRA, Anderson José Machado de; RODRIGUES, Cláudia. "El anticlericalismo en el Brasil". *In:* DI STEFANO, Roberto & ZANCA, José (comps.). *Pasiones anticlericales – un recorrido iberoamericano.* Bernal: Universidad de Quilmes, 2013, p. 225, [tradução nossa].

150 Até aqui, tudo em MARTINS, Ismael. *Tartufos.* Curitiba: Typografia da Livraria Econômica, 1900, p. 9.

151 PERNETTA, Julio. *Os chacaes.* Curitiba: Typografia da Livraria Econômica, 1898, p. 34.

ao clericalismo, grupos sociais distintos encontravam um mesmo escopo, ou ainda, um elemento de unidade local, situação que, grosso modo, poderia ser traduzida pela máxima "o inimigo do meu inimigo é meu aliado".

Neste sentido, a constituição das ligas, comumente rotuladas de ligas anticlericais ou ligas do livre-pensamento, seguida da publicação de jornais (que encorajou a troca de correspondências), foi um importante instrumento que possibilitou que a campanha livre-pensadora e anticlerical se expandisse, produzindo uma rede de comunicação e cooperação entre os diversos núcleos. Para tanto, como destaca António Ventura, ao estudar o cenário português, "foi no combate anticlerical que se forjaram laços de camaradagem e de amizade entre militantes republicanos, socialistas e anarquistas".[152]

Uma vez que os jornais se mostravam como o principal veículo de comunicação, quer na divulgação de acontecimentos locais, quer na popularização de tendências políticas (a exemplo do anticlericalismo), vê-se publicar, na primavera de 1901, na cidade de Ponta Negra, no Rio de Janeiro, a folha *A Verdade* – órgão da razão e da liberdade, que se assumia como porta-voz da Liga Anticlerical do Estado do Rio de Janeiro. Surgido em 26 de setembro de 1901, o nomeado jornal – de distribuição gratuita – era impresso em tipografia própria, supostamente, de propriedade de Sylvio Lopes,[153] gerente do periódico e um colaborador de *A Lanterna*. E, vociferando "guerra de extermínio ao retrógrado e vil elemento do jesuitismo", *A Verdade* contava, em sua direção, com um grupo de cristãos, maçons e republicanos,[154] para os quais o drama *Electra*, do escritor Galdós, era uma veemente bandeira de luta, digna de exaltação.

---

152 VENTURA, António. *Op. cit.*, p. 76.

153 Só conseguiu-se localizar um exemplar (o nº 1) do referido jornal. Porém, segundo registrou *O Cachoeirano* (editado na cidade de Cachoeiro de Itapemirim – Espírito Santo), em sua edição de 24 de outubro de 1901 (p. 2), o jornal *A Verdade* teve pelo menos dois números publicados no respectivo ano. É de supor que o jornal tenha tido outros números publicados, uma vez que encerrou suas atividades apenas em março de 1902. Sobre quem foi Sylvio Lopes, assim como a respeito da sua atuação na Liga Anticlerical do Estado do Rio de Janeiro, não se têm maiores informações. Porém, é evidente que Sylvio Lopes colaborava com o jornal *A Lanterna*, inclusive escrevendo para o mesmo, como atesta o seu artigo "Os grilhões de Roma", publicado em 3 de maio de 1901, p. 2.

154 *A Verdade*, Rio de Janeiro, 26 de setembro de 1901, p. 1.

Frente a mais esta constatação, uma interpelação ganha forma: o que havia de tão especial no drama *Electra* que, desde a sua estreia, passou a acalorar os anseios anticlericais de multidões de espectadores?

A peça *Electra*, de Benito Pérez Galdós, estreou na Espanha, em 30 de fevereiro de 1901, no Teatro Español de Madri, resultando em forte agitação anticlerical, marcada por gritos de "morram os jesuítas!". Diante de imediato êxito, manteve-se em cartaz por quase três meses. Além disso, a edição do drama em livro vendeu, nas primeiras semanas, mais de 20 mil exemplares, um sucesso crescente que, em pouco tempo, atingiu, na Espanha, a cifra de 100 mil exemplares vendidos.[155] No entanto, ao que parece, esse desenlace estava muito mais atrelado a questões de natureza política do que literária.

Coincidência ou não, a estreia de *Electra* ocorreu justamente em meio ao caso de Adelaida Ubao, uma jovem rica de 15 anos que, em 1900, por influência de um sacerdote jesuíta, ingressou no convento *Esclavas del Sagrado Corazón*, contra a vontade da mãe. Esse fato resultou num tumultuado litígio familiar junto ao Supremo Tribunal de Justiça na Espanha, em que a mãe exigia, por força da lei, a restituição da sua filha ao lar.[156] Assim, canalizando certa censura contra os jesuítas - que já gravitava na sociedade espanhola -, *Electra* converteu-se em emblemática bandeira de luta anticlerical, que, rapidamente, repercutiu em outros países, a exemplo da França, Portugal, Argentina, Brasil, México. Mas, além dessas circunstâncias políticas, qual era o conteúdo desse drama composto de cinco atos, que nos lugares em que foi encenado, comumente, acendeu a fagulha anticlerical?

Em linhas gerais, a trama gira em torno da protagonista que dá nome à peça, uma jovem de 18 anos, Máximo, um rapaz de ideias científico-progressistas, por quem Electra está apaixonada, e Don Salvador Pantoja, um fervoroso católico e tutor de Electra. Uma vez que Don Salvador acredita ser o pai de Electra, devido a uma aventura amorosa ocorrida no passado, ele desaprova a relação dos dois jovens, sobretudo, por considerar as ideias avançadas de Máximo um tanto perigosas. Logo, visando separá-los, cria a mentira de

155 Cf. ORTIZ-ARMENGOL, Pedro. *Vida de Galdòs*. Barcelona: Crítica, 2000, p. 577.

156 GILABERT, Francisco Martí. *Política religiosa de La Restauración (1875-1931)*. Madrid: RIALP, 1991, p. 76-79, [tradução nossa].

que ambos são irmãos, por parte de mãe. Ante esta triste revelação, Electra mergulha num profundo sentimento de culpa e pecado. Aproveitando-se da situação, o tutor entrega o destino da jovem a um convento. Todavia, em meio à reclusão e ao consolo da purificação divina, Electra tem uma visão do fantasma de Eleutéria (sua mãe), que, num rápido diálogo, lhe afirma: "venho acalmar as ânsias do teu coração de amante. Minha voz devolverá a paz a tua consciência. Nenhum vínculo de natureza te une ao homem que te escolheu por esposa". Ao fim e ao cabo, a jovem noviça é resgatada por Máximo e a falsa história é desmascarada.[157] Curiosamente, a revelação da verdade, em *Electra*, não era fruto da intervenção humana, mas, do sobrenatural.

Sem dúvida, entre os temas centrais de *Electra* – cuja narrativa traz simbologias oriundas da dramaturgia grega –, estava a defesa da liberdade e do amor, frente à coação e a mentira,[158] o que para muitos espectadores soou como um grito contra os abusos e a intolerância clerical.

De qualquer forma, nesse jogo de interesses, coube à imaginação de cada espectador encontrar ou não eventuais paralelos entre a saga ficcional de Electra e a realidade do caso de Adelaida Ubao, ou ainda com outras histórias que tivessem como elementos: noviças, clérigos e conventos.

Diante do impacto político de *Electra* em diversos países, não faltou quem afirmasse que o drama de Pérez Galdós veio revolucionar uma época. Em meio a isso, em 1901, o periódico *A Lanterna* anunciava a venda dos cigarros Electra, poderoso antídoto contra a inibição mental produzida pelo jesuitismo. E, por influência de Ismael Martins – membro da Liga Anticlerical Paranaense –, a fábrica de beneficiar erva-mate David Carneiro & Cia, localizada em Curitiba, lançava, em abril de 1901, a marca Electra. Também em Curitiba (Paraná) e em Porto Alegre (Rio Grande do Sul), lojas maçônicas ostentavam o seu nome, enquanto militantes anticlericais, a exemplo de Everardo Dias e Eugênio Gastaldetti,[159] escolhiam o nome Electra para as suas filhas.

---

157 GALDÓS, Benito Pérez. *Electra*. Madrid: Biblioteca Nueva, 1998.

158 BONNILA, María Del Prado Escobar. "Análisis de algunos aspectos de *Electra*. Posición de este drama en la dramaturgia galdosiana". *In: Philologica Canariensia*, nº 1. Las Palmas: Universidad de Las Palmas de Gran Canaria, 1995.

159 Operário gráfico, anarquista. Em 1904, publicou o *Jornal Operário* (São Paulo). No ano de 1906, fez parte do Grupo Editor Livre Pensamento, de São Paulo.

É certo que a mobilização anticlerical se fez de diversas formas. Além do surgimento de jornais e associações, há a realização de conferências, cursos, espetáculos teatrais, excursões de propaganda e *pic-nics*, bem como publicação de folhetos, livros e bilhetes postais. Em certos momentos, aproveitando-se da excitação pública, promoveram-se *meetings*, boicotes e, em muito menor grau, ações extremas contra membros ou instituições clericais. Assim, em maio de 1902, no Rio Grande do Sul, um grupo de anticlericais realizou manifestações hostis aos frades do convento de São José, inclusive com intenções de fazer fechar o convento e suspender as aulas dadas pelos frades. Sabendo do acontecido, a polícia mandou proibir as manifestações. Apesar de intimados, os manifestantes desobedeceram à ordem, repelindo a tiros o delegado de polícia, travando-se sério conflito.[160] Da mesma forma, em Rio dos Cedros, município de Blumenau, em Santa Catarina, na noite de 29 de abril de 1911, uma bomba explodiu, misteriosamente, a casa paroquial da Igreja central, que servia de dormitório para dois padres que realizariam, no dia seguinte (um domingo), a Primeira Comunhão de diversas crianças da comunidade. Sem demora, para o jornal católico *A Época* (Florianópolis), os criminosos (leia-se os anarquistas) pretendiam, com essa "requintada perversidade", impedir a realização do ato religioso. Ao responsabilizar diretamente os anarquistas pelo atentado, o referido periódico afirmava que, devido à marcante presença de italianos em Rio dos Cedros e cercanias, era intensa a propaganda anarquista, feita por meio de revistas e jornais. Logo, esse ato contra os padres foi "um dos primeiros frutos dessa propaganda", cujas principais armas "são a calúnia e a dinamite".[161]

A propósito, anos antes, a imprensa diária anunciava rumores de que o incêndio do convento de São Luís Bispo de Tolosa, localizado na cidade de

160 *Correio Paulistano*, São Paulo, 10 de maio de 1902, p. 1. A respeito dos motivos da manifestação, tem-se: "na tarde de quinta-feira 5 do corrente, o alferes reformado do exército Epifânio José de Oliveira, no Rio Grande do Sul, pretendia fazer um *meeting*, protestando contra a entrada de quatro moças da sociedade rio-grandense para o convento de S. José. A polícia, porém, se opôs a realização do *meeting*". *In: Gazeta de Notícias*, Rio de Janeiro, 18 de maio de 1902, p. 2.

161 *A Época*, Florianópolis, 6 de maio de 1911, p. 2. Cf. também OTTO, Claricia. *Catolicidades e italinidades: tramas e poder em Santa Catarina (1875-1930)*. Florianópolis: Insular, 2006, p. 183.

Itu (São Paulo) – importante reduto jesuíta –, havia sido obra de um grupo de anticlericais, que, com aquele atentado, visava impedir que o lugar servisse de alojamento aos frades estrangeiros que estavam indo para lá.[162] Apesar de a campanha anticlerical ter assumido tons de raiva e ameaça em certos momentos da Primeira República, não há nada, além dos rumores, sobre a autoria desse ato incendiário, que comprove efetivamente a suspeita. Sem maiores evidências, esse episódio, ocorrido em 1907, permaneceu na dimensão do boato, alimentando o já rico imaginário acerca da voracidade anticlerical.

Seja como for, em novembro de 1901, *A Lanterna* havia ressurgido[163] e, abandonando o sistema de distribuição gratuita, passou a ser vendida. No entanto, a situação econômica pela qual o periódico passava ainda não era nada estável, o que ocasionaria nova interrupção. Seria o fim d'*A Lanterna*? Por certo, não faltavam adversários que comemorariam tal destino, uma vez que o ano de 1902 corroborava isso, seguindo seu curso sem sinais do órgão anticlerical.

Mas, a suspensão de *A Lanterna* não significou o abandono dos embates com o clero, visto que, além do surgimento de novos jornais identificados com a propaganda anticlerical, tem-se, no início de março, na cidade de Itapetininga (São Paulo), a realização de uma manifestação contra os padres filipinos que ali se achavam.[164]

Desde o final do século XX, a vinda (e fixação) de diversas ordens religiosas para o Brasil impacientou os ânimos de agrupamentos políticos mais radicais. Assim, no seu manifesto de 1899, a Liga Anticlerical de São Paulo arrebatava:

> Os sinistros sucessores de Loyola e Torquemada; os jesuítas de todos os matizes – Franciscanos, Agostinianos, Salesianos, Maristas, Carmelitanos, Lazaristas etc. – sonham dominar o Brasil a golpes de cruz, afogando-o num oceano de água benta ou asfixiando-o em nuvens de

---

162 Cf. *A República*, Curitiba, 16 de fevereiro de 1907, p. 2; *Gazeta de Notícias*, Rio de Janeiro, 16 de fevereiro de 1907, p. 2.

163 Com o aumento da tiragem para 20 mil exemplares, que acarretou no atraso da publicação do jornal (nº 5 e nº 6), os redatores mudam de tipografia, feito isso, do nº 7 em diante, *A Lanterna* passou a ser impressa em máquina rotativa. Todavia, a mudança de tipografia (e o processo rápido de impressão através de rotativa Marinoni) não resolveu o problema da regularidade na publicação do jornal, como indica a diferença de meses entre a publicação do nº 8, saída em junho, e do nº 9, datada de novembro.

164 *O Estado de S. Paulo*, 6 de março de 1902, p. 2.

> incenso, e para auxiliá-los na propaganda da mentira e do erro, do dogma e da crendice, contam com uma organização poderosa, à custa das riquezas torpemente adquiridas.[165]

Esta ofensiva aos "jesuítas" pode ser explicada, em grande medida, pelo fato da Companhia de Jesus (após a sua restauração em 1814) ter se transformado em leal colaboradora da Cúria Romana, ou seja, no maior centro de irradiação da romanização do catolicismo (ultramontanismo), logo estabelecendo o seu controle sobre a Igreja Brasileira.[166] Haja vista que, para os anticlericais o jesuitismo configurava uma atitude ideológica, uma cosmovisão,[167] em mais de uma ocasião, valeram-se da expressão jesuíta enquanto adjetivação para clérigos de outras ordens eclesiásticas compromissadas com o projeto ultramontano.

De qualquer forma, após mais de um ano inativa, em dezembro de 1902, ganhou circulação uma edição extraordinária d'*A Lanterna*. Esse suplemento ilustrado de Natal[168] sinalizava que o órgão anticlerical não havia morrido e, buscando recobrar o fôlego de outrora, logo voltaria a combate. Com efeito, será a partir de junho de 1903 que o retorno d'*A Lanterna*, de fato, se consolidou, graças aos esforços da recém-criada Sociedade Anônima *A Lanterna*. Essa cooperativa, valendo-se do esquema de subscrições para angariar associados e colaboradores, visava, entre outras coisas, transformar *A Lanterna* num diário, como ficava explícito em seus estatutos, "publicar em São Paulo a folha anticlerical *A Lanterna* diariamente, e um número ilustrado aos domingos".[169]

Talvez em razão do número diminuto de associados, assim como das esporádicas arrecadações, o periódico permaneceu como semanário - sendo publicado aos sábados. Além disso, em 1903, inicialmente, contou com uma tiragem reduzida de 6 mil exemplares. Isso era visto pela redação do periódico como um retrocesso, já que em 1901, o jornal chegou a ostentar a cifra

165 *A Lanterna*, São Paulo, 6-7 de junho de 1903, p. 1.

166 Cf. WERNET, Augustin. *A Igreja paulista no século XIX*. São Paulo: Ática, 1987, p. 81 e 85.

167 Cf. DI STEFANO, Roberto. *Ovejas negras: historia de los anticlericales argentinos*. Buenos Aires: Editorial Sudamericana, 2010, p. 192.

168 Para levantar fundos destinados a custear o retorno do periódico, foram realizados espetáculos artísticos em prol d'*A Lanterna*. Esse intento resultou na publicação do suplemento.

169 *A Lanterna*, São Paulo, 5-6 de setembro de 1903, p. 3. Além de Benjamim Mota, a referida cooperativa contava, entre seus incentivadores, com Luiz A. de Peixoto e Ludgero de Souza.

de 26 mil exemplares. Deste modo, com a iniciativa da Sociedade Anônima *A Lanterna*, logo, o periódico conseguiu novo fôlego, saindo com a singular tiragem de 20 mil exemplares.

De imediato, o ano de 1903 sinalizava que a excitação anticlerical não cessaria tão rapidamente. Com a ausência de *A Lanterna*, durante boa parte do 1º semestre de 1903, a propaganda escrita ficou especialmente a cargo do jornal *Electra*, de Curitiba, que, todavia, saía esporadicamente. Também, de maneira modesta, passou-se a publicar, ao final de fevereiro de 1903, em Florianópolis, capital do Estado de Santa Catarina, o jornal *Verdade* – órgão de propaganda antijesuítica, sob a editoria do capitão Pedro Maria Trompowsky Taulois,[170] que estava vinculado à maçonaria. Porém, nenhuma dessas duas publicações havia conseguido a presteza de atuação que outrora teve *A Lanterna*. Foi frente a essa deficiência na existência de um órgão de propaganda mais consistente e de difusão transregional, que, em São Paulo, em 1º de junho de 1903, ganhou forma *O Livre Pensador*.

Cabe destacar que o surgimento dessas publicações encorajou o intercâmbio entre grupos e indivíduos através da troca de correspondências. E, concentradas nas regiões Sul e Sudeste, essas redes de oposição ao clero, empenhadas em dar projeção as suas campanhas, investiam grandes esforços na criação (e manutenção) de uma imprensa militante, enquanto principal veículo de propaganda.

O Livre Pensador – órgão dos livres-pensadores – que cultuava a razão contra o conservadorismo da Igreja Católica,[171] era uma publicação de distribuição gratuita, cuja redação estava localizada na Rua dos Estudantes, nº 25. Em seu cabeçalho, trazia as epígrafes: "Fugi, vampiros sociais!" e "Abaixo o Vaticano!". A comissão redatora era composta pelos operários gráficos Everardo Dias (di-

---

170 O pouco que se sabe sobre ele é que era capitão e engenheiro, assim como positivista e maçom, vinculado à Loja Luz Invisível, de Curitiba. Em sua carreira militar, atuou em distintas regiões, tendo sido diretor do Serviço de Proteção ao Índio (na Bahia), enquanto, no ano de 1906, organizou, em Florianópolis, a Liga Patriótica para a Catequese dos Silvícolas, com certeza visando fazer frente aos jesuítas. Cf. *Jornal do Brasil*, Rio de Janeiro, 14 de julho de 1903, p. 3; *A República*, Curitiba, 23 de fevereiro de 1905, p. 2; *Ramo de Acácia*, Curitiba, ano IV, nº 27, julho a setembro de 1911, p. 82-84.

171 RIDENTI, Marcelo. "Um livre pensador no movimento operário: Everardo Dias contra a República Velha". *In: Brasilidade revolucionária*. São Paulo: UNESP, 2010, p. 20.

retor), Antonio Garcia Vieira[172] (secretário) e Isidoro Diego[173] (administrador). Desse grupo, se destacaria, em breve, o tipógrafo espanhol Everardo Dias, por sua dedicação à causa do livre-pensamento, via inúmeros projetos (alguns dos quais lançados juntamente a Benjamim Mota), assim como por sua militância no movimento operário, num primeiro momento, em parceria com os círculos anarquistas de São Paulo.

Claramente, *O Livre Pensador* - um jornal feito por operários - evidenciava que, durante as primeiras décadas do século XX, o anticlericalismo, extravasando certas feições então consideradas burguesas, estava agregado ao programa de lutas do movimento operário brasileiro.

Acerca do surgimento de *O Livre Pensador*, o jornal *Las Dominicales*, de Madrid, publicou: "Acabamos de receber a visita de um novo periódico que se publica em São Paulo, no Brasil, produto dos maiores e generosos entusiasmos. Sua aparição se deve especialmente a um movimento de protesto contra a invasão de frades",[174] ou, para ser mais exato, esse fato estava relacionado com a chegada, ao Rio de Janeiro, de frades da Ordem Carmelita. Outra motivação ligada à publicação de *O Livre Pensador* era o "desaparecimento do saudoso órgão" de Benjamim Mota - *A Lanterna*.[175] Assim, aos olhos dos

172 Trabalhava como tipógrafo e atuou em diversas entidades da categoria. Em 1903, foi da comissão de sindicância da Associação Tipográfica, de São Paulo. No ano de 1905, foi diretor do recém-criado Grêmio Tipógrafo Paulista. Anos depois, em 1909, foi tesoureiro da União dos Linotipistas de São Paulo. Cf. *Correio Paulistano*, São Paulo, 26 de janeiro de 1903, p. 2; *O Commercio de São Paulo*, 24 de dezembro de 1905, p. 3; *O Commercio de São Paulo*, 21 de junho de 1909, p. 3.

173 Operário espanhol. Em 1904, foi diretor do periódico *O Trabalhador* (São Paulo), na sequência, em 1905, fundou *O Jornal Operário*, depois, em 1906, participou da redação do jornal *A Luta Proletária* - órgão da Federação Operária de São Paulo (FOSP), bem como fez parte do Grupo Dramático Cervantes (1906). Na década de 1910, trabalhou como linotipista nas oficinas do *Correio Paulistano*. Anos depois, em 1920, foi um dos colaboradores no jornal *O Trabalhador Graphico* - órgão da União dos Trabalhadores Gráficos, publicado em São Paulo, aliás, nessa época assinou artigos com o seu próprio nome ou com o pseudônimo Antônio Pires. Cf. *Correio Paulistano*, São Paulo, 2 de fevereiro de 1912, p. 3; *O Trabalhador Graphico*, São Paulo, 13 de junho de 1920, p. 6; DULLES, John W. Foster. *Anarquistas e comunistas no Brasil*. 2ª ed., Rio de Janeiro: Nova Fronteira, 1980, p. 191; FERREIRA, Maria de Nazareth. *A imprensa operária no Brasil (1880-1920)*. Petrópolis: Vozes, 1978.

174 *Las Dominicales*, nº 124, Madrid, 10 de Julio de 1903, p. 2, [tradução nossa].

175 FREITAS, Affonso A. de. *A imprensa periódica de São Paulo desde os seus primórdios em 1823 até 1914*. São Paulo: Diário Oficial, 1915, p. 607.

redatores, fazia-se necessária a criação de um novo jornal de combate – neste caso, *O Livre Pensador* –, almejando preencher o vazio deixado no campo da propaganda frente ao sumiço de *A Lanterna*.

Não raro, uma gama de trabalhos, amparados, ao que parece, na obra *A imprensa periódica de São Paulo...*, de Affonso A. de Freitas, insistem na errônea afirmativa que *O Livre Pensador* veio à tona como suplemento de *A Lanterna*. Todavia, como o próprio contexto do surgimento de *O Livre Pensador* aponta, o mesmo virá a tona em um momento em que *A Lanterna* não estava circulando.[176] Portanto, somente em dezembro 1903 é que *O Livre Pensador* (a partir do seu nº 12) tornar-se-ia suplemento de *A Lanterna*.

Enquanto isto, o mês de junho de 1903, na sequência do lançamento de *O Livre Pensador*, veio a lume a republicação d'*A Lanterna*. Ressurgindo no dia 6 de junho, o órgão anticlerical, em sua primeira página, reiterava que, fiel ao seu programa, continuaria a combater a invasão jesuítica e o domínio do ultramontanismo no Brasil,[177] uma vez que "é uma necessidade inadiável a luta franca contra a corja fradesca, contra a clericanalha expulsa de outras terras".[178] Além disso, a partir da sua edição de 11-12 de julho de 1903, *A Lanterna* passou a agregar, paralelamente, em seu cabeçalho, o modelo do calendário criado e utilizado durante a Revolução Francesa (visto que aquele acontecimento histórico, ocorrido no século XVIII, engendrou importantes manifestações anticlericais e antirreligiosas).[179]

Aliás, corriqueiramente, o episódio da Queda da Bastilha (14 de Julho de 1789) ganhou, via imprensa, o enaltecimento político de grupos libertários e anticlericais. No Brasil, na cidade de São João da Boa Vista, surgiu o Círculo Socialista XIV de Julho (1903), enquanto, em Curitiba, o Grupo Homens Livres (de tendência anarquista) publicou, em 1904, o periódico *14 de Julho*.

---

176 Em sua primeira edição de 1903, *A Lanterna* publicou: "No momento em que o novo colega [*O Livre Pensador*], traçando o seu artigo de apresentação, lamentava o desaparecimento d'*A Lanterna*, um grupo de anticlericais, tomando conta desta folha, promovia o seu reaparecimento". *In: A Lanterna*, 6-7 de junho de 1903, p. 2.

177 *A Lanterna*, São Paulo, 6-7 de junho de 1903, p. 1.

178 *Ibidem*, p. 1.

179 Criado durante a Convenção Nacional (1792-1795) em substiuição ao calendário gregoriano/cristão, o novo calendário republicano tinha características não religiosas, bem como anticlericais.

Por sua vez, em 1909, a Associação do Livre Pensamento, de São Paulo, fixou a data de 14 de Julho, em comemoração às conquistas da liberdade.

De qualquer forma, durante meses, tanto *A Lanterna* quanto *O Livre Pensador* seguiram em suas lides, cada qual a sua maneira. Porém, ainda no ano de 1903, um novo projeto de difusão da propaganda seria aventado, através de um esquema de parceria, que ambicionava intensificar a campanha contra o clericalismo. Em novembro de 1903, o jornal *A Lanterna* anunciou a fusão com os periódicos *O Livre Pensador* e o *L'Asino* (outro jornal de verve anticlerical),[180] que foi concretizada em 15 de dezembro de 1903, com o lançamento do nº 22. Frente a isso, a partir do nº 23, *A Lanterna*[181] passou, enfim, a ser um diário (diário da noite),[182] enquanto *O Livre Pensador* era publicado aos domingos, como suplemento de *A Lanterna.* A respeito desse estratagema adotado, publicaram:

> [...] as necessidades da luta contra a invasão fradesca no Brasil e contra o progresso sempre crescente do clericalismo e do jesuitismo deviam conduzir todos os anticlericais e todos os livres-pensadores a uma união estreita, como meio de opor uma organização poderosa dos elementos liberais do país a organização das forças reacionárias, exercitadas nas sacristias na prática de todas as hipocrisias.
>
> Assim, compreendendo a necessidade dessa coesão, as redações d'*A Lanterna,* d'*O Livre Pensador* e de *L'Asino* resolveram a fusão das três folhas anticlericais desta capital, isto no interesse da propaganda.[183]

Esta parceria se estendeu até idos de 1904, uma vez que "por problemas pessoais e profissionais entre os diretores de *O Livre Pensador*, Everardo Dias e Antonio Garcia Vieira, e o diretor de *A Lanterna*, Benjamim Mota, a sociedade foi dissolvida".[184]

---

180 Publicação redigida em italiano, surgida em São Paulo, ao que parece em 1902.

181 Possivelmente, em decorrência do custo elevado para se manter sua publicação diária, a referida folha passou a ser propriedade de Souza, Vieira & Companhia.

182 A partir de 1904, *A Lanterna* passou ser publicada como diário da manhã.

183 *A Lanterna*, São Paulo, 29 de novembro de 1903, p. 1.

184 SILVA, Eliane Moura. "Entre religião e política: maçons, espíritas, anarquistas e socialistas no Brasil por meio dos jornais *A Lanterna* e *O Livre Pensador*". *In:* ISAIA, Artur Cesar & MANOEL, Ivan Aparecido (orgs.). *Op. cit.*, p. 94.

Benjamim Mota, referindo-se ao destino d'*A Lanterna*, anunciava que o seu afastamento da redação do jornal não implicava o desaparecimento da folha, que deveria continuar a sair sob a direção e responsabilidade de Luiz Rogério, Ângelo de Silvio e Alfredo De Ambris[185] (que já integravam a redação d'*A Lanterna*, sendo que De Ambris era o redator da seção "Sempre Avanti!", redigida em italiano). Embora não se conheça a razão, com a saída de Mota, a sobrevida do órgão anticlerical não se concretizou, uma vez que, a partir de 29 de fevereiro de 1904, *A Lanterna* deixou de circular.

Apesar do afastamento de Benjamim Mota da redação de *A Lanterna* (que logo foi extinta), ele permaneceu ativo em sua militância anticlerical, ora apoiando grupos, jornais e manifestações, ora realizando conferências. Aliás, a convite de livres-pensadores de Curitiba, em 25 de novembro de 1906, no salão da Associação Curitibana dos Empregados no Comércio, realizou uma conferência de propaganda das suas ideias anticlericais, em que "expediu vastas e brilhantes considerações sobre o estado atual das religiões, ocupando-se particularmente da Igreja Católica".[186]

Em meio a isto, *O Livre Pensador*, que continuava sendo publicado – tendo como redator responsável Everardo Dias –, havia se tornado o mais influente dos jornais de propaganda do livre-pensamento e do anticlericalismo, desde o desaparecimento de *A Lanterna*.

Ao atuar como publicação semanal, *O Livre Pensador*, no transcurso de 1904, passou a contar com a colaboração de um correspondente em Portugal. Também investindo em viagens de propaganda pelo interior de São Paulo, assim como em uma rede de relações com militantes de outras regiões, o órgão livre-pensador despertaria a simpatia de novos correligionários à campanha de combate ao clericalismo, uma vez que, em 1905, já contava com certa de três mil assinantes. Enquanto órgão dos anticlericais e, particularmente, dos livres-pensadores, o jornal *O Livre Pensador* a partir de abril de 1905, passou a ostentar em seu cabeçalho nova denominação: órgão ilustrado do livre-pensamento no Brasil.

---

185 *A Lanterna*, São Paulo, 29 de fevereiro de 1904, p. 4. Alfredo De Ambris era irmão do socialista italiano Alceste De Ambris, que atuou em São Paulo, junto da Federação Operária de São Paulo (FOSP).

186 *A República*, Curitiba, 26 de novembro de 1906, p. 1.

Nesta mesma época, em Curitiba, anticlericais, alguns professores e alunos do Ginásio Paranaense, fixaram um grupo de união,[187] que, entre outras coisas, em 1905, resultou no surgimento do Centro da Mocidade Livre Pensadora – uma resposta ao recém-criado Círculo da Mocidade Católica. Essa entidade livre-pensadora, que nascia para enfrentar a mocidade católica e para travar luta contra os "esbirros do Vaticano",[188] era uma iniciativa de jovens escritores ligados à loja maçônica Luz Invisível, entre os quais, Cícero Cirne Carneiro, Augusto de Faria Rocha, Roberto Faria e Gastão Pereira Marques.[189]

Como órgão porta-voz, o grupo lançava, em 22 de janeiro de 1905, o jornal *A Vanguarda* – que trazia a epígrafe: "O clero, eis aí o inimigo!", do líder republicano francês Léon Gambetta. Nessa perspectiva, o periódico afirmava: "Somos anticlericais e combateremos em todos os seus pontos as dogmáticas afirmativas da religião católica".[190] O autor dessa afirmativa era o militante Roberto Faria, que, além de 1º secretário do Centro da Mocidade Livre Pensadora, era um dos expoentes da nova geração literária paranaense. De sua lavra, em 1907, viria a lume o romance de propaganda anticlerical *Abutres*.

Até então, entusiasmado com as movimentações anticlericais que proliferavam em Curitiba e em outras cidades paranaenses, o periódico *O Livre Pensador* declarava: "decididamente, o Estado do Paraná está à vanguarda na propaganda livre-pensadora e na agitação anticlerical sobre todos os Estados do Brasil".[191]

E, corroborando isso, em 1907, viu-se surgir em Curitiba, *O Combate* – jornal de propaganda anticlerical, que contava em sua comissão redatora com o anarquista Gigi Damiani. Essa folha pretendia ser "a espada de Dâmocles a pender sobre a cabeça maldita desses impostores que andam em nome de santos". Porém, escrevia Damiani, "não vimos a campo magoar quem quer

187 VICENTE, Natália Simões de. *O satanismo na obra de Júlio Perneta.* Dissertação (mestrado em Teoria e História Literária) – IEL – UNICAMP, Campinas, 2004, p. 38.

188 *A Vanguarda*, Curitiba, 22 de janeiro de 1906, p. 1. Circulou de 1905 a 1906, tendo 14 números publicados.

189 A diretoria do Centro era constituída por Cícero Carneiro (presidente), Augusto Rocha (vice-presidente), Roberto Faria (1º secretário), Gastão Marques (2º secretário), Serafim França (1º orador), Gilberto Beltrão (2º orador), Raul Gelbeke (1º tesoureiro), Vicente Rebello (2º tesoureiro).

190 *A Vanguarda*, Curitiba, 18 de maio de 1905, p. 4.

191 *O Livre Pensador*, São Paulo, 30 de junho de 1907, p. 3.

que seja na pureza de suas crenças filosóficas ou religiosas: vimos a chicotear quem das crenças faz ludibrio e meio de vida", assim, "é o dogma que nós vimos a combater, a fé cega, *o crê ou morres* do fanatismo".[192]

Gigi Damiani, vindo de São Paulo, fixa-se, em 1902, na cidade de Curitiba, onde, ao lado do anarquista José Buzetti,[193] criou em 1903, o Grupo Homens Livres, por intermédio do qual deram fomento aos jornais libertários: *A Voz do Dever* (1903), *O Despertar* (1904) e *14 de Julho* (1904). Durante sua permanência na capital paranaense, Damiani participou da criação de associações operárias, como a Federação Operária Paranaense, fundada em 1906, e, em 1907, foi o organizador-secretário do I Congresso Operário Estadual.[194] Tudo leva a crer que, na época da realização do I Congresso, ele estava atuando na cidade portuária de Paranaguá, uma vez que, durante o evento, foi um dos representantes do Clube Operário daquela cidade.[195]

Além da sua participação nas movimentações anarquistas e anticlericais ocorridas em Curitiba e Paranaguá, o anarquista italiano ainda se fez atuante na cidade de Ponta Grossa. Ali, em outubro de 1908, colaborou na fundação do Centro Livre Pensador,[196] uma associação de combate ao ultramontanismo que contava com adesões de todos os pontos do Estado.[197] Como órgão porta-voz, o centro criou o jornal *O Escalpello,* do qual Gigi Damiani foi um dos redatores e cujo primeiro número apareceu em 29 de outubro.

192 Até aqui, tudo em *O Combate*, Curitiba, 6 de janeiro de 1907, p. 1. Teve 13 números publicados.

193 Foi secretário da Liga Internacional Filhos do Trabalho (Curitiba, 1902). Em 1906, atuou como orador do Grêmio Musical Orpheon Paranaense, sendo também artista amador de teatro. Cf. *A República*, Curitiba, 21 de novembro de 1902, p. 3; *Diário da Tarde*, Curitiba, 12 de junho de 1902, p. 3; *A Notícia*, Curitiba, 12 de junho de 1906, p. 2,

194 ARAÚJO, Silvia & CARDOSO, Alcina. *Jornalismo e militância operária*. Curitiba: UFPR, 1992, p. 27.

195 VALENTE, Silza Maria Pazello. *A presença rebelde na cidade sorriso. Contribuição ao estudo do anarquismo em Curitiba (1890-1920)*. Londrina: UEL, 1997.

196 Sua diretoria era formada por J. E. Chauvière (presidente honorário), J. R. Becker e Silva (presidente), Carlos A. Teixeira Coelho (vice-presidente), Antonio Gomes (1º secretário), José M. Branco (2º secretário), Luiz Guzzoni (1º tesoureiro), Constante Fruet (2º tesoureiro), dr. Virgolino Brazil (1º orador), Hugo Reis (2º orador), José Pilotto Sobrinho (procurador), Gigi Damiani (presidente da comissão de sindicância), Vicente Postiglini, Alberto Frese e Pedro Colli (comissão de sindicância).

197 *O Estado de São Paulo*, 11 de novembro de 1911, p. 2.

Mais tarde, no mesmo ano, o grupo em assembleia geral, resolveu assumir a nominação de Centro Anticlerical. Apesar da mudança de nome, mantiveram a atitude política. Assim, almejavam tanto combater o clero em todas as suas modalidades de sacerdócio, quanto difundir o livre-pensamento. Ao atuar como uma sociedade de beneficência, o Centro Anticlerical propugnava pelo ensino livre e pelas instituições leigas de caridade e beneficência pública.[198] E, por iniciativa dessa mesma associação, lançam o quinzenário *O Anticlerical*, que, em defesa da liberdade de consciência, incitava o combate intransigente ao clero, em qualquer estágio da sua esfera de ação.[199]

A direção de *O Anticlerical*, assim como a presidência do Centro Anticlerical, estava sob a responsabilidade do professor, boticário, jornalista, anarquista e maçom Carlos Alberto Teixeira Coelho, que, anos antes, em 1902, havia fundado, em Ponta Grossa, o Círculo Socialista Internacional Leão Tolstói e os periódicos *Onze de Novembro* (1902) - dedicado à memória dos mártires de Chicago - e *O Jubileu Operário* (1903).[200]

Por um curto tempo, Gigi Damiani participou das atividades do centro, assumindo o cargo de 1º secretário. No início de 1909, transfere-se para São Paulo, "deixando impreenchível lugar nas fileiras do livre-pensamento no Paraná".[201] Na capital paulista, reencontrando velhos companheiros de luta, passou a integrar a redação do jornal *La Battaglia*.[202]

É certo que nos primeiros anos do século XX, diante do intento de novas associações e da publicação de uma gama de periódicos de tendência anticlerical, ficava evidente que a ofensiva contra o clericalismo continuava circunscrita a alguns centros urbanos, sobretudo nas regiões Sul e Sudeste.

198 *O Paiz*, Rio de Janeiro, 25 de novembro de 1908, p. 6.

199 *O Paiz*, Rio de Janeiro, 7 de dezembro de 1908, p. 4; *O Anticlerical*, Ponta Grossa, 1º de janeiro de 1909, p. 4.

200 Também esteve vinculado aos periódicos: *Ponta Grossa* (1903) e *Luz Essênia* (1905), além dos já referidos *O Escalpello* (1908) e *O Anticlerical* (1908).

201 *Ramo de Acácia*, Curitiba, nº 3/4, janeiro/fevereiro de 1909, p. 55.

202 Para informações sobre a militância de Gigi Damiani em São Paulo, cf. BIONDI, Luigi. "Na construção de uma biografia anarquista: os últimos anos de Gigi Damiani no Brasil". *In:* DEMINICIS, Rafael Borges e FILHO, Daniel Aarão Reis (orgs.). *História do anarquismo no Brasil* - vol. 1. Niterói: EdUFF; Rio de Janeiro: MAUAD, 2006.

Everardo Dias, em 1908, escrevia: "vejo que os meus esforços vão sendo coroados de êxitos e que o povo brasileiro, a mocidade principalmente, desperta e enfrenta os ultramontanos".[203] Isso se devia, em parte, ao avanço de núcleos de unidade e da existência de uma importante rede de conexões entre as regiões através da imprensa, o que possibilitou a troca de impressões literárias, experiências políticas, assim como de opiniões sobre assuntos de importância local.

Desde o surgimento dos jornais *A Lanterna* (São Paulo), *Electra* (Paraná) e *A Verdade* (Rio de Janeiro), o trânsito de ideias e de publicações já se mostrava eficiente, via uma rede de correspondência alimentada entre os três jornais. Ademais, os redatores de algumas dessas folhas consolidaram intercâmbios com publicações estrangeiras, a exemplo de *A Lanterna* com o periódico espanhol *Las Dominicales* e *Electra* com o jornal argentino *El Inferno*.

A redação de *A Lanterna*, além do contato com agrupamentos na Espanha, mantinha uma rede de correspondência com militantes de outros países (Itália, França etc.), entre os quais, estavam os anarquistas franceses: Jean Grave, diretor do jornal *Les Temps Nouveaux* (1895-1914), Émile Armand, editor da revista *L'Ère Nouvelle* (1901-1911), e Augustin Hamon, diretor da revista *L'Humanité Nouvelle* (1897-1906). Enquanto Everardo Dias, diretor de *O Livre Pensador*, estava em forte sintonia com a *Asociación de Propaganda Liberal*, do Uruguai, que editava os jornais *El Libre Pensamiento* (1905-1906) e *Verdad* (1906-1910).

Se, por um lado, diversos jornais de tendência anticlerical publicados no Brasil definharam em período relativamente curto – não passando, por vezes, dos primeiros números, a exemplo d'*O Azorrague* (Curitiba, 1902),[204] por outro lado, publicações como *O Livre Pensador* prosseguiram firmes em sua trajetória de propaganda, que, em um primeiro momento, foi de 1903 até 1909. A propósito, em junho de 1909, em comemoração ao seu 6º aniversário, *O Livre Pensador* passou a ser publicado quinzenalmente, na forma de revista, com 32 páginas e uma tiragem de 500 exemplares. Nesse mesmo ano, a redação do jornal anunciava, aos seus assinantes, a aquisição de uma máquina de impres-

203 *O Demolidor*, Fortaleza, 18 de abril de 1908, p. 3. Fac-Similar. Fortaleza: Imprensa Universitária, 2013. Em sua curta trajetória publicou-se apenas 5 números.

204 *O Azorrague*, Curitiba, 23 de março de 1902. Nas páginas deste periódico, os seus redatores valiam-se da imagem de um Jesus Cristo isento da sua divindade.

são, visando acabar com as interrupções e as irregularidades na publicação. E, alimentados de grande entusiasmo, declaravam que, doravante, o periódico "sairá nos dias marcados, com toda a pontualidade", uma vez que "não estamos mais sujeitos a outras oficinas", em que, corriqueiramente, *O Livre Pensador* era "impresso quando houvesse lugar", ou seja, "tendo que esperar pacientemente o seu turno de entrar para a máquina de impressão". A partir de então, "desde que tenhamos dinheiro para o papel, para pagar os empregados e para pagar o selo, estamos com o jornal na rua!".[205] Porém, em dezembro de 1909, por circunstâncias que são desconhecidas, o periódico encerrou suas atividades.

Enquanto isto, em outubro de 1909, *A Lanterna* havia voltado a circular, agora, sob a direção do anarquista Edgard Leuenroth, permanecendo ativa, nessa segunda fase, até 1916 (totalizando em suas duas fases 253 edições publicadas).

Inegavelmente, *A Lanterna* e *O Livre Pensador* foram dois exemplos de destaque de uma experiência continuada do jornalismo anticlerical, durante as primeiras décadas do século XX. Por sua vez, em julho de 1911, ressurgiu *O Livre Pensador*. Nessa segunda fase, valendo-se da alcunha de "hebdomadário racionalista", prosseguindo em sua campanha até 1915, quando encerrou definitivamente suas atividades (durante essas duas fases, incluindo sua circulação como revista, publicaram-se pelo menos 334 edições).

Além disto, a imprensa anticlerical agregou outros exemplos promissores, tais como *O Clarão* (Florianópolis) - em que, entre os anos de 1911 e 1918, totalizou 280 edições publicadas; seguido de *A Reacção* (Cuiabá) - que, no transcurso dos seus seis anos de existência (1909-1914), publicou algumas dezenas de edições. Em 1916, com o encerramento da publicação de *A Lanterna*, o jornal *O Clarão* será um dos últimos bastiões da imprensa anticlerical no período da Primeira República, permanecendo ativo até 1918.[206]

O fim de *O Livre Pensador*, em 1915, não significou o abandono da militância de Everardo Dias, visto que, em colaboração com o jornal anarquista *A Plebe* (São Paulo), em 1919, publicou uma série de textos anticlericais. Nessa

205 Até aqui, tudo em *O Livre Pensador*, São Paulo, nº 9, 1º de outubro de 1909 (contracapa).

206 *O Clarão*, teve duas fases, a primeira que perdurou de 20 de agosto de 1911 a 4 de julho de 1914; e a segunda que foi de 28 de agosto de 1915 até 11 de maio de 1918. Durante a segunda fase, enquanto ressonância da Primeira Guerra Mundial (1914-1918), o jornal passou a fazer propaganda germanófila.

mesma época, acusado de perigoso agitador político, é preso e deportado. Ao retornar do exílio, continuou empenhado na propaganda anticlerical, publicando, em 1921, com apoio da maçonaria carioca, a obra *Delenda Roma! - Conferências Anticlericais*, que tinha como intuito esclarecer e despertar consciências para enxotar do país as ordens religiosas que com "voracidade vampiresca" sugavam a vitalidade nacional.[207]

A defesa da razão contra a fé?!

Ainda nos primeiros anos do século XX, na busca por fazer frente à Igreja e a sua influência moral e social, um quadro éticomoral mais radical acerca da militância anticlerical paulatinamente ganhou desenvolvimento. Ao que tudo indica, esse tipo de estratégia adotada pelo anticlericalismo visava, entre outras coisas, à construção de "uma concepção da sociedade, da cultura e da própria vida antagônica e alternativa" aos preceitos católicos[208] e cristãos. No Brasil, a exemplo do que ocorria em outros países, alguns setores do movimento anticlerical investiram grandes esforços em prol de uma conduta de dessacralização da vida cotidiana entre os seus correligionários.

Deste modo, em 1904, por iniciativa de Antonio Piccarolo, Benjamim Mota e Ricardo Figueiredo, ganhava forma, na capital paulista, o Grupo Livre Pensador. Fundada em dezembro do corrente ano e filiada à Federação Internacional do Livre Pensamento de Bruxelas (Bélgica), essa associação tomava, como orientação política, a declaração de princípios do Congresso Internacional do Livre Pensamento de Roma (1904),[209] na qual consta:

207 Cf. DIAS, Everardo. *Delenda Roma! Conferências anticlericais*. Rio de Janeiro: Oficina Gráfica José Bonifácio, 1921, p. 222. Ainda na década de 1920, Everardo Dias trabalhava na preparação de uma obra de sua autoria intitulada *A aranha negra*, que reuniria textos de combate à política e aos dogmas da Igreja. Todavia, o referido livro não chegou a ganhar publicação.

208 Cf. VENTURA, António. *Entre a República e a Acracia: o pensamento e a acção de Emílio Costa (1897-1914)*. Lisboa: Colibri, 1994, p. 66.

209 Realizado nos dias 20, 21 e 22 de setembro de 1904, tal congresso assumiu uma forte feição antirreligiosa. Segundo as palavras do conferencista português Sebastião de Magalhães Lima, durante aquela cruzada contra o Vaticano, afirmou-se que "todas as religiões, pela sua imobilidade, são incompatíveis como o progresso mental e moral das sociedades modernas", logo, reconhecendo-se que "o livre-pensamento é, essencialmente e fundamentalmente, antirreligioso". Cf. *O congresso de Roma* (conferência realizada pelo delegado portuguez do congresso do livre-pensamento). Lisboa: Typ. de O Diário, 1904. Disponível em:<http://www.gutenberg.org>. Acesso em: 20 dez. 2017.

> [...] o livre-pensamento não é uma doutrina – é um método, isto é, uma maneira de conduzir o pensamento, e, conseguintemente a razão, em todos os domínios da vida individual e social.
>
> Este método não se caracteriza pela afirmação de certas verdades particulares, mas por uma obrigação geral de investigar a verdade em qualquer ordem que seja, unicamente pelos meios naturais da inteligência humana, guiada só pela luz da razão e da experiência.[210]

Tal interpretação a respeito do livre-pensamento, influenciada pelo cientificismo e pelo materialismo, que era expressa no Congresso de Roma, vinha ao encontro de alguns círculos anticlericais (constituídos, entre outros, por militantes agnósticos e ateus), que passaram a defender um livre-pensamento de expressão antirreligiosa com forte inclinação ao ateísmo, ou seja, a defesa de uma moral sem Deus, seguido do combate às religiões (e ao sobrenatural). Logo, não seria de se estranhar que houvesse quem identificasse no livre-pensamento um eufemismo para o ateísmo.[211]

Se por um lado, Pio IX, na sua encíclica *Qui Pluribis* (1846), instituía como verdade, para a compreensão das revelações divinas, uma pretensa harmonia entre fé e razão,[212] por outro lado, Benjamim Mota, no seu combate à religião, lançava-se em defesa da supremacia da razão em detrimento da fé, como denota o título e o conteúdo de uma das suas obras, *A Razão Contra a Fé* (1900). Convicto de que a força estava na razão e de que "a ciência positiva vai explicando todos os fenômenos", Mota afirmou: virá o dia "em que a ideia de Deus será uma estratificação, como já são tantas outras, que jazem sepultadas nos arquivos da consciência humana, como coisas inúteis e imprestáveis".[213] Desse modo, o pensamento antirreligioso que encontrou

210 *O Estado de S. Paulo*, 10 de dezembro de 1904, p. 3.

211 RAMOS, Rui. "A cultura republicana". *In:* MATTOSO, José (dir.). *História de Portugal* – vol. 6: *a segunda fundação (1890-1926)*. Lisboa: Estampa, 2001, p. 359.

212 Esta encíclica ao negar a oposição entre fé e razão, afirmava: "nascem da mesma e única fonte de verdade imutável, Deus que é todo bondade e grandeza, e reciprocamente se ajudam". *In:* SESBOÜÉ, Bernard & THEOBALD, Christoph (dir.). *História dos dogmas (Tomo 4): as palavras da salvação (séculos XVIII-XX)*. São Paulo: Loyola, 2006, p. 178.

213 MOTA, Benjamim. *Op. cit.*, p. 96.

guarida nos círculos anticlericais e livres-pensadores estava assentado no conflito entre Ciência e Fé.

Certamente, o Grupo Livre Pensador (São Paulo), alinhado a tal tendência antirreligiosa e ateia, entendia que era necessário declarar como membros do grupo apenas os que repelissem toda a crença no sobrenatural e aceitassem tão somente as verdades científicas, fruto da investigação e experiência da Natureza, quer na ordem material, quer na ordem psíquica. E, referindo-se ao perfil dos integrantes, Benjamim Mota acrescentava que, declarando-se materialistas e ateus, os correligionários da associação devem "repelir todas as religiões como igualmente nocivas ao desenvolvimento material e intelectual da humanidade, desprezando a grosseira ficção de um criador".[214] Aparentemente, o referido grupo de livres-pensadores era o autor do manifesto dirigido ao povo brasileiro, contra a Igreja,[215] que se fez distribuir em São Paulo, no dia 8 de dezembro de 1904.

Neste cenário de posições mais radicais, como antítese à intransigência clerical, uma nova associação surge em São Paulo. Fundada em 8 de abril de 1906, a Liga Anticlerical Intransigente tinha entre os seus mentores: Everardo Dias, Ricardo Figueiredo e Isidoro Diego – que estavam ligados à folha *O Livre Pensador*. Aliado ao serviço de propaganda dessa liga, a redação do jornal *O Livre Pensador* organizou, em maio de 1906, o Grupo Editor Livre Pensamento, que passou a publicar e distribuir opúsculos de propaganda anticlerical, a exemplo de *O Que é o Celibato*, de Guilherme Dias (ex-padre e maçom).

Durante ato solene realizado em abril de 1906, no salão do Avanti! – localizado no Largo do Paissandu, nº 44 –, Ricardo Figueiredo – redator secretário de *O Livre Pensador* – expunha as motivações da criação da associação:

> Hoje que uma quantidade de frades expulsos de nações mais cultas e adiantadas avassala o país, entorpecendo-lhe a marcha progressiva, apossando-se da instrução, a fim de impunemente mutilarem a inteligência da infância, que lhes é confiada. No momento presente, criar a Liga é o mesmo que opor uma barreira a essa caterva de emissários de Roma, propagadores da ignorância e da imoralidade; a Liga será o Argus

214 *O Estado de S. Paulo*, 10 de dezembro de 1904, p. 3.

215 *O Estado de S. Paulo*, 9 de dezembro de 1904, p. 2.

> da clericalha de ora avante; será o luzeiro da Verdade servindo de majestoso guia à Família Brasileira e desviando-a da corrupção do clero e do seu desenfreado egoísmo.[216]

Na sessão de fundação da referida entidade, Everardo Dias aproveitou para discutir acerca da necessidade de o movimento livre-pensador brasileiro fazer-se representar no Congresso Internacional do Livre Pensamento, a realizar-se, em setembro de 1906, em Buenos Aires. Ademais, ao fazer uma rápida análise de conjuntura das movimentações anticlericais realizadas no Brasil, destacou que a Liga Anticlerical Paranaense e o Centro da Mocidade Livre Pensadora, ambas de Curitiba, eram duas fortíssimas alavancas que se erguem no Paraná contra o "fanatismo opressor" e, por certo, essas associações "não deixarão de estar ao nosso lado" em "todas as emergências por que passarmos, caminhando para um mesmo fim".[217] Ainda por iniciativa de Everardo Dias, é lido, discutido e aprovado um conjunto de preceitos norteadores da militância dos correligionários da liga, em que consta:

> 1º Não casar religiosamente;
>
> 2º Não batizar os filhos;
>
> 3º Não servir de padrinho ou compadre, em casamentos ou batizados;
>
> 4º Não dar esmolas a associações religiosas, ainda com fins aparentes de caridade;
>
> 5º Não celebrar funerais, nem assistir a eles, nem pedir orações aos mortos;
>
> 6º Fazer-se enterrar civilmente;
>
> 7º Não se associar nem prestigiar direta ou indiretamente nenhuma cerimônia religiosa;
>
> 8º Manter, longe do lar e da família, os chamados ministros de Deus;
>
> 9º Não confiar a Igreja nem aos seus adeptos a educação dos filhos.[218]

---

216 O *Livre Pensador*, São Paulo, 18 de abril de 1906, p. 2.

217 *Ibidem*.

218 O *Estado de S. Paulo*, 9 de abril de 1906, p. 2.

Em síntese, a aspiração dos nove pontos figurados acima – enquanto vivência de uma identidade anticlerical – era o de fazer oposição aos ritos socioculturais instituídos e difundidos pela Igreja Católica, a exemplo dos sacramentos matrimônio e batismo.

É certo que uma conduta mais moderada adotada por alguns militantes livres-pensadores e anticlericais, que não tinham a menor intenção de renunciar a certos aspectos da tradição religiosa, tornou-se alvo de duras críticas de setores mais radicais. Em 1900, Benjamim Mota escrevia: "Eu sei que a muitos livres-pensadores" além da falta de "coragem necessária para combaterem as religiões e os seus ministros", há "a covardia intelectual ao ponto de levarem os filhos a pia batismal", ou ainda, no caso de constituírem família, de "ajoelharem-se diante de uma padreco imbecil" para "receberem um sacramento, que intimamente ridicularizam, e que sabem ser desnecessário para purificar a união sexual, que só se legitima pelo amor". Assim, "os livres-pensadores dessa espécie bem como os que vão à missa dominical" procedem dessa maneira, "ou por temerem o *diz-que diz-que* do vulgacho imbecil ou para não prejudicarem os seus interesses financeiros".[219] Engrossando tais críticas, os anarquistas ligados ao jornal *La Battaglia* (São Paulo), em 1905, em tom de chacota, afirmavam: "por toda a parte" tem-se "encontrado livres-pensadores prontos a combater o clero e a engolirem frades, porém, com santos em casa e filhos batizados etc.".[220] Por fim, na cidade de Curitiba, o anarquista Gigi Damiani que estava fortemente comprometido nas campanhas de embate ao clero, escreveu, no jornal anticlerical *O Combate*: "os que batizam filhos hoje na maçonaria e amanhã na matriz; os que se proclamam inimigos do clero e assistem à missa e dão espórtula aos sacristães; os que se dizem anarquistas e vão cantar na catedral salmos à estupidez", bem como "os que, enfim, sem energia, sem caráter, sem dignidade, vivem encostados à igreja fingindo-se, supondo-se homens livres... pedimos, sim, pedimos passar ao outro lado, ir engrossar as fileiras dos adversários da Liberdade, pois os preferimos inimigos que falsos amigos".[221]

219 MOTA, Benjamim. *Op. cit.*, p. 9.

220 *La Battaglia apud O Livre Pensador*, São Paulo, 13 de agosto de 1905, p. 2.

221 *O Combate*, Curitiba, 27 de janeiro de 1907, p. 1.

Deste modo, no contraponto ao que era visto como falta de compromisso e de coerência de alguns anticlericais e livres-pensadores, surgiu a Liga Anticlerical Intransigente, cujo nome se justificava pelo programa intransigentemente adotado, enquanto métodos de ação. Aliás, vale lembrar que, em 1901, o anarquista francês Élisée Reclus já declarava: "À intransigência católica opomos igual intransigência".[222]

Sem dúvida, a conduta incitada pela Liga Anticlerical Intransigente, fortemente marcada por reivindicações de caráter laical (nascimentos, casamentos e funerais), curiosamente, era uma transposição do programa político de 1906[223] da *Asociación de Propaganda Liberal.* Fundada em 1900, em Montevidéu (Uruguai), a referida associação era um centro de propaganda ativa das ideias liberais, de exposição de princípios e de crítica franca e desenvolta contra as armas do clericalismo.[224] Rapidamente, a desenvoltura dessa associação uruguaia, que, durante os anos de 1900 e 1905, investiu na publicação e distribuição gratuita de pelo menos 59 folhetos de propaganda anticlerical - entre os quais, constavam *Monita Secreta* e *El Poder Temporal de los Papas* -, ganhou a simpatia de militantes no Brasil, como denota os cumprimentos publicados por Benjamim Mota, em 1903, nas páginas d'*A Lanterna.*

Por certo, no Brasil, as tentativas de desestruturação da organização do culto católico - via o boicote simbólico dos ritos eclesiásticos -, anos antes, já havia despertado o empenho de outros círculos, a exemplo de um grupo intitulado Mocidade Anticlerical, que, na cidade de Pelotas, no Rio Grande do Sul, em 1903, aprovou em seus estatutos as seguintes disposições: a) perderá a qualidade de sócio quem contrair matrimônio pelo rito católico; b) ficará suspenso pelo espaço de um ano o sócio que servir de testemunha num casamento religioso ou de padrinho num batizado; c) será expulso o sócio que contribuir por qualquer forma para o desenvolvimento do jesuitismo.[225]

222 RECLUS, Élisée. *Anarquia pela educação.* São Paulo: Hedra, 2011, p. 54.

223 Intitulado de "deveres de um bom liberal", foi elaborado inicialmente em 1903, anos depois, em 1906 é reformulado, ganhando novos elementos. Cf. MONREAL, Susana. "El anticlericalismo en el Uruguay". *In:* DI STEFANO, Roberto & ZANCA, José (comps.). *Op. cit.*, p. 274.

224 MONREAL, Susana. "Antijesuitismo em Montevideo a comienzos del siglo XX: los folletos de la Asociación de Propaganda Liberal (1900-1905)". *In: Estudos Ibero-Americanos*, Porto Alegre: PUCRS, vol. 39, nº 2, jul/dez. 2013, p. 290, [tradução nossa].

225 *A Lanterna*, São Paulo, 8-9 de agosto de 1903, p. 2.

Além disto, é interessante notar que o tema da propaganda antirreligiosa, que foi uma constante no seio do anticlericalismo, esteve em voga nas discussões de dois representativos congressos operários. Assim, durante o II Congresso Operário Estadual, realizado pela Federação Operária de São Paulo (FOSP), em de abril de 1908, apresentou-se a seguinte moção: "É útil que as Ligas façam propaganda antirreligiosa? Sendo aprovado que os jornais das ligas operárias deveriam ser uma tribuna livre, aberta aos operários sobre todos os assuntos".[226] Por sua vez, no II Congresso Operário Brasileiro, promovido pela Confederação Operária Brasileira (COB), no Rio de Janeiro, em setembro de 1913, consta: "O Segundo Congresso Operário aconselha os sindicatos que façam propaganda de ideias avançadas, científicas e racionalistas, que sejam capazes de eliminar da consciência dos homens os deuses legados pelo passado e os possa encaminhar pela estrada da verdade e da razão".[227]

Acerca deste ponto de vista que seria recorrente no movimento anticlerical, Everardo Dias, em 1905, escreveu: "como órgão livre e independente" *O Livre Pensador* é "inimigo de religiões e dogmas, porque toda e qualquer religião é sempre uma trave que se antepõe ao progresso, embaraçando-lhe a marcha".[228] De qualquer forma, essa posição podia ser notada ainda nas páginas de diversos periódicos libertários, a exemplo de *A Lanterna* que, na defesa de um anticlericalismo integral, defendeu o antirreligiosismo como ferramenta filosófica na luta contra a base teórica da Igreja (ou seja, os seus dogmas). Também *La Battaglia*, publicado em São Paulo, e dirigido por Oreste Ristori, ao defender a propaganda antirreligiosa, tecia duras críticas ao anticlericalismo moderado, pelo fato do mesmo combater unicamente o clero católico, esquecendo-se de que – segundo a ótica anarquista –, todas as religiões eram auxiliares da exploração capitalista. Por fim, afirmava: "o anticlericalismo puro e simples é para os maçons, não para aqueles que querem quebrar as colunas de todos os templos".[229]

226 RODRIGUES, Edgar. *Alvorada operária: os congressos operários no Brasil.* Rio de Janeiro: Mundo Livre, 1979, p. 28.

227 *A Voz do Trabalhador*, Rio de Janeiro, 1º de outubro de 1913, p. 4. Este tema surgiu na pauta do congresso como ofensiva a organização dos sindicatos católicos.

228 Ambas as passagens, *O Livre Pensador*, São Paulo, 2 de dezembro de 1905, p. 2.

229 *La Battaglia*, São Paulo, 4 de janeiro de 1910, p. 1. [tradução nossa].

A título de exemplo, tanto a Liga Anticlerical de São Paulo (1911) quanto a Liga Anticlerical do Rio de Janeiro (1911), que contavam entre seus correligionários com expressivo número de anarquistas, saíram em defesa de uma postura anticlerical de expressão antirreligiosa e ateia, uma vez que, em seus estatutos (amparados num mesmo programa político), afirmavam: "combater não somente a ideia de Deus e todas as religiões, mas também qualquer idolatria de seres abstratos e viventes".[230] De mais a mais, as duas associações, ao definirem o perfil dos sócios, estipularam que poderiam participar todas as pessoas sem distinção de espécie alguma, exceto aquelas cujas profissões ou costumes se contrapõem aos princípios da entidade. Concomitantemente, não seriam aceitos no quadro de sócios aqueles que, em desacordo com os princípios sustentados pela associação, tomassem parte, sob qualquer caráter, em cerimônias religiosas.[231] Nesse tocante, a Liga Anticlerical de São Paulo almejava que outras associações fossem fundadas valendo-se de um programa idêntico.

E, por mais que seja difícil precisar o grau de adesão e influência que essas táticas anticlericais exerceram na esfera social, é lícito supor que esse tipo de orientação não esteve isento de atritos entre a esfera familiar e a da militância, como bem demonstra o caso do professor e anarquista José Oiticica.

Em 1914, Oiticica – membro da Liga Anticlerical do Rio de Janeiro – declarava que as notícias publicadas nos jornais, referentes ao batizado de uma das suas filhas e que lhe atribuem ação direta nesse ato, eram falsas e incompletas. É fato, explicava Oiticica, "que uma das minhas filhas foi batizada, mas esse batismo se fez contra a minha vontade expressa e sem minha ciência, não tendo eu comparecido ao ato". Ademais, "aos que têm me acompanhado na propaganda, estou pronto a dar, particularmente, qualquer esclarecimento, com as provas do que declaro".[232]

A esta altura, alguns elementos, atrelados à experiência da Liga Anticlerical Intransigente (São Paulo), merecem ainda destaque. Visto que durante sua sessão de fundação, ocorrida em 1906, uma das preocupações havia sido

230 Até aqui, tudo em *Estatutos da Liga Anticlerical do Rio de Janeiro*. Rio de Janeiro: Ao Luzeiro, 1912, p. 3-4.

231 Estatutos da Liga Anticlerical de São Paulo. *In: A Lanterna*, São Paulo, 6 de maio de 1911, p. 4; *Estatutos da Liga Anticlerical do Rio de Janeiro*. Rio de Janeiro: Ao Luzeiro, 1912, p. 5.

232 Até aqui, tudo em *Jornal do Brasil*, Rio de Janeiro, 11 de agosto de 1914, p. 10.

a participação de militantes no Congresso Internacional do Livre Pensamento, os correligionários da referida liga mobilizam-se para que tal intento se concretizasse. Desse modo, valendo-se do papel de difusão inter-regional de *O Livre Pensador*, são lançadas circulares de apoio, visando angariar fundos.

Em meio a isto, garantindo sua representação no Congresso Internacional do Livre Pensamento de Buenos Aires, o Grupo Livre Pensador Espanhol, da cidade de Ribeirão Preto (São Paulo), em reunião realizada em 15 de julho de 1906, delegou poderes ao jornalista Fernando Lozano Montes - diretor de *Las Dominicales* (órgão do livre-pensamento ibérico).

Além disto, por intermédio dos esforços dos correligionários da Liga Anticlerical Intransigente, reúne-se o dinheiro para a viagem de um delegado a Argentina, sendo, inicialmente, nomeado Everardo Dias. Porém, ele abdica, indicando, em seu lugar, o companheiro de lutas Benjamim Mota, que, sem delongas, aceitou o convite. Sabe-se ainda que Dario Vellozo - membro da maçonaria paranaense - também participou do Congresso Internacional.

De imediato, este fato deixava explícito que a desavença entre Benjamim Mota e Everardo Dias, ocorrida em 1904 - que levou ao fim da fusão dos jornais *A Lanterna* e *O Livre Pensador* -, havia sido superada e que ambos passavam a aliar forças na luta contra o clericalismo. Aliás, em sua edição de 20 de agosto de 1905, *O Livre Pensador*, ao publicar uma pequena biografia sobre Benjamim Mota, escreve: "almejamos prestar-lhe uma homenagem sincera ao distinto e inteligente amigo, fazendo justiça ao homem que em São Paulo mais tem trabalhado pela propagação do nosso ideal".[233]

Sem demora, impulsionados pelas deliberações do Congresso Internacional do Livre Pensamento, ocorrido em Buenos Aires e incentivados por Léon Furnémont - livre-pensador e socialista belga -, que retornando da Argentina fazia uma rápida *tournée* pelo Brasil, criou-se, em São Paulo, em setembro de 1906, um comitê filiado à *Fédération Internationale de la Libre Pensée* de Bruxelas (Bélgica) - que, desde 1881, se assumia como uma sociedade racionalista e ateísta. Cabe, aqui, destacar que entre os objetivos da federação belga, nos seus estatutos, consta: a) facilitar a propaganda das ideias racionalistas por um acordo entre todos os que julgam necessário libertar a

233 *O Livre Pensador*, São Paulo, 20 de agosto de 1905, p. 1.

humanidade dos preconceitos religiosos e assegurar a liberdade de consciência; b) criar laços de solidariedade entre os livres-pensadores.[234]

Do comitê paulista, constituído em caráter provisório, fazia parte, entre outros, Ernestina Lesina, Benjamim Mota, Neno Vasco - redator de *A Terra Livre* -, Everardo Dias - diretor de *O Livre Pensador* -, Antonio Piccarolo - redator do *Il Secolo* -, Alcebíades Bertolotti - diretor de *Avanti!* -, e Neves Júnior - secretário do Grande Oriente de São Paulo (GOSP).[235] A partir de outubro, o referido comitê (do qual, pelo menos num primeiro momento, tem-se a presença de notórios anarquistas) já se encontrava organizado de forma definitiva. Diante da heterogeneidade do grupo, a redação do periódico anarquista *A Terra Livre* (São Paulo), que alimentava dúvidas, escreveu: "Nós vemos ali associados indivíduos, não só de ideias políticas e sociais diversas, mas de interesses políticos e econômicos contraditórios e opostos. Poderá uma organização assim, com um liame simplesmente idealístico resistir aos embates desses interesses e fazer obra comum e duradoura?".[236] Diante de tais inquietações é de se supor que, nessas poucas semanas que separam a criação do comitê provisório da sua organização definitiva, questões de ordem política tenham azedado a relação entre certos membros envolvidos.

Ademais, segundo a ótica anarquista, frequentemente, os livres-pensadores, frente às ingerências da Igreja, recorriam à intervenção do Estado, esquecendo-se que este "tem interesses de classe a defender, um domínio a sustentar com a violência e a mentira", assim como a Igreja. E, não poupando críticas aos livres-pensadores (que em certo momento são rotulados de livres faladores), a redação d'*A Terra Livre* lançava bravatas do seguinte teor: "com franqueza, os chamados livres-pensadores não nos inspiram toda a soma desejável de confiança".[237] Entretanto, é interessante lembrar que Benjamim Mota, figura exponencial do anarquismo, assumia-se como livre-pensador.

Seja como for, anos antes, a aspiração de encaminhar delegados aos Congressos Internacionais do Livre Pensamento já havia despertado no Brasil o interesse

234 Cf. *A Terra Livre*, São Paulo, 23 de outubro de 1906, p. 2.

235 *O Livre Pensador*, São Paulo, 30 de setembro de 1906, p. 1.

236 *A Terra Livre*, São Paulo, 23 de outubro de 1906, p. 2.

237 Ambas as passagens, *A Terra Livre*, São Paulo, 9 de dezembro de 1906, p. 2.

de militantes anticlericais e livres-pensadores, uma vez que, em 1903, durante a realização do Congresso Internacional em Genebra (Suíça), Benjamim Mota, não conseguindo fazer-se presente, foi representado por Fernando Lozano – membro da Loja *Libertad* e diretor do jornal *Las Dominicales* (Madrid).[238]

Na sequência, em 1904, diante da realização do Congresso Internacional do Livre Pensamento, em Roma, consta, entre os comitês internacionais, círculos anticlericais de São Paulo e Curitiba,[239] porém, entre os participantes, mais uma vez, não prefiguram delegados oriundos do Brasil. Sobre isso, Everardo Dias desabafou: "é deplorável que em nosso país não exista uma agremiação livre-pensadora que possa fazer-se representar diretamente em tão importante assembleia".[240]

Além disto, durante o Congresso Internacional sediado em Roma, lançou-se a proposta para a realização de um desses congressos internacionais no Brasil, a ser sediado na cidade do Rio de Janeiro. Todavia, esse intento nunca se concretizou, talvez, por falta de apoio das agremiações brasileiras, ou por desinteresse das principais lideranças internacionais.

Portanto, o Congresso Internacional em Buenos Aires, especialmente por sua proximidade geográfica,[241] abriu a oportunidade para que uma delegação brasileira estreitasse vínculos e discutisse estratégias de ação com os círculos internacionais, fortalecendo, com experiências partilhadas, a organização anticlerical frente ao desenvolvimento da Igreja (assim como das religiões).

238 *A Lanterna*, São Paulo, 7-8 de novembro de 1903, p. 2. Surgido em 1883, inicialmente, o jornal intitulava-se *Las Dominicales del Libre Pensamiento*.

239 Segundo publicou, em 8 de janeiro de 1904, o periódico espanhol *Las Dominicales* (Madrid), os comitês internacionais da América do Sul eram representados pelo *O Livre Pensador* (São Paulo, Brasil), *A Lanterna* (São Paulo, Brasil), Liga Anticlerical de São Paulo (Brasil) e Liga Anticlerical do Paraná (Brasil).

240 *O Livre Pensador*, São Paulo, 24 de julho de 1904, p. 1.

241 O Primeiro Congresso Internacional do Livre Pensamento ocorreu na cidade de Bruxelas, no ano de 1880. A partir daí, os congressos internacionais tiveram como lugares sede: Amsterdã (1883), Amberes (1885), Londres (1887), Paris (1889), Madrid (1892), Bruxelas (1895), Paris (1900), Genebra (1902), Roma (1904), Paris (1905), Buenos Aires (1906), Praga (1907), Bruxelas (1910), Munique (1912), Lisboa (1913) e Praga (1920). De imediato, só encontramos indícios da participação de delegados enviados do Brasil no Congresso realizado em Buenos Aires (aliás, esse foi o único congresso internacional promovido fora da Europa).

Diante da interpelação de alguns correligionários a respeito da renúncia de Everardo Dias em participar do Congresso Internacional ocorrido na Argentina, nas páginas de *O Livre Pensador*, ele explicou:

> No tocante a minha renúncia, tenho a declarar aos correligionários que em mim depositaram sua confiança que deixei de ir unicamente porque *O Livre Pensador* carecia estritamente de mim e impossível se fazia deixar o jornal um mês.
>
> Se eu fosse a Buenos Aires (confesso-o lealmente) o jornal suspenderia temporariamente a sua publicação, e os correligionários vêm que isso seria, para a propaganda, de péssimo efeito.[242]

No encalço do Congresso Internacional do Livre Pensamento realizado em Buenos Aires, Benjamim Mota rumou, em novembro de 1906, para o Paraná. Recepcionado por entidades maçônicas e operárias, realizou nas cidades de Curitiba e Paranaguá uma série de conferências em defesa da liberdade de consciência.[243] Não obstante, sua presença irritou alguns clérigos, a exemplo do monsenhor Alberto José Gonçalves, que, pelas esquinas de Curitiba, afirmava: "que reduziria a farinha as ditas conferências" de Benjamim Mota e "todos os livres-pensadores desta terra".[244]

Na senda destas experiências, merece também destaque o surgimento em São Paulo, de um grupo denominado Associação do Livre Pensamento. Fundada em 29 de novembro de 1908, era uma "agremiação de homens conscientes, livres-pensadores de ação, convictos, que se reuniram para melhor combater o jesuitismo e procurar na solidariedade, um escudo que os ampare da ferocidade reacionária dos homens de batina".[245] Ainda segundo atesta o Capítulo I dos seus estatutos:[246]

---

242 *O Livre Pensador*, São Paulo, 23 de setembro de 1906, p. 2.

243 Cf. *Diário da Tarde*, Curitiba, 24 de novembro de 1906, p. 1; 29 de novembro de 1906, p. 2.

244 *Diário da Tarde*, Curitiba, 3 de dezembro de 1906, p. 2.

245 *A Lanterna*, São Paulo, 23 de outubro de 1909, p. 4.

246 Os mesmos foram aprovados, em 9 de maio de 1909, e registrados e publicados no *Diário Oficial*, em 4 de julho (nº 142) e 6 de julho de 1909 (nº143).

> Artigo 1º – Fica constituída nesta cidade de S. Paulo, capital do Estado do mesmo nome, com a intuição de perpetuidade, a Associação do Livre Pensamento, com o propósito de agrupar os livres-pensadores, em associações federadas, no trabalho da solidariedade humana, por meio:
>
> I de escolas nocionais das causas necessárias à vida, com posterior aplicação as ciências profissionais despidas de preconceitos;
>
> II de Institutos Filantrópicos, que provejam sobre a formação de reservas patrimoniais, sobre asilos maternais, infantis e educacionais, e sobre assistência aos incapazes por doença, idade ou carência de recurso;
>
> III de Bibliotecas com salas de leitura de livre acesso às pessoas que quiserem ler e;
>
> IV de conferências e publicações adequadas ao propósito social.[247]

Entre os membros dessa entidade, estavam: Everardo Dias, Ricardo Figueiredo, Luiz de Azevedo Marques e José M. Soares Falcão. Ademais, a associação contou, entre outros, com a colaboração do socialista Antonio Piccarolo (diretor de *Il Secolo*) e dos anarquistas Benjamim Mota (diretor de *A Vanguarda*), Alessandro Cerchiai[248] e Oreste Ristori[249] (os dois últimos ligados ao *La Battaglia*).

Ao ganhar desenvoltura a partir de março de 1909, a referida agremiação também se amparava na definição de livre-pensamento, exposta na declaração de princípios votada, em 1904, pelo Congresso Internacional do Livre Pensamento, em Roma. Desta maneira,

> [...] o Livre-Pensamento não pode reconhecer em nenhuma autoridade o direito de opor-se ou de sobrepor-se à razão humana e exige que seus aderentes rejeitem não só toda crença imposta, como também toda e qualquer autoridade que pretenda impor crenças quer essa autoridade se fun-

247 *Diário Oficial do Estado de São Paulo*, nº 142, 4 de julho de 1909.

248 Anarquista italiano que colaborou com a imprensa libertária paulista via periódicos como *O Amigo do Povo*, *La Battaglia* e *La Propaganda*, por vezes, escreveu valendo-se do pseudônimo Anna De'Gigli. Cf. RODRIGUES, Edgar. *Os companheiros* - vol. 1. Rio de Janeiro: VJR, 1994, p. 58; ROMANI, Carlo. *Oreste Ristori: uma aventura anarquista*. São Paulo: Annablume/Fapesp, 2002, p. 218.

249 Jornalista e anarquista italiano. Chegou ao Brasil em 1904, fixando-se em São Paulo, onde lançou o periódico *La Battaglia*. Sobre a sua militância no anarquismo, cf. ROMANI, Carlo. *Op. cit.*

> de numa revelação sobre milagres e tradições, sobre a infalibilidade de um homem ou de um livro, quer ela ordene inclinar-se perante os dogmas ou perante os princípios "a priori", de uma religião ou de uma forma qualquer de pressão exercida exteriormente sobre o indivíduo para desviá-lo de fazer sob sua responsabilidade pessoal o uso normal das suas faculdades.[250]

Em meados de 1909, a diretoria da Associação do Livre Pensamento, motivada pela escolha de um local mais amplo e apropriado para as suas reuniões e conferências, assim como para a realização de aulas noturnas e a criação de uma biblioteca,[251] mudava a sua sede social para a Rua José Bonifácio, nº 17 (inicialmente a mesma estava localizada à Rua Marechal Deodoro, nº 3-B). A sessão de inauguração, ocorrida em 1º de agosto de 1909, foi muito concorrida, notando-se no salão da nova sede mais de cem pessoas, entre as quais algumas senhoras.[252] O discurso de abertura ficou a cargo do correligionário Benjamim Mota, que, emocionado, lembrava dos seus esforços realizados, durante longos 11 anos, para ver os livres-pensadores agremiados em associações, e que, agora, se sentia cheio de júbilo ao ver que após algumas tentativas infrutíferas, sua aspiração ardente de muitos anos, realizava-se com a Associação do Livre Pensamento, que, inclusive, já se achava com bases sólidas de organização.[253]

De fato, em São Paulo, tantas outras entidades haviam surgido e sucumbido – tendo, quase sempre, como protagonistas, os mesmos militantes. Porém, frente à fundação da Associação do Livre Pensamento, os ânimos projetavam uma trajetória perenal, uma vez que, em nove meses apenas de existência, conseguiu agremiar cerca de 300 livres-pensadores,[254] entre os quais, notam-se "adesões de personalidades em evidência no mundo das ciências, da magistratura e da política".[255] Localizada no centro de São Paulo, essa associação organizou uma bem montada biblioteca[256] e um vasto e ele-

250 *Diário Oficial do Estado de São Paulo*, nº 142, 4 de julho de 1909.

251 *O Livre Pensador*, São Paulo, nº 3, 1º de julho de 1909, p. 24.

252 *O Livre Pensador*, São Paulo, nº 4, 15 de julho de 1909, p. 7.

253 *Ibidem*.

254 *Ibidem*.

255 *O Livre Pensador*, São Paulo, nº 3, 1º de julho de 1909, p. 24.

256 *Correio Paulistano*, 23 de maio de 1909, p. 4.

gante salão,[257] em que promovia conferências, realizadas por militantes como Antonio Piccarolo ("Evolução ou Involução do Catolicismo?"), Benjamim Mota ("Ciência e Liberdade") e Passos Cunha ("É um Dever Cívico Fortalecer o Livre Pensamento"). Dentre os conferencistas, vale lembrar que o advogado, livre-pensador e socialista Passos Cunha, por diversas vezes, atuou junto a círculos anarquistas de São Paulo. Inclusive, foi professor no curso superior da Escola Nova (criada em São Paulo, em 1915) – uma instituição de educação mista, que se valia dos métodos racionais e científicos da pedagogia moderna, outrora difundidos na Espanha por Francisco Ferrer.

A Associação do Livre Pensamento, que tinha entre suas preocupações o aperfeiçoamento intelectual e moral do povo, iniciou um programa de ensino que oferecia aulas de escrituração mercantil e de línguas (francês, inglês, latim e grego). Além de preparar os/as alunos/as para se habilitarem a cursar as escolas superiores, bem como a exercerem com consciência uma profissão ou ofício qualquer,[258] a associação visava ainda instruir os/as mesmos/as nos ramos da ciência, amparados para tal feito nas ideias de Jean-Baptiste de Lamark, Charles Darwin e Ernst Haeckel.

Ao defender o projeto educativo da associação,[259] Benjamim Mota observou: "o meio eficaz de lutar contra a religião" é emancipar consciências.[260] A propósito, reportando-se ao trabalho educativo (aulas primárias e secundárias) promovido pela agremiação, o jornal *A Lanterna*, declarava: "há muitas crianças que ali se instruem a salvo da baba peçonhenta do jesuitismo".[261]

Além disto, a Associação do Livre Pensamento havia convertido o jornal *O Livre Pensador* em seu principal porta-voz[262] e, por intermédio do qual, divul-

257 *O Livre Pensador*, São Paulo, nº 3, 1º de julho de 1909, p. 24.

258 *O Livre Pensador*, São Paulo, nº 2, 15 de junho de 1909, p. 11

259 *Correio Paulistano*, em 30 de janeiro de 1910, publicou: "as aulas preliminares noturnas gratuitas continuarão funcionando das 7 às 9 horas da noite, e os alunos continuarão gozando do direito a remédios por conta da Associação. Com a possível brevidade será criada a escola profissional agrícola e zootécnica. As mensalidades para diversas aulas continuam sendo de 5$000 [cinco mil réis] para sócios e de 10$000 [dez mil réis] para os estranhos", p. 5.

260 *O Livre Pensador*, São Paulo, nº 4, 15 de junho de 1909, p. 7.

261 *A Lanterna*, São Paulo, 23 de outubro de 1909, p. 4.

262 Também a Associação do Livre Pensamento valeu-se do jornal *O Estado de S. Paulo*, para a divulgação de diversos dos seus eventos.

gava seu programa políticocultural, acrescido de um calendário laicocivil, em que ganhavam destaque, as datas: 14 de Julho (Queda da Bastilha), 20 de Setembro (Tomada de Roma)[263] e 15 de Novembro (Proclamação da República no Brasil). Aliás, em 1909, durante sessão solene em comemoração a Proclamação da República, em que discursaram o professor Arthur Breves, o político e maçom Antonio Moreira da Silva (presidente da Associação do Livre Pensamento) e o anarquista Oreste Ristori, este último realizou veemente ataque à República, haja vista a repressão levado a cabo contra lideranças operárias, a exemplo da expulsão do militante sindical italiano Edmondo Rossoni.[264]

A partir de outubro de 1909, a prisão do libertário Francisco Ferrer, na Espanha, resultará em uma série de conferências e manifestações de protesto organizadas pela referida entidade. Por certo, o caso Ferrer dará um novo fomento às campanhas anticlericais, tanto no cenário internacional, quanto no Brasil. De qualquer forma, fundada em novembro de 1908, a Associação do Livre Pensamento, ao que parece, manteve-se em atividade até fevereiro de 1911.

A natureza das armas: novas (e velhas) iniciativas

Efetivamente, ao final do século XIX, apesar de alguns desafios institucionais com que a Igreja teve de defrontar, após a separação do Estado, ela ainda ocupava espaços consideráveis nas áreas de saúde, educação, lazer e cultura.

263 As datas 14 de Julho e 20 de Setembro (esta data marca o processo final da Unificação Italiana, haja vista que em 20 de setembro de 1870 ocorreu a Tomada de Roma pelas tropas de Guiseppe Garilbadi e Victor Emmanuel), assim como 13 de Outubro (execução de Ferrer), tornaram-se símbolos de confraternização universal, comemoradas em distintos círculos anticlericais, anarquistas, socialistas etc.

264 Instigado por seu amigo Alceste De Ambris, ligado aos jornais *Avanti!* e *La Scure*, Rossoni vem para o Brasil em março de 1909. Uma vez em São Paulo, passa a colaborar em atividades promovidas pelo sindicalismo revolucionário, assim como pelos libertários. Sabe-se que ele trabalhou como professor numa escola racionalista mantida pela Liga dos Vidreiros, no bairro Água Branca (São Paulo). Referindo-se a Rossoni, em 1909, o jornal *A Lanterna* publicou: "o nosso amigo" e "discípulo de Francisco Ferrer (Escola Moderna) e Sébastien Faure (La Ruche)". Em meio a isso, acusado como um dos principais agitadores da greve na Fábrica Santa Marina (São Paulo), Rossoni é preso e expulso em novembro de 1909. Após essa curta estadia no Brasil, vai para a França. Anos depois, já na Itália e convertido ao fascismo, torna-se, em 1916, secretário da União Italiana do Trabalho e o principal mentor do sindicalismo fascista. Cf. *A Lanterna*, São Paulo, 23 de outubro de 1909, p. 2; TOLEDO, Edilene. *Travessias revolucionárias: ideias e militantes sindicalistas em São Paulo e na Itália (1890-1945)*. Campinas: UNICAMP, 2004.

Destarte, com a liberdade que passou a desfrutar com o fim do Padroado e visando fazer frente aos seus inúmeros opositores, a Igreja Católica investiu na ampliação do sistema de ensino dos colégios católicos[265] e na criação de dioceses (e prelazias) - entre os anos de 1890 e 1910, surgem 29 novas dioceses -, com essa estratégia, ampliando a sua territorialidade e influência religiosa.[266] Também do lado eclesiástico eram crescentes as reivindicações direcionadas ao Estado que afirmavam que ele tinha a obrigação de auxiliar a Igreja no ensino público. Sem dúvida, por mais que a Constituição de 1891 deixasse explícita a proibição de auxílio financeiro às escolas confessionais, em mais de uma ocasião, ocorreu que instâncias ligadas ao poder público estadual e municipal destinassem recursos ao sistema educacional mantido pela Igreja.

Consequentemente, nos primeiros anos da República, diante disso e da constante chegada ao Brasil de clérigos estrangeiros - por vezes, expulsos da Europa em decorrência da ofensiva liberal e republicana -, não faltaram vozes, a exemplo do jornal *A Batina*, de Curitiba, que incitavam o combate em todos os terrenos e por todos os meios possíveis contra a "influência nefasta" que o clero exercia sobre as sociedades,[267] e a efetiva resistência à "invasão" das congregações religiosas.

Deste modo, entre as iniciativas que levantaram a bandeira do anticlericalismo, tem-se a Liga Anticlerical (Jundiaí, 1903) - que estava federada à Liga Anticlerical de São Paulo; o Grupo Livre Pensador Espanhol (Ribeirão Preto, 1906) e a Sociedade dos Livres Pensadores (São Paulo, 1906) - que, visando aumentar o contingente de seus quadros, lançava um apelo a todas as corporações anticlericais e lojas maçônicas, pedindo sua adesão.[268] Conjuntamente, em 1908, no Rio de Janeiro, por iniciativa do notório republicano, mé-

---

265 Segundo observou Riolando Azzi, tal setor educacional que estava voltado à burguesia emergente e as classes médias urbanas, foi uma solução adequada enquanto fonte de renda para a Igreja. Cf. AZZI, Riolando. *O Estado leigo e o projeto ultramontano...*, p. 13 e 116.

266 Cf. MICELI, Sérgio. *A elite eclesiástica brasileira*. São Paulo: Companhia das Letras, 2009; MOURA, Laércio Dias de. *A educação católica no Brasil*. Brasília: ANAMEC; São Paulo: Edições Loyola, 2000.

267 *A Batina*, Curitiba, 14 de abril de 1911, p. 1. Desse órgão localizaram-se 4 números, publicados entre 14 de abril e 29 de julho de 1911.

268 *O Século*, Rio de Janeiro, 22 de outubro de 1906, p. 2.

dico e jornalista José Lopes Trovão,[269] fundava-se uma Liga Anticlerical, que tinha por objetivos: combater a intromissão dos clérigos, em negócios políticos do Estado. E, segundo o seu fundador, a liga promoverá a fiel observância da lei de separação da Igreja e do Estado.[270] Cabe lembrar que Lopes Trovão foi um dos signatários do Manifesto Republicano de 1870, assim como, durante a implementação do governo republicano, em especial na Constituinte, manteve posições contrárias ao clero e aos positivistas, lançando-se em defesa de emendas favoráveis ao divórcio.

De qualquer forma, além de distintos agrupamentos atuantes no Sudeste, vê-se núcleos de propaganda anticlerical emergirem nas regiões Norte e Nordeste, em uma demonstração de que o movimento anticlerical, no começo do século XX, paulatinamente, ganhava envergadura, via uma rede de organizações espalhadas pelo país. Nessas circunstâncias, na cidade de Salvador, com a colaboração da maçonaria local, viu-se surgir, em 1908, a Liga Anticlerical da Bahia,[271] que, de forma quinzenal, passou a publicar, como seu órgão porta-voz, o periódico *O Grito* – de distribuição gratuita, com uma tiragem de 10 mil exemplares. No mesmo ano, na cidade de Fortaleza, por Joaquim Pimenta – com seus colegas da Faculdade de Direito, Adonias Lima e Boanerges Facó[272]–, é fundada a Liga Contra os Frades, que passou a publicar o jornal *O Demolidor*, de distribuição gratuita, com tiragem de 2 mil exemplares. Tendo como slogan "E a jangada, que libertou o primeiro escravo, transporte para bem longe de nossas plagas o último FRADE!", o órgão da Liga Contra os Frades lançava sua ofensiva à entrada de clérigos estrangeiros no Brasil, em especial no Ceará. Portanto, em seu programa político, defendia: "os frades são o alvo para o qual

269 José Lopes da Silva Trovão (1848-1925), notório abolicionista e propagandista republicano. Além de médico e jornalista, atuou no Governo Republicano como deputado e senador. Cf. ABREU, Alzira Alves de (coord.). *Dicionário históricobiográfico da Primeira República (1889-1930)*. Rio de Janeiro: FGV, 2015.

270 *O Commercio de São Paulo*, 8 de agosto de 1908, p. 1.

271 Segundo Thales de Azevedo, em 1910, a liga tinha como presidente o major Benvenuto Carneiro, seguido dos secretários Elisio José Medeiros e Américo Chamusca, cf. *A guerra aos párocos – episódios anticlericais na Bahia*. Salvador: EGBA, 1991, p. 72. Ademais, a Liga Anticlerical não foi a primeira entidade desse perfil a surgir na Bahia, uma vez que, em outubro de 1907, registrou-se: "fundou-se há dias na Bahia, uma Associação Livre Pensadora, com o fim de combater o clero". *In: A República*, Curitiba, 29 de outubro de 1907, p. 1.

272 GONÇALVES, Adelaide e SILVA, Jorge E. (orgs.). *A imprensa libertária do Ceará (1908-1922)*. São Paulo: Imaginário, 2000, p. 22.

se dirige a nossa seta, não há dúvida que é nobre e patriótica a campanha que acabamos de encetar. Livremo-nos de quem nos prejudica e nos explora".[273]

Nesta mesma época, em Belém do Pará, é organizada a Liga Anticlerical Paraense. Curiosamente, anos depois, em 1912, tem-se o registro da fundação também em Belém do Pará, da Liga Anticlerical do Pará, anexa ao Centro Amor, Ciência e Liberdade - associação literária, instrutiva e educadora de moços livres-pensadores.[274] Compete então perguntar: tratava-se de uma mesma associação atuando em distintos momentos? Apesar de haver casos de idas e vindas de certas agremiações, a documentação não fornece indícios para uma esclarecedora resposta.

Enquanto sólidos veículos de estudo e de atividade prática, as ligas anticlericais seguiam um modelo de organização similar ao de outras entidades associativas e operárias. Em linhas gerais, a sua diretoria basicamente era composta por um presidente, um vice-presidente, 1º e 2º secretários, tesoureiro, orador e uma comissão de propaganda. Além disso, parece sensato pressupor que, nos núcleos anticlericais em que houve maior incidência de militantes anarquistas, ocorreu um aparente relaxamento do princípio hierárquico, seguido da defesa de uma postura política mais radical, assim como antirreligiosa e ateia. Aliás, no caso da Liga Anticlerical do Rio de Janeiro - fundada em 1911 e que tinha forte ascendência anarquista -, coube, corriqueiramente, ao 1º secretário, representá-la publicamente.

Ao acompanhar tal rastro de oposições ao clero, em 1909, o periódico *O Livre Pensador* ponderava: "a fundação de sociedades livres-pensadoras em diversos pontos do Brasil, tendo alguns seus órgãos de propaganda" demonstra que "o Livre-Pensamento caminha, abrindo profundas brechas nas hostes cerradas do Fanatismo". Desse modo, "não é só em S. Paulo que se luta: é também no Pará, no Piauí, no Maranhão, no Ceará, na Bahia, no Paraná, no Rio Grande do Sul que a nossa voz impavidamente ecoa, repercutindo em milhares de consciências adormecidas pela morfina clerical".[275]

273 *O Demolidor*, Fortaleza, 29 de fevereiro de 1908, p. 1. Fac-Similar. Fortaleza: Imprensa Universitária, 2013.

274 *A Lanterna*, São Paulo, 14 de dezembro de 1912, p. 4.

275 *O Livre Pensador*, São Paulo, nº 1, 1º de junho de 1909, p. 2.

Contudo, essa impressão de força e intensa atividade, nem sempre foi efetiva, visto que muitas associações definharam em um período relativamente curto, enquanto outras, em termos práticos, tiveram apenas uma existência fantasma. Mas, como era de esperar, entre experiências breves e infrutíferas, ocorreram esforços bem-sucedidos que souberam canalizar o descontentamento social acerca do clero, conquistando adeptos e exercendo uma posição de influência no desenvolvimento de uma força coletiva.

Seja como for, em diversas partes do país, continuavam a pipocar iniciativas. Assim, em 1909, na cidade de Cuiabá, é fundada a Liga Mato-Grossense de Livres Pensadores, assim como a revista *A Reacção*, enquanto órgão porta-voz da liga. Tempo depois, na cidade do Maranhão, em maio de 1911, surgiu a Liga do Livre Pensamento, cuja sede social ornamentada por quadros que ilustravam a abjuração de Galileu, as cenas horríveis da Inquisição e a matança do dia de São Bartolomeu,[276] encontrava-se instalada junto ao Centro Republicano Português, situado à Rua da Cruz, nº 66.

Fundada por 27 integrantes – entre os quais, figuravam membros da maçonaria local –, o programa da Liga do Livre Pensamento (Maranhão) era claro: "libertar o espírito público das cadeias ignóbeis do dogmatismo e do convencionalismo, forjados nos claustros e sacristias".[277] Após um ano de atividade, a liga já somava quase 100 sócios. Além de manter uma programação de propaganda que incluía eventos comemorativos, com destaque para o aniversário de morte de Francisco Ferrer e o 14 de Julho. Em 1912, passou a publicar *A Evolução*, como seu órgão porta-voz. Ademais, visando fazer frente ao clero local, a Liga do Livre Pensamento promoveu uma campanha de combate ao peditório para as festividades religiosas.

Em julho de 1911, ao buscar um lugar para constituir sua sede própria, os membros da Liga do Livre Pensamento, ironicamente, convertem essa investida em um verdadeiro ato de afronta ao clero, ao apresentarem, por inter-

276 *Pacotilha*, Maranhão, 14 de outubro de 1911, p. 1.

277 *Pacotilha*, Maranhão, 25 de março de 1912, p. 1.

médio do seu tesoureiro Manoel Gonçalves da Rocha, proposta de compra do convento do Carmo,[278] aventando ali instalar a sua associação.[279]

Em meio a isto, a implantação da República em Portugal, ocorrida em outubro de 1910, intensificou a agitação anticlerical no Brasil. Na senda desse acontecimento, que foi grandemente comemorado por diversas associações liberais, organizaram-se campanhas anticlericais contra "a invasão dos congreganistas estrangeiros expulsos de Portugal". Desta maneira, segundo registrou a imprensa, nas cidades de Santos, Salvador, Curitiba e Porto Alegre, os anticlericais se preparam para impedir a entrada de religiosos. Frente a isso, muitos conventos passaram a ser vigiados pela força policial.[280]

Naqueles primeiros anos do século XX, o Estado do Paraná – constantemente agraciado nas páginas de *O Livre Pensador*, devido as suas realizações em prol do anticlericalismo – continuava a dar exemplos de consistente militância. Quer seja pela sobrevida do Centro da Mocidade Livre Pensadora, fundado em 1905, e que, durante a década de 1910, dava nova contribuição às campanhas anticlericais, inclusive, trazendo a lume o jornal *A Batina*, ou ainda, pela fundação, em 19 de dezembro de 1909, em Curitiba, da Associação Feminil Livre Pensadora.

A Associação Feminil Livre Pensadora, como o próprio nome revela, tinha como peculiaridade o fato de ser uma iniciativa exclusivamente feminina. Desta forma, a admissão de homens era apenas permitida enquanto sócios honorários contribuintes e, como consta nos seus estatutos (aprovados em 03 de julho de 1910), "os senhores admitidos como sócios não intervirão nos negócios internos da Associação" (Art. 8º, § 1.º),[281] ou seja, não poderiam votar e nem ser votados.

Criada pelo intento de um grupo de professoras normalistas, "no sentido de intensificar a propaganda contra vetustas concepções incongruentes

278 Ao que parece, o governo do Estado do Maranhão colocou em leilão o desativado convento do Carmo, entre os principais interessados na compra do mesmo, estava um grupo de frades e a Liga do Livre Pensamento.

279 *Diário do Maranhão*, São Luiz do Maranhão, 4 de julho de 1911, p. 1/ 27 de julho de 1911, p. 1.

280 Ambas as passagens, *Jornal Pequeno*, Recife, 15 de outubro de 1910, p. 5.

281 Estatutos da Associação Feminil "Livre Pensadora". Curitiba: Livraria Econômica, 1910, p. 5 [agradeço a Márcio Tomaz pela cópia desse documento].

e daninhas",[282] a Associação Feminil Livre Pensadora contava, entre outras, com Maria José da Costa Faria, Esther Silva e Isabel Lopes Santos Souza.[283] Assim, se distanciando da clássica imagem de aliada da Igreja, o elemento feminino assumia um papel de protagonista das lutas em prol do progresso científico e do livre-pensamento.

Ao reportar-se ao surgimento da referida associação, uma entusiasta (de nome Célia), no jornal anticlerical *A Lanterna* (2ª fase), escreveu: "Um grande passo, um passo gigantesco deu o Livre-Pensamento no Brasil, visto que acaba de se organizar em Curitiba (Paraná), uma associação de mulheres".[284]

Mas, antes de prosseguirmos, eis uma suspeita: seria Célia uma entusiasta fictícia? Visto que o artigo traz apenas o prenome feminino Célia, intui-se que se possa tratar de um texto da autoria do poeta Raimundo Reis, membro da redação de *A Lanterna* e redator auxiliar de *O Livre Pensador*, que, não raro, assinou alguns dos seus escritos valendo-se do pseudônimo Célia d'Ambrósio. Curiosamente, como sugere o seu livro de versos, intitulado *Breviário* (1912), Célia, "nome terno e de beleza tanta, delicado, celeste, harmonioso, argentino",[285] era uma referência a uma antiga paixão (aliás, não correspondida) do jovem poeta mineiro, que, com afinco, compôs diversos sonetos a sua musa – uma beata de "alma de gelo" e "sorriso desdenhoso". Além disso, no já referido texto publicado em *A Lanterna*, que se inicia com as seguintes palavras "uma associação de mulheres livres-pensadoras que se arregimentaram a fim de propagar *o nosso belo ideal*",[286] fica explícito um leve distanciamento de gênero, em que o autor nunca se inclui quando a questão

282 *Diário da Tarde*, Curitiba, 20 de dezembro de 1909, p. 1.

283 Sua primeira diretoria ficou composta por Maria José da Costa Faria (presidente), Esther Silva (vice-presidente), Rita Estrella Moreira (1ª secretaria), Dalila Darcanchy (2ª secretaria), Placida Mendes Silva (1ª tesoureira), Marietta Pernetta (2ª tesoureira), Alda Silva (1ª oradora) e Jandyra Faria (2ª oradora). Além delas, a professora Isabel Lopes Santos Souza também exerceu papel de destaque na associação, tendo participado da comissão que organizou os estatutos; e, em 1910, assumindo o cargo de 2ª secretária.

284 *A Lanterna*, São Paulo, 2 de julho de 1910, p. 4.

285 REIS, Raimundo. *Breviário (Versos)*. São Paulo: Pocai & Weiss, 1912, p. 105. Na primeira década do século XX, desgostoso com a atitude de desdém de Célia para com ele, o jovem poeta deixou sua terra natal, a pacata cidade de Jequitibá, rumando para São Paulo. Ao que parece, sua musa entregou-se de corpo e alma a vida monástica, tornando-se freira.

286 *A Lanterna*, São Paulo, 2 de julho de 1910, p. 4, [grifo nosso].

tratada é o elemento feminino (valendo-se ao longo do texto da expressão *a mulher*). De mais a mais, no decorrer da narrativa, extravasa uma visão caricatural a respeito da natureza feminina, notadamente marcada por ternura, afeição, bondade e abnegação, que, em certa medida, endossa a hipótese de que por trás do nome Célia haja oculto um escritor masculino.

Seja como for, aproveitando-se da ocasião da criação dessa associação de mulheres livres-pensadoras, a referida "entusiasta" trará à tona uma discussão política que se tornou constante nos círculos anticlericais, a de que a mulher, devido à má educação que recebe, era o principal sustentáculo da religião católica, já que, durante séculos, "este ente todo carinho, todo cheio de amor" é "o braço forte dessa religião combalida e caduca que se chama catolicismo e que tanto tem prejudicado a marcha do progresso".[287]

Como destacou o historiador José Eduardo Franco, "a ideia da mulher como presa fácil e a mais apetecível por parte do clero" passa a ser "uma ideia-força decisiva e muito recorrente no âmbito da propaganda contra a influência dos padres na sociedade".[288] Desde longa data, essa afirmativa vinha ganhando difusão, especialmente pelo intermédio de duas obras: *O Padre, a Mulher e a Família* (1844), do historiador francês Jules Michelet, e *O Padre, a Mulher e o Confessionário* (1875), do ex-padre canadense Charles Chiniquy. Além do mais, "o catolicismo, no plano laical, era cada vez mais uma religião de mulheres" e, "partindo desta verificação sociológica, o anticlericalismo direcionou baterias críticas para tentar cortar o cordão umbilical que ligava o clero ao universo feminino".[289] Em vista disso, no Brasil, o jornal *O Grito* – órgão da Liga Anticlerical da Bahia –, num texto publicado em 1908 e intitulado "A Mulher e o Romanismo", lançava-se em defesa da liberdade de consciência contra os fatos e dogmas que buscavam escravizar o espírito da mulher.[290]

Por sua vez, "a entusiasta", em sua análise publicada em *A Lanterna*, ainda pontuava: "a mulher começou já a compreender quão prejudicial e desumano é o papel que representa auxiliando uma instituição que tanto mal tem causado

287 Até aqui, tudo em *A Lanterna*, São Paulo, 2 de julho de 1910, p. 4.

288 FRANCO, José Eduardo. "Anticlericalismo e universo feminino: polémicas e estereótipos", *Revista Lusófona de Ciência das Religiões*. Ano VI, nº 11, Lisboa, 2007, p. 258.

289 *Ibidem*, p. 270.

290 *O Grito*, Salvador, novembro de 1908, p. 1-2.

(e vem causando) ao mundo". Ademais, "a mulher", paulatinamente, "conforme o grau de cultura a que vai ascendendo, retira dos ombros a pesada carga que sustenta", frente a isso, "o catolicismo carcomido pelos séculos, enfraquecido pelos dogmas estultos, desaba lentamente ao passo que lhe vai faltando o apoio extraordinário da mulher. A ruína total está próxima, muito próxima".[291] Em suma, esses anseios de vitórias, tendo o gênero feminino como elemento participante, eram tonificados – na perspectiva da suposta Célia – pelo surgimento de agremiações como a Associação Feminil Livre Pensadora.

Assim, a referida agremiação, ao lançar-se em campanha contra as "instituições retrógradas" – contrariando as pretensões católicas (e positivistas) da sujeição feminina à clausura doméstica –, tinha entre seus fins: "Evitar que seres submetidos à sua guarda ou proteção frequentem as escolas religiosas, confessionários e mais artifícios com que os discípulos de Loyola, temíveis inimigos do Lar e da Pátria, procuram obscurecer e escravizar [a] consciência humana".[292] Desta maneira, ganhou destaque, em seus estatutos, o intuito de criar uma biblioteca literário-científica e uma revista de divulgação do livre-pensamento. Além disso, como instrumento de propaganda, a associação passava a promover conferências. Não dispondo de espaço próprio e apropriado para a realização desse tipo de evento, valia-se dos salões de outras entidades, tais como da Associação dos Empregados no Comércio e da Associação Cívica 7 de Setembro.

Entre as conferências promovidas pela Associação Feminil Livre Pensadora, ganhou destaque a comemoração do advento da República em Portugal. Esse evento, realizado no dia 23 de outubro de 1910, contou com a colaboração de José Niepce da Silva e Alfredo Dulcídio Pereira – ambos membros da maçonaria paranaense, o primeiro era delegado do Grande Oriente do Brasil no Paraná e o segundo estava ligado à Loja Fraternidade Paranaense.

De fato, a maçonaria no Paraná, desde longa data, desenvolveu um papel de destaque na promoção do livre-pensamento e nas lutas anticlericais e, no caso da Associação Feminil, estreitou laços com a mesma desde sua fundação. Prontamente, a entidade contou em suas lides com a colaboração de diversos maçons, entre os quais, Dario Vellozo – vinculado à Loja Luz Invisível – e Emiliano David Perneta – ligado às lojas Fraternidade Paranaense e Luz Invi-

291 Até aqui, tudo em *A Lanterna*, São Paulo, 2 de julho de 1910, p. 4.

292 Estatutos da Associação Feminil "Livre Pensadora". Curitiba: Livraria Econômica, 1910, p. 4.

sível. É possível também aventar que alguns desses maçons, que colaboravam com a associação, fossem sócios honorários, ou ainda que, entre as mentoras da Associação Feminil, houvesse integrantes de alguma loja maçônica de adoção, a exemplo da Loja Filhas da Acácia.

De qualquer forma, os vínculos de reciprocidade com a maçonaria ficavam explícitos inclusive nos seus estatutos, em que aparece: "caso a Associação venha um dia a se dissolver ou extinguir [...] as obras todas da Biblioteca, serão ofertadas à Biblioteca de qualquer das Lojas Maçônicas existentes na capital" (Art. 44, § 2. º).[293] Sobre a duração dessa agremiação de mulheres livres-pensadoras, há sinais de sua atuação pelo menos até 1914, uma vez que, em maio desse mesmo ano, fez-se representar, através de comissão constituída por Esther Negrão, Amélia Lopes, Tereza Lopes e Alda Silva, em um evento organizado para homenagear o senador republicano e maçom Lauro Sodré.[294]

Além desta experiência efetivamente feminina ocorrida em Curitiba, é certo que as lutas contra o clericalismo, travadas nos primeiros anos do século XX, contaram com outros exemplos, como denota a fundação, em 1900, na cidade de Porto Alegre (Rio Grande do Sul), da Grande Associação Beneficente de Senhoras, que, embalada pelo ideal da liberdade de consciência, visava emancipar a mulher do fanatismo religioso. Essa associação, que, desde sua criação se encontrava amparada pela maçonaria rio-grandense, ao lançar-se, em luta benéfica em prol dos desamparados, acabaria por fazer frente ao clero, haja vista que pretendia atuar num terreno que era de predominância das instituições católicas. Assim, no seu programa político, consta: fundar uma "escola superior para o cultivo da inteligência e da educação liberal da mulher"; a criação de "asilos para a infância desvalida e os mendigos"; bem como de um "hospital para os enfermos sem família, sem abrigo e sem recursos".[295] Deste tão audacioso projeto, o pouco que se sabe é que inauguraram, em 1903, um externato para meninas.[296] Por fim, a Grande Associação Beneficente de Senhoras se manteve em atividade até pelo menos 1906.

---

293 Estatutos da Associação Feminil "Livre Pensadora"..., p. 17.

294 *A República*, Curitiba, 19 de maio de 1914, p. 3.

295 TORRES, Joaquim Alves. *O dever*. Porto Alegre: Tipografia da Livraria do Globo, 1901, p. IX.

296 *A Federação*, Porto Alegre, 28 de fevereiro de 1903, p. 3.

Indiscutivelmente, em diversas situações, expoentes femininos colaboraram ativamente na propaganda livre-pensadora levada a cabo especialmente no Rio de Janeiro e em São Paulo, onde constam nomes como Elvira Boni,[297] Maria Antonia Soares,[298] Maria Lacerda de Moura,[299] Ernestina Lesina,[300] Isabel Cerruti,[301] entre outras. Aliás, como em certa ocasião Everardo Dias destacou – durante suas viagens para conferências, tanto quanto diante das suas diversas prisões –, quem assumia a administração do jornal *O Livre Pensador*, era sua esposa Maria Ribeiro Dias.

---

297 Anarquista, costureira e artista amadora (teatro) –, fez parte do Grupo Dramático 1º de Maio (Rio de Janeiro) e do Grupo Dramático Anticlerical (Rio de Janeiro). A partir de 1912, colaborou com o jornal *O Operário*, escrevendo artigos de caráter anticlerical, assim como atuou na Liga Anticlerical do Rio de Janeiro. Em 1919, foi uma das fundadoras da União das Costureiras, Chapeleiras e Classes Anexas, no Rio de Janeiro. Participou do Terceiro Congresso Operário realizado, em 1920, no Rio de Janeiro, representando a União das Costureiras. Cf. GOMES, Angela de Castro (coord.). *Velhos militantes – depoimentos*. Rio de Janeiro: Jorge Zahar, 1988, p. 19-72; RODRIGUES, Edgar. *Os companheiros* – vol. 2. Rio de Janeiro: VRJ, 1995, p. 53-54; BATALHA, Claudio H. M. *Dicionário do movimento operário: Rio de Janeiro do século XIX aos anos 1920, militantes e organizações*. São Paulo: Fundação Perseu Abramo, 2009, p. 34-35.

298 Militante anarquista, irmã do libertário Florentino de Carvalho. Maria Antônia colaborou na imprensa operária (*A Lanterna*, *A Plebe* etc.), realizou conferências, bem como foi artista amadora, encenando no teatro peças de cunho anticlerical. Cf. RODRIGUES, Edgar. *Os companheiros* – vol. 4. Florianópolis: Insular, 1997, p. 128-131.

299 Professora, conferencista e escritora. Colaborou com os jornais *A Lanterna*, *A Plebe* e *O Protesto*, assim como ministrou conferências nas ligas anticlericais de Sorocaba, Rio de Janeiro e Campinas. Também foi autora de obras como *Clero e Estado* (1931), *Ferrer, o Clero Romano e a Educação Laica* (1934) e *Clericalismo e Fascismo – horda de embrutecedores* (1935). Para detalhes sobre sua vida e obra, cf. LEITE, Míriam Lifchitz Moreira. *Op. cit.*

300 Militante socialista, conferencista, diretora do periódico *Anima e Vita* (São Paulo, 1904) e colaboradora no jornal *O Livre Pensador*. Em 1906, contribuiu ativamente para a fundação da Associação de Costureiras de Sacos. Cf. FERREIRA, Maria de Nazareth. *A imprensa operária no Brasil (1880-1920)*. Petrópolis: Vozes, 1978, p. 92; GONÇALVES, Caroline. "Alma e Vida: os deslocamentos de Ernestina Lesina, o cotidiano e a luta das mulheres operárias (início do século XX – São Paulo)", *In*: *Anais do XXVI Simpósio Nacional de História* – ANPUH, São Paulo, julho de 2011. Disponível em: <http://www.snh2011.anpuh.org/resources/anais/14/1307935788_ARQUIVO_ArtigoanpuhFINA-CarolineGonalves[1].pdf>. Acesso em: 12 ago. 2017.

301 Militante anticlerical, anarquista e antifascista que atuou no Centro Feminino de Educação (São Paulo) e no Grupo Feminino de Ação Social (São Paulo). Por diversas vezes colaborou na imprensa libertária, escrevendo para *A Lanterna*, *A Obra* e *A Plebe*, valendo-se das alcunhas de Isa Ruti, Isabel Silva (nome de solteira) ou Isabel Cerruti (nome de casada). Cf. RODRIGUES, Edgar. *Os companheiros* – vol. 2. Rio de Janeiro: VRJ, 1995, p. 143-147; CERRUTI, Isabel. *O triunfo da anarquia e outros escritos*. São Paulo: Biblioteca Terra Livre, 2018.

Em meio a isto, no mesmo momento em que os círculos anticlericais comemoravam a vinda da livre-pensadora espanhola Belén de Sárraga ao Brasil, para a realização de uma série de conferências em cidades da região Sul e Sudeste, vem a lume, em 14 de abril de 1911, em Curitiba, o jornal *A Batina* – órgão da mocidade livre-pensadora. Sem demora, esse periódico encontrou, na Associação Feminil Livre Pensadora, uma apoiadora, inclusive com recursos financeiros.

Assim, pela ousadia de um punhado de homens e mulheres, o livre-pensamento e o anticlericalismo expandiam-se via a criação de associações, bem como pela publicação de periódicos, que deixavam transparecer em suas campanhas a coexistência de distintas correntes no movimento anticlerical, tais como o positivismo, o liberalismo, o anarquismo e o socialismo.

2. Por entre expressões profanas...

Quanto mais santo é o padre, mais perigoso se torna.

Denis Diderot

O padre prega o jejum, mas ele
jejua tanto que engorda como uma baleia.

Romeu Manzoni

O anticlericalismo literário atravessava o limiar do nascente século XX, representado pelas obras *O Papa Negro* (1901), do escritor italiano Ernesto Mezzabotta, *Electra* (1901), do dramaturgo espanhol Benito Pérez Galdós, bem como por *A Catedral* (1903) e *O Intruso* (1904), por vezes intitulado de *Jesuítas*, do jornalista espanhol Vicente Blasco Ibáñez. Dessa forma, variando o sabor da sua cólera conforme as circunstâncias, a literatura havia se tornado um importante elemento ideológico na campanha de descrédito à Igreja Católica.

No Brasil, os desígnios da doutrinação anticlerical também estiveram fortemente ligados à palavra impressa, uma vez que, além da fundação de associações, a luta contra o clero valeu-se da criação de jornais, da publicação de livros e opúsculos/folhetos, seguidas da fundação de editoras e livrarias. Envolto por esse movimento de ideias, o anarquista, jornalista e editor Rodolfo Felipe, na década de 1930, afirmava: "o jornal é o arado que sulca a terra", enquanto "o folheto é a semente que fecunda o solo".[1] De mais a mais, o escritor português Heliodoro Salgado – autor de obras agraciadas nos círculos anticlericais de Portugal e do Brasil – atribuía ao surgimento da palavra impressa "a primeira pica-

1 Cf. Editorial publicado na contracapa do opúsculo: MOURA, Maria Lacerda de. *Serviço militar obrigatório para a mulher? Recuso-me! Denuncio!* São Paulo: A Sementeira, 1933.

reta aplicada aos muros vetustos do edifício católico",[2] visto que desempenhou importante serviço em prol da difusão do livre-pensamento.

Neste tocante, é elucidativo o caso de Benjamim Mota, que, educado no catolicismo, mudou sua visão de mundo por meio da literatura científica, positivista e naturalista, tornando-se livre-pensador e antirreligioso. Reportando-se a essa situação, ele escreveu: "sendo assim, filho de católicos, educado nessa religião de embustes, fui também crente até que o estudo fez-me saber como se formaram os mundos e como o homem é produto de uma lenta evolução animal". E, em meio às atentas leituras de Haeckel, Voltaire, Rousseau, Condorcet e Kropotkine, afirmou: a literatura moderna – representada pelo romance, pela poesia e pelo drama social – é "essencialmente revolucionária", como bem demonstram Zola, Richepin, Junqueiro, Ibsen, Tolstói, que se revoltaram "contra as mentiras da nossa civilização".[3]

Nas primeiras décadas do século XX, especialmente em São Paulo, no Rio de Janeiro e em Curitiba, o anticlericalismo pipocava nas discussões travadas ora às portas dos clubes e das livrarias, ora nas mesas dos cafés e botequins. Nesse ínterim, alguns núcleos decididos a impulsionar a propaganda anticlerical passaram a escrever e publicar opúsculos, tendo em voga o "descrédito do clero, associando os ministros da Igreja a práticas mais ou menos obscenas no terreno das relações humanas".[4] Logo, diversos periódicos, dentre os quais *A Lanterna* (São Paulo), disponibilizava, em suas páginas, uma seção voltada à comercialização de livros anticlericais, racionalistas, antirreligiosos etc. – em parte procedentes de Portugal.

Para fins de propaganda, a literatura foi um importante veículo na difusão de uma cultura de contestação ao clericalismo, devido a sua carga doutrinária e ideológica, e que, em certa medida, possibilita pensar (e analisar) a constituição, no Brasil, de uma mentalidade anticlerical, sustentada por agrupamentos, tais como os anarquistas. Ademais, como destacou Luís Machado de Abreu, existe no discurso anticlerical uma dinâmica persuasiva que se apoia, comu-

2 SALGADO, Heliodoro. *A Igreja e o povo (1ª parte)*. São Paulo: Grupo Editor Livre Pensamento, [s.d.], p. 20.

3 Até aqui, tudo em MOTA, Benjamim. *A razão contra a fé – analyse das conferências religiosas do padre Dr. Julio Maria*. 2ª ed., São Paulo: Casa Endrizzi, 1901, p. 12 e 28.

4 ABREU, Luís Machado. *Ensaios anticlericais*. Lisboa: Roma, 2004, p. 29.

mente, em razões de natureza política, jurídica, evolucionista, racionalista, liberal ou histórica;[5] nesse particular, a título de exemplo, tem-se a rememoração do Massacre da Noite de São Bartolomeu (1572),[6] ou dos crimes patrocinados pela Santa Inquisição, corriqueiramente citados como perversidade clerical.

Neste sentido, pela análise do conteúdo de tal literatura de cunho anticlerical, antirreligiosa e ateia – difundida por certos periódicos, em especial *A Lanterna* e *O Livre Pensador* –, que foi do "combate sistemático a Deus, aos santos e às autoridades eclesiásticas, até a transformação do Cristo num aliado revolucionário dos libertários",[7] é possível desnudar parte do universo de significações do chamado discurso anticlerical e os seus mecanismos argumentativos, visto que "a questão anticlerical pertence por natureza à esfera da comunicação e bem assim do papel que no interior dela desempenharam os vários atores sociais".[8] Todavia, não se pode perder de vista "a forma diferenciada pela qual cada autor se sensibiliza e se comporta diante de um mesmo cenário".[9]

Entrementes, as manifestações de aversão ao clero, então propagadas pela imprensa, foram intensificadas pela produção literária, a exemplo dos folhetins - com a publicação seriada de romances - tornados atração literária, inclusive nas páginas de alguns jornais operários. É preciso levar em consideração que, nas primeiras décadas do século XX, como assinalou o historiador Marco Morel, "havia relação estreita dos livros com os jornais periódicos, até porque ambos podem ser definidos como imprensa, num sentido ampliado".[10] Além disso, diante da afirmação expressa no editorial

5 Cf. ABREU, Luís Machado. *Op. cit.*, p. 61-62.

6 Frente a este episódio em que hostes católicas mataram dezenas de huguenotes (protestantes calvinistas franceses), o papa Gregório XIII ordenou festejos em Roma e mandou cunhar uma medalha comemorativa - que além da estampa do seu busto, trazia um anjo exterminador, acrescido das palavras: *Ugonottorum strages* (Huguenotes mortos), cf. LINDBERG, Carter. *História da Reforma*. Rio de Janeiro: Thomas Nelson Brasil, 2017.

7 PRADO, Antonio Arnoni; HARDMAN, Francisco Foot; LEAL, Claudia Feierabend Baeta. *Contos anarquistas: temas & textos da prosa libertária no Brasil (1890-1935)*. São Paulo: WMF Martins Fontes, 2011, p. XXXIV.

8 ABREU, Luís Machado. *Op. cit.*, p. 135.

9 SEVCENKO, Nicolau. *Literatura como missão: tensões sociais e criação cultural na Primeira República*. 2ª ed., São Paulo: Companhia das Letras, 2003, p. 241.

10 MOREL, Marco. "Os primeiros passos da palavra impressa". *In:* MARTINS, Ana Luiza & DE LUCA, Tania Regina. *História da imprensa no Brasil*. 2ª ed., São Paulo: Contexto, 2011, p. 37.

da *Revista Liberal*, publicada em Porto Alegre, de que "a imprensa é para os povos assim o que a escola é para as crianças. Ambas devem desempenhar o importantíssimo papel da educação. Uma e outra corrigem, orientam, civilizam",[11] ficava explícita a constituição de uma literatura específica que tinha o objetivo de atuar como instrumento de ação social.

Desta forma, como destacou Nicolau Sevcenko:

> [...] a criação literária revela todo o seu potencial como documento, não apenas pela análise das referências esporádicas a episódios históricos ou do estudo profundo dos seus processos de construção formal, mas como uma instância complexa, repleta das mais variadas significações e que incorpora a história em todos os seus aspectos, específicos ou gerais, formais ou temáticos, reprodutivos ou criativos, de consumo ou produção.[12]

Assim, direcionando o interesse à produção literária anticlerical, algumas interrogações se fazem oportunas. No que consistia tal literatura? Porque atribuir certo grau de importância a essa literatura? Como circulou? Quem eram os autores? Que gêneros de expressão literária foram empregados?

Em suma, levando-se em consideração que "[...] os aspectos culturais não são apêndices nem complementos da história social das classes em lutas mas, ao contrário, elementos inerentes ao processo de sua formação e de seu próprio movimento",[13] almeja-se desnudar certas dimensões da vida cultural, editorial e literária do movimento anticlerical que, frequentemente, valendo-se da expressão escrita como artifício de propaganda, evocou, em sua produção, temas instigantes e polêmicos, dentre os quais: o atraso intelectual do clero, o desvio de conduta moral dos padres, seguido do ataque aos sacramentos (batismo e confissão), ou ainda a apologia de um Jesus de feições anarquistas e anticlericais. Nesse particular, é certo que "para alguns o anticlericalismo se combinava a uma estranha religiosidade laica, cheia inclusive de reverência

11 *Revista Liberal*, Porto Alegre-RS, nº 15, 7 de setembro de 1922, p. 4.

12 SEVCENKO, Nicolau. *Op. cit.*, p. 246.

13 HARDMAN, Francisco Foot. *Nem pátria, nem patrão!: memória operária, cultura e literatura no Brasil.* 3ª ed., São Paulo: UNESP, 2002, p. 32.

por um Jesus interpretado como revolucionário e pelo próprio cristianismo visto como igualitarismo desvirtuado".[14]

De qualquer forma, ao ter-se em vista os nexos entre literatura e sociedade (como, em mais de uma ocasião, já ressaltou o historiador Robert Darnton), bem como o papel da cultura escrita na constituição das campanhas anticlericais, outras duas perguntas se impõem: 1ª) O que os anticlericais, no Brasil do início do século XX, liam?; 2ª) E, em que medida, o texto literário dialoga com a prática social e vice-versa?

Por certo, essas interrogações estão longe de respostas simples e imediatas, uma vez que os processos repressivos levados a cabo no Brasil, por distintos governos contra grupos considerados indesejáveis, visaram também a produção intelectual militante, promovendo a censura, o confisco e a destruição de um sortido montante documental. Esse *modus operandi* resultaria no desaparecimento de inúmeros livros e folhetos de propaganda anticlerical e anarquista. Como trágico saldo dessa repressão voltada à palavra escrita, muitos títulos e autores acabaram no esquecimento.

A propósito, reportando-se ao processo repressivo instaurado no ano de 1919 e que se estendeu pela década de 1920, o ativista anticlerical Everardo Dias - que nessa época teve o estoque/patrimônio da sua livraria (e editora) confiscado e removido para os porões da polícia[15] - relembrou:

> Foi esse um dos períodos cruciantes e verdadeiramente angustiosos passados pelos militantes em nosso país. As sedes das associações fechadas, móveis e utensílios removidos para os depósitos policiais, os livros de tendência socialista ou anarquista incinerados, não só os que se encontravam nas sedes, mas igualmente os que eram apreendidos nas buscas constantes nas residências dos suspeitos.[16]

Em meio às cinzas dessa literatura que ardia nas chamas do autoritarismo, destacados militantes empreenderam uma sorrateira ação de preservação da cultura material, produzida pelo movimento operário. Assim, na penum-

14 CANDIDO, Antonio. *Teresina etc.* Rio de Janeiro: Paz e Terra, 1992, p. 29.

15 Cf. CASTELLANI, José. *A ação secreta da maçonaria na política mundial.* São Paulo: Landmark, 2001, p. 137.

16 DIAS, Everardo. *História das lutas sociais no Brasil.* 2ª ed., São Paulo: Alfa-Ômega, 1977, p. 95.

bra de um sótão ou porão, coleções de jornais, opúsculos etc. encontraram guarida, resistindo à sanha dos algozes.

Deste modo, para dar visibilidade à parte dessa literatura de verve anticlerical que se produziu ou que se fez circular nas primeiras décadas do século XX, usar-se-á especialmente de edições localizadas no acervo que outrora pertenceu ao libertário Edgard Leuenroth,[17] que, à frente do jornal *A Lanterna* (2ª fase: 1909-1916), foi um importante elo entre as campanhas do anarquismo e do anticlericalismo.

Nós que aqui escrevemos... a Igreja nos opomos!

A constituição de uma imprensa de verve combativa e a difusão de certa literatura militante – panfletos, opúsculos, livros – foram marcantes nos círculos anticlericais do Brasil, uma vez que estes instrumentos de propaganda escrita estavam no centro dos sistemas de comunicação da sociedade.[18]

Como observou Robert Darnton ao tratar do mercado livreiro na França, "um livro é muitas coisas: produto manufaturado, obra de arte, mercadoria comercial e *veículo de ideias*", ainda mais "numa época em que a televisão e o rádio não disputavam a supremacia da palavra impressa, os livros tinham o poder de suscitar emoções e pensamentos".[19] É certo que, no início do século XX, a palavra impressa ainda exercia sua proeminência, animando os circuitos de comunicação de diversos agrupamentos, entre os quais, os anticlericais, que, se valendo da produção e difusão de abundante literatura, buscaram suscitar sensações profundas nos leitores, usualmente, enredados por discursos de ação.

E, em meio ao anticlericalismo literário de autores consagrados como António Eça de Queiroz, com *O Crime do Padre Amaro* (1875), Émile Zola, com *O Crime do Padre Mouret* (1875), ou Guerra Junqueiro, com *A Velhice do Padre*

17 A propósito, o extraordinário suporte documental do movimento operário e libertário produzido nas primeiras décadas do século XX, existente no Arquivo Edgard Leuenroth (AEL) – anexo ao Instituto de Filosofia e Ciências Humanas da Universidade Estadual de Campinas (Unicamp) –, configura-se um importante exemplo da resistência levada a cabo por aguerridos militantes em épocas de funesta perseguição.

18 Cf. FERREIRA, Maria Nazareth. *A imprensa operária no Brasil (1880-1920)*. Petrópolis: Vozes, 1978.

19 Ambas as passagens, DARNTON, Robert. *Os best-sellers proibidos da França pré-revolucionária*. São Paulo: Companhia das Letras, 1998, p. 197 e 233, [grifo nosso].

Eterno (1885), que eram lidos, discutidos, imitados, seguidos e aclamados internacionalmente, ganhou forma, no Brasil, um modesto grupo de escritores, que, ao toque da sua pena, forjaram versos e prosas que tinham como alvo a Igreja. Além disso, desde o início do século XX, anticlericais e livres-pensadores deram forma a importantes núcleos de difusão literária, a exemplo da Biblioteca da Liga Anticlerical (Curitiba, 1901), da Biblioteca d'*O Livre Pensador* (São Paulo, 1904) e da Biblioteca d'*A Lanterna* (São Paulo, 1909).

No Paraná, mais especificamente em sua capital, "a escrita anticlerical foi muito intensa a partir de 1901, quando da fundação da Liga Anticlerical Paranaense, que editava trabalhos de peso de autores vindos da comissão redatora" de *Electra*, visto que "a batalha que esses jovens escritores republicanos [...] assumem, adotando uma postura anticlerical, foi tomando contornos bem definidos através da palavra escrita".[20]

Na Europa, a difusão de uma literatura anticlerical já vinha sendo aplicada com bons resultados, desde o final do século XIX. Desse modo, em Paris, pela iniciativa do escritor anticlerical Léo Taxil,[21] surgem o jornal *L'Anticlérical* (1879), a *Librairie AntiCléricale* e a *Bibliotéque Anticléricale* – que, ao lado de obras de sua própria autoria, como *À Bas la Calotte* (1879) e *Les Jocrisses de Sacristie* (1879), publicou dezenas de brochuras de autores identificados com o livre-pensamento e o anticlericalismo, a exemplo de *Les Galanteries de la Bible* (1880), de Évariste Désiré de Forges Parny, e *Le Catéchisme Républicain du Libre-Pensuer* (1881), de Paul Foucher.[22] Por sua vez, em Bruxelas (Bélgica) – importante reduto do livre-pensamento devido

20 Ambas as passagens, MARCHETTE, Tatiana Dantas. *Corvos nos galhos das acácias: o movimento anticlerical em Curitiba (1896-1912)*. Curitiba: Aos Quatro Ventos, 1996, p. 56-57.

21 Trata-se de um pseudônimo, seu nome verdadeiro era Marie Joseph Gabriel Antoine Jogand Pagés (1854-1907). Escritor e jornalista de atitudes paradoxais, visto que, em 1885, abdica de sua militância no anticlericalismo, convertendo-se ao catolicismo, nessa fase, marcada pela ofensiva antimaçônica, entre outras obras, escreveu: *Os Mistérios da Franco-Maçonaria* (1886) e *Confissões de um ex-Livre-Pensador* (1887) – ambas traduzidas para o português. Anos depois, retomava o seu ataque contra a Igreja, especialmente tecendo duras críticas à prática da confissão, que resultou na sua excomunhão. Para detalhes sobre a vida de Léo Taxil, cf. LALOUETTE, Jacqueline. *La République Anticléricale, XIX - XX siècles*. Paris: Éditions Du Seuil, 2002, p. 447; ECO, Umberto. *O cemitério de Praga*. 8ª ed., Rio de Janeiro: Record, 2012, p. 309-327.

22 Ao longo do capítulo, para as obras que não tiveram publicações/traduções para o português, se mantiveram os títulos no original.

à atuação da *Fédération Internationale de la Libre Pensée* – ganharam forma a *Bibliothèque de La Liberté de Conscience* (1901) e a *Bibliothèque de Propagande* (1903).[23] Logo, impulsionado por José Nakens – diretor de *El Motín* –, na cidade de Madri (Espanha), publicou-se a memorável série de folhetos da *Biblioteca del Apostolado de La Verdad* que, em mais de uma ocasião, chegou aos círculos anticlericais do Brasil, cativando leitores e ganhando traduções para o português.

Neste cenário de difusão literária, tem-se o proeminente papel desempenhado, no início do século XX, pela Livraria Internacional, de Abel D'Almeida, localizada em Lisboa (Portugal), que, regularmente, fez cruzar o Atlântico alguns dos principais títulos da coleção Biblioteca de Educação Moderna (1900-1920), a exemplo de *A Igreja e a Liberdade*, de Emilio Bossi, *Socialismo e Anarquismo*, de Augustin Hamon, e *Não Creio em Deus*, de Thimotheon. A propósito, no Brasil, a referida coleção (que agregava ensaios de crítica social e religiosa, assim como obras científicas) foi amplamente difundida pela Livraria Azevedo, localizada no Rio de Janeiro, bem como pela Livraria Universal, situada na cidade de Porto Alegre, no Rio Grande do Sul.

Certamente, no Brasil, a precursora na publicação de opúsculos de propaganda do livre-pensamento foi a Liga Anticlerical Paranaense. Dedicada à produção de material destinado a fomentar a propaganda, a liga investiu na publicação e na divulgação de folhetos de expressão anticlerical (e antijesuítica) da lavra de membros do seu próprio círculo.[24] Dentre esses jovens literatos, afeitos ao simbolismo e que compunham as fileiras da maçonaria, estavam Generoso Borges de Macedo, redator-chefe da *Acácia* – órgão da Loja Acácia Paranaense (posteriormente, em 1902, ingressou na Loja Maçônica Electra); Ismael Alves Pereira Martins (iniciado na Loja Modéstia, de

23 Cf. LALOUETTE, Jacqueline. "Dimensions anticléricales de la culture republicaine (1870-1914)". *In*: *Histoire, économie et société – époques moderne et contemporaine*. vol. 10 – nº 1, Paris: Armand Colin, 1991, p. 127-142; MATHYS, Cornélie. *La Bibliothèque de Propagande (1903-1914): une action maçonnique anticéricale vers le monde profane*. Bruxelles: Toiles@penser, 2014.

24 Para detalhes sobre o movimento anticlerical em Curitiba, assim como suas relações com o simbolismo, cf. BALHANA, Carlos Alberto de Freitas. *Ideias em confronto*. Curitiba: Grafipar, 1981; MARCHETTE, Tatiana Dantas. *Corvos nos galhos das acácias...*; BEGA, Maria Tarcisa Silva. *Letras e política no Paraná: simbolistas e anticlericais na República Velha*. Curitiba: UFPR, 2013.

Morretes), autor do opúsculo *Tartufos* (ensaio, 1900), foi diretor do *Jerusalém* – órgão da Loja Fraternidade Paranaense; Julio David Pernetta, ligado à Loja Luz Invisível; e Euclides da Motta Bandeira e Silva, autor de *Heréticos* (poesia, 1901), que atuou na Loja Maçônica Hiram, localizada em Paranaguá.

Se, por um lado, tais escritores estavam inclinados ao simbolismo – este sucedâneo das religiões positivistas, bem como do materialismo[25] –, por outro lado, vale lembrar que eles compunham os quadros da maçonaria paranaense. Logo, como revelam alguns aspectos das suas obras, especialmente, aqueles de crítica à Igreja Católica, o dever maçom de agir contra o erro, o fanatismo e a ignorância falava mais alto. Desse modo, Ismael Martins escreveu: "Resigna-te, pobre Paraná! Já se foram os anos de sossego, hoje é indispensável lutar; precisamos, evitar os botes da serpe para que no teu heroico sangue não se inocule o veneno que causa a pior das mortes: a asfixia da Liberdade, a consumpção do caráter".[26]

Em 1901, inaugurando a iniciativa de propaganda da Liga Anticlerical Paranaense, veio a lume *A Mulher e o Romanismo* (ensaio), de Euclides Bandeira, seguido pelas publicações, em 1902, de *A Igreja de Roma* (ensaio), de Júlio Perneta, e *Semana Santa* (ensaio), de Generoso Borges, que, em tal obra, afirmava: "a Igreja católica romana há de cair do alto do seu deslumbramento, como um mundo que se abate sobre as massas ignorantes que a rodeiam e formam seus alicerces".[27]

Seguramente, desde o final do século XIX, o ataque ao clericalismo no Paraná tinha, como sua figura de proa, o literato e maçom Júlio Perneta. Da sua autoria, viu-se publicar *O Clero e a Monarquia* (ensaio, 1897), *Os Chacaes* (ensaio, 1898) e *Epístola* (ensaio, 1900). Também, em 1903, fez circular no Paraná o jornal *A Reacção* – editado na cidade de Antonina – e os opúsculos *Missões Jesuíticas no Brasil* (ensaio, 1903) e *Galileu e A Estrela* (ensaio, 1904). Além disso, Júlio Perneta manteve uma rede de contatos com anticlericais e anarquistas de São Paulo, a exemplo da redação de *A Lanterna* (2ª fase), inclu-

25 Cf. BOSI, Alfredo. *História concisa da literatura brasileira*. 2ª ed., São Paulo: Cultrix, [s. d.], p. 293-294.

26 MARTINS, Ismael. *Tartufos*. Curitiba: Livraria Econômica, 1900, p. 15.

27 BORGES, Generoso. *Semana santa*. Curitiba: Impressora Paranaense, 1902, p. 7.

sive, enviando folhetos e escrevendo artigos. Aliás, valendo-se dos seus dotes de escritor, mais de uma vez, saiu em defesa dos anarquistas.

É certo que a circulação em Curitiba de uma edição, em francês, de *La Morale des Jésuites*, de Paul Bert - que atacava o jesuitismo -, fez sucesso naquele círculo de letrados que colocou a sua pena a serviço do livre-pensamento e que contou, entre outros, com o professor e maçom Dario Persiano de Almeida Vellozo,[28] autor de *Derrocada Ultramontana* (ensaio, 1905), *Voltaire* (ensaio, 1906) e *Da Serpente Negra: Moral dos Jesuítas* (ensaio alimentado pelas assertivas de Paul Bert, 1908), que, em certa ocasião, afirmou: "é dever de todo aquele que se presa de possuir uma pena [...] mostrar e demonstrar ao povo ingênuo e crédulo a impropriedade do ensino religioso, a falsidade das doutrinas da Igreja romana, a esterilidade de seu dogmatismo".[29] Frente a isso, na ótica clerical, Vellozo - como líder de um "pequeno", mas "ousado" grupo "clerofóbo" -, promovia "ataques injustos e caluniosos à Igreja", motivado "por um ódio cego e satânico ao catolicismo".[30] Deste modo,

> Na primeira década do século XX, Curitiba é palco de ferrenha luta entre os livres-pensadores e a Igreja Católica. Esta, apoiada em várias ordens religiosas que aqui aportavam desde a última década do século XIX e mais o empenho do bispado local, disputa palmo a palmo o controle dos equipamentos culturais, indicando sacerdotes ou fiéis católicos letrados, para os espaços culturais. Ademais, buscam (e conseguem ao final da segunda década) controlar os principais meios jornalísticos da cidade.[31]

A esta altura, ganharia forma, no Paraná, um eloquente núcleo literário de manifestações do livre-pensamento, em que "[...] Dario e Júlio voltaram

---

28 Em Curitiba, foi diretor da revista *Esphynge* (1899-1906), uma publicação que misturava referências ocultistas, maçônicas, simbolistas e anticlericais. Além disso, atuou como professor de História Universal no Ginásio Paranaense e esteve ligado ao Grupo Cenáculo (1895). Nessa senda, fundou o Centro Esotérico Luz Invisível (1899), a Loja Maçônica Luz Invisível (1900) e o Instituto Neo-Pitagórico (1909). Cf. BALHANA, Carlos Alberto de Freitas. *Op. cit.*; BEGA, Maria Tarcisa Silva. *Op. cit.*

29 VELLOZO, Dario *apud* PERNETA, Júlio. "Apresentação". *In:* BANDEIRA, Euclides. *Heréticos*. Curitiba: Livraria Econômica, 1901, p. 7.

30 Até aqui, tudo em DESCHAND, Desiderio. *Voltaire e os anticlericaes do Paraná*. Petrópolis: Vozes, 1914, p. 5.

31 BEGA, Maria Tarcisa Silva. *Op. cit.*, p. 238.

as suas baterias para a questão anticlerical, assumindo o comando da cruzada contra a Igreja Católica".[32] Com efeito, surgem outras iniciativas, tais como o Centro da Mocidade Livre Pensadora (1905), que contava, entre os seus fundadores, com o literato Roberto Faria. Esse jovem escritor, ligado ao núcleo simbolista, foi redator-gerente da revista *Stellario* (1905-1906) e colaborador da revista *O Olho da Rua*. Logo, passou a pôr em papel impresso suas ácidas críticas ao clero, como bem demonstram os seus textos publicados nas páginas de *A Vanguarda* (1905), ou ainda sua novela anticlerical *Abutres* (1907), que foi muito bem acolhida nos círculos literários do Paraná.

Não obstante, uma vez que o grosso da propaganda anticlerical fez-se via um conjunto de textos curtos, especialmente ensaios de crítica religiosa, a novela *Abutres* é um caso a parte, que instiga detalhamentos, visto que tanto o autor (que morreu precocemente) quanto a obra ainda permanecem ocultos sob o espesso véu da história.

Desta forma, como a própria imprensa destacou, Roberto Faria integrou a geração moderna literária paranaense e, desse grupo de "formosas inteligências", rapidamente, destacou-se pelo "árdego temperamento de publicista", bem como amando a polêmica, faria vibrar "a pena combatevista com vigor e brilho". Enquanto "espírito liberto de preconceitos religiosos", se empenhou na luta que o livre-pensamento sustentava contra o ultramontanismo, assim, "apaixonadamente empregou seus esforços" e "o fulgor de seu talento", em prol deste "elevado ideal".[33]

Nascido em 4 de maio de 1885, na cidade de Rio Negro (Paraná), Roberto Costa Faria teria herdado do pai, José Maximiano de Faria Júnior (jornalista), o gosto pelas letras e pelo jornalismo.[34] Em 1904, na busca por aperfeiçoamento intelectual, transferiu-se para a cidade de Curitiba, indo estudar no Ginásio Paranaense, onde estreitou laços com o professor Dario Vellozo. Nos primeiros meses de sua estadia em Curitiba, Roberto Faria já deixava

32 BEGA, Maria Tarcisa Silva. *Op. cit.*, p. 198-199. Segundo essa autora, o literato, poeta e jornalista João Itiberê da Cunha (1870-1953), que morou durante anos na Bélgica, no seu retorno ao Paraná contribuiu na difusão de certa literatura anticlerical via edições em francês.

33 *Diário da Tarde*, Curitiba, 18 de maio de 1908, p. 1.

34 Segundo atesta Raul D'Almeida em sua obra *História de Rio Negro* (1976).

evidente a que vinha. E sobre sua presença indômita, atesta a imprensa local: "foi posto hoje em liberdade o aluno Roberto Faria, que fora preso ontem por intentar perturbar a ordem na estação da estrada de ferro, na ocasião da chegada dos alunos militares".[35] Ao que parece o estopim da ojeriza de Roberto Faria - assim como de outros jovens vinculados ao Ginásio - contra o trem da Marinha que transportava os alunos militares tinha como epicentro o processo repressivo desferido, dias antes, pelas forças armadas (e que contou com o efetivo do Paraná) contra a revolta popular no Rio de Janeiro, que ficaria conhecida como Revolta da Vacina.

Em 1905, Roberto Faria, juntamente a outros entusiastas, deu forma, em Curitiba, ao Centro da Mocidade Livre Pensadora, associação que tinha como órgão porta-voz o periódico *A Vanguarda* (1905-1906). E pelo intento deste mesmo centro é publicado, em 1905, o folheto *Derrocada Ultramontana*, de Dario Vellozo. No ofício de seu jornalismo militante, o jovem estudante, escritor e maçom, bem como republicano e liberal, escreveu para outros jornais locais, entre os quais *Diário da Tarde* (1906) e *O Combate* (1907) - jornal de propaganda anticlerical. Nesse meio tempo, em 1906, por intermédio do jornal *A Notícia*, passou a publicar uma coluna intitulada "Pela Catedral", tecendo fortes críticas ao jesuitismo.

35 *A República*, Curitiba, 21 de novembro de 1904, p. 2.

Ilustração 2. Roberto Faria[36]

36 Imagem reproduzida do retrato que orna o túmulo de Roberto Faria, localizado no cemitério municipal da cidade de Rio Negro (Paraná).

Com admiração por pensadores como Vicente Blasco Ibáñez – autor de *A Catedral* (1903) –, e Max Nordau – autor de *As Mentiras Convencionais da Nossa Civilização* (1883), que, nos círculos anticlericais, ganhou notoriedade pelo capítulo "A mentira religiosa"[37] –, Roberto Faria afiava sua pena com afinco contra o clero, como sinaliza o grosso de sua prosa. E, evocando sua verve literária, vociferava: "o século XX, não poupais vossa luz; luz, luz para aqueles que se debatem sob as garras vis e infames do clero!".[38] Mas, o seu engajamento anticlerical não parava por aí, visto que, em maio de 1907, se viu publicar, nas páginas da revista literária *O Olho da Rua,* a seguinte notícia: "da lavra do jovem e distinto patrício Roberto Faria, um dos mais fortes talentos da nova geração literária paranaense, estará brevemente à venda, a magnífica novela anticlerical *Abutres*, que por certo será mais um grito de alarme contra o jesuitismo corruptor".[39]

Desde o século XIX, enquanto gênero literário, o romance desempenhou um papel na divulgação das ideias anticlericais que não poderia ser negligenciado. Com a difusão do cientificismo naturalista de matriz francesa, diversos literatos passaram a redigir obras que deixavam em voga a aversão ao clero e ao fanatismo religioso, a exemplo dos consagrados Émile Zola e Eça de Queiroz, ou, no Brasil, Antonio Joaquim da Rosa, com *A Cruz de Cedro* (1854),[40] Júlio Ribeiro, autor de *O Padre Belchior de Pontes* (1867/1868) e Faria Neves Sobrinho, com *Morbus: Romance Patológico* (1898).[41] No século seguinte, autores como Ernesto Mezzabotta e Vicente Blasco Ibáñez ainda mantinham acesa essa chama do anticlericalismo literário no cenário internacional.

No Brasil, apesar da predileção, nos círculos anticlericais e anarquistas, por narrativas mais breves, tais como o ensaio, a crônica, a poesia ou o panfleto doutrinário, vultos literários como Fábio Luz,[42] com *O Ideólogo* (1903) e *Os*

37 Em 1902, o texto "A Mentira Religiosa" ganhou publicação exclusiva em brochura, pela Livraria Central, de Lisboa.

38 *A Vanguarda*, Curitiba, 19 de fevereiro de 1905, p. 2.

39 *O Olho da Rua*, Curitiba, 11 de maio de 1907, p. 52.

40 Tal romance de inclinação antijesuíta foi em 1854 publicado em folhetim no *Jornal do Commercio*, de São Paulo. Anos depois, em 1900, ganharia publicação em brochura pelo intento do jornal *Correio Paulistano*.

41 Sobre o anticlericalismo literário de Faria Neves Sobrinho, cf. SANTOS, Cristian. *Devotos e devassos: padres e beatas na literatura anticlerical*. São Paulo: Edusp, 2014.

42 Fábio Lopes dos Santos Luz (1864-1938), natural de Valença (Bahia), atuou como médico, escritor, jornalista. Após formar-se em medicina, mudou-se para o Rio de Janeiro, ali

Emancipados (1906); Manuel Curvelo de Mendonça, com *Regeneração* (1904); Roberto Faria, com *Abutres* (1907); Lima Barreto[43] (que, aliás, colaborou com artigos no jornal *A Lanterna*, valendo-se do pseudônimo Dr. Bogoloff), com *Recordações do Escrivão Isaías Caminha* (1909); Abdias Neves, com *Um Manicaca* (1909); e Avelino Fóscolo,[44] com *O Jubileu* (1920); valiam-se ainda do romance, esse "formoso método de propaganda que deleita, educa e ensina",[45] enquanto ferramenta literária e de crítica social. Desta maneira, *O Jubileu*, *Um Manicaca* e *Abutres* foram obras emolduradas pela tendência anticlerical.

Ao ganhar publicidade, a obra *Abutres*, de Roberto Faria, foi vista como um tipo veemente de protesto contra a "serpente negra", o jesuitismo e o clericalismo. Mas, qual era a trama dessa obra ímpia? Com que intensidade o anticlericalismo ganhava forma em sua prosa?

A saga, organizada em capítulos curtos, gira em torno das falcatruas de Jordão, um padre glutão e devasso, membro da Companhia de Jesus - esse

---

estreitando laços com o movimento anarquista. Identificando-se com o ideal libertário, colaborou em diversos periódicos, entre os quais *A Vida* (Rio de Janeiro) e *A Plebe* (São Paulo), bem como atuou no grupo Os Emancipados e no Centro de Estudos Sociais, ambos no Rio de Janeiro. Para detalhes sobre a verve literária e libertária de Fábio Luz (1864-1938), cf. "Epistolário Fábio Luz" (Dossiê). *In*: *Remate de males*, nº 18. Campinas: Departamento de Teoria Literária IEL/UNICAMP, 1998, p. 153-221; RODRIGUES, Edgar. *Os libertários*. Rio de Janeiro: VJR, 1993, p. 146-155.

43 Afonso Henriques de Lima Barreto (1881-1922), natural do Rio de Janeiro, era jornalista e escritor, além de *A Lanterna* (São Paulo), colaborou, em 1913, com o jornal *A Voz do Trabalhador* (Rio de Janeiro), escrevendo o artigo "Palavras de um Snob Anarquista", sob o pseudônimo de Isaias Caminha. Cf. MONTENEGRO, José Benjamin. "Lima Barreto: escritor negro e anarquista. *In*: DEMINICIS, Rafael Borges & FILHO, Daniel Aarão Reis (orgs.). *História do anarquismo no Brasil* - vol. 1. Niterói: EdUFF; Rio de Janeiro: MAUAD, 2006; SCHWARCZ, Lilia Moritz. *Lima Barreto - triste visionário*. São Paulo: Companhia das Letras, 2017.

44 Antônio Avelino Fóscolo (1864-1944) nasceu em Sabará (Minas Gerais), era farmacêutico, jornalista, escritor e teatrólogo. Na mocidade, como tantos outros de sua geração, esteve inclinado ao abolicionismo e ao republicanismo. No início do século XX, identificando-se com a causa libertária, adere ao anarquismo, publicando em 1906, na cidade de Taboleiro Grande (Minas Gerais), o jornal *A Nova Era*. Nessa senda, escreveu o drama *Gaspar, o Serralheiro* e diversos romances, entre os quais, *O Jubileu* e *Vulcões*. Além disso, colaborou com os jornais paulistas *A Lanterna* e *A Plebe*. A respeito da sua atuação no anarquismo, assim como sobre sua produção literária, cf. DUARTE, Regina Horta. *A imagem rebelde: a trajetória libertária de Avelino Fóscolo*. Campinas: Pontes, 1991; MALARD, Letícia. *Hoje tem espetáculo: Avelino Fóscolo e seu romance*. Belo Horizonte: UFMG/PROED, 1987.

45 *Kultur*, nº 1, Rio de Janeiro, março de 1904, p. 12.

velho espectro "sempre terrível, sempre sequiosa de sangue". Sendo o título da obra uma referência direta à conduta deste sacerdote, que, à espreita de "boas ovelhas", agia como um abutre da tragédia humana, explorando seus fiéis no leito de morte, para obter fortuna para o seu convento. Nesse sentido, o primeiro aspecto a observar é que, na propaganda anticlerical, "os jesuítas parecem ser os religiosos mais assiduamente identificados como praga de aves agourentas e de rapina".[46]

Assim, o padre Jordão, "quando tinha notícia de que uma boa ovelha (rica) ia falecer, pressuroso, sem esperar que o chamassem, lá se apresentava, a fim de consolá-la na hora extrema" e, de maneira ardilosa, "dava tão bons e infalíveis conselhos ao moribundo que o pobre diabo se rendia e sem forças para agir, sem luz para ver, mandava despejar o seu ouro no cofre insaciável do convento".[47] Nesse sentido, a captação de heranças era lugar-comum na literatura anticlerical, especialmente quando os clérigos envolvidos eram jesuítas.

Ao longo da trama cingida pelo antijesuitismo, outros personagens emergem, a exemplo do matuto e esperto Anacleto e da ingênua Maria que, diante da volúpia do jesuíta que tenta desonrá-la, acaba por perder o juízo. Ainda, entre os protagonistas, tem-se: frei Ciríaco (braço direito do padre Jordão); o rico Valter e a sua filha Josefa, sobre a qual o reverendo Jordão exercerá sua influência religiosa e libidinal; e Arthur Silva – jornalista livre-pensador –, vítima de um plano clerical para silenciá-lo, levado a cabo por Jordão e Ciríaco. Portanto, no tocante a isto, Arthur Silva – redator do jornal anticlerical *A Lógica* –, atraído por uma falsa carta (forjada pelo padre Jordão), vê-se atraído para o convento, uma vez lá, é posto em cativeiro, acorrentado "no interior de uma sólida jaula". E, ardilosamente, como parte do esquema criado pelo "velhaco" jesuíta, passava-se a anunciar na cidade que o jornalista "num acesso de loucura, se tinha atirado ao rio perecendo afogado".[48]

Em meio a isto, ao desconfiar dos planos de Jordão para com a órfã Maria (filha do rico fazendeiro Pereira, recém-falecido), Anacleto visando salvar a sua

46 ABREU, Luís Machado. *Op. cit.*, p. 138.

47 Até aqui, tudo em FARIA, Roberto. *Abutres*. 2ª ed., Curitiba: Impressora Paranaense, 1910, p. 11.

48 Ambas as passagens, *Ibidem*, p. 45 e 65.

musa das garras do "santo padre", resolve infiltrar-se como noviço no convento de Santo André. Ao fim e ao cabo, reponsabilizado pelo assassinato de Valter, Jordão é preso, seguido do seu comparsa Ciríaco, que "foi rezar o seu milagroso rosário através das grades do cárcere". Enquanto "os demais religiosos, sem distinção de sexos [...], foram corridos a pedradas pela fúria popular e expulsos para fora do país". Logo, essa passagem revela bastante sobre o contexto político em que a novela foi escrita, uma vez que, nos primeiros anos do século XX, abundava, nas campanhas anticlericais, reivindicações contra a entrada de clérigos no Brasil, cujas irmandades haviam sido expulsas da Europa, inclusive, em mais de uma ocasião, sugeriu-se a expulsão das diversas ordens eclesiásticas atuantes no território nacional. Portanto, nas páginas finais da novela *Abutres*, lê-se: "o convento ficou deserto, deserto dizemos mal, que ficou inteiramente entregue aos outros vampiros, aos vampiros alados que em completa liberdade, apenas anoitecia, voejavam álacres por todos os aposentos".[49]

Não obstante, na propaganda anticlerical, da qual faz parte a novela *Abutres*, os conventos ganhariam a aura de lugares de corrupção, devassidão e assassinato. É interessante notar que, no imaginário social, como observou Dominique Kalifa, "os lugares desempenham um papel essencial na construção das realidades criminais", bem como "na expressão de insegurança".[50]

Longe de querer avaliar o mérito de tal literatura, a obra produzida por Roberto Faria, que estava marcada pela batalha do bem (livre-pensamento) contra o mal (clericalismo), encerrava sua narrativa em tom profético: "esse grande acontecimento fora uma das maiores vitórias do livre-pensamento local, fora a queda dessa Bastilha da consciência, um belo prelúdio de próximo triunfo completo da VERDADE contra o OBSCURANTISMO". A propósito, "esse grande feito contra o decrépito e pernicioso catolicismo" passava-se em 24 de agosto, ou seja, no dia de São Bartolomeu – que, na narrativa, emerge enquanto lembrança ao poderio católico na França que, em 1572, ocasionou no massacre dos protestantes franceses.[51]

49 Até aqui, tudo em FARIA, Roberto. *Op. cit.*, p. 80-81.

50 Ambas as passagens, KALIFA, Dominique. *Crimen y cultura de masas en Francia, siglos XIX-XX*. México: Instituto Mora, 2008, p. 15, [tradução nossa].

51 Ambas as passagens, FARIA, Roberto. *Op. cit.*, p. 81.

Visto que Roberto Faria era um militante anticlerical engajado nas lutas travadas no começo do século XX no Paraná, na sua obra abundam nexos com o cenário social daquele momento, ora pela defesa da ciência enquanto ferramenta de oposição aos dogmas, ora ao denunciar os interesses clericais que impregnavam a esfera educacional. Aliás, vale lembrar que o campo da educação foi uma arena de intensas disputas entre clérigos e livres-pensadores. Desse modo, a certa altura de *Abutres* o padre Jordão expõe: "odiemos os cultores das ciências, odiemos os escrutadores, os que analisam os fatos e investigam as causas; odiemos os que comprometem os dogmas com uma nova descoberta, que esses são os coveiros satânicos que preparam a sepultura ao catolicismo". No entanto, sem se dar por vencido, o jesuíta completava: "Mas, não conseguirão sepultá-lo jamais", pois "há uma chave de ouro que abrirá a porta luminosa do seu futuro – a Escola. Sim, a Escola, esse fator poderoso de nossa vitória, será a suprema esperança do catolicismo".[52]

Não raro, no texto literário, ganham relevo "formações imaginárias que se constituem a partir das relações sociais que funcionam no discurso",[53] por meio de um conjunto de representações e que, no caso da propaganda anticlerical, estão diretamente relacionadas à imagem que se faz da religião, da Igreja, dos padres etc. Como era de se esperar, Roberto Faria, em *Abutres*, ao tecer o perfil do sacerdote Jordão, escreveu:

> [...] era um padre corpulento, alto, abdômen crescido, e, graças à vida indolente que levava, chegara a criar papada. Sua fisionomia não seria detestável, se sobre o lábio grosso e levemente voltado para cima, houvesse um bigode, que, da cor de seus cabelos de azeviche, ocultasse a caverna horripilante de sua boca, em cujas gengivas, cá e lá, amarelecidos pelo mau trato, desapareciam na carne esponjosa fragmentos de dentes.[54]

É certo que esta imagem pouco virtuosa pintada sobre o padre Jordão fazia parte do universo simbólico anticlerical, em que se tornou recorrente "representar personagens facilmente identificáveis através de um código de

52 Ambas as passagens, FARIA, Roberto. *Op. cit.*, p. 40.

53 ORLANDI, E. P. "Discurso, imaginário social e conhecimento". *In*: *Em Aberto*, ano 14, nº 61, Brasília: INEP, 1994, p. 56.

54 FARIA, Roberto. *Op. cit.*, p. 10.

apresentação bem previsto", valendo-se da "caricatura", da "hipérbole" e da "deformação", retratando-os "geralmente sobre um traço característico essencial que se faz incisivo, dominante e mordente: um nariz proeminente, uma enorme barriga, dedos curvos, uma boca arqueada em um gesto cruel".[55] Logo, entre os signos da retórica anticlerical, estavam a sátira, a caricatura e a anedota. E, nesse tipo de literatura embebida pela estética de matriz naturalista, os padres eram ridicularizados devido a sua gula e por atos de libidinagem, ou seja, pela típica e dual imagem de comilões e fornicadores. Dessa maneira, mediante esse sistema específico de valores, "a retórica tem um caráter social, emotivo, partidário; em suma, um caráter *avaliador*"[56] e, em particular, no caso do anticlericalismo, um caráter generalizador.

Portanto, enredado por tais diretrizes, diversos personagens literários ganhavam forma, a exemplo do padre Gaspar - vilão do romance *A Cruz de Cedro*, da autoria do paulista Antonio Joaquim da Rosa –, que comia "com a voracidade de um lobo", uma vez que "a gula entre os jesuítas era mais uma virtude do que um pecado mortal".[57] Evidentemente, enquanto que no romantismo abundavam figuras de padres ambiciosos, glutões e devassos, no realismo, emergiam clérigos sinistros e grotescos.[58]

Além disto, imagens de padres libidinosos e devassos ganharam notoriedade na literatura anticlerical, visto que a propaganda panfletária evocava estereótipos e explorava com sarcasmo a incontinência sexual do clero. Não raro, neste tipo de literatura, os jesuítas foram identificados como elementos nocivos, falsos e licenciosos. Assim, no já referido *A Cruz de Cedro*, o infame padre Gaspar - arauto da "supremacia dos jesuítas" –, na ambição de corromper a virginal Júlia, ardilosamente, rapta a jovem, forçando-a ao cativeiro.[59] Por sua vez, voltando-se o foco para a novela *Abutres*, tem-se o clérigo Jordão

55 Até aqui, tudo em LITVAK, Lily. *Musa libertaria: arte, literatura y vida cultural del anarquismo español (1880-1913)*. Barcelona: Antoni Bosch, 1981, p. 48, [tradução nossa].

56 MORETTI, Franco. *Signos e estilos da modernidade: ensaios sobre a sociologia das formas literárias*. Rio de Janeiro: Civilização Brasileira, 2007, p. 16.

57 Ambas as passagens, ROSA, Antonio Joaquim da. *A cruz de cedro*. São Paulo: Livraria Teixeira, 1927, p. 21.

58 Cf. LOPES, Hélio. *Letras de Minas e outros ensaios*. São Paulo: Edusp, 1997, p. 190.

59 Cf. ROSA, Antonio Joaquim da. *A cruz de cedro - romance paulista (Época - 1715)*. Nova edição. São Paulo: Livraria Teixeira, 1927.

que "fazia projetos degradantes. Maria seria sua, somente sua, havia de tê-la sempre juntinho de si, confessá-la-ia todos os santos dias, plantaria naquele coração castíssimo o fogo da luxúria, aproveitar-se-ia de sua ingenuidade para ensinar-lhe o prazer lascivo dos sátiros". Ainda referindo-se à volúpia de Jordão, tem-se: "o indomável jesuíta, num delírio de luxúria, as faces em fogo, os lábios secos, os dedos trêmulos, desabotoa[va], sem encontrar a mínima resistência, o corpete da jovem [Josefa]".[60]

Considerando-se também que "os textos literários são produtos *históricos* organizados segundo critérios *retóricos*",[61] é de se supor que muitos desses escritos mantiveram relações estreitas com o mundo social, uma vez que "deveriam suscitar nos leitores certos sentimentos e estimular comportamentos ajustados", ou seja, neste particular, afinado à propaganda de combate ao clero. Inclusive, isso fica perceptível em uma passagem da obra *Abutres*, em que, ao se referir à prática da confissão, um personagem apenas nominado de "o antagonista" (que na narrativa assume o papel de católico moderado), declarava:

> Sim, por ser a confissão uma imoralidade; por ser no confessionário que o padre diz palavras que corrompem a alma pura duma donzela; por ser no confessionário que o padre macula com seus lábios pestilentos o escrínio casto da boca duma noiva; por ser, finalmente, no confessionário que o padre, que se não casa para melhor dar expansão aos seus instintos corruptores, seduz mulheres casadas, em nome desse Deus que cultuamos e impele-as ao princípio do adultério: eis porque repudio a confissão. E se desse dogma depender o ser católico, repito, não o sou.[62]

Por certo, o confessionário, ao ser considerado na ótica anticlerical como um instrumento de corrupção e depravação a serviço dos padres, ganhou lugar de destaque nas suas campanhas, como ficava explícito na publicação de poemas ou crônicas nas páginas de *A Lanterna* (São Paulo), *O Livre Pensador* (São Paulo), *A Vanguarda* (Curitiba) e *O Combate* (Curitiba), seguida da edição e divulgação de folhetos que tinham como alvo a confissão, frequentemente, tachada de embuste ou de especulação ignóbil.

60 FARIA, Roberto. *Op. cit.*, p. 23 e 64.

61 MORETTI, Franco. *Op. cit.*, p. 22.

62 FARIA, Roberto. *Op. cit.*, p. 72-73.

Frente a isto, em mais de uma ocasião, Roberto Faria lançou sua pena contra a confissão, por ele considerada "a mais criminosa, a mais detestável de todas as práticas da religião católica".[63] Nesse sentido, nas páginas do jornal *A Vanguarda*, ele escreveu: "a Moral há de triunfar, custe o que custar, porque sempre há de ter ao seu lado o azorrague da civilização que caíra sobre o dorso do criminoso [leia-se, o padre], até ser reduzido a cinzas o último confessionário".[64] Acrescente-se ainda às campanhas anticlericais o surgimento, na cidade de Belém do Pará, na década de 1910, de uma associação autointitulada Liga Contra o Confessionário.

Na novela *Abutres*, a respeito da prática da confissão, que a certa altura ganharia a tônica de "a mais intolerável de todas as práticas do catolicismo!", torna-se bem elucidativa uma discussão entre dois personagens católicos, um fanático (Valter) e outro moderado (o antagonista), em que este último, ao analisar o cenário social com os olhos da razão, afirmava: a confissão não é de origem divina, ela "foi instituída por homens talvez mais pecadores do que nós, no quarto concílio de Latrão; e, mais tarde, confirmada por alguns teólogos no concílio de Trento".[65]

Curiosamente, ao longo da narrativa, o personagem "o antagonista" assume o papel de gérmen da dúvida, "essa dúvida que nos abre o caminho luminoso da investigação, investigação bendita que nos guia ao final da jornada – a liberdade de consciência",[66] e que exercerá sua influência, inclusive, sobre o personagem Valter, que, de um fanático pelo catolicismo, passará por um revés psicológico, ao ponto de se tornar porta-voz do antirreligiosismo, bem como da descrença em Deus.

Assim, diante das constantes confissões de Josefa ao padre Jordão, que "eram duas por semana: às segundas-feiras e aos sábados; às vezes havia confissões extraordinárias: – às quintas-feiras, mas estas não eram do regulamento, lá uma vez ou outra...", Valter começava a desconfiar e, dirigindo-se a sua filha, diz: "confessas-te demais". A jovem já corrompida pelo jesuíta, sem pes-

---

63 *A Vanguarda*, Curitiba, 12 de março de 1905, p. 1.

64 *Ibidem*, p. 2.

65 Ambas as passagens, FARIA, Roberto. *Op. cit.*, p. 70-72.

66 *Ibidem*, p. 73.

tanejar, interpela o pai: "Não és mais um fervoroso fiel?". Ele, por sua vez, responde: "Sou o mesmo católico…, mas, a confissão…", "proíbo-te!", "não quero que te confesses mais!". Logo, em meio à discussão, o pobre velho "notara pela primeira vez o ventre já entumescido da filha". Por fim, Josefa, sem dar ouvidos ao pai, abandonava a casa, enquanto Valter lamentava-se: "Oh! Quanto sou desgraçado!", este "Padre Jordão, oh! Infame!".[67] A propósito, a destruição da família devido à nociva influência do clero foi um tema recorrente tanto em novelas quanto no teatro.

Contudo, ao dar voz à razão, Valter, que outrora havia se desfeito da sua fortuna em favor do convento e que agora via a sua filha desonrada pelo padre velhaco, esbravejava aos céus: "eu que fui rico e hoje a miséria invade a minha casa, o pão já me vai faltando e, aquele que extorquiu minha fortuna, apunhala minha honra. […] Oh! Como isso é horrível! E a causa da minha desgraça foi o ter tido uma fé sem limites no Deus dessa seita!".[68] E, indo mais além, declarava:

> Por isso, eu repudio essa religião, por isso eu descreio da existência desse Deus! Sim, Deus! És uma mentira! Deus! Se tu existisses, tão desgraçado não seria eu, e tão perversos e hipócritas não seriam os homens! Deus! Por tua causa estou na miséria, falta-me o pão, falta-me tudo! Deus! Por tua causa entreguei minha filha, minha querida filha a um miserável, a um velhaco e sórdido padre! Deus! Por tua causa esse vampiro infame a desonrou! Não creio que tu existas e, se existes, és o maior dos carrascos! Eu te detesto, ò Deus católico!.[69]

Após pronunciar tais acusações ímpias, Valter, no desejo de inquirir o dito "tartufo", vai até o convento. Diante das acusações, visando silenciar o acusador que ameaçava os seus interesses, Jordão, "convulsionado por jesuítica cólera", crava um punhal no peito de Valter. Por conseguinte, Anacleto, que havia libertado Arthur do cativeiro, surpreende o padre na cena do crime. Uma vez o jesuíta já encurralado e rendido, eis que entra no recinto Josefa, que, ao ver o seu pai agonizante corre para seus braços, pedindo-lhe perdão, este, apesar de fatigado, dirigiu-lhe as últimas palavras, entre as quais, cons-

---

67 Até aqui, tudo em FARIA, Roberto. *Op. cit.*, p. 70 e 74-75.

68 *Ibidem*, p. 76.

69 *Ibidem*.

tavam: "Perdoo-te... filha", mas, "deixa... essa... religião... que... é a causa... de nossa... desgraça...", "repel... le... mesmo... de... tua... imagi... nação... esse... Deus... que... nada... signi...fica...".[70] Essa passagem revela, em certa medida, a influência que o antirreligiosismo e o ateísmo exerceram em alguns circuitos do livre-pensamento, a exemplo do Centro da Mocidade Livre Pensadora, de Curitiba, e que Roberto Faria era membro. Aliás, no jornal *A Vanguarda*, que atuou como órgão porta-voz do referido centro, em mais de uma ocasião, tais ideias ganharam divulgação.

De qualquer forma, em meio à repercussão da novela *Abutres*, que, rapidamente, tornou-se um libelo anticlerical, ainda, em 1907, Roberto Faria motivado pelo seu grave estado de saúde, retornou para a cidade de Rio Negro. Diagnosticado com tuberculose, morreu na manhã do dia 17 de maio de 1908. Inegavelmente, sua morte foi considerada uma grande perda para a literatura paranaense, bem como para os "soldados da liberdade de consciência". Frente a esse lastimável fato, de imediato iniciou-se, em Curitiba, uma campanha para levantar fundos, visando a reedição de *Abutres*, assim como a construção de um mausoléu em sua memória. Ainda em 1908, a loja maçônica Luz Invisível, em homenagem ao ex-membro, organizou, no 30º dia do seu falecimento, uma conferência, realizada pelo tribuno Dario Vellozo. Ao final do ato, foi entregue aos participantes um folheto contendo uma rápida biografia e alguns artigos de Roberto Faria.[71]

Por intermédio, sobretudo da Loja Luz Invisível, o projeto de reedição da obra *Abutres* foi entregue para impressão ao final de 1909, ficando responsável pela empreitada a tipografia Impressora Paranaense. No início de 1910, o livro já começava a ser comercializado. Essa nova edição, acrescida de uma biografia escrita por Dario Vellozo, era lançada em meio a um novo fervor anticlerical de dimensões internacionais, fomentado pela prisão e execução, na Espanha, do pensador libertário e anticlerical Francisco Ferrer i Guardia, fundador da Escola Moderna. Desse modo, na abertura do livro, lê-se: "A Benemérita Loja LUZ INVISÍVEL, a cujo quadro pertenceu Roberto Faria, mais alguns amigos do

70 FARIA, Roberto. *Op. cit.*, p. 78 e 80.

71 *A República*, Curitiba, 16 de junho de 1908, p. 1.

jovem romancista resolveram reeditar os ABUTRES, veemente protesto contra a Serpente negra... O momento é oportuno. Que o diga a Espanha!".[72]

De qualquer forma, diante da excelente acolhida de *Abutres* nos círculos literários e anticlericais, ainda em abril de 1908, o romance tornava-se folhetim nas páginas do jornal *O Livre Pensador*, de São Paulo. Anos depois, frente à ampla difusão de uma segunda edição de *Abutres*, a obra ganhou, em 1914, nova versão em folhetim, numa iniciativa do periódico *A Reacção* – órgão da Liga Mato-Grossense de Livres Pensadores, de Cuiabá.

Não obstante, no humilde túmulo de Roberto Faria – decorado com azulejos negros –, localizado no cemitério municipal da cidade de Rio Negro (Paraná), não há nenhum adereço religioso, apenas o seu retrato, acompanhado de um fragmento literário e de dois símbolos maçônicos: o ramo de acácia e o nível. Assim, entalhada em alto relevo, sua prosa ainda encontra sobrevida no mármore de sua lápide: "Só quem conhece a selva ao cair da tarde, avalia a sua tristura. O sol, o velhinho caduco da pitoresca lenda eslava, fatigado da longa viagem, recolhia-se ao seu trono, para no dia seguinte sair novamente, rejuvenescido, e loiro e belo, e jovial...". Definitivamente, essas mesmas palavras que abrem sua obra máxima, também lhe encerram os dias.

Livres-pensadores, anarquistas e a alvorada literária

Nas primeiras décadas do século XX, decididos a impulsionar a propaganda no Brasil, alguns militantes anticlericais e anarquistas passaram a escrever e publicar livros e opúsculos, assim como a importar literatura, especialmente de Portugal, da Espanha e da França. Seguramente, nos círculos libertários, a instrumentalização da literatura assumiu formas variadas que incluíram editoras efêmeras, o esforço dos próprios autores, ou as listagens de livros e jornais, nacionais e estrangeiros, postos à venda pela redação dos periódicos.[73] Frequentemente, as redações dos jornais operários, em franca atividade nas capitais, colocavam à disposição o serviço de busca e compra de

72 FARIA, Roberto. *Op. cit.*, p. 1.

73 Cf. CARONE, Edgard. *Socialismo e anarquismo no início do século*. Petrópolis: Vozes, 1995.

diversas obras nas principais livrarias da cidade, despachando-as para os seus assinantes localizados no interior do país.[74]

Em 1903, Benjamim Mota divulgava, em *A Lanterna*, que, aos correligionários interessados em adquirir qualquer obra anticlerical inexistente no Brasil, ele faria vir da Europa ou dos Estados Unidos.[75] Essa iniciativa vinha em resposta ao apelo do advogado Dr. Antonio Pinto de A. Ferraz (um amigo de Mota), que, em nome da propaganda anticlerical, anos antes, havia instigado *A Lanterna* a organizar uma lista de obras anticlericais, e que a publicasse, em todos os números, na primeira coluna da primeira página, declarando, à margem, o preço aproximativo de cada uma delas, bem como prontificando-se a mandar vir de outros países aquelas obras que não se encontrassem nas livrarias de São Paulo ou do Rio de Janeiro. Além disso, o tal correligionário sugeria a criação, no jornal, de uma seção permanente intitulada Bibliografia, contendo um resumo das principais obras anticlericais, a exemplo da literatura produzida por Léo Taxil, Ernest Renan, Eça de Queiroz, Guerra Junqueiro e Max Nordau. Prontamente, a redação d'*A Lanterna*, dirigindo-se aos seus leitores, escreveu: "auxiliem-nos nessa grande tarefa", enviando subsídios para a Bibliografia, ou seja, nomes de "boas obras que conhecerem, em qualquer idioma, a fim de que possamos organizar um catálogo".[76] Ainda em 1901, *A Lanterna* anunciava a venda dos livros: *A Razão Contra a Fé*, de Benjamim Mota; *Electra*, de Benito Pérez Galdós; *A Velhice do Padre Eterno* e *A Morte de D. João*, de Guerra Junqueiro, conjunto de obras editadas pela tipografia e livraria Endrizzi.[77] Nessa senda, em 1903, era fundada a Sociedade Anônima *A Lanterna*, que afirmava ter, entre os seus fins, a edição e a comercialização

74 No entanto, ao que tudo indica, o número de livrarias no Brasil do início do século XX era diminuto, ou melhor, "o mercado editorial brasileiro era pequeno e passivo (o livro não era levado ao leitor). Havia mais tipografias e editoras do que livrarias. Monteiro Lobato levantou apenas 35 livrarias em todo o país em 1919!", *In:* DEAECTO, Marisa Midori & MOLLIER, Jean-Yves (orgs.). *Edição e revolução: leituras comunistas no Brasil e na França*. Cotia: Ateliê; Belo Horizonte: UFMG, 2013, p. 54.

75 *A Lanterna*, São Paulo, 18-19 de julho de 1903, p. 1.

76 *A Lanterna*, São Paulo, 6 de abril de 1901, p. 1-2.

77 *A Lanterna*, São Paulo, 14-15 de novembro de 1901, p. 4.

de livros, folhetos, cartões-postais e almanaques, especialmente destinados à propaganda anticlerical.[78]

Benjamim Mota, desde longa data, encetou a propaganda anticlerical e anarquista em São Paulo. Desse modo, em 1898, simultaneamente à publicação da sua revista *O Libertário*, criou a Biblioteca Libertária, uma iniciativa editorial que estreava com a publicação do seu livro *Rebeldias* (1898) e que intuía ainda trazer a lume *Aos Moços!*, de Piotr Kropotkin, e *Greve aos Eleitores*, de Octave Mirbeau, entre outros títulos, que ele havia trazido no seu retorno de Paris – onde viveu por quase três anos –, e cujas traduções e publicações visavam fomentar a propaganda libertária no Brasil.

A propósito, ao frequentar na França distintos círculos literários e políticos, Benjamim Mota estreitou laços com Anatole France, Edmond Rostand e Paul Verlaine, bem como com os anarquistas – adeptos da propaganda pelo fato – Ravachol e Auguste Vaillant.[79] Em contato com o grosso caldo da literatura ácrata, logo incorporou à sua bagagem intelectual as obras de Faure, Grave, Hamon, Reclus, Kropotkin, Bakunin, Malato etc. E, em 1893, de volta ao Brasil, Benjamim Mota já afirmava, em alto e bom som: "Eu sou anarquista porque estudando compreendi a desnecessidade de um senhor, isto é, eu sou um homem emancipado do espírito de servilismo".[80]

Seguramente, a imprensa operária foi um importante núcleo de difusão de obras sociológicas, filosóficas e de literatura. Assim, em 1904, a revista anarquista *Kultur*, publicada no Rio de Janeiro, divulgava aos seus leitores que "uma grande quantidade de brochuras de boa propaganda" socialista, anarquista, sindicalista, anticlerical etc., editadas em português, em francês, em espanhol e em italiano,[81] poderia ser encomendada por intermédio da redação da revista – que tinha como redator-chefe Elísio de Carvalho.[82] Logo,

78 *A Lanterna*, São Paulo, 5-6 de setembro de 1903, p. 3.

79 Cf. *A Noite*, Rio de Janeiro, 16 de dezembro de 1940, p. 11.

80 MOTA, Benjamim. *Op. cit.*, p. 37.

81 Ambas as passagens, *Kultur*, Rio de Janeiro, Ano I, nº 4, setembro de 1904, p. 12. Vale destacar que o grupo de anarquistas articulados em torno da revista *Kultur*, foi um núcleo prólogo na difusão do anarquismo individualista (Max Stirner, Émile Armand etc.), bem como do tolstoísmo (Leon Tolstói).

82 Elísio de Carvalho (1880-1925), natural de Penedo (Alagoas), foi uma figura paradoxal. Em 1898, mudou-se para o Rio de Janeiro, ali se engajou no movimento anarquista e

mediante acordo feito com livreiros no Brasil e editores na Europa, surge a Livraria da *Kultur*, que, em seu catálogo, trazia um número considerável de obras aclamadas nos círculos anticlericais, tais como: *A Razão Contra a Fé*, de Benjamim Mota; *O Bom Senso, do Cura Meslier: a Razão d'um Padre* [atribuída a Jean Meslier]; *A Velhice do Padre Eterno*, de Guerra Junqueiro; *Ciência e Religião*, de Malvert [trata-se de um pseudônimo]; *O que é a Religião*; *Razão, Fé, Oração*; e *Ao Clero - Contra a Igreja*, conjunto de livros da autoria de Leon Tolstói. Aliás, vale frisar que o grupo de anarquistas (leia-se anarquistas individualistas) ligado à revista *Kultur* teve um papel exponencial na divulgação das ideias "anarcocristãs" e anticlericais de Tolstói no Brasil.

Neste ínterim, nos primeiros anos do século XX, aproveitando os ânimos em torno da fundação da Liga Anticlerical Intransigente (1906), "um grupo de pessoas emancipadas de todos os preconceitos religiosos" decidiu fundar, em São Paulo, o Grupo Editor Livre Pensamento, dedicado exclusivamente a difusão de obras de caráter científico e racionalista[83] e que tinha, como primeira publicação, um folheto intitulado *A Confissão* - que segundo a ótica anticlerical era uma instituição abominável. Dentre os impulsionadores dessa iniciativa, estava Everardo Dias - redator-chefe do jornal *O Livre Pensador* e membro da referida liga -, que considerava a imprensa uma poderosa máquina para se empregar na sementeira de ideias, bem como uma espécie de porta-luz das campanhas do livre-pensamento.

Devido ao sucesso entre os correligionários do folheto *A Confissão*, o grupo anunciava, em 1907, outras publicações cujos títulos eram marcados pela aura do ineditismo, a exemplo de uma série de folhetos (impressões baratas em papel comum), que seriam editados mensalmente. No catálogo, apesar de provisório, aparecem:

---

passou a colaborar em diversos periódicos libertários. Além disso, por sua iniciativa surgem a Universidade Popular de Ensino Livre e a revista *Kultur*. Contudo, pouco tempo depois, passou a atuar no Departamento de Polícia do Rio de Janeiro (como diretor do Gabinete de Identificação e Estatística). Para detalhes, cf. SANT'ANA, Moacir Medeiros de. *Elysio de Carvalho, um militante do anarquismo*. Maceió: Arquivo Público de Alagoas; Rio de Janeiro: Secretaria de Cultura/MEC, 1982; PRADO, Antonio Arnoni. "Elísio de Carvalho anarquista". *In: Cenário com retratos: esboços e perfis*. São Paulo: Companhia das Letras, 2015, p. 117-126.

83 Ambas as passagens, *Avanti!*, São Paulo, 7 de maio de 1907, p. 4, [tradução nossa].

1. *O que é o Celibato*, ex-padre Guilherme Dias

2. *As 67 Célebres Perguntas*, teólogo Domingos Zapata

3. *O Espírito da Igreja*, A. S. Morin

4. *Sonho Dantesco*, Pedro de Mello

5. *Giordano Bruno*, Marco Pancetti

6. *Derrocada Ultramontana*, Dario Vellozo

7. *Semelhanças Religiosas*, José Sarzedas

8. *A Bíblia à Luz da História e da Ciência*, Luiz Bonaparte

9. *A Evolução do Espírito Humano*, Dr. Agustín Alvarez

10. *O Batismo*, Um Pai de Família

11. *O Antropomorfismo*, Dr. Juan Serapio Lois

12. *Um Prólogo e um Epílogo*, Conde Camillo de Renesse.[84]

Deste rol, o grupo afirmava que já se encontravam publicados e em distribuição os quatro primeiros títulos, correspondentes aos meses de janeiro a abril. Para os editores, esse empreendimento era visto como um importante salto à propaganda, uma vez que, a partir de traduções – do francês, italiano, inglês, espanhol e alemão –, divulgariam textos que pela primeira vez eram impressos em português,[85] e que seriam vendidos a preços excessivamente baixos, facilitando assim a aquisição destas obras por todas as pessoas que queiram instruir-se.[86]

Além disto, sem abusar da lógica, é de se deduzir que o folheto, devido ao seu formato (12x16), foi um hábil veículo na propagação de textos panfletários,

84 *O Livre Pensador*, São Paulo, 30 de junho de 1907, p. 4.

85 *Avanti!*, São Paulo, 7 de maio de 1907, p. 4, [tradução nossa].

86 Ambas as passagens, *O Livre Pensador*, São Paulo, 8 de julho de 1906, p. 3.

visto que o pequeno volume manuseável facilitava o seu despacho pelo serviço postal. Ainda, devido a sua capacidade de adentrar em diversos espaços, tal literatura, "fácil de escorregar para o bolso" instigava o seu intencional "abandono" no banco da Igreja, no assento do bonde ou trem, bem como na latrina da fábrica.

De qualquer forma, ao definir que, na difusão do livre-pensamento, a propaganda pelo livro é das mais benéficas e proveitosas,[87] o Grupo Editor Livre Pensamento havia estipulado que, de seis em seis meses, mediante auxílio mensal de mil réis (adiantadamente), os associados receberiam um folheto que em muito contribuiria para "esclarecer o espírito, orientando nas lutas do pensamento". Desse modo, para o sucesso do projeto, que tinha como *slogan* "Se queres conhecer a verdade - lê", mas, "se preferes a ignorância - não o abras", ou, "se tens medo, arremessa-o para longe e foge", contava com a dedicação e o entusiasmo de "todos os amantes da *Verdade e da Razão*" que, através da redação de *O Livre Pensador*, localizada na Rua Visconde de Parnaíba, nº 121 (bairro do Brás), ou pelo intermédio dos jornais *A Terra Livre*, *La Battaglia*, *Avanti!* ou *Verdade e Luz*, poderiam efetuar as suas inscrições.[88] Igualmente, investiu-se na criação de uma rede de colaboradores (denominados delegados) que, espalhados por localidades, tinham como atribuição a entrega de folhetos, o recebimento de cotas e o angariar de novos associados.

No entanto, provavelmente por problemas de ordem econômica, o projeto do Grupo Editor Livre Pensamento - que estava diretamente interligado ao jornal *O Livre Pensador* - ficou praticamente na primeira leva de títulos, que, com afinco, haviam sido publicados em 1907. No ano de 1910, tendo em vista que o jornal *O Livre Pensador* não estava em circulação, os folhetos ainda em estoque passaram a ser vendidos pela Biblioteca d'*A Lanterna*. Consequentemente, em 1911, com o ressurgimento d'*O Livre Pensador* (2ª fase), a iniciativa de editoração foi retomada, vindo a tona novos textos.

87 *O Livre Pensador*, São Paulo, 8 de julho de 1906, p. 3.

88 Até aqui, tudo em *Avanti!*, São Paulo, 7 de maio de 1907, p. 4, [tradução nossa].

Série	Título do opúsculo	Autor	Fase
Nº 1	*O que é o Celibato?*	Guilherme Dias	1ª
Nº 2	*As 67 Célebres Perguntas*	Domingos Zapata	1ª
Nº 3	*O Espírito da Igreja*	A. S. Morin	1ª
Nº 4	*Sonho Dantesco*	Pedro de Mello	1ª
Nº 5	*Giordano Bruno*	Marco A. Dancetti	1ª
Nº 6	*A Educação Religiosa*	Nathanael Pereira	1ª
Nº 7	*A Inquisição*	Eugéne Pelletan	2ª
Nº 8	*O Sagrado Coração de Jesus*	N. Rouby	2ª
Nº 9	*O Batismo*	Um pai de família	2ª
Nº 10	*Cristo no Vaticano*	Victor Hugo	2ª
Nº 11	*Derrocada Ultramontana*	Dario Vellozo	2ª
Nº 12	*A Igreja e o Povo (1ª parte)*	Heliodoro Salgado	2ª
s. nº	*Abusos e Erros do Catolicismo*	Abade João Meslier	2ª

Quadro 1 – Folhetos editados, a partir de 1907, pelo Grupo Editor Livre Pensamento

A lista acima dá uma rápida noção acerca da literatura (composta em sua totalidade por ensaios de crítica religiosa), publicada e difundida durante a primeira e a segunda fase de *O Livre Pensador*, pelo Grupo Editor Livre Pensamento.[89] Curiosamente, em 1907, o folheto de estreia da série, escrito especialmente para o grupo e que se intitulava *O Que é o Celibato?*, tinha como autor um ex-sacerdote católico.

Não obstante, segundo destacou o historiador Fernando Catroga, a crítica a respeito do celibato eclesiástico estava "intimamente articulada com a denúncia da confissão"[90] e, corroborando com isto, no folheto *O Que é o Celibato?*, tem-se: "o grande argumento do celibato é [...] se o sacerdote fosse casado não gozaria da confiança dos seus penitentes, que temeriam a violação do sigilo da confissão", logo, o casamento dos padres "prejudicaria, pois, alta-

89 Os folhetos, de modo geral, eram publicados apenas trazendo o número da série, sem a data da edição - excetuando o folheto *Abusos e erros do catolicismo*. Para ligá-los a uma das duas fases do jornal *O Livre Pensador*, usou-se como base que os primeiros folhetos tinham como endereço a caixa postal 691 (1ª fase), e posteriormente, a caixa postal 966, que era usada pelo referido periódico durante a sua 2ª fase (iniciada em 1911).

90 CATROGA, Fernando. "O laicismo e a questão religiosa em Portugal (1865-1911)". *In*: *Análise Social*, Lisboa, nº 100, 1988, p. 220.

mente, a confissão".[91] Também, Guilherme Dias, autor do folheto, ao referir-se à "imperiosa necessidade do celibato para o domínio absoluto e tirânico da Igreja", afirmava: "como é, pela confissão, que o sacerdote domina a mulher, e que é a mulher quem, por sua vez, domina o homem, é necessário, a todo o custo, que o poder da instituição fique incólume e que coisa alguma venha a menoscabá-la".[92] De qualquer forma, vale observar que Guilherme Dias foi um ex-padre católico que aderiu ao metodismo e ao matrimônio. Sua tomada de posição contra o celibato, presumivelmente, estava em sintonia com o protestantismo – uma vez que consta no conjunto da sua doutrina a oposição ao celibato clerical obrigatório. Cabe ainda destacar que, no século XIX, não raro, clérigos católicos saíram em defesa da abolição do celibato clerical, haja vista que, segunda a ótica de alguns padres, a lei do celibato resultava em prejuízos a sociedade, aos indivíduos e a própria Igreja.[93]

Todavia, quem foi o padre Guilherme Dias? Este clérigo, natural de Portugal e ligado à maçonaria, em 1868, veio para o Brasil e tornou-se pároco na cidade de Pelotas (Rio Grande do Sul). Após três anos de atividade, "acusado de defender princípios liberais na tribuna sagrada", foi suspenso pelo bispo da Diocese, Dom Sebastião Dias Laranjeiras.[94] Nessa senda, em 1872, por ter criticado a infalibilidade do Papa, foi excomungado. Diante dessa atitude ímpia, que era reforçada pela publicação, em 1873, da sua obra *Eco de Roma* – compilação de alguns dos seus estudos sobre o papado e os jesuítas –, que, rapidamente, se viu esgotar uma tiragem de 5 mil exemplares, ganhou a simpatia dos anticleri-

91 Ambas as passagens, DIAS, Guilherme. *O que é o celibato?* São Paulo: Grupo Editor Livre Pensamento, [1907], p. 13.

92 Ambas as passagens, *Ibidem*, p. 13-14.

93 AZZI, Riolando. *A crise da cristandade e o projeto liberal.* São Paulo: Edições Paulinas, 1991, p. 196.

94 Cf. MARQUES, João Francisco. "Uma controvérsia entre o catolicismo e o protestantismo". *In: Des protestantismes en "lusophonie catholique"*, vol. 1. Paris: Karthala, 1998, p. 290. A vida de Guilherme Dias foi marcada por várias idas e vindas entre Portugal e Brasil. Sua primeira estadia no Brasil foi de 1868 a 1873. No seu retorno a Portugal, pouco tempo depois, em 1875, adere ao metodismo. Nesse ínterim, casa-se com uma atriz e funda o jornal *A Reforma* (1877), ainda como escreve *Vozes da História* (1885), enquanto continuação de *Ecos de Roma* (1873). Em 1892, vem ao Brasil passar nova e longa temporada. Por fim, em 1898, fixa-se definitivamente no Brasil. Pouco depois da escrita do folheto *O que é o Celibato?*, o ex-padre, envolto por constantes dificuldades econômicas e já um tanto doente, morreu em fevereiro de 1907.

cais. Ademais, diante das críticas à romanização do clero, que marcam profundamente a sua obra, pode-se concluir que Guilherme Dias advinha do antigo catolicismo iluminista – tendência regalista e liberal –, que, no transcurso do século XIX, foi substituído pelo catolicismo ultramontano.

Seja como for, em 1901, Guilherme Dias – na ocasião, residindo em Belo Horizonte (Minas Gerais) e atuando como redator-chefe do jornal *A Reforma* –, escrevia para a redação de *A Lanterna*: "Aceitem, pois, incondicionalmente o meu aplauso e os votos que faço para que continuem até que vejamos por completo aniquilado o clericalismo – o inimigo, na frase do grande Gambeta [sic]".[95] É certo que as relações de reciprocidade entre o movimento anticlerical paulista e Guilherme Dias se consolidaram, ao ponto de, em 1906, organizar-se, em São Paulo, uma festa com espetáculos de teatro, em benefício ao ex-padre.[96] Alguns anos antes, em 1904, segundo registrou a imprensa, a convite da Liga Anticlerical Paranaense, o ex-sacerdote português realizava, em Curitiba, no salão da Associação Curitibana dos Empregados no Comércio, uma conferência maçônica e antijesuítica.[97] Diante da notícia do seu falecimento, em janeiro de 1907, a imprensa anticlerical publicou: "A Morte acaba de roubar às fileiras dos livres-pensadores, um dos seus mais ardorosos combativistas, um daqueles que mais pugnou pela emancipação das consciências".[98]

Seguramente, a figura de Guilherme Dias não era um caso isolado, uma vez que a linhagem de sacerdotes e teólogos apóstatas agregou outros nomes, a exemplo de Domingos Zapata – teólogo espanhol e professor da Universidade de Salamanca que, em 1631, escreveu suas *67 Célebres Perguntas*, em que constava: "Vós já reparastes que esse estupendo livro [a Bíblia] fez de Deus um péssimo geógrafo, um péssimo cronologista, um péssimo físico e não o faz melhor naturalista?".[99] Visto que as perguntas de Zapata contestavam a

95 Carta datada de 7 de abril de 1901 e publicada posteriormente em *A Lanterna*, São Paulo, 21 de janeiro de 1911, p. 4. Na cidade de Machado (Minas Gerais), em 1875, é fundada a Loja Maçônica Guilherme Dias, que na década de 1910, foi uma importante aliada da Liga Operária local.

96 Cf. *O Estado de S. Paulo*, 26 de agosto de 1906, p. 2.

97 *Diário da Tarde*, Curitiba, 14 de janeiro de 1904, p. 1.

98 *O Combate*, Curitiba, 20 de janeiro de 1907, p. 1. Edição especial destinada à memória de Guilherme Dias.

99 ZAPATA, Domingos. *As 67 célebres perguntas*. São Paulo: Grupo Editor Livre Pensamento, [1907], p. 12.

verdade atribuída aos livros sagrados, depois de lidas por uma junta de doutores, foram queimadas na cidade de Valladolid e o seu autor enclausurado. Séculos depois, as *67 Célebres Perguntas* ainda atiçavam os ânimos de livres-pensadores e anticlericais, que se valiam delas como propaganda, a exemplo do Grupo Editor Livre Pensamento (São Paulo) que, em 1907, as traduziu e publicou enquanto folheto.

Além dos escritos de Guilherme Dias e Domingos Zapata, o Grupo Editor Livre Pensamento traria a público, em 1914, uma edição de 3 mil exemplares de um folheto intitulado *Abusos e Erros do Catolicismo*, que foi elaborado a partir de extratos da obra de um personagem singular na história eclesiástica, chamado Jean Meslier (1664-1729). Mas o que havia de especial nos escritos desse clérigo francês que despertou o interesse dos livres-pensadores?

Em 1729, com a morte de Meslier, numa aldeia de Ardenas, veio à tona a sua *Memória* - um extenso testamento –, redigida com forte teor antirreligioso e que instigava a revolta contra os opressores religiosos, uma vez que identificava na religião (Igreja) um suporte para a tirania (Estado). Aliás, essa ojeriza foi expressa na máxima "o homem só será livre quando o último rei for enforcado nas tripas do último padre", que, tempos depois, faria tanto sucesso entre os anarquistas e anticlericais - inclusive, em 1916, estampando uma das capas do jornal paulista *A Lanterna*. Haja vista que Meslier "nunca foi capaz de externalizar o testemunho de suas convicções, ou de fazer pública sua defesa do ateísmo, tal como deixou escrito em seu testamento",[100] aconteceu, pois, que com a sua morte, "o escândalo veio à tona. Seus superiores tiveram acesso aos seus escritos virulentos. Acusado de apostasia, não teve direito a uma sepultura digna. Acabou sendo enterrado clandestinamente, por amigos, para a estranheza dos paroquianos".[101] Anos depois, por intermédio do filósofo iluminista Voltaire, que teve acesso a uma cópia da *Memória* de Jean Meslier, circularam, na França, versões reduzidas, primeiro, em 1762, uma antologia sob o título de *Extrait des Sentiments de Jean Meslier*, depois, em 1765, o opúsculo *L'Évangile de la Raison,*

100 Cf. BALAGUER, Menene Gras. "Introducción", *In:* MESLIER, Jean. *Crítica de la religion y del estado*. Barcelona: Ediciones Península, 1978, p. 8, [tradução nossa].

101 PIVA, Paulo Jonas de Lima. *Ateísmo e revolta: os manuscritos do padre Jean Meslier*. São Paulo: Alameda Casa Editorial, 2006, p.77.

constituído a partir de extratos da *Memória* de Meslier. Uma vez que na França do século XVIII obras sediciosas estavam em alta no mercado livreiro clandestino, em 1768, Voltaire – que, apesar da acusação que lhe pesa de falta de fidelidade para com a obra original (visando dissipar o ateísmo ali presente), foi o mais importante divulgador da obra de Jean Meslier –, reedita o opúsculo de 1762, fazendo-o circular agora com o título de *Testament de Jean Meslier*. Como em sua ofensiva o abade francês declarava que todas as religiões não passavam de invenções humanas, configurando-se a adoração aos deuses em falsidades, futilidades, imposturas etc.,[102] a sua obra seria reivindicada, ao longo do século XX, por distintos núcleos anticlericais e antirreligiosos. Além disso, frente às suas aspirações sociais e subversivas, alguns estudiosos do anarquismo, a exemplo de Jean Préposiet e James Joll, destinariam a Meslier um lugar entre os precursores libertários.

No Brasil, teve divulgação nos círculos livres-pensadores e anticlericais o opúsculo *O Bom Senso, do Cura Meslier: a Razão d'um Padre*, editado em Lisboa, em 1901, pela Livraria Central de Gomes de Carvalho.[103] Apesar da autoria dessa obra ter sido atribuída a Meslier, como fica explícito no próprio título do opúsculo, tratava-se, na verdade, de uma obra escrita pelo Barão d'Holbach[104] – figura proeminente do Iluminismo, que, em defesa do materialismo ateu, por diversas vezes, investiu a sua pena contra Deus e a religião. Publicada, originalmente, em 1772, sem o nome do verdadeiro autor, a referida obra ganhou difusão em diversos países, como se fosse um extrato da *Memória*, de Meslier. Assim, tanto em Portugal quanto no Brasil, não foram poucos os que leram, releram e discutiram *O bom senso...* acreditando – ironias à parte – que digeriam as ideias do ímpio abade Meslier. Aliás, na apresentação do folheto *Abusos e Erros do Catolicismo*, o Grupo Editor Livre Pensamento, erroneamente, também atribuía a Meslier a autoria do extrato *O bom senso*.

De qualquer forma, o folheto *Abusos e erros...* tinha como matriz outro excerto, intitulado *Lo Que Son los Curas (Testamento de Juan Meslier)*, e que,

---

102 Cf. MESLIER, Jean. *Memoria contra la religión*. 2ª ed., Pamplona: Laetoli, 2012, p. 47, [tradução nossa].

103 A propósito, esta mesma livraria trouxe a público, em 1902, *Razão, Fé, Oração* e, em 1903, *Ao Clero*, obras da autoria do notório Leon Tolstói.

104 Tratava-se de uma versão condensada de *Système de la nature* (1770).

como anunciavam: "sai hoje a luz, em forma de folheto, devido a dedicação de um nosso correligionário, tão sincero como estusiasta - o sr. Gervásio Lagos - que nos proporcionou a versão portuguesa do original",[105] bem como adquiriu, antecipadamente, um milheiro de exemplares desta edição - assim facilitando a impressão.[106] Em síntese, tal folheto trazia as impressões de Meslier acerca das Sagradas Escrituras, que, na ótica do abade, eram compostas de adições, supressões e falsificações. E fazendo jus ao título do folheto, não faltavam críticas ao catolicismo, que, ancorado no Antigo e no Novo Testamento, reproduzia simplesmente falsidades, imposturas e superstições, uma vez que "esses livros não provém de nenhuma inspiração divina e nem mesmo tem algum vislumbre de saber humano".[107]

Numa mesma sintonia, no início do século XX, pela Livraria Internacional, de Lisboa, curiosamente, ganhou publicação uma obra intitulada de *Não Creio em Deus*, cujo autor - outra figura obscura oriunda da França - assinava com o nome Timotheon (possivelmente um pseudônimo, usado enquanto referência ao apóstolo Timóteo, um dos líderes do cristianismo primitivo). Este opúsculo também vinha travestido pela aura de um testamento filosófico redigido ao estilo da obra de Meslier e que só viria à tona após a morte do seu redator.

Não obstante, na ótica do autor, o anticlericalismo não é, porém, mais que a primeira etapa da liberdade de pensamento. E, ao afrontar a fé católica, afirmando que "o Deus dos padres católicos está morto nos nossos cérebros e nos nossos corações", Timotheon justificou: "se o faço, é porque muitíssima gente não tem ainda a coragem de desempenhar este ato inevitavelmente destruidor das crenças católicas: - raciocinar com a sua razão".[108]

Todavia, diante do pouco que se sabe sobre sua vida e conduta, tal suposta coragem de uma ruptura para com as "crenças pueris" nunca saiu do papel.

105 Supostamente, tal extrato em português foi inicialmente publicado como folhetim, em 1877, pelo jornal *Correio Mercantil*, de Pelotas, no Rio Grande do Sul.

106 Ambas as passagens, MESLIER, João. *Abusos e erros do catolicismo*. São Paulo: Grupo Editor Livre Pensamento, 1915, p. 3.

107 *Ibidem*, p. 32.

108 Até aqui, tudo em TIMOTHEON. *Não creio em Deus*. Lisboa: Livraria Internacional, [s. d.], p. 96.

Vivendo num meio ultracatólico e "casado com uma mulher devota, não desejando entristecê-la nem escandalizar os seus, tinha praticado uma religião em que, todavia, não acreditava". Dada a situação, neste particular se observam maiores incongruências, pois, se por um lado, Timotheon, em seus escritos, fazia oposição às "palavras mentirosas dos padres", inclusive insistindo que se fazia "urgente que das nossas educações eliminemos toda a influência dos padres, todo o espírito de moralidade católica," [109] por outro lado, no seu leito de morte, talvez por conveniência social, não recusou a presença de um padre. Seja como for, no afã de suas ideias, que estavam inclinadas a uma visão de mundo embebida de materialismo e que privativamente foram confidenciadas ao papel, o autor desferiu contundentes ataques ao Deus católico e à Igreja.

Deste modo, no seu testamento (escrito entre o final do século XIX e o começo do século XX), tem-se: desvirtuado das suas origens cristãs, ora democráticas, ora socialistas, o catolicismo atual, interessado em "só ensinar os dogmas" e a unir-se às "potências materiais", bem como em "enriquecer os seus cardeais e padres", organizou e constituiu um "corpo de exploração". Ainda para o autor, fazia-se necessária a difusão de uma instrução anticatólica e "irreligiosa" como ferramenta básica para o "progresso da inteligência e elevação dos sentidos". Por fim, no seu testamento anticatólico, ganhava forma um projeto de organização social, ou melhor, o programa de uma república livre-pensadora e socialista, em que as ciências e as artes substituiriam "as mentiras dos padres". Aliás, vale destacar que, a certa altura da narrativa, a igualdade de gênero também ganha relevo, ancorada na constatação, que "as reivindicações feministas são legítimas e admiráveis, como todas as ideias de emancipação".[110]

Logo, é possível ver alguns paralelos entre a postura de Timotheon e a de Meslier, ambos embebidos pelo racionalismo, descrentes da fé religiosa e entregues à resignação. De resto, em épocas distintas, cada um a sua maneira, entregaram-se à escrita de textos que atentavam contra os valores vigentes (especialmente os de aspecto religioso) e que somente postumamente ganhariam visibilidade.

De qualquer forma, algo chama a atenção. Entre as leituras de Timotheon, que reforçam sua cosmovisão filosófica, estavam, entre outros, Ernest

109 Até aqui, tudo em TIMOTHEON. *Op. cit.*, p. 6 e 182.

110 *Ibidem*, p. 26-27 e 183-185.

Renan, Leon Tolstói, Paul Bert e Friedrich Nietzsche, porém, não havendo nenhuma referência a Meslier. Apesar disso, é licíto supor que ele tivesse tido contato com a obra do abade ímpio, haja vista o fato de ser filho de um pai voltaireano e que, vivendo na França, um país em que livros filosóficos ganhavam rápida difusão, entre os quais, tem-se o notório texto de Meslier, parece pouco provável que tivesse passado à margem de tal literatura. Outro fator é a própria opção de Timotheon de redigir um testamento filosófico, que, ao final da sua vida, seria entregue aos cuidados de um amigo. Cabe notar também que as ideias de Timotheon, em muitos aspectos, convergem para as de Meslier, a exemplo da acusação de um conluio entre a religião e a política e que, nas palavras de Timotheon, resume-se à máxima: "a Igreja e o Estado servem para proteger os que possuem, contra as reivindicações dos que não tem onde cair mortos".[111] Por certo, longe de ter a notoriedade da obra do abade Meslier, os escritos de Timotheon tiveram recepção menos calorosa no Brasil.

Em meio a este cenário de edições, é plausível ainda presumir que alguns dos opúsculos publicados pelo Grupo Editor Livre Pensamento, a exemplo de as *67 Célebres Perguntas* [Domingos Zapata] e de *Cristo no Vaticano* [Victor Hugo], fossem traduções de folhetos da *Biblioteca del Apostolado de la Verdad*, localizada em Madri (Espanha), que tinha, como um dos seus impulsionadores, o republicano e anticlerical espanhol José Nakens Pérez, diretor de *El Motín*.

Por seu turno, o ano de 1909 trouxe novas iniciativas, como denota a notícia da fundação de um comitê anticlerical, visando desenvolver a sua ação por todo o Estado de São Paulo.[112] Pouco depois, em outubro daquele ano, viu-se circular, pelo centro da cidade de São Paulo, *A Lanterna*, sob a direção do aguerrido anarquista Edgard Leuenroth. Nas suas páginas, lia-se: "contra os erros, abusos e a intolerância do clero", almejamos prosseguir "na tarefa de combater o obscurantismo e a superstição, a mentira e o absurdo que os padres vão espalhando, incansavelmente por toda a terra".[113]

Reportando-se ao ressurgimento d' *A Lanterna*, escreveram:

111 TIMOTHEON. *Op. cit.*, p. 26

112 *Pacotilha*, Maranhão, 9 de agosto de 1909, p. 1.

113 *A Lanterna*, São Paulo, 17 de outubro de 1909, p. 4.

> Excedeu a nossa expectativa o acolhimento que nos dispensou o povo desta capital e do interior. As nossas tiragens, apesar de aumentadas, foram insuficientes para atender a procura e nem a segunda edição, que fizemos no domingo, bastou para satisfazer os pedidos.
>
> Podemos afirmar que a nota do dia foi a reaparição d'*A Lanterna*, sofregamente procurada e lida em todo o Estado de S. Paulo.
>
> Pode-se bem avaliar, daí, quanto desejo nutre o povo que pensa de se ver livre da praga do clericalismo que vai [se] alastrando insidiosamente por toda a parte. Há um veemente desejo de protestar; de guerrear a negra instituição e *A Lanterna* veio, portanto, como a bandeira de combate, arregimentar batalhadores para essa campanha!.[114]

Sua redação estava constituída pelos seguintes membros: o tipógrafo e jornalista Edgard Leuenroth, o advogado e jornalista Neno Vasco,[115] o dentista, jornalista e poeta Raimundo Reis, o pintor e jornalista José Romero Ortega, o guarda-livros e jornalista Leão Aymoré e o gráfico e jornalista Eugênio Leuenroth. Por sua vez, a sede encontrava-se localizada no Largo da Sé, nº5 – onde também funcionava a Federação Operária de São Paulo (FOSP).

Nesta nova fase, possivelmente por influência de Neno Vasco, anarquista português, o jornal *A Lanterna* manteve importantes laços com correligionários de Portugal (Lisboa, Porto, Évora). Aliás, nessa mesma época, ao referir-se a campanha anticlerical promovida pelos anarquistas contra a Igreja como poder político-econômico e religioso, Neno Vasco escreveu: se faz necessária a "luta contra os padres, para mostrar as contradições de suas vidas com as doutrinas que professam; o sacerdócio como profissão, tendo o interesse material como base", bem como o combate "a influência política da Igreja pela ação direta e pela propaganda, extraparlamentar", seguido da "denúncia do poder econômico da Igreja, da Igreja como empresa, como auxiliar de exploração capitalista, como fator do crumirismo".[116]

---

114 *A Lanterna*, São Paulo, 23 de outubro de 1909, p. 4.

115 Pseudônimo usado por Gregório Nazianzeno Moreira de Queirós Vasconcelos (1878-1923), que residiu no Brasil de 1900 a 1911 (quando então regressou a Portugal). Em São Paulo, fundou os jornais *O Amigo do Povo* e *A Terra Livre*, assim como a revista *Aurora*. Para detalhes sobre a sua militância anarquista no Brasil e em Portugal, cf. SAMIS, Alexandre. *Minha pátria é o mundo inteiro: Neno Vasco, o anarquismo e o sindicalismo revolucionário entre dois mundos*. Lisboa: Letra Livre, 2009.

116 LEUENROTH, Edgard. *Anarquismo – roteiro da libertação social*. Rio de Janeiro: Mundo Livre, 1963, p. 114-115. A expressão crumirismo vem da palavra italiana *crumíro*, e foi

Com o regresso de Neno Vasco a Lisboa, em 1911, além de correspondente internacional de *A Lanterna*, tornou-se um importante colaborador na difusão do periódico em Portugal. Sem demora, o escritor português Tomás da Fonseca, autor da obra anticlerical *Sermões da Montanha*, passou a contribuir com artigos e livros para o jornal. Com seu estilo jornalístico jocoso e vigoroso, *A Lanterna* trilhou sua segunda fase entre os anos de 1909-1916, como órgão proeminente do movimento anticlerical.

Em fins de 1909, a redação de *A Lanterna*, com o intuito de favorecer a circulação de obras literárias, científicas ou de propaganda, propunha-se a mandar vir do estrangeiro, mediante pedido acompanhado da importância, sem comissão alguma, livros que interessassem aos seus leitores. Nessas circunstâncias, dentro em breve, ao editarem um pequeno catálogo com publicações sobre a questão religiosa e social, ganhou forma a Biblioteca d'*A Lanterna*. Além das obras que já possuíam em estoque, o catálogo trazia títulos de livros, opúsculos, periódicos, revistas e cartazes ilustrados, que poderiam ser encomendados do exterior.[117] Segundo a ótica dos idealizadores, essa "modesta obra de guerrilheiros" acabaria por proporcionar aos anticlericais e livres-pensadores "fontes de estudo, meios de se tornarem cada vez mais conscientes das ideias de liberdade de que são defensores".[118] Assim, naquele primeiro momento, predominou a difusão de títulos em português e espanhol.

Parte substancial desse comércio livreiro encetado pela *A Lanterna* constituía-se de obras oriundas de editores e livreiros atacadistas localizados em Portugal (em especial Porto e Lisboa) e era intermediada por Neno Vasco. Desse modo, em 1910, a redação d'*A Lanterna* anunciava que esperava de Portugal uma remessa de livros, entre os quais, *Cristo Nunca Existiu*, de Emilio Bossi; *Religião da Morte*, de Heliodoro Salgado; *Monismo*, de Ernest Haeckel; *Ciência e Religião*, de Malvert (pseudônimo); e *Determinismo e Responsabilidade*, de August Hamon.

Inegavelmente, a Biblioteca d'*A Lanterna* foi uma iniciativa de caráter cultural e educativo. A propósito, na sua redação – localizada nas imediações da

---

usada corriqueiramente na imprensa operária do Brasil e de Portugal para se referir aos trabalhadores fura-greves.

117 *A Lanterna*, São Paulo, 18 de dezembro de 1909, p. 3.

118 *Ibidem*.

Catedral da Sé –, mantinha-se uma sala de leitura, em que eram disponibilizadas publicações nacionais e estrangeiras, tais como jornais operários, obras anticlericais, anarquistas etc. Em certa medida, salvo diferenças de ritmo e forma, esse percurso revelava a simbiose entre a propaganda anticlerical e o anarquismo, pois, além de o periódico *A Lanterna* contar, na sua direção, com militantes anarquistas, ele ainda agregava colaboradores, escritores e leitores identificados com o anarquismo, corrente e pensamento político atuantes nas campanhas anticlericais. Em 1914, na Biblioteca d'*A Lanterna*, entre autores clássicos da literatura anarquista, como Reclus, Malatesta e Kropotkin, encontravam-se o *Ensaio de Crítica Racionalista*, de Saturnino Barbosa; o *Catecismo Ateu*, de Brito Bethencourt; e *O Evangelho da Hora*, de Paul Berthelot.

Desta literatura anticlerical que circulava no Brasil, com frequência, têm-se, nas encomendas de leitores d'*A Lanterna*, obras como *O Papa Negro* (novela), do romancista italiano Ernesto Mezzabotta - que, em suas páginas, discorre sobre a fundação e desenvolvimento na Europa da Companhia de Jesus, bem como da fundação da maçonaria e a sua "corajosa luta contra os tremendos planos" dos jesuítas,[119] aliás, um dos títulos mais solicitados[120] –; seguido de *A Velhice do Padre Eterno* (poesia), do poeta português Guerra Junqueiro - obra cheia de sátiras "chocantes para quem desempenha funções eclesiásticas"[121] –, que provocou diversas réplicas por parte do clero; e *Electra* (teatro), do dramaturgo espanhol Benito Pérez Galdós. Inclusive, buscando chamar a atenção dos leitores, esse conjunto de livros era divulgado com destaque nas páginas do jornal, enquanto "importantes obras de excelente propaganda anticlerical"[122] para o aperfeiçoamento intelectual e moral.

Um parêntese sobre o poeta ibérico Abílio Manuel Guerra Junqueiro faz-se oportuno. O autor de *A Velhice do Padre Eterno*, um cristão ao estilo de Tolstói, que, em mais de uma ocasião, negou a divindade de Cristo e que contra a Igreja, lançou afirmações do seguinte teor: "seus templos são prisões

119 *A Lanterna*, São Paulo, 8 de outubro de 1910, p. 2.

120 Em 1910, entre os meses de setembro e dezembro, por intermédio da rede de correspondências mantida pela *A Lanterna*, pelo menos, 35 exemplares foram vendidos.

121 FONSECA, Tomás da. *Guerra Junqueiro: sua vida, obra e momentos finais (depoimento de uma testemunha)*. São Paulo: Editora Liberdade e Cultura, 1956, p. 15.

122 *A Lanterna*, São Paulo, 13 de agosto de 1910, p. 3.

e seus dogmas algemas",[123] ao final da sua vida, viu-se rodeado por sacerdotes cristãos, que, numa peleja incessante, passaram a investir esforços para que o poeta renegasse a sua obra (de verve social e panfletária) e se convertesse ao catolicismo. Logo, o poeta titubeou, como demonstra certa nota na sua obra *Prosas Dispersas*, publicada em 1921, em que afirmava: "Eu tenho sido, devo declará-lo, muito injusto com a Igreja". E completava: *A Velhice do Padre Eterno* "é um livro da mocidade" e apesar de conter "belas coisas, é um livro mau, e muitas vezes abominável". Curiosamente, o texto de abertura de *Prosas Dispersas*, acrescido da referida nota, intitulava-se O "Sacré-Cœur" (O Sagrado Coração), uma referência à Basílica do Sagrado Coração, localizada em Paris. Por sua vez, nas linhas finais que marcam tal prosa, em tom pouco ortodoxo, tem-se: "o Mundo caminha para um cristianismo integral, puro e perfeito, que absolutamente harmonize coração e razão, ciência e fé, natureza e Deus".[124] Com a morte de Guerra Junqueiro, em 1923, não faltaram vozes vindas do lado eclesiástico empenhadas em afirmar que o poeta, ao final da vida, havia cedido aos apelos do catolicismo, no entanto, amigos e familiares, desmentem sua suposta conversão. Em 1922, o próprio Junqueiro declarou: "dizem por aí que estou católico. A nota publicada nas *Prosas Dispersas*, ao artigo Sacré Coeur, tem sido mal compreendida... Sou um crente; creio em Deus. Mas não abdico do meu raciocínio. E o meu raciocínio combate os erros da Igreja, que foram muitos e graves", é certo que "sou um cristão, mas não católico praticante. Não me converti".[125]

Seja como for, certa demanda literária por obras de propaganda anticlerical, racionalista e antirreligiosa incluía ainda *Sermões da Montanha*, de Tomás da Fonseca, *Mentiras Divinas*, de Chacon Siciliani, e *História da Luta entre a Ciência e a Teologia*, do historiador estadunidense Andrew Dickson White. Este último título, editado em Lisboa, em 1910, provavelmente, em meio ao sucesso da implantação da República em Portugal, vinha acrescido de um prefácio redigido em forte tom antirreligioso pelos tradutores Carlos Babo e Manuel Bravo (ambos republicanos), além disso, na folha de rosto,

123 JUNQUEIRO, Guerra. *A velhice do padre eterno*. Porto: Lello & Irmão, [1926], p. 99.

124 Até aqui, tudo em JUNQUEIRO, Guerra. *Prosas dispersas*. Porto: Lello & Irmão, 1964, p. 12.

125 Ambas as passagens, FONSECA, Tomás da. *Op. cit.*, p. 46.

lê-se: "À memória de todas as vítimas da perseguição religiosa. Protesto de solidariedade com os odiados pela reação clerical".[126]

Em meio a isto, é interessante notar que, na propaganda anticlerical, certos temas se tornaram recorrentes, a exemplo da Inquisição. Desse modo, ora em versos e prosa, ora em imagens que reproduziam cenas de torturas perpetradas pelos tribunais inquisitoriais, o tema da Inquisição inspirou a pena de diversos escritores. Em mais de uma ocasião, a expressão *crê ou morre*, bem como o nome de Tomás de Torquemada – inquisidor-mor na Espanha –, foi evocada nas narrativas para reforçar a imagem da intolerância clerical. Nesse sentido, referindo-se aos porões da Inquisição na Itália, o escritor italiano Felice Guzzoni, autor da novela *A Filha do Cardeal* – que, no Brasil, ganhou difusão tanto em livro quanto em folhetim –, escreveu: "no ano de 1848, quando se proclamou em Roma a república, foram abertos os cárceres do Santo Ofício, que se encontravam nos baixos do Vaticano e viram-se horrores que a pena hesita em descrever", uma vez que "encontraram-se poços e fossas profundas, voragens, laços dentados, rodas com que martirizavam as vítimas, tornos, tenazes, estiradores, garfos, achas, espadas, punhais, e mil outros objetos inventados pelos inquisidores da Idade Média, que ainda subsistiam em Roma".[127]

No Brasil, corroborando com esse itinerário literário, o Grupo Editor Livre Pensamento investiu na impressão do folheto *A Inquisição*, da autoria do jornalista francês Pierre Clément Eugène Pelletan. Seguramente, nos círculos anticlericais luso-brasileiros, a obra *História da Origem e do Estabelecimento da Inquisição em Portugal* – lançada em 1850, em três pequenos volumes –, do historiador e romancista Alexandre Herculano, cujo sucesso é atestado por numerosas reedições, tornou-se uma das principais referências sobre o assunto. Também a redação d'*A Lanterna*, em 1914, passou a levantar subscrições visando à publicação de uma tiragem de 10 mil exemplares da *História da Inquisição na Idade Média*, do historiador estadunidense Henri Charles Lea, uma obra de campanha anticlerical e de estudo da história que, na ótica dos anticlericais, constituiria um grande passo na propaganda livre-

---

126 Cf. WHITE, A. D. *Historia da lucta entre a sciencia e a theologia*. Lisboa: Typografia do Commercio, 1910.

127 GUZZONI, Félix. *A filha do cardeal*. vol. 1. 3ª ed., Lisboa: Bertrand, [1907], p. 70.

-pensadora do Brasil.[128] Provavelmente, o projeto de editoração dessa obra em fascículos era uma iniciativa da Liga Anticlerical do Rio de Janeiro - sendo o professor e anarquista José Oiticica o responsável pela tradução para o português -, porém, não há indícios que confirmem a sua publicação.

Nesta seara de difusão da literatura social, a cidade de São Paulo gestou importantes experiências. Na década de 1910, além da venda de charutos e revistas, a Charutaria Lealdade, localizada na Rua de São Bento, nº 51, disponibilizava aos seus clientes obras anticlericais e anarquistas. Em 1919, por iniciativa do militante anarquista Rodolfo Felipe, surgiu a Livraria A Inovadora, especializada em livros, folhetos, revistas, jornais etc., tanto nacionais quanto estrangeiros - que passou a divulgar diversas obras anticlericais, anteriormente distribuídos pela Biblioteca d'*A Lanterna*. Anos depois, em 1922, na extensão desse projeto de caráter educacional, surge a Biblioteca Social A Inovadora, com sede na Ladeira do Carmo - que mantinha uma sala de leitura, assim como fazia empréstimos e vendia livros, folhetos e revistas.[129]

Sem dúvida, a qualidade de militante implicava a de escritor. Assim, tanto na propaganda anarquista quanto na anticlerical, os autores "são pequenos cronistas, operários anônimos, leitores ocasionais, líderes do movimento, jornalistas e intelectuais militantes".[130] Note-se ainda que, nas páginas da imprensa operária, diversos escritores tiveram uma breve aparição, dentre os quais muitos permanecem na obscuridade, ocultos pelo emprego de pseudônimos, cujas equivalências ainda se desconhecem.

Especialmente em São Paulo, além da difusão de literatura, alguns grupos militantes tornaram-se importantes núcleos de edição (conferir Quadro 2). Em 1911, a redação d'*A Lanterna* destacava que, para completar a obra feita pelo jornal, passaria a editar folhetos, cartazes e postais ilustrados. Sob sua editoria, publicou o folheto *A Confissão* (1911) - que instigou os correligionários a adquiri-lo e a fazerem larga distribuição (pessoalmente ou em

128 Ambas as passagens, *A Lanterna*, São Paulo, 21 de novembro de 1914, p. 4.

129 Cf. LEITE, Míriam Lifchitz Moreira. *Outra face do feminismo: Maria Lacerda de Moura.* São Paulo: Ática, 1984, p. 28.

130 PRADO, Antonio Arnoni; HARDMAN, Francisco Foot; LEAL, Claudia Feierabend Baeta. *Op. cit.*, p. 20.

grupos) nas procissões e à porta das igrejas.[131] Na sequência, em 1912, publicou o opúsculo *Noli me Tangere (o país dos frades).* Nesse ínterim, entre 1914 e 1915, a redação de *O Livre Pensador* também trouxe a público os seguintes folhetos: *Mensageiro da Morte* (poema antijesuítico), *O Livro da Verdade* (ensaio científico) e *O Milagre de Frei Lourenço* (novela sertaneja). É certo que, em meio a uma gama de obras de expressão literária menor, houve títulos de grande apreço, a exemplo, entre outros, de *Noli me Tangere,* do poeta José Rizal, ou *O Evangelho da Hora*, do anarquista e esperantista Paul Berthelot.[132]

Inegavelmente, Benjamim Mota, seguido de Everardo Dias e Edgard Leuenroth, foram figuras exponenciais nas campanhas anticlericais, visto que, na dianteira de inúmeras iniciativas – cada um a sua maneira –, colocaram à disposição dos seus correligionários textos em que se atribuíam certa dose de relevância à causa anticlerical.

Uma vez que a leitura de livros e folhetins foram importantes dispositivos de combate ao clero, é lícito supor que essa literatura militante era compartilhada em voz alta (e explicada) aos iletrados, pelos companheiros que sabiam ler, visto que havia certa tradição de leituras compartilhadas entre os operários engajados nas lutas sociais. Não raro, no circuito doméstico, "era hábito, àquele tempo, as famílias reunirem-se, à noite, para a leitura de romances, principalmente os de folhetins",[133] do mesmo modo, é de se presumir que, em alguns lares, os folhetins que ganhavam publicidade nas páginas da imprensa operária atraíam um público de leitores.

Ao pé da página, um pouco de prosa "imoral" e "perigosa"

Fruto do jornalismo parisiense do século XIX, o gênero folhetinesco se caracterizou pela publicação ao pé da página dos jornais, de romances em fascículos que, além de aparato cultural, funcionavam como um elemento

131 *A Lanterna*, São Paulo, 26 de agosto de 1911, p. 3.

132 Em 1907, este jovem anarquista francês fixa residência no Brasil, onde ficará até a sua morte, ocorrida em 1910. Cf. RODRIGUES, Edgar. *Pequeno dicionário de ideias libertárias.* 3ª ed., Rio de Janeiro: CC&P, 1999, p. 292.

133 PENTEADO, Jacob. *Belènzinho, 1910 (retrato de uma época).* 2ª ed., São Paulo: Carrenho/Narrativa Um, 2003, p. 92.

instigador para a compra dos periódicos.[134] Deste modo, segundo observou Jean-Yves Mollier, "ainda que a finalidade do jornal não seja a de oferecer obras de imaginação, de recreação, de divertimento a seus assinantes, dentro em pouco, a seus leitores ocasionais, o romance vai servir de chamariz para manter um público cativo [...]".[135] Logo, a luta de aversão ao clericalismo revelava estreita relação entre literatura e imprensa, em que os folhetins se tornaram atração literária em jornais como *A Lanterna* e *O Livre Pensador*.

Seguramente, entre os jornais anticlericais editados no Brasil, durante a Primeira República, *A Lanterna* foi um dos primeiros a se valer desse recurso literário. A partir de junho de 1903, publicou nas suas páginas o folhetim *Noli me Tangere* (O País dos Frades), de José Rizal. Mais tarde, no mesmo ano, *O Livre Pensador* passou a publicar, em outubro, *O Crime de Olavarría* (episódios da vida de um padre), de José Sarzedas. Dentro em breve, outras publicações na forma de folhetim, explicitamente destinadas à classe operária, viriam a lume, a exemplo de *O Celibato dos Padres*, do argentino Francisco Gicca, que, em 1905, ganhou as páginas de *O Livre Pensador*. Vale destacar que Gicca era socialista, ateu e maçom (grau 33) e estava filiado ao Partido Socialista e à *Liga Nacional de Librepensamiento* (fundada em 1904, por iniciativa do Grande Oriente da República Argentina). Além disso, foi diretor do periódico ateu *El Progresso* e autor de diversos livros de propaganda anticlerical, entre os quais, *Las Víctimas del Confesionario* e o já referido *El Celibato de los Curas*, ambos originalmente publicados na *Biblioteca de Propaganda Naturalista y Antireligiosa*, de Barcelona (Espanha).

De qualquer forma, durante a segunda fase de *A Lanterna*, iniciada em 1909, o folhetim tornou-se uma constante, como sinalizam as publicações de *O Jubileu*, de Avelino Fóscolo, e o *Cavaleiro de La Barre* (grande romance histórico), de Miguel Zevaco, bem como a republicação de *Noli me Tangere*, de José Rizal. A propósito, esses dois últimos romances haviam sido traduzidos especialmente por Neno Vasco para a publicação em *A Lanterna*. Devido ao

134 Para detalhes sobre a história do folhetim, cf. MEYER, Marlyse. *Folhetim: uma história*. 2ª ed., São Paulo: Companhia das Letras, 1996.

135 MOLLIER, Jean-Yves. *A leitura e seu público no mundo contemporâneo: ensaios sobre história cultural*. Belo Horizonte: Autêntica, 2008, p. 83.

sucesso da obra do filipino José Rizal, em 1912, *Noli me Tangere* ganhava uma versão em brochura, sob a editoria da Biblioteca d'*A Lanterna*.

No tocante à publicação da novela de Miguel Zevaco em folhetim, o clérigo Pedro Sinzig escreveu: "um dos mais sujos jornais do Brasil, *A Lanterna*, de São Paulo, traduziu e publicou o romance [...] *Cavaleiro de La Barre* que, por isto mesmo, já está suficientemente caracterizado".[136] Evidentemente, na escolha dos folhetins publicados na imprensa anticlerical, se privilegiaram textos que advinham de obras que, em algum momento, haviam despertado a ira da Igreja, especialmente no cenário internacional. A título de exemplo, a novela *Noli me Tangere*,[137] lançada em 1886, rapidamente chamou a atenção da Igreja Católica, que classificou o livro de herético e ímpio. Em linhas gerais, a trama do livro se passa no vilarejo de San Diego, nas Filipinas, e tem sua tônica no personagem Crisóstomo Ibarra, um jovem estudante que, ao retornar da Europa a sua terra natal, sente de imediato a interferência da autoridade religiosa, representada sobretudo pela figura de frei Dámaso. Uma vez que Ibarra, munido de ideias progressistas (que lhe valerão a acusação de herege), visava construir uma escola em San Diego, ele se verá envolto por diversos empecilhos causados pelos frades, que inclusive arquitetam um plano para assassiná-lo. Considerando-se os fortes contornos anticlericais que marcam essa obra, ao longo da narrativa, os clérigos assumem a representação do mal, bem como o papel de tiranos e inimigos dos nativos.[138] Logo, ao lançar-se contra os abusos de poder que as ordens católicas espanholas exerciam sobre a população filipina, tanto o autor José Rizal – executado por tropas espanholas, em decorrência do seu engajamento na Guerra da Independência das Filipinas – quanto a obra ganhariam a simpatia dos anticlericais.

Também publicada na segunda metade do século XIX (possivelmente, em 1881), a novela histórica *La Figlia del Cardinale*, do romancista italiano Felice Guzzoni (um defensor do *Risorgimento*[139] italiano), foi aclamada in-

136 SINZIG, Pedro. *Através dos romances: guia para as consciências* – vol. 2. Petrópolis: Vozes de Petrópolis, 1917, p. 290.

137 O título *Noli me Tangere* é uma referência direta as palavras "não me toques" atribuídas a Jesus, após a sua ressurreição, a Maria Madalena quando ela o reconheceu.

138 RIZAL, José. *Noli me tágere (el país de los frailes)*. Valencia: F. Sempere y Compañía, [s. d.].

139 Em linhas gerais, tendo como diretriz o liberalismo, tratava-se de um processo revolucionário e nacionalista que surgiu na Itália no começo do século XIX e que resultou na

ternacionalmente, ganhando traduções para o espanhol e o português. Em 1907, pelo intento da Livraria Bertrand, localizada em Lisboa, uma edição de *A Filha do Cardeal*, em dois volumes, veio a tona e, ainda naquele mesmo ano, ganhou difusão em algumas livrarias do Brasil. Como se tratava de uma obra que desferia duras críticas à tirania sacerdotal, rapidamente caiu nas graças de livres-pensadores e anticlericais dos mais diversos matizes. Dessa forma, em 1912, o jornal *O Livre Pensador*, de São Paulo, ciente do potencial daquele livro enquanto propaganda contrária ao clero, passou a publicá-lo sob a forma de folhetim, com o título "A Filha do Catedral" (sic).[140]

Em síntese, *A Filha do Cardeal* era uma novela ambientada em Roma, durante a segunda metade do século XIX, em meio à atmosfera da unificação italiana. A protagonista, que justifica o título da obra, chama-se Vélia, uma jovem sem pai, nem mãe, ou amigos e parentes, que foi criada por uma mulher estranha, chamada Lucilia (sempre disposta a "sacrificar tudo pelo interesse"), assim, a órfã "cresceu sem afetos nem paixões até aos quinze", quando então conheceu Marcelo.[141]

Portanto, entre os diversos personagens urdidos a tal trama recheada de sofrimentos, estava Marcelo Santucci – membro do Comitê Nacional Romano, que intentava anular em Roma o governo do papa Pio IX –, e que está apaixonado por Vélia. O cardeal Nellianto que, com sua alma de sátiro, buscava a qualquer custo satisfazer os seus desejos, promovendo perversidades "de todos os meios, de todos os ardis, porque, como Aquiles, julgava-se invulnerável".[142] E *Diabo Negro*, serviçal do cardeal, que, com seu olhar feroz e a sua fisionomia que causava espanto, obedecia cegamente às vontades do seu senhor. Cabe notar que o nome de um dos personagens centrais da novela, o cardeal Nellianto, é um anagrama elaborado a partir do sobrenome do clérigo

unificação dos Estados italianos. Além disso, o referido período foi marcado por ardentes conflitos entre Estado e Igreja, que, inclusive, alimentou um expressivo movimento laicista. Entre os intelectuais que militaram no campo oposto ao catolicismo, estavam Giuseppe Mazzini, Vincenzo Gioberti, Giuseppe Ferrari e Francesco De Sanctis. Cf. FRANZINELLI, Mimmo. *Ateismo, laicismo, anticlericalismo*. vol. 1 – *Chiesa, Stato e società in Italia*. Ragusa: La Fiaccola, 1990, p. 9.

140 Curiosamente, diferindo da frequente tradução do título original, o jornal *O Livre Pensador* publicou o romance em folhetim com o título *A Filha do Catedral*.

141 Até aqui, tudo em GUZZONI, Félix. *A filha do cardeal*. vol. 1..., p. 6, 11 e 45-46.

142 *Ibidem*, p. 177.

italiano Giacomo Antonelli (1806-1876), ao qual se atribui a paternidade da condessa Loreta Domenica Lambertini.

De qualquer forma, ao compartilhar dos signos anticlericais, abundam na obra de Guzzoni exemplos da perversidade clerical, que, em nome da luxúria, promove os crimes mais hediondos. Desse modo, "nos conventos diversas almas puras e cândidas acabaram manchadas, desonradas e com o coração corrompido", este nefasto retrato era apresentado ao leitor pelas palavras da personagem Ernesta – uma monja do convento Santa Catarina que conhecia intimamente os caprichos sexuais dos clérigos. E, ao prosseguir em seu desabafo, sóror Ernesta (que, aliás, é irmã de Marcelo) vai mais além: "neste mosteiro, como na maior parte de Roma, sob o manto hipócrita da humildade religiosa, esconde-se a depravação e a torpeza imundas de um lupanar".[143]

E, em meio à tirania sacerdotal que imperava em Roma sob o comando do cardeal Nellianto, havia poucas brechas para o amor de jovens enamorados como Marcelo e Vélia. Destarte, Marcelo, devido a certas circunstâncias de sua atuação política, é procurado pelos verdugos do Vaticano e acaba capturado por *Diabo Negro*, que o encarcera em um calabouço nos subterrâneos de Roma, lugar que alimentava os rumores da existência de câmaras de tortura, em que os prisioneiros eram submetidos a "instrumentos de despedaçar, atenazar, decapitar e desmembrar".[144] Vélia, no desespero de perder sua única paixão, tentará ajudá-lo, erroneamente, recorrendo à autoridade do cardeal. Na complexidade da narrativa, Nellianto desconhece que a jovem e formosa Vélia é sua filha (uma vez que, por prudência, apesar de lhe prover os meios de subsistência, nunca arriscou visitá-la), bem como ela ignora o fato de que aquele homem, que passava a dirigir-se a ela de forma lasciva, fosse o seu pai. Só após o devasso cardeal despojar da "virginal pureza" de Vélia, por conseguinte, submetendo-a à clausura e à tortura, bem como a condenando a morrer barbaramente, é que virá à tona a revelação sobre tal filiação. E, fazendo jus ao anticlericalismo que nutre essa obra, em tom de maldição, nas páginas que dão desfecho a este romance, sóror Ernesta – uma sobrevivente da ira do cardeal, que desapossada do seu hábito de monja passa a viver como mendiga

143 Ambas as passagens, GUZZONI, Félix. *A filha do cardeal*. vol. 1..., p. 125.

144 *Ibidem*, p. 71.

–, jurava: "no meu desterro levantarei a Deus, do fundo da minha alma, uma prece para que se livre depressa dos padres".[145]

Claramente, diante de intensas cenas de luxúria, perfídia, incesto, infanticídio assim como de torturas, martírios e horrendos crimes em que a novela *A Filha do Cardeal* enredou o clero em Roma ("cidade dos grandes vícios e dos grandes crimes"),[146] tendo a frente o cardeal Nellianto – uma referência direta ao cardeal italiano Giacomo Antonelli, que atuou como Secretário de Estado do Vaticano durante o pontificado de Pio IX –, tal literatura, de imediato, foi considerada imoral e ímpia, inclusive, sendo proibida em alguns países, a exemplo da Itália e da Espanha, e incorporada a lista dos títulos sacrílegos do Índex.[147]

Não raro, parte desses textos publicados em folhetim n'*A Lanterna* e n'*O Livre Pensador*, que incluíam traduções do italiano, do espanhol e do francês, datava de publicações concebidas na segunda metade do século XIX, a exemplo de *Noli me Tangere*, de José Rizal, que ganhou as páginas d'*A Lanterna*, uma primeira vez em 1903 e depois em 1911. Também o folhetim *A Cruz de Cedro*, da autoria de Antonio Joaquim da Rosa – comendador e barão de Piratininga –, publicado em *A Lanterna*, em 1910, datava originalmente de 1854,[148] este "libelo contra os jesuítas que habitavam São Paulo em 1715, época em que se desenrolam as cenas da obra", teve sucessivas tiragens. Em 1856,

145 GUZZONI, Félix. *A filha do cardeal*. vol. 2. 3ª ed., Lisboa: Bertrand [1907], p. 156.

146 *Ibidem*, p. 12.

147 O *Index Librorum Prohibitorum* era um catálogo de obras proibidas pela Igreja Católica, cuja primeira publicação data do século XVI.

148 Nesta data foi publicado enquanto folhetim no *Jornal do Commercio*, de São Paulo. Por conseguinte, em 1900, numa iniciativa do *Correio Paulistano*, ganhou nova publicação em folhetim, bem como em brochura, em grande tiragem que passou a ser distribuída "como bonificação aos seus assinantes". Na ocasião, o lançamento gerou vários protestos, devido ao seu conteúdo anticlerical. Cf. *Correio Paulistano*, São Paulo, 25 de dezembro de 1938, p. 37. Entre outras edições em brochura, consta a publicação da Livraria Monteiro Lobato (São Paulo), em 1924, que, curiosamente, segundo afirmação de certos alfarrabistas, essa empreitada atingida pelo processo de falência da referida editora, ocorrido em 1925, resultou que a maior parte da tiragem viu-se interditada à venda, ficando em depósito. Por fim, aparentemente, os ditos livros acabaram vendidos como simples papel, o que tornou esta edição uma raridade entre os bibliófilos. Em 1927, pelo intento da Livraria Teixeira, de São Paulo, uma nova edição veio a lume.

com a morte do autor, sem descendentes ou herdeiros, sua obra passou ao domínio público, o que contribuiu para que se multiplicassem as edições.[149]

Por sua vez, entre os folhetins que ganharam as páginas de *O Livre Pensador*, além do já referido *A Filha do Cardeal*, de Felice Guzzoni, sabe-se que *A Morte dos Deuses*, do novelista e poeta russo Dmitry Sergeyevich Merezhkovsky, foi publicada em 1895, como o 1º livro da trilogia *Christ and Antichrist*; enquanto que, *Memórias de Judas*, do médico, jornalista e escritor italiano Ferdinando Petruccelli della Gattina, ganhou sua primeira publicação em 1867, na França. Essa obra anatemizadora, publicada no exílio por Gattina – que, diga-se de passagem, foi um leitor de Renan, Feuerbach e Voltaire –, trazia como protagonista um vilão da Igreja, ou seja, Judas, que no transcurso da narrativa assume o papel de líder de um movimento revolucionário para a libertação da Palestina da opressão dos romanos.[150] Mais uma vez, ao tecer rápidos comentários sobre essa literatura ímpia, o clérigo Pedro Sinzig pontuou: "*As memórias de Judas* foram publicadas na folha anticlerical e imoral *O Livre Pensador*, de São Paulo, o que as caracteriza suficientemente".[151]

É evidente que, no campo da propaganda, o uso de clichês, estereótipos ou de expressões pejorativas não eram exclusividade dos círculos anticlericais. No concernente ao maniqueísmo que alimentou as lentes católicas, torna-se elucidativa a publicação de *Através dos Romances: Guia para as Consciências*, de Pedro Sinzig – um dos mentores do Centro da Boa Imprensa –, que, via a publicação de um índice literário, lançava-se em forte campanha contra os romances que não correspondiam às exigências da moral católica. Ao partir da constatação de que "os inimigos de Cristo muito desejam corromper por meio de livros que não prestam" e que são lidos "muitas vezes... não por um só, mas, o mesmo exemplar, por muitos", frei Sinzig visava afastar as almas devotas de toda literatura antirreligiosa, vista como altamente perigosa.

Neste guia para as consciências organizado em dois grossos volumes, que ganharam publicação em 1915 e 1917 (num total de 29.629 livros listados),[152]

149 Cf. *Correio Paulistano*, São Paulo, 25 de dezembro de 1938, p. 37.

150 Cf. GATTINA, Ferdinando Petruccelli della. *Memorias de Judas*. Barcelona: Ediciones Martínez Roca, 1989.

151 SINZIG, Pedro. *Através dos romances: guia para as consciências* – vol. 2..., p. 146.

152 Em 1923, publicou-se o terceiro volume de *Através dos romances*, com um índice de 21.553 livros e 6.657 autores.

as obras e seus respectivos autores eram enquadradas por Sinzig nas categorias: "podem ler", "recomendado com reservas" ou "não recomendado". Se detendo neste último ponto, tal limbo destinava-se a todo escritor livre-pensador e anticlerical, cujos livros merecem "a mais franca repulsa". Alguns livros, segundo apregoava o juízo de valor do frei Sinzig, se "não se baseiam em princípios cristãos", logo "são nocivos". E, se por um lado, o frei destinou aos livros que atacavam o espiritismo, o protestantismo e as sociedades secretas, a alcunha de belos e elogiosos trabalhos literários, por outro lado, não poupou afirmativas do seguinte teor: "o romance não pode ser lido", pois "insulta as crenças católicas". Em meio a isso, pipocavam sentenças: "obsceno, anticlerical, ateu e anarquista", bem como "perigosíssimo" - referindo-se ao livro *A Catedral*, de Vicente Blasco Ibáñez –; é "uma infâmia sob todos os pontos de vista" - reportando-se à obra *Dramas Secretos dos Conventos. Mistérios da Seita Negra*, de Max Dariol –; ou "não é romance" é "bílis de apóstata" - em alusão à brochura *Os Crimes da Sacristia*, do escritor português Alexandre Barbas.

Entre tais títulos perigosos, estavam os filósofos iluministas Voltaire - "um dos escritores mais ímpios e nefastos da França"; Diderot - "ímpio", "materialista" e "panteísta"; e Rousseau - que "não deve ser lido pelo povo católico".[153] E, como já era de se esperar, abundam nomes de escritores agraciados nos meios liberais, anarquistas, socialistas e anticlericais, que aparecem adjetivados de infames, sacrílegos, perversos ou desonestos, a exemplo de Eça de Queiroz, Jules Michelet, Benito Pérez Galdós, José Rizal, Ernest Renan, Felice Guzzoni, Han Ryner, Élisée Reclus, Avelino Fóscolo, Carlos Malato, David F. Strauss, Dmitry Sergeyevich Merezhkovsky e Émile Zola - cujo nome vinha acrescido da alegação: todos os seus livros "devem ser proscritos".[154]

De qualquer forma, ao elaborar tal interdição de livros e autores "contrários à fé e à moral cristã", o frei franciscano "Sinzig tinha como alvo principal a mulher, esteio moral do lar e guardiã da fé católica na família. Era preciso, portanto, educá-la na religião e na doutrina cristãs e não deixar que influências desagregadoras a desviassem de sua rota".[155]

---

153 SINZIG, Pedro. *Atravéz dos romances: guia para as consciências* - vol. 1. Petrópolis: Vozes de Petrópolis, 1915, p. 245, 647 e 767.

154 SINZIG, Pedro. *Através dos romances: guia para as consciências* - vol. 2..., p. 290.

155 PAIVA, Aparecida. *A voz do veto: a censura católica à leitura de romances*. Belo Horizonte: Autêntica, 1997, p. 95.

É certo que esse tipo de investida emoldurada pela crítica literária, promovida por Pedro Sinzig, vinha ao encontro de antigas proposições lançadas pela hierarquia da Igreja. Assim, a título de exemplo, consta na apresentação do *Index Librorum Prohibitorum*: "é preciso que os fiéis sejam advertidos sobre a leitura desses livros, porque os desavisados e os simples poderão se enganar e incorrer em erros, em detrimento da sua fé, porque ficariam impregnados de opiniões e doutrinas que contrariam a integridade dos costumes ou os dogmas da religião católica".[156]

Deste modo, em meio à ofensiva da fé católica pelo domínio das consciências contra as ideias liberais, viu-se surgir na década de 1910 o Centro da Boa Imprensa, inaugurado na cidade de Petrópolis, no Rio de Janeiro, que, além de incentivar nas suas diversas dioceses o jornalismo impresso (denominado de boa imprensa), passou a alimentar um índice de publicações ímpias (tachadas de má imprensa), bem como a censurar a leitura de toda literatura que estive à margem da ortodoxia católica. Portanto, no programa do Centro da Boa Imprensa, entre os seus princípios, consta: "promover edições de bons romances, obras apologéticas e outros livros de sã literatura, originais e traduções", assim como "ajudar a fundação de bibliotecas populares e círculos de leitura, baseados em princípios cristãos, remetendo gratuitamente bons livros".[157] A propósito, é interessante notar que diferindo da maioria dos círculos anticlericais, tais agrupamentos religiosos providos de maiores recursos econômicos, tinham a destreza de investir em obras para distribuição gratuita.

Também cabe assinalar que o papa Leão XIII havia enfatizado a "necessidade dos leigos se mobilizarem na organização de sociedades dedicadas à publicação e difusão da boa imprensa que se encarregariam de combater a ação deletéria da imprensa anticlerical".[158] Diante disto, a cidade de Petrópolis se converteu num importante centro censor, bem como de propugnação do catolicismo, fomentado por lideranças eclesiásticas e leigas, via a revista *Vozes*

156 PAIVA, Aparecida. *Op. cit.*, p. 60.

157 ALMEIDA, Claudio Aguiar. "Em plena guerra: imprensa, catolicismo e política nas duas primeiras décadas do século XX". *In*: *Revista de História*, nº 174, São Paulo, 2016, p. 338. Disponível em: <http://www.scielo.br/pdf/rh/n174/2316-9141-rh-174-00327>. Acesso em: 18 set. 2017.

158 *Ibidem*, p. 332.

de Petrópolis (lançada em 1907), seguida pela fundação, em 1910, do Centro da Boa Imprensa (e das Ligas da Boa Imprensa), ou ainda pela consolidação, em 1911, da editora Vozes de Petrópolis. Entre os clérigos comprometidos nessa cruzada, estavam os freis franciscanos Inácio Hinte, Ambrósio Johanning e Pedro Sinzig. Aliás, convicto das "verdades" ensinadas pela "santa Igreja católica, apostólica, romana", frei Ambrósio Johanning escreveu: negar "alguma verdade da fé (é pecado mortal)"; falar "contra a nossa santa religião ou seus ministros (se foi em coisa grave, é pecado mortal)"; zombar "de coisas santas, por ex., da s. missa, das procissões (é pecado venial ou mortal, conforme a matéria e o desprezo)". Na mesma ocasião, demonstrando preocupação com a circulação de toda uma literatura imoral e infame, tais como "livros ou jornais escritos contra a fé", frei Ambrósio declarou: "devem ser queimados, destruídos".[159] Nesse ponto, valendo-se dessas declarações católicos, na obra *Abutres* - que, em 1908, ganhou as páginas de *O Livre Pensador* como folhetim –, o escritor Roberto Faria, ao tratar de uma cena de confissão, aliás, efetuada pelo padre Jordão a jovem Josepha, introduz no diálogo: "nunca leste, filha, livros, jornais e outros escritos heréticos que são inspirados pelo demônio?", diante da interpelação, sem excitar à jovem responde: "Deus me livre, reverendo; nunca os li".[160]

No entanto, apesar desta ofensiva católica à literatura anticlerical, jornais como *A Lanterna*, sem se deixar intimidar, prosseguiam em sua campanha. Logo, investindo em diversas estratégias, a exemplo dos folhetins, *A Lanterna* publicou, entre 1909 e 1910, o texto *O Asno na Lua*, uma produção literária italiana datada de 1903 e assinada com os nomes de Goliardo e Ratalanga. Por trás destes pseudônimos estavam os socialistas - membros do Partido Socialista Italiano –, Guido Podrecca (Goliardo) e Gabriele Galantara (Ratalanga) - ligados ao semanário italiano de sátira política *L'Asino*.[161] O texto *O Asno*

159 Até aqui, tudo em JOHANNING, Ambrósio. *Maná ou alimento da alma devota*. 18ª ed., Petrópolis: Vozes, 1941, p. 14, 113-114 e 122.

160 FARIA, Roberto. *Op. cit.*, p. 51.

161 Um dos principais veículos de difusão do anticlericalismo na Itália, o periódico satírico *L'Asino* - *"è il popolo: utile, paziente e bastonato"* –, e que circulou em Roma de 1892 a 1925, sob a direção de Guido Podrecca e Gabriele Galantara, ganhou tiragens extraordinárias. No começo do século XX, suas vendas já marcavam 60 mil exemplares, e, em 1915, atingiu o montante de 100 mil exemplares. Cf. FRANZINELLI, Mimmo. *Ateismo, laicismo, anticlericalismo*. vol. 1..., p. 165.

na Lua tinha seu desenlace via uma comitiva composta pelos jornalistas do *L'Asino* (O Asno) – Ratalanga e Goliardo (representantes do anticlericalismo e do socialismo) –, o cônego Sottogola (clericalismo), o comendador Ventesca (capitalismo) e o capitão Petardo (militarismo), que, a bordo de um balão que desgovernadamente vai ganhando altitude, acabam indo parar na lua. Ali se deparam com uma civilização de lunares, adeptos de uma espécie de sistema comunista, e que, recebendo amistosamente os terráqueos, passam a lhes mostrar os benefícios de uma sociedade igualitária. Durante esta jornada espacial, em meio ao enaltecimento da ciência e do socialismo, abundam críticas ao atraso do clero, bem como à religiosidade e à superstição.

Ainda sobre a produção internacional que no Brasil ganhou as páginas da imprensa operária, no formato de folhetim, faz-se oportuno uma incursão em *Cavaleiro de La Barre*, da autoria do anarquista francês Miguel Zevaco. Esse libelo contra a intolerância religiosa publicado pela *A Lanterna*, entre 1912 e 1913, e que obteve grande sucesso, reportava-se ao caso de Jean-François de La Barre (1745-1766, o Cavaleiro de La Barre), um jovem leitor de Voltaire, que, aos 19 anos, na França, em 1766, foi preso e supliciado (tendo a língua cortada), sob a alegação de blasfêmia e sacrilégio, em que constava: vandalizar uma cruz de madeira, cuspir em imagens sacras e não saudar uma procissão tirando o seu chapéu – "várias pessoas vos viram enterrar o chapéu com insolência, ao passar o sr. Arcipestre com o Santíssimo".[162] Por fim, o decapitaram e queimaram o seu corpo – junto de um exemplar do *Dicionário Filosófico*, de Voltaire, encontrado em sua posse –, lançando as cinzas no rio Somme.[163]

Neste ensejo, assim como Jean-François de La Barre, outras personalidades (vítimas da intransigência religiosa) tiveram destaque na propaganda anticlerical como mártires do livre-pensamento, entre as quais figuravam Galileu Galilei, Giordano Bruno, Francisco Ferrer etc. Com efeito, no campo simbólico, um calendário em torno de importantes datas para a luta anticlerical – evocando esses e outros imilados – ganhou forma e difusão, como ficava explícito no *Almanaque d'O Livre Pensador*, editado por Everardo Dias, em

---

162 "O Cavaleiro de La Barre" (folhetim). *In: A Lanterna*, São Paulo, 19 de julho de 1913, p. 4.

163 Cf. VOLTAIRE. *Contos e novelas*. São Paulo: Globo, 2005.

1906. De resto, após a execução de Ferrer, em 13 de outubro 1909, essa data passou solenemente a ser exaltada em sua memória.

Seja como for, por intermédio da história do *Cavaleiro de La Barre*, é oportuno deter-se sobre um dos elementos ali em voga, o desfilar das procissões. Por diversas vezes, as procissões que corriam as ruas com suas imagens "desbotadas", "carunchadas" ou "envernizadas", acompanhadas do "estalar das matracas" e da "vozeria soturna" ganharam destaque na propaganda anticlerical. Para os livres-pensadores, as procissões eram "um carnaval disfarçado em obra de piedade", ou "uma licença as massas populares para acompanhar os ministros da Igreja, alçando todos, a máscara da hipocrisia!".[164]

Ainda no início do século XX, a questão de não tirar o chapéu à passagem de uma procissão era sinônimo de desacato e poderia ter como consequência a agressão e até mesmo a prisão. Não são poucos os casos de homens, especialmente na Europa, que, ao se negarem a tirar o chapéu frente a esse espetáculo religioso, acabaram perseguidos, agredidos e inclusive presos pela polícia. No Brasil, segundo relatava *A Lanterna*: muitas vezes, diante das procissões, livres-pensadores e crentes de outras religiões, tiram os chapéus se as encontram pelas ruas, para evitar lutas e discussões.[165] Contudo, em 1911, diante do alerta lançado pela *A Lanterna*, de que os clericais procuravam, "por todas as formas, obter dos poderes públicos o cerceamento do direito de reunião aos liberais", o órgão anticlerical paulista declarava: "quando for anunciada uma procissão convocaremos um comício de protesto para o mesmo lugar e hora, como fizeram os liberais da França, e assim obrigaremos os poderes públicos a proibir a saída desses carnavais [...]".[166] Portanto, nas campanhas sustentadas contra o clero, diversos artifícios foram empregados pelos anticlericais.

O jogo de espelhos: imagens, representações e distorções

Notoriamente, além do papel imprescindível que a literatura teve na propaganda anticlerical, outros estratagemas de afronta ao clero foram utilizados. Em 1903, o jornal *A Lanterna*, por iniciativa do seu redator-chefe Benjamim

164 Até aqui, tudo em BORGES, Generoso. *Op. cit.*, p. 12-13.

165 Até aqui, tudo em *A Lanterna*, São Paulo, 11 de março de 1911, p. 1.

166 Ambas as passagens, *Ibidem*.

Mota, passou a distribuir e afixar, pelas ruas do centro de São Paulo, o cartaz "O apetite da fradaria", em que, sobre um fundo vermelho, viam-se estampado três "horríveis" clérigos ou, para ser mais exato, um frade (com uma verruga na ponta do nariz), um padre secular (com grandes bochechas e dentes arreganhados) e um jesuíta (de enormes óculos, acavalados sobre o seu nariz adunco), que, com ávido apetite, devoravam o Brasil (representado na sua estrutura geográfica, na época, com vinte Estados).[167] Nesse sentido, como observou Lili Litvak: "a exageração, externalidade e ausência de psicologia nos estereótipos resume, simbolicamente, as estruturas humanas e sociais da realidade e constitui uma linguagem, uma rede de signos que o leitor decifra".[168]

Não raro, além da sua feição literária, a publicidade anticlerical foi marcada pela iconografia, ou seja, uso de charges e gravuras. Assim, o emprego de imagens sátiras (xilogravadas em preto e branco) foi corrente no jornal *A Lanterna* (a partir da 2ª fase), visando com isso também atrair o público iletrado, uma vez que, diante de uma ação jocosa, como destaca Alain Deligne, "o choque é ao mesmo tempo de linguagem e ótico. O visual, fonte de uma maior emoção, supostamente nos sensibiliza para um outro aspecto, de ordem cognitiva".[169]

Durante a sua 2ª fase, o jornal *A Lanterna*, valendo-se de estratégias para provocar reações nos seus leitores, lançava, em 1909, um concurso, em que animava os mesmos a responderem: "Para que serve o padre?". As melhores repostas seriam publicadas nas páginas do periódico e o autor receberia como prêmio, uma edição de a *Verdade*, de Émile Zola – o consagrado escritor naturalista francês, cujas obras figuravam no Índex. Logo, não faltaram entusiastas que respondessem ao desafio.

> – Para que serve o padre? Ora essa é boa!
>
> Que pergunta engraçada!
>
> Sabem todos que o padre é coisa à toa,

---

167 Cf. *A Lanterna*, São Paulo, 10-11 de outubro de 1903, p. 2; *A Lanterna*, São Paulo, 7-8 de novembro de 1903, p. 3.

168 LITVAK, Lili. *Op. cit.*, p. 52

169 DELIGNE, Alain. "De que maneira o riso pode ser considerado subversivo?", *In:* LUSTOSA, Isabel (org.). *Imprensa, humor e caricatura: a questão dos estereótipos culturais.* Belo Horizonte: UFMG, 2011, p. 39.

Não serve para nada.
- Para nada? Mentira; neste mundo
Nada é inútil e vão.
Pra alguma coisa o padre - esse ente imundo,
Sempre serve, pois não!
Sem o padre romano o que seria
Das freiras voluptuosas?
Quem os doces bordéis forneceria
De mulheres formosas?
Quem daria consumo ao bom Falerno,
Aos bons vinhos franceses
Que tanto imposto pagam ao governo
E enriquecem os burgueses?
Quem com esse fervor extraordinário
Consolaria a beata
Que busca alívio no confessionário
Pra volúpia que a mata?
Quem com tanto *fervor*, com tanto *altruísmo*,
Havia de educar
A Mocidade fiel ao Despotismo
Do Governo e do Altar?!.[170]

Tais versos, assinados com o pseudônimo Beato da Silva, eram da autoria do poeta e anarquista mineiro Raimundo Reis,[171] que, residindo em São

170 *A Lanterna*, São Paulo, 13 de novembro de 1909, p. 3, [grifo no original].

171 Natural da cidade de Jequitibá (MG), o jovem, pobre e mulato Raimundo rumou para São Paulo, onde, inicialmente, trabalhou como revisor do jornal *Correio Paulistano*. Tempos depois, em 1912, editou o seu primeiro livro de versos, intitulado *Breviários*. Na mesma época, aparentemente, o poeta trabalhava na preparação de um novo livro, intitulado *Cautérios* - versos de crítica e combate -, que reuniria alguns dos seus poemas publicados em *A Lanterna*, porém, esse projeto editorial não chegou a se concretizar. Além de poeta, escritor e jornalista, atuou no ofício de cirurgião-dentista, inclusive di-

Paulo, engajou-se ativamente no movimento anticlerical, inclusive, fazendo parte da redação do jornal *A Lanterna* (2ª fase). Ao colaborar na imprensa libertária, por diversas vezes, se valeu dos pseudônimos: Beato da Silva, Célia d'Ambrósio e Ruy Rebello.

Visto que o concurso havia surtido bom efeito entre os seus leitores, *A Lanterna*, em 1910, lançava nova interpelação: "Com que se parece o padre?". Em que instigava os leitores a procurar, "no mundo real ou imaginário, na natureza viva ou inanimada, nas criações da poesia e da fábula, no domínio das abstrações", algo que se pareça com o padre (seja objeto, bicho etc.), e dar em breves palavras as razões da semelhança.[172] Diante desse novo concurso, que tinha como um dos seus prêmios a obra *Sermões da Montanha*, de Tomás da Fonseca – "uma das melhores obras de vulgarização e propaganda popular do livre-pensamento" –, rapidamente, apareceram no jornal as primeiras respostas: "Com o porco: 1º pelos traços fisionômicos; 2º pelas banhas e pelo olhar, e pela vontade de comer; 3º porque estão sempre com o focinho na podridão"; ou segundo a ótica de outro leitor, "com um saco de carvão", visto que "onde se encosta suja".[173]

Além disto, *A Lanterna* passou a estampar em suas páginas, em meio ao habitual "O Padre: eis o inimigo!", os dísticos: "Jesuitismo agudo" ou "Carolismo habitual e inveterado", "cura-se com a divulgação da *Lanterna*". Por fim, anos depois, em 1914, *A Lanterna* lançava novo concurso, tendo agora como pergunta: "Qual a origem do padre?".

Se, por um lado, a Igreja, no seu processo de romanização, procurou legitimar a autoridade do padre (bem como sua integridade moral), por outro

---

rigindo uma revista de odontologia. Diante da criação do Partido Comunista do Brasil (PCB), em 1922, entusiasmou-se, logo engrossando as fileiras do comunismo. Na sua lide de escritor/poeta escreveu na década de 1930 a obra *Arco da Aliança*. Acometido de grave enfermidade, morreu na capital paulista em 1945. Cf. RODRIGUES, Edgar. *Os companheiros* - vol. 5. Florianópolis: Insular, 1998, p. 111-113; POLETTO, Caroline. "Um beato nada devoto: a escrita profana de Beato da Silva no jornal anticlerical *A Lanterna*", *Métis: história & cultura*, vol. 15, nº 30. Caxias do Sul: Universidade de Caxias, jul./dez. 2016, p. 90-110; *Gazeta de Paraopeba*, Paraopeba, 16 de janeiro de 1938, p. 3; *Gazeta de Paraopeba*, Paraopeba, 9 de abril de 1946, p. 1.

172 Até aqui, tudo em *A Lanterna*, São Paulo, 14 de maio de 1910, p. 2.

173 *A Lanterna*, São Paulo, 14 de maio de 1910, p. 2. A primeira resposta foi enviada por José Arias Rodrigues, enquanto a segunda é da autoria de Guerino Peloia.

lado, na ofensiva anticatólica, com seu tom não raro maniqueísta, a figura do padre passou a representar tudo que era corrupto ou nocivo, uma vez que "o padre (mais do que as atividades religiosas) é tomado como o verdadeiro chamariz para a Igreja".[174] Sem dúvida, para autores consagrados nos círculos anticlericais, a imoralidade eclesiástica datava de longos tempos e, como acentuaram Chacon Siciliani e John Most, uma vez que o padre é um ser maldito desde a cabeça até aos pés,[175] proclamou-se: "abaixo os padres!".[176] Entrementes, ainda ao final do século XIX, Pierre Joseph-Proudhon, em *De la Justice dans la Révolution et dans l'Église* (1858), declarava: "enquanto a humanidade ajoelhar diante de um altar, a humanidade, serva dos reis e dos padres, será réproba".[177] Por sinal, segundo observou o sociólogo russo Georges Gurvitch, a referida obra de Proudhon tornou-se uma espécie de manifesto do anticlericalismo francês, inclusive servindo de estimulo as lutas em defesa da separação entre Estado e Igreja ocorridas na França.[178]

De certa maneira, esse insistente ataque "clerófobo" configurou-se em lugar-comum no discurso literário de uma gama de outras obras. Nesse sentido, no opúsculo *O Padre na História da Humanidade* – ensaio popular de Patologia-Psicológica, do italiano Romeu Manzoni, traduzido e publicado em 1909, em Lisboa, por iniciativa de um grupo de maçons ligados ao Grêmio Montanha –, tem-se: o padre, esse "terrível flagelo" de que há "sofrido a humanidade", tem em mente um único objetivo, ou seja, "confundir, consternar e aniquilar a razão".[179] Ou ainda, segundo Tomás da Fonseca, que, em *Sermões*

174 MELO, Paulo Correia de. *Anedotas e outras expressões de anticlericalismo na etnografia portuguesa*. Lisboa: Roma, 2005, p. 197.

175 SICILIANI, Chacon. *Mentiras divinas - cartas aos crentes*. Lisboa: Empresa de Publicações Populares, 1913, p. 14.

176 MOST, João. *A peste religiosa*. São Paulo: Comitê Pró-Presos e Deportados, 1921, p. 17.

177 Apud SALGADO, Heliodoro. *Op. cit.*, p. 26. Esta obra de Proudhon encontrou rapidamente público leitor, porém, meses depois, a justiça imperial interditou a sua venda. Indiciado e submetido a interrogatório, Proudhon é multado e sentenciado a três anos de prisão. Frente essa medida arbitrária, exila-se em Bruxelas, em 17 de julho de 1858. Cf. WINOCK, Michel. *As vozes da liberdade: os escritores engajados do século XIX*. Rio de Janeiro: Bertrand Brasil, 2006, p. 550-566.

178 Georges Gurvitch *apud* MELLOR, Alec. *Historia del anticlericalismo frances*.Bilbao: Mensajero, 1967, p. 356.

179 MANZONI, Romeu. *O padre na história da humanidade - ensaio popular de patologia--psicológica*. Lisboa: Tipografia Liberty, 1909, p. 18-19 e 47.

da Montanha (1909) se expressou: "o padre é como a mosca varejeira, que ora zumbindo, ora em silêncio, vai a toda a parte, cheira, chupa, suja e segue sempre, como se nada fosse a vareja que deixa".[180]

Deveras, essa depreciação tão presente nas campanhas anticlericais - quer seja através de uma imagem, de uma analogia ou de um termo de comparação - tinha como alvo principal os padres - esses "agiotas da fé" e "rancorosos inimigos do bem-estar social e das conquistas intelectuais".[181] Em 1901, o maçom e literato Euclides Bandeira escreveu: "Padres! Eu vos detesto! A vida eclesiástica tem um mistério atroz que infunde pasmo e nojo!".[182] Note-se ainda que a propaganda anticlerical levada a cabo pelos anarquistas objetivava apresentar a Igreja, as religiões e os seus ministros como aspectos negativos da sociedade, em que, especialmente os padres, foram identificados como os verdadeiros inimigos do povo e/ou do proletariado.

Não é de surpreender que visando detratar os clérigos (em especial os jesuítas), no discurso anticlerical, abundassem alcunhas como hienas de batina, polvos, abutres, corvos sociais, aves de rapina, lobos de sotaina, vampiros, lacaios etc. Em suma, esse bestiário anticlerical era marcado "pelo número elevado de espécies zoológicas evocadas e pela sua identificação imediata com comportamentos e atitudes que transformam os animais em personificações da intriga pessoal e coletiva atribuída aos membros da hierarquia eclesiástica".[183]

Enfim, uma vez que "a cor preta, matizada em negro, escuro ou sombrio" foi frequentemente empregada para identificar os clérigos,[184] ora como "negros espectros da humanidade",[185] ora como "homens de vestes e consciência negras" (como noites tempestuosas),[186] ou ainda como uma "alcateia de flibusteiros que veste a cor trágica da desgraça e do luto",[187] surgem, na literatura anticlerical, certos epítetos: aranhas negras, serpentes negras, gafanhotos pretos, moscas

180 FONSECA, Tomás da. *Sermões da montanha.* Rio de Janeiro: Germinal, 1948, p. 239.

181 MARTINS, Ismael. *Tartufos.* Curitiba: Livraria Econômica, 1900, p. 14.

182 BANDEIRA, Euclides. *Heréticos.* Curitiba: Livraria Econômica, 1901, p. 15.

183 ABREU, Luís Machado de. *Op. cit.*, p. 138.

184 Cf. *Ibidem*, p. 140.

185 *A Lanterna*, São Paulo, 1º de outubro de 1910, p. 2.

186 MARTINS, Ismael. *Op. cit.*, p. 9 e13.

187 *A Lanterna*, São Paulo, 7 de dezembro de 1933, p. 1.

negras etc. A título de exemplo, o periódico *O Livre Pensador*, de São Paulo, mantinha uma seção nominada "Pelo Campo Negro", destinada a denunciar a pretensa velhacaria e a venalidade dos ministros da Igreja Católica.

Inegavelmente, nesse jogo de espelhos, a imprensa clerical também se alimentou de estereótipos quando o assunto era livre-pensamento, anticlericalismo e anarquismo – "doutrinas perversas" que "zombam da religião" por intermédio de "jornais imundos".[188] Em 1904, o periódico católico *A Palavra* (São Paulo), ao descrever aos seus leitores um perfil acerca do lugar em que se achava a redação de *A Lanterna*, lançava suas imprecações: "É uma casa degradada e feia, como denegridas e feias são as almas da gente que frequentam o sobrado" - na Rua da Quitanda, nº 2 –, onde se acha "instalado o coito da canalhada" clerófoba. E acrescenta: "na frente desse prédio amaldiçoado, cujas paredes se acham impregnadas pelas podridões mais repugnantes, pelos pecados mais hediondos, vê-se uma lanterna pendente".[189] Frente a essa representação negativa a respeito da sede social do jornal *A Lanterna* (1ª fase), é de se supor que certos espíritos mais devotos, ao passarem nas imediações do "prédio amaldiçoado", cruzassem a rua ou fizessem o sinal da cruz, enquanto repulsa simbólica àquele antro de danação.

Anos antes, *O Pharol* – outra folha católica editada em São Paulo –, ao referir-se aos escritos profanos e seus respectivos autores, declarava:

> Ao mesmo tempo que [n]ós católicos devemos aborrecer e jogar para longe os livros e os jornais irreligiosos ou imorais, com aquele horror e desprezo com que repeliríamos um copo de veneno, não nos devemos descuidar de infundir nos outros este santo temor e não nos esqueçamos de rezar por esses escritores infelizes, [... que] vendem a pena e a consciência à causa de Satanás.[190]

É certo que, longe de intimidar, tais "sandices", propagadas pelos jornais católicos, serviam muito mais como entretenimento aos anticlericais. Logo, visando intensificar ainda mais a propaganda contra a Igreja, os an-

188 *O Pharol*, São Paulo, 4 de julho de 1901, p. 1.

189 *A Palavra*, São Paulo, 9/10 de janeiro de 1904, p. 4.

190 *O Pharol*, São Paulo, 4 de julho de 1901, p. 1.

ticlericais mantiveram fecunda programação político-cultural. Em especial, os militantes vinculados ao jornal *A Lanterna* e à Liga Anticlerical do Rio de Janeiro (tratada no Capítulo 3) promoveram eventos mensais, a exemplo de conferências, festas e espetáculos – que contavam com grande concorrência de espectadores. Nesse sentido, aliando lazer à ação didática, o teatro libertário "foi o mais poderoso veículo para instruir, educar, formar mentalidades humanistas, angariar fundos [...]".[191]

Certamente, não foram poucas as peças de teatro com conteúdo anticlerical que ganharam notoriedade, entre as quais, merecem destaque a já mencionada *Electra* (1901 - drama em 5 atos), de Benito Pérez Galdós, bem como *Pecado de Simonia* (1907 - comédia em 1 ato), de Neno Vasco, e *Amores em Cristo* (1914 - comédia em 1 ato), de Zenon de Almeida, encenadas no Brasil por companhias constituídas por operários/as e militantes, tais como o Grupo Dramático Teatro Social (Rio de Janeiro, 1906), Grupo Dramático Anticlerical (Rio de Janeiro, 1913), o Grupo Dramático Cultura Social (Santos, 1914) e o Grupo Teatro Social (São Paulo, 1922). Entre essas equipes de teatro formadas por operários-atores, teve grande destaque o Grupo Dramático Anticlerical, fundado por sócios da Liga Anticlerical do Rio de Janeiro, em 1913, com o intuito de desenvolver a propaganda por meio do teatro.[192]

Nas primeiras décadas do século XX, peças de caráter social, frequentemente, ganharam os palcos do Salão Celso Garcia (São Paulo), da Associação das Classes Laboriosas, localizado na Rua do Carmo, nº 39; ou do salão do Centro Galego (Rio de Janeiro), situado na Rua da Constituição, nº 30-32 – este local, aliás, abrigou o Primeiro Congresso Operário (1906).

Efetivamente, na perspectiva dos anarquistas, "fazer versos ou escrever textos dramáticos eram fatos naturais, direitos dados a todos".[193] Assim, em 1913, no Rio de Janeiro, pelo Grupo Dramático Anticlerical foi levada aos palcos a peça do anarquista português Neno Vasco, *O Pecado de Simonia*[194]

191 FERREIRA, Maria Nazareth. *Op. cit.*, p. 59.

192 *A Lanterna*, São Paulo, 8 de março de 1913, p. 2.

193 VARGAS, Maria Thereza (org.). *Antologia do teatro anarquista*. São Paulo: WMF Martins Fontes, 2009, p. X.

194 O termo simonia tem sua origem em Simão, o Mágico – mencionado no Novo Testamento –, que ao dirigir-se ao apóstolo Pedro havia lhe proposto comprar o dom de fazer milagres. Assim, grosso modo, a compra ou venda de objetos sagrados foram alcunhadas de simonia.

– cujo elenco era formado por atores amadores –, de que fazia parte, entre outros, os irmãos Elvira Boni e Amílcar Boni.[195]

Em linhas gerais, a peça *O Pecado de Simonia* estava centrada em Dona Rosa (representada por Elvira), uma viúva beata, e o padre jesuíta João (representado por Amílcar). Desse modo, numa tarde qualquer, como de costume, dona Rosa rezava. Mas, naquela ocasião, ouviu: corre hoje! Essa enunciação do vendedor de bilhetes que percorria a rua lhe tirou a concentração. Prontamente, Dona Rosa pensou: por que não arriscar? Visto que não tinha dinheiro para jogar na loteria, olhou para o oratório e teve uma iluminação. Sem delongas, incumbiu José, o vendedor de bilhetes, de levar o crucifixo com imagem de prata que ornava a edícula para penhorar.

Todavia, nesse meio tempo, chega à casa de Dona Rosa o padre João. Enquanto os dois estão a conversar, eis que retorna José, anunciando, aos quatro ventos, que havia conseguido uma quantia irrisória pelo tal crucifixo. Frente a isso e já horrorizado com o que ouvia, dirigindo-se à viúva, o padre recriminou-a: "A senhora vendeu o seu belo crucifixo para comprar... um bilhete de loteria?!". Na verdade, não vendi, apenas empenhei, retrucou Rosa. O padre, não satisfeito, enfaticamente pontuou: "Não importa!". A senhora "acaba de cometer o hediondo pecado de simonia!". É inadmissível "negociar com coisas santas... e para quê? Para comprar um bilhete! Para jogar na loteria! Santo Deus! O demônio entrou nesta casa. Não há dúvida!".[196]

Rapidamente, de maneira severa, o padre João sentenciava: "A senhora está perdida", "nenhum padre lhe dará a absolvição!". E, ao soarem essas últimas palavras que eram dadas em tom áspero, Dona Rosa caiu em prantos. Nesse ínterim, chegava a notícia que o bilhete havia sido premiado. Ao ver que a oportunidade lhe batia à porta, o santo homem exclamou: "há um meio da senhora se livrar do castigo", ou seja, uma vez que "esse dinheiro cheira a inferno", sendo "fruto dum pecado hediondo", a senhora "vai gastar o dinhei-

195 Ambos eram irmãos, identificados com o anticlericalismo e o anarquismo, militaram na Liga Anticlerical do Rio de Janeiro e na Federação Operária do Rio de Janeiro (FORJ).

196 Até aqui, tudo em VASCO, Neno. *O pecado de simonia*. São Paulo: Cooperativa Graphica Popular, 1920, p. 17-18, [agradeço a Alexandre Samis pela cópia desse documento].

ro todo em missas pela alma do seu marido", ao que a velha beata consentiu, retirando-se de cena o caridoso padre.[197]

Uma vez que a peça *O Pecado de Simonia* era uma comédia social e não um drama, o ato não se encerra por aqui. Desta forma, temendo que Dona Rosa pudesse voltar atrás em sua promessa, padre João arquitetou um plano. Aconteceu, que, ao cair da noite, munido de um lençol branco e de uma escada, o dito padre adentrou no quarto da viúva, fazendo-se passar pelo fantasma do falecido, que, dizendo, "sei que você empenhou o crucifixo", rogava missas e mais missas. Porém, Eva, há tempos desconfiada da índole do padre João para com a sua mãe, com a ajuda de Ciro Leal, seu namorado – um operário anarquista –, havia ficado de vigia. Naquela noite, no clímax do ato, enquanto o falso fantasma exigia suas missas, eis que Eva entra no quarto e desmascara o padre. Visto que o seu plano havia "ido por água a baixo", o sacerdote rapidamente tentou escapar pela janela, para o quintal. Contudo, é surpreendido por Ciro, que lhe impede a fuga. Após levar alguns safanões, o padre é enxotado a pontapés. Ao fim e ao cabo, Dona Rosa exclamava: "Nunca pensei que aquele padre, que parecia tão bom, tão sério, fosse capaz disto... Credo!". E Ciro arrematou: "Mas de que vivem os padres, d. Rosa? De enganar os simples... Ou com enganos raros, como este, ou com outros, a que o povo já está acostumado...".[198]

Nas atividades culturais promovidas por anticlericais e anarquistas, *O Pecado de Simonia* foi encenado com grande frequência por grupos de teatro operário de São Paulo e do Rio de Janeiro.[199] Além disso, em 1920, por iniciativa do Centro Editor Juventude do Futuro, de São Paulo, a referida peça teatral de Neno Vasco, passava a circular, para o contentamento de muitos, no formato de brochura, numa demonstração de que, contra a infame, todas as armas eram válidas: o livro, os jornais, o teatro etc. Desse modo, além da encenação de peças, o Grupo Dramático Anticlerical investiu na editoria, a exemplo da publicação, em 1913, de uma tiragem de 10 mil exemplares do fo-

197 Até aqui, tudo em VASCO, Neno. *Op. cit.*, p. 18 e 20; GOMES, Angela de Castro (coord.). *Velhos militantes – depoimentos.* Rio de Janeiro: Jorge Zahar, 1988, p. 40.

198 Até aqui, tudo em VASCO, Neno. *Op. cit.*, p. 38; GOMES, Angela de Castro (coord.). *Op. cit.*, p. 40.

199 De imediato, é possível apontar apresentações de *O pecado de simonia*, entre os anos de 1907, 1909, 1912, 1913, 1914, 1915, 1920 e 1922.

lheto *A Confissão*[200] - cuja contracapa trazia estampada, associai-vos na Liga Anticlerical do Rio de Janeiro e que foi distribuído à entrada dos espetáculos.

Outra peça de teatro aclamada pelos anticlericais, tanto em Portugal quanto no Brasil, foi *Os Ladrões da Honra*, de Henrique Peixoto. Entre as suas diversas apresentações realizadas no Brasil, consta a encenação elaborada pelo Grupo Dramático Anticlerical, em 1912, no Rio de Janeiro, e pelo Grupo Dramático Francisco Ferrer, em 1920, em São Paulo. Esse drama, escrito ao final do século XIX e elaborado em quatro atos e que, por vezes, foi aos palcos com o nome de *O Jesuíta ou O Ladrão da Honra*, tratava das maquinações de um padre jesuíta, alcunhado de Gabriel, que tenta arrancar das mãos do moribundo João Beaumont a sua fortuna para "engrandecer os cofres" da Companhia de Jesus e, ainda se valendo de potentes meios, o padre ambiciona "embrutecer os sentidos" da filha de João, uma vez que a "deseja possuir". Durante o primeiro ato, intitulado "O Jesuíta", cuja ação se passa na casa de Maria, padre Gabriel dirigindo-se a ela afirmava: "se alguma vez lhe disserem que nós usamos de uma linguagem mentirosa, perversa... que nos servimos do Ente Supremo como pretexto para confundir as almas boas e generosas...", minha jovem, "não queira crer em tal!".[201]

Em meio ao desenrolar da história de *Os Ladrões da Honra*, que, aliás, se passa na França, no ano de 1873, outro protagonista emerge no drama, o advogado Carlos Brissont, por quem Maria está enamorada. Uma vez que o padre Gabriel vê em Carlos um revolucionário, um descrente, rapidamente aconselha Maria a renegar o seu ímpio pretendente. Contudo, ao ver frustrados os seus planos, o padre passa a ludibriar Maria para que ela se entregue a clausura. Visando ter sucesso na sua investida, padre Gabriel, com a ajuda de um cúmplice (Rodil), rapta Maria e a aprisiona no convento, bem como rouba o testamento deixado por João em benefício da sua filha. Segundo os interesses do padre, uma vez submetida ao cativeiro, Maria cederia e assinaria o testamento em favor da sua ordem religiosa.

200 Trata-se do mesmo texto publicado em 1911, pela Biblioteca d'*A Lanterna*.

201 Até aqui, tudo em PEIXOTO, Henrique. *Os ladrões da honra*. 2ª ed., Lisboa: Livraria Popular de Francisco Franco, [s. d.], p. 3 e 7.

É interessante notar que o personagem Carlos acompanhado de outro protagonista (o médico Blanchard), assumem o papel de arautos do livre-pensamento. Assim, Blanchard, ao referir-se aos conventos, comentava: "lugares convertidos no mal, no desconforto e na prostituição", por sua vez, tendo como alvo o padre jesuíta, Carlos de forma taxativa esbravejava: "És o lobo que entra no aprisco das ovelhas, e as devoras como animal carnívoro! És o flagelo da humanidade que embrutecida pelas tuas doutrinas, entrega as filhas à irrisão das turbas", oh, "padre maldito", que se introduz "nos domicílios, para levar ao abismo todas as riquezas, todos os poderes... todas as virtudes! Ambicioso... repelente, porque não sonhas senão no ouro, na sedução, no crime!".[202]

Diante das artimanhas do padre Gabriel, Carlos e Blanchard unem-se "contra a seita dos perversos", visando resgatar Maria do convento e reaver a herança da jovem. Sem demora, Blanchard convence Rodil a mudar de lado e a atraiçoar o padre Gabriel. E, em tom de redenção, Rodil afirmava: "tenha a certeza que este pobre filho do povo há de voltar ao caminho do bem".[203] Por fim, padre Gabriel é morto pelas próprias mãos do seu cúmplice (Rodil), ao passo que Maria é salva e o testamento recuperado.

Uma vez que tal literatura se alimentou de certos protocolos anticlericais, não é difícil de identificar semelhanças nos discursos entre obras publicadas em distintas épocas. Neste atinente, vale frisar os paralelos entre o drama *Os Ladrões da Honra*, de Henrique Peixoto, e a novela *Abutres*, de Roberto Faria. Ambas com suas representações de personagens femininos marcadamente passivos e entregues à indelével influência do clero, assim como emolduradas por cenas de avareza e luxúria por parte de clérigos que atuavam em favor da Companhia de Jesus. Além disso, nestas narrativas, os padres são derrotados ao final, ou seja, o recado ao leitor e/ou expectador era claro: com persistência o ideal livre-pensador e a luta anticlerical trariam vindouros êxitos.

Nesta senda de obras dramáticas, que enquanto propaganda se lançaram contra a exploração da igreja romana e do fanatismo religioso, bem como da ignorância, tem-se *O Dever* – peça em 4 atos, cuja ação é ambientada no Rio de Janeiro, no início do século XX –, escrita por Joaquim Alves Torres e publicada na cidade de Porto Alegre, no Rio Grande do Sul, em 1901.

---

202 Até aqui, tudo em PEIXOTO, Henrique. *Op. cit.*, p. 7 e 23.

203 Ambas as passagens, *Ibidem*, p. 10 e 21.

Em suma, esse drama tratava, entre outras coisas, das rivalidades fomentadas pelos católicos (representado pelo personagem do padre jesuíta Angelini) contra a maçonaria (dr. Eugênio) e o espiritismo (Fidelis), bem como acerca do fanatismo religioso, "esse cancro terrível que corrói e aniquila o indivíduo, a família, a sociedade, a humanidade inteira!", que, na peça, é retratado pela srª Guiomar – esposa do rico industrial Paulo de Mendonça. Logo, segundo a narrativa, esta vítima do fanatismo religioso "foi educada num colégio de freiras" e ali "adquiriu ela o gérmen desse mal", tornando-se presa fácil do padre Angelini, tanto quanto "dos tentáculos desse polvo sinistro que se chama – jesuitismo!". Em contraste a isso, ganha relevo no drama a postura da jovem Hilda, que é filha de Guiomar, mas, que, sob a influência do seu professor (que é maçom), alimenta uma visão de mundo amparada no livre-pensamento e emancipada dos prejuízos religiosos. Uma vez que mãe e filha compartilham óticas distintas acerca da Igreja, em certa ocasião, a protagonista Hilda afirmará: "repito-lhe que acredito num Poder superior e que Cristo me merece a maior das venerações. Crer, porém, em interventores de Deus ou de Cristo na terra é que não. Crer em papas que se proclamam infalíveis ou em Santos arranjados pelos sabichões da igreja é que não também".[204]

Além destas duas formas opostas de representações femininas, ou seja, a mãe carola *versus* a filha livre-pensadora, expressas na peça *O Dever*; outro fato que deve ter chamado a atenção dos espectadores foi o perfil do personagem Rafael, um padre liberal e simpático aos avanços da ciência, que assume o papel de anti herói, caminhando em sentido oposto à conduta desempenhada, na trama, pelo padre Angelini – que, na sua saga contra a maçonaria, ainda valia-se da excomunhão. Apesar de um tanto raro, exemplos de padres íntegros estiveram presentes em outras criações literárias, difundidas pela propaganda livre-pensadora e anticlerical, a exemplo do romance *A Cruz de Cedro*, de Antonio Joaquim da Rosa, que, ao tecer o retrato de dois dos seus personagens, ambos sacerdotes, criou tanto o padre Gaspar "infame e desprezível jesuíta" quanto o

204 Até aqui, tudo em TORRES, Joaquim Alves. *O dever*. Porto Alegre: Tipografia da Livraria do Globo, 1901, p. 4 e 54-55.

"virtuoso" padre Belchior de Pontes,[205] que, aliás, no desenrolar da trama ajudará Júlia a escapar do cativeiro forjado pelo lascivo Gaspar.

De qualquer maneira, em *O Dever*, segundo o discurso do probo clérigo Rafael, "o padre era uma criatura humana como qualquer outra" e, indo além, defendia "a crença num Deus de bondade e de justiça" em oposição a um "Deus que castiga, fere e mata quando não se obedece ao padre". Deste modo, lembrava Rafael, no tempo que "servi a igreja", se, por um lado, "disse missas para satisfação dos crentes", por outro lado, "aboli a comunhão por inútil e a confissão por imoral". Ademais, a exploração sobre "a alma dos simples ou dos tolos e ignorantes, impondo-lhes crenças em deuses de terror e vingança que não existem, ou em santos fabricados aos milhares nas forjas do Vaticano" só fazia crescer a revolta no coração de Rafael.[206]

A propósito, tal drama tem seu desfecho com o padre Rafael, em tom de sentença, proferindo ao padre Angelini, as seguintes palavras: "retira-te funesto corvo da igreja de Roma [...], parte para longe e vai entre as feras que tu simbolizas derramar o vírus da tua corrompida moral. Antes, porém, dize aos corifeus da tua grei que, neste momento, renego para sempre a batina – essa batina que desonra quando em ti encobre a podridão e a infâmia! Sai!" e por seguinte afirma: "em face da ciência que foi a luz do século passado e que será o esplendor do século atual, não há lugar para ti", uma vez que "representas o obscurantismo, o ridículo, o nada".[207]

Curiosamente, o título da peça, que se lançava em defesa da maçonaria, será justificado nas palavras do personagem Eugênio (advogado e maçom), que declarava: "não tenho religião alguma, importando-me pouco as liturgias que nada significam. Unicamente rendo culto ao dever como símbolo do trabalho, da honra, da justiça e do bem!". Não obstante, uma vez que, na propaganda anticlerical, abundam discursos de ação, nesta obra teatral da autoria do maçom Joaquim Alves Torres, uma proposição ganharia tônica no ato IV – cena 5, em que, frente à influência do padre Angelini sobre a srª

205 Ambas as passagens, ROSA, Antonio Joaquim da. *A cruz de cedro*. São Paulo: Livraria Teixeira, 1927, p. 89-90.

206 Até aqui, tudo em TORRES, Joaquim Alves. *Op. cit.*, p. 24 e 37.

207 Até aqui, tudo em *Ibidem*, p. 72.

Guiomar – que a arrasta a uma "congestão cerebral" –, o personagem Paulo, dirigindo-se aos espectadores, lançava o alerta: "mirai-vos neste espelho, [...] pais de família, e vede como esses abutres destroem a felicidade do lar. Quando os virdes à vossa porta, mascarados na submissão que seduz, não trepideis um só instante: expulsai-os a vergastadas!".[208]

Inegavelmente, Alves Torres, no seu intento de livre-pensador, mostrava-se preocupado com a educação da mulher, bem como com a influência exercida pela Igreja sobre o público feminino. Aliás, a peça foi escrita em comemoração ao primeiro aniversário da Benemérita Grande Associação Beneficente de Senhoras (fundada em 1900, sob os auspícios da maçonaria). Na qualidade de "profundo admirador dessa Grande Associação que veio florescer em nosso meio social a esperança de que a mulher rio-grandense não longe conseguirá pela instrução e pelo bom senso desapegar-se por completo de preconceitos ridículos e das crendices que absolutamente nada significam",[209] o autor dedicava sua obra a essa associação feminil. Com efeito, entre o final de agosto e começo de setembro de 1901, a peça *O Dever* foi encenada por atores amadores no Teatro São Pedro, de Porto Alegre, obtendo, rapidamente, grande sucesso. Na ocasião, não faltaram aqueles que identificassem na peça um grito contra o jesuitismo, inclusive elevando-a a altura de *Electra*, do dramaturgo espanhol Benito Pérez Galdós.

É certo que o conteúdo de algumas peças despertou a atenção das autoridades, como evidencia a censura aplicada ao drama *Tomada da Bastilha*, do escritor português Salvador Marquês. Este drama em 5 atos trazia, em sua trama, reflexões sobre a desigualdade social e o preconceito de classe, tendo como desfecho a revolução popular que agitou Paris, em 1789. Ao ganhar, em 1911, os palcos de São Paulo e do Rio de Janeiro, não demorou muito para que esta peça tivesse partes dos diálogos do seu roteiro submetida à censurada, efetuada em 8 de julho de 1912.[210]

---

208 TORRES, Joaquim Alves. *Op. cit.*, p. 64.

209 *Ibidem*, p. 5.

210 Cf. MARQUES, Salvador. *Tomada da Bastilha.* [Rio de Janeiro: Cópia de Renato da Silva Peixoto, s. d.].

Enquanto amostragem da mentalidade anticlerical no Brasil, tanto a literatura quanto o teatro, devido aos seus aspectos doutrinários e educativos, sinalizam para distintos modos de pensar e agir dos núcleos militantes do anticlericalismo, uma vez que "o teatro, arte viva, por excelência, tornou-se tão ou mais importante que os jornais e os livros".[211] Logo, "a fácil interação com o público de famílias operárias tornava o teatro um forte instrumento de comunicação, os temas abordados falavam diretamente ao trabalhador por trazerem para o palco, situações de seu cotidiano", não raro, durante as cenas, o público se manifestava "apoiando ou criticando a situação representada".[212]

Na programação dos festivais anticlericais e anarquistas, promovidos, especialmente nas cidades de São Paulo, Rio de Janeiro e Curitiba, alternavam-se dramas e comédias em italiano e português, a exemplo de *La Santa Religione*, de Tito Corniglia; *La Morte di Francisco Ferrer*, de Grippiola Francesco; *Os Celibatários*, de João C. de Freitas; *La Canaglia*, de Maria Gino; seguidos das peças de Gigi Damiani: *O Milagre*, *La Repubblica*, e *Viva Rambolot*.[213]

Como assinalou Maria Thereza Vargas,

> O apelo ao teatro é feito a toda a classe operária, divulgado oralmente nas fábricas ou através da imprensa. Os atores pertencem a ofícios vários e são muitas vezes recrutados a partir da vontade de representação, sem uma consulta prévia ao seu comprometimento ideológico. Ao que parece, a vinculação ativa ao teatro é também uma forma de atração para a militância ideológica. Na prática do teatro as lideranças formam novos adeptos das teorias libertárias.[214]

Deste modo, emoldurada por uma carga doutrinal e ideológica mais radical, a peça *Natal* (1 ato), escrita, em 1904, pelos anarquistas Neno Vasco e

211 VARGAS, Maria Thereza (org.). *Op. cit.*, p. XI e XII.

212 CABRAL, Michelle Nascimento. "Futebol, teatro e anarquia no Rio de Janeiro". *In:* ADDOR, Carlos Augusto; DEMINICIS, Rafael (orgs.). *História do anarquismo no Brasil* - vol. 2. Rio de Janeiro: Achiamé, 2009, p. 214.

213 Para um panorama mais completo, cf. VARGAS, Maria Thereza (coord.). *Teatro operário na cidade de São Paulo*. São Paulo: Secretaria Municipal de Cultura/Departamento de Informação e Documentação Artística/Centro de Pesquisa de Arte Brasileira, 1980; RODRIGUES, Edgar. *O anarquismo na escola, no teatro, na poesia*. Rio de Janeiro: Achiamé, 1992; *Cadernos AEL*, nº 1 - *Operários e anarquistas fazendo teatro*. Campinas: AEL, 1992.

214 VARGAS, Maria Thereza (coord.). *Op. cit.*, p. 26.

Benjamim Mota, ilustrava a expressão antirreligiosa, que, por diversas vezes, esteve incorporada à propaganda anticlerical. Assim,

> Tú, ó Jesus inventado pelos padres, fostes mais prejudicial à Humanidade que mil chacais esfomeados, porque se contam por milhões os abutres que a tem explorado, corrompido, embrutecido e roubado em teu nome.
>
> É mister que desapareças, é mister que, como Deus, sejas atirado ao montão das coisas imprestáveis, e que em substituição do Jesus Cristo divino surja o homem, o Cristo rebelde [...].[215]

Em mais de uma ocasião, esse ataque à religião, tão característico do movimento anarquista, se manifestou nos palcos, ora quebrando, ora descartando (como refugo) cruzes e crucifixos. Nesse sentido, como parte da dinâmica da propaganda anticlerical - sobretudo aquela patrocinada por agrupamentos anarquistas -, o teatro militante, frequentemente, elencou como vilões, em sua linguagem simbólica, a religião, a Igreja, assim como o padre ou o patrão.[216]

O evangelho de Renan

Há poucas décadas Vernard Eller, autor de *Christian Anarchy* (1987), e Jacques Ellul, com *Anarchie et Christianisme* (1989),[217] ao recorrerem a diversas passagens dos Evangelhos, defenderam a proximidade do cristianismo primitivo com os princípios que norteiam o anarquismo. Porém, tais suposições não foram novidade.

Desde o século XVIII, o aceso debate em torno da figura central dos Evangelhos dividiu opiniões e posições entre os estudiosos. Por um lado, os historicistas, representados pelos filósofos Hermann S. Reimarus e David F. Strauss, defenderam a existência histórica de Jesus; enquanto, por outro lado, os mitólogos, liderados por Count Volney e Charles F. Dupuis, identificaram no cristianismo um mito solar.

215 *Kultur*, nº 1, Rio de Janeiro, março de 1904, p. 8.

216 Cf. CHALMERS, Vera Maria. "Boca de cena: um estudo sobre o teatro libertário, 1895-1937", *Cadernos AEL*, nº 1 - *Operários e anarquistas...*, p. 105-118. Aliás, essa obra traz um amplo inventário do teatro libertário, registrando as suas diversas apresentações.

217 Recentemente, tal obra ganhou tradução no Brasil, cf. ELLUL, Jacques. *Anarquia e cristianismo*. São Paulo: Garimpo, 2010.

Todavia, será por intermédio do filósofo e historiador Ernest Renan (um atento leitor de Strauss) e da sua obra *Vida de Jesus*, publicada no final de junho de 1863, que a vertente historicista ganhará sua base teórica fundamental, uma vez que o livro "vendia como pão", tornando-se, rapidamente, um dos principais *best-sellers* da segunda metade do século XIX.[218] E, por mais que a imprensa católica declarasse guerra a Renan, tachando-o de um escritor sacrílego, maldito e renegado, naquele mesmo ano, a sua obra já havia ganho diversas reedições. Ao final de agosto de 1863, a publicação da sétima edição, somava 40 mil exemplares. No ano seguinte, paralelamente, uma versão popular (condensada) foi posta a venda, a qual, em apenas três meses, vendeu 82 mil exemplares.[219] Logo, com grande presteza, sua difusão e influência se estenderam para além de Paris, levando outros escritores a corroborarem a sua tese de que Jesus havia sido uma admirável figura de natureza humana. Com grande efeito, Joseph Ernest Renan empenhou alguns anos da sua vida em escrever *História das Origens do Cristianismo*, em que a *Vida de Jesus* era a obra inicial, acompanhada de outros títulos: *Os Apóstolos* (1866), *São Paulo* (1869), *O AntiCristo* (1873), *Os Evangelhos e a Segunda Geração Cristã* (1877), *A Igreja Cristã* (1879), *Marco Aurélio e o Fim do Mundo Antigo* (1881) e *Índex Geral* (1883).

Nesta mesma época, apesar do incessante ataque do anarquismo ao catolicismo, assim como às religiões em geral, a obra *Vida de Jesus* (1863), de Renan, cativou diversos correligionários nos círculos libertários, como o foi com Han Ryner, autor de *O Quinto Evangelho*, publicado em 1911, em que Jesus ganhou a roupagem de revolucionário, bem como de protoanarquista. Além disso, em 1927, vinha a tona, na Argentina, a publicação de um folheto de título curioso: *Cristo & Bonnot*, da autoria de Gigi Damiani. Anos antes, Damiani já havia despido Jesus da sua divindade, como aponta uma crônica de sua autoria, publicada, em 1905, no jornal *A Notícia* (Curitiba).[220] Agora naquele opúsculo, o anarquista italiano apresentava um diálogo imaginário entre duas representações de

---

218 Cf. STEVENS, Jennifer. *The historical Jesus and the literary imagination* (1860-1920). Liverpool: Liverpool University Press, 2010; RICHARD, Nathalie. *La vie de Jesus de Renan – La fabrique d'un best-seller*. Rennes: Press Universitaires de Rennes, 2015.

219 Cf. WINOCK, Michel. *As vozes da liberdade: os escritores engajados do século XIX*. Rio de Janeiro: Bertrand Brasil, 2006, p. 533, 547 e 549.

220 Cf. *A Notícia*, Curitiba, 5 de dezembro de 1905, p. 2.

lutas pela liberdade, a de Jesus Cristo, "que promulga[va] o amor e a resistência passiva", e a do insurgente francês Julles Bonnot, "bandido partidário da ilegalidade e do ataque a burguesia".[221] Como observou Antonio Arnoni Prado "o Cristo de Damiani é um traço que se dilui no contexto da desumanização que destrói os valores e impõe uma nova lógica de sobrevivência. Bonnot e Cristo não se entendem, nem procuram fazê-lo, porque o mundo em que estão metidos já não pressupõe que se entendam".[222]

Em meio a isto, na França, Pierre-Joseph Proudhon, após a leitura de *Vida de Jesus* de Renan, também se empenhou na elaboração de um estudo sobre Jesus, visto que discordava do fato "de o Cristo de Renan ter sido pintado com os traços do próprio Renan", ou seja, "como um idealista, um místico, um diletante, em vez de ser descrito como um moralista, um reformador social, o salvador da civilização, o verdadeiro chefe e modelo de toda revolução, em suma, um autêntico JUSTICEIRO".[223] Porém, devido a sua morte, em 1865, tal manuscrito intitulado *Jèsus et les Origines du Christianisme* somente viria a público décadas depois, em 1896. E, se por um lado, em *Sistema das Contradições Econômicas ou Filosofia da Miséria* (1846), Proudhon afirmasse: "Deus é tirania e miséria" ou "Deus é o mal", por outro lado, elegia Jesus Cristo como um dos grandes mestres da humanidade.[224]

Efetivamente, diversas vozes passaram a identificar no cristianismo primitivo um princípio ativo do socialismo ou do comunismo, embasando-se, para isso, em passagens do Novo Testamento, a exemplo: "todos os que criam estavam juntos, e tinham todas as coisas em comum. E vendiam as suas propriedades e seus bens e os repartiam por todos, conforme a necessidade que cada um tinha. Repartiam o pão de casa em casa, comiam juntos com alegria

221 DAMIANI, Gigi. *Cristo & Bonnot.* Montevideo: Ediciones Anarquía, 2008, p. 4, [tradução nossa].

222 PRADO, Antonio Arnoni. *Trincheira, palco e letras: crítica, literatura e utopia no Brasil.* São Paulo: Cosac & Naify, 2004, p. 122.

223 Ambas as passagens, WINOCK, Michel. *Op. cit.*, p. 553.

224 PROUDHON, Pierre-Joseph. *Filosofia da miséria.* Tomo I. São Paulo: Escala, 2007, p. 360 e 373. Curiosamente, durante a Revolução Francesa, apesar de intensas manifestações antirreligiosas, não faltaram vozes que identificassem em Jesus Cristo um exímio pregador da liberdade e da igualdade, ainda como, um autêntico *sans-culotte* da Judeia. Cf. VOVELLE. Michel. *A Revolução Francesa contra a Igreja: da razão ao ser supremo.* Rio de Janeiro: Jorge Zahar, 1989, p. 95.

e singeleza de coração".[225] Apesar de Piotr Kropotkin rejeitar o cristianismo, inclusive na sua forma heterodoxa, a máxima contida nos Evangelhos "a cada um segundo as suas necessidades" acabou ressignificada pelo seu comunismo anarquista, em *A Conquista do Pão* (1892).

De qualquer modo, a partir dos Evangelhos sinóticos (Marcos, Mateus e Lucas), a ideia de um Jesus de natureza humana, que perambulou por toda a Galileia entre os simples, que teria pregado o "socialismo prático" e a igualdade, hostilizado o capital e negado os profetas[226] e ainda considerado o governo como um abuso, despertou, ao final do século XIX, a simpatia de diversos militantes socialistas, anarquistas e anticlericais (até mesmo de adeptos declaradamente ateus), como o foi em Portugal, com Tomás da Fonseca, autor de *Sermões da Montanha* (1909), ou no Brasil, com Benjamim Mota, e suas obras *Rebeldias* (1898) e *A Razão Contra a Fé* (1900).

E, segundo assinalava Ernest Renan, "para alguns, Jesus é um anarquista, pois ele não tem nenhuma noção de governo civil. O governo lhe parece pura e simplesmente um abuso", assim "nunca se nota nele a intenção de tomar o lugar dos poderosos e ricos", uma vez que "ele quer aniquilar a riqueza e o poder, e não se apoderar deles".[227]

Na mesma intensidade, ao interpretar os Evangelhos ao sabor das suas crenças políticas, o anarquista francês Augustin Hamon pintou a figura de Jesus com as cores de um comunista ou anarquista, já que, para Hamon, a doutrina de Jesus se dirigia aos pobres, tendo recrutado entre artistas, pescadores e prostitutas os seus primeiros partidários.[228] Assim, rapidamente, a figura de Jesus converteu-se no rebelde das massas oprimidas e na esperança e no consolo de todos os párias e explorados.[229] De resto, sem evitar o anarcronismo, Jesus não era apenas um anarquista (no mais alto grau), mas sim, o primeiro anarquista,

225 Atos dos Apóstolos, II, 45-47 *apud* MELO, Aníbal Vaz de. *Cristo, o maior dos anarquistas.* 3ª ed., São Paulo: Piratininga, 1956, p. 144.

226 FONSECA, Tomás da. *Op. cit.*, p. 11.

227 Ambas as passagens, RENAN, Ernest. *Vida de Jesus: origens do cristianismo.* São Paulo: Martin Claret, 2000, p. 159.

228 HAMON, A. *La revolucion a traves de los siglos.* Buenos Aires: TOR, 1943, p. 22, [Tradução nossa]

229 MELO, Aníbal Vaz de. *Op. cit.*, p. 46.

ou ainda, o maior dos anarquistas. Por sua vez, intelectuais como o filósofo francês Georges Lechartier passaram a identificar, em Jesus Cristo, o verdadeiro fundador da anarquia e no grupo de apóstolos, a primeira sociedade anárquica.[230] Claramente, quer fosse ao final do século XIX, quer nas primeiras décadas do século XX, essa ótica foi compartilhada por distintos círculos libertários.

Para uma parte dos anarquistas, como observou Francisco José Martín,

> [...] a crítica "externa" da religião e da Igreja vinha acrescida de uma crítica "interna" da tradição cristã: o cristianismo contemporâneo havia traído em seu transcurso histórico o verdadeiro espírito do cristianismo - o das primeiras comunidades cristãs - abandonando seus originais ideais comunitários em favor de uma mensagem de resignação que ocultava a justificação do estado de desigualdade entre os homens.[231]

De qualquer forma, a oposição dos anarquistas à Igreja não impediu que algumas das suas concepções acabassem infiltradas por elementos semirreligiosos, inclusive, originando um anarquismo de inspiração cristã. Essa concepção terá, na Rússia, sua figura máxima, no consagrado escritor de *Guerra e Paz*, Leon Tolstói, que "pregou a religião de Cristo, mas despojada dos seus mistérios e dogmas, o que o levou até a redigir, a partir de 1879, uma crítica da teologia dogmática e a traduzir os Evangelhos, sempre interessado na concordância destes". Porém, na defesa de uma moral prática, Tolstói "adotou uma interpretação do cristianismo que deixava, deliberadamente, de lado o conhecimento da natureza divina e a esperança na vida eterna".[232]

As ideias de Tolstói encontraram assento em diversos círculos libertários, especialmente na Holanda, na Inglaterra e nos Estados Unidos,[233] ga-

230 WOODCOCK, George. *Anarquismo: uma história das ideias e movimentos libertários*, vol. 1 - *A ideia*. Porto Alegre: L&PM, 1983, p. 32.

231 MARTÍN, Francisco José. "El anarquismo literário de José Martinez Ruiz", *Atti del XVIII Convegno [Associazione Ispanisti Italiani]*, Siena, 5-7 marzo 1998, vol. 1. Roma: Bulzoni Editore, 1999, p. 334, [tradução nossa].

232 Ambas as passagens, PRÉPOSIET, Jean. *História do anarquismo*. Lisboa: Edições 70, 2005, p. 289.

233 Em menor grau, as ideias de Tolstói exerceram influência sobre alguns expoentes do anarquismo no Brasil, cf. RAMUS, Gustavo. "Anarquismo cristão e sua influência no Brasil", *Verve*, nº 13, São Paulo: Núcleo de Sociabilidade Libertária (Nu-Sol); Programa de Estudos Pós-Graduados em Ciências Sociais - PUC, 2008, p. 169-183.

nhando o prestígio entre os anticlericais. Tendo como um dos seus alvos a Igreja e a ortodoxia religiosa, publicou, entre outros textos, *Minha Religião*, *Ao Clero* e *A Igreja e o Estado*, em que declarava: "toda religião não é mais que superstição e engano", logo, no "cristianismo todo o engano está baseado no conceito caprichoso da Igreja".[234] Essa interpretação heterodoxa acerca do cristianismo resultou na sua excomunhão, pronunciada em 22 de fevereiro de 1901, pela Igreja Ortodoxa.

E, entre os seus ataques à religião, Tolstói assinalou:

> Que fizeram elas da doutrina primitiva de Cristo? Não só as moldaram ao gosto do mundo como as transformaram de tal modo que o cristianismo dogmático se situa nos antípodas do cristianismo verdadeiro. Em vez de nos vincularmos aos dogmas ininteligíveis e, portanto, inúteis, saibamos, antes, reconhecer que a doutrina de Cristo é a própria razão, e que ela é a única que nos revela o sentido verdadeiro da vida.[235]

Em meio a isso, o tolstoísmo tornava-se sinônimo de anarquismo cristão. Todavia, por mais que o folheto de Tolstói, *A Guerra e o Serviço Militar Obrigatório* encontrasse guarida, em 1896, entre os anarquistas, numa iniciativa da *Bibliothèque des Temps Nouveaux*, ou que o estudioso do anarquismo Paul Eltzbacher destinasse a Tolstói um lugar entre os expoentes do pensamento anárquico, em sua obra *Der Anarchismus* (1900),[236] não havia consenso sobre essa possível vinculação. Desse modo, em 1900, no Congresso Operário Revolucionário Internacional, que se realizou em Paris, dentre os assuntos debatidos, constava o tolstoísmo. Apesar da doutrina de Tolstói possuir aproximações com o anarquismo devido a sua crítica à ortodoxia religiosa (Igreja) e à autoridade política (Estado), concluiu-se, duran-

---

234 Ambas as passagens, TOLSTÓI, Leon. *Cuál es mi fe. La Igresia y el Estado.* Barcelona: Mentora, 1927, p. 105-106, [Tradução nossa].

235 ARVON, Henri. *História breve do anarquismo.* Lisboa: Verbo, 1966, p. 68.

236 Em 1908, esta obra ganhava sua primeira tradução para o português, publicada em Lisboa pela editora Guimarães.

te aquele congresso, que ela também se mostrava distante no que condizia aos meios de libertação que preconizava e ao ideal a alcançar.[237]

Não obstante, tanto no cenário internacional quanto no Brasil, paulatinamente, viu-se ganhar força simbólica a defesa de um cristianismo primitivo, ou melhor, de um Cristo humanizado, revolucionário e libertário, que divergia da imagem do "Cristo de que falam os padres, e a quem por fim divinizaram, para poderem comer e dominar à sombra do seu nome".[238] Assim, nas campanhas anticlericais, a figura de Jesus converteu-se em símbolo da exploração clerical, como bem demonstrava o romance *O Jubileu* (1920), do anarquista mineiro Avelino Fóscolo, ou o poema "Cristo no Vaticano", do novelista francês Victor Hugo – que, ao cair no gosto literário dos anticlericais, tornou-se rapidamente item de propaganda, ganhando publicação no Brasil pelo Grupo Editor Livre Pensamento.

Consequentemente, o catolicismo passou a representar, no discurso anticlerical, a degeneração do Cristianismo primitivo, ou, em outras palavras, "de Jesus, pobre e humilde, nasceu, por degenerescência, o jesuitismo do Vaticano, como de Cristo, nasceu o catolicismo intolerante das fogueiras".[239] Também, aos olhos dos libertários, frequentemente, "a Igreja católica ocupa[va] a posição do anticristo no mundo cristão".[240]

Com efeito, por diversas vezes, a propaganda anticlerical se apropriou da imagem de Cristo para tecer suas críticas ao clero. Na obra *A Velhice do Padre Eterno*, de Guerra Junqueiro, em um dos seus versos, lê-se: "viu-se na tela um Cristo em fúria, um visionário,/ truculento, febril, colérico, incendiário,/ como que um salteador fugido das galés,/ na boca uma blasfêmia e no olhar um archote,/ expulsando da igreja os cristãos a chicote/ e expulsando do altar o papa a pontapés!".[241] Intitulado de "A Semana Santa", este poema iniciava

237 PRÉPOSIET, Jean. *Op. cit.*, p. 296. Alguns desses textos políticos (de verve libertária) da lavra de Tolstói, recentemente ganharam publicação no Brasil, cf. TOLSTOI, Leon. *Cristianismo e anarquismo*. Rio de Janeiro: Achiamé, [s.d.].

238 FONSECA, Tomás da. *Op. cit.*, p. 55.

239 MELO, Aníbal Vaz de. *Op. cit.*, p. 145.

240 WOODCOCK, George. *Anarquismo: uma história das ideias e movimentos libertários*, vol. 2 – *O movimento*. Porto Alegre: L&PM, 1983, p. 145.

241 JUNQUEIRO, Guerra. *A velhice do padre eterno*. Porto: Lello & Irmão, [1926], p. 98.

com Cristo passeando com o filósofo Voltaire, que lhe mostra as velhacarias do clero. No decorrer da trajetória, Cristo vai se mostrando desgostoso com sua Igreja, ministros e fiéis, ao ponto de assumir uma postura anticlerical. Desse modo, para fins de propaganda, em mais de uma ocasião, Jesus Cristo assumiu o papel de eminente ativista da causa anticlerical, como ainda demonstra a seguinte alegoria.

> Do alto de uma enorme cruz, a bela imagem de um Cristo que lá se achava suspensa [...], moveu-se milagrosamente do seu pesado madeiro, desprendeu do cravo a sua descarnada mão direita, deixou-a cair pesadamente sobre a articulação do braço esquerdo, cerrou o punho e gesticulou religiosamente para o seu explorador [...].[242]

No Brasil, aliada à dose de influência que a doutrina tolstoiana exerceu em alguns adeptos anarquistas e anticlericais, estava a marcante simpatia pela obra de Renan, visto que, em 1909, na recém-criada Biblioteca d'*A Lanterna*, encontrava-se à venda a *Vida de Jesus*, *Os Apóstolos*, e *São Paulo*. Até então, não era de se estranhar que, em 1913, um cronista escrevesse em *A Lanterna*: "Eu creio que pode bem amar o Cristo de Renan mesmo quem não é cristão".[243] E, à guisa de a *Vida de Jesus* de Ernest Renan, frequentemente referida na imprensa anticlerical, não faltaram vozes que afirmavam que a doutrina anarquista sendo eminentemente altruísta era, portanto, profundamente cristã.[244] Por outro lado, a obra de Renan ao pintar um Jesus humano e revolucionário, repercutiu drasticamente no meio eclesiástico brasileiro, ao ponto do monsenhor pernambucano Joaquim Pinto de Campos sugerir que tal obra, ao invés de ser lida, fosse queimada. Também segundo as palavras do clérigo Pedro Sinzig, Ernest Renan "manchou sua vida e fama literária pela infame *Vida de Jesus* e outras obras", proibida pelo Índex.[245] É certo que Renan não estava sozinho no seu expurgo, ao referir-se à obra de Augusto

242 *A Lanterna*, São Paulo, 13 de junho de 1914, p. 2.

243 *A Lanterna*, São Paulo, 22 de março de 1913, p. 1.

244 Palavras da autoria do poeta e sociólogo Felix Bocayuva, contidas no prefácio elaborado para a segunda edição da obra *A razão contra a fé* (1901), de Benjamim Mota.

245 SINZIG, Pedro. *Atravéz dos romances: guia para as consciências* – vol. 1. Petrópolis: Vozes de Petrópolis, 1915, p. 621.

de Lacerda, *O Rabbi da Galileia* (romance naturalista sobre a vida de Jesus), publicada em Lisboa, em 1904 e que ganhou circulação no Brasil, Sinzig categoricamente rechaçava: "não toquem nele".[246]

De qualquer forma, Benjamim Mota – autor do manifesto *Nem Deus, Nem Pátria*, publicado inicialmente em 1899, no jornal *El Grito del Pueblo* (São Paulo)[247] – estava entre os anarquistas que, no Brasil, compartilhavam da visão de que Jesus Cristo (se realmente existiu) havia sido um veemente tribuno, assim como um dos primeiros anarquistas, visto que reivindicava os direitos do povo, combatia as riquezas e pregava a igualdade e a solidariedade.[248] Sabe-se ainda que, ao final do século XIX, Mota trabalhava na escrita de uma obra intitulada *Jesus Cristo, Perante a História e a Religião*, mas, que nunca foi publicada.[249]

Curiosamente, Benjamim Mota – nascido e criado num lar católico –, ao referir-se a sua guinada intelectual rumo ao livre-pensamento de verve antirreligiosa, relembrou: "educado desde tenra idade nessa religião de embustes", tanto pela manhã quanto a noite, "ajoelhado no meu leito diante de um Cristo crucificado ou da Madona, eu rezava o padre-nosso e a Ave Maria". Além disso, sentia-se "feliz festejando Santo Antônio, São João e São Pedro", assim como ao jejuar "respeitosamente na sexta-feira da Paixão", ou ao comemorar "alegre e piamente o Natal". Mas, ainda na mocidade, por intermédio da biblioteca do seu pai – dr. Alfredo Silveira Mota –, travou contato com *Os Opúsculos*, de Alexandre Herculano, *Les Jésuites*, de Edgard Quinet (em colaboração com Jules Michelet) e *Padre Belchior de Pontes*, de Júlio Ribeiro, obras que lhe mostraram "toda a hediondez do jesuitismo". Aliado a isso, durante noites com afinco, passou a ler as obras, entre outros, de Lamarck, Darwin, Haeckel, Huxley. Assim, de "crente fervoroso", tornou-se um livre-pensador e "guiado

246 SINZIG, Pedro. Atravéz dos romances: guia para as consciências – vol. 1..., p. 434.

247 Semanário redigido em espanhol, que circulou em São Paulo entre os anos de 1899 e 1900, seu editor-chefe era Antonio Lago.

248 Cf. MOTA, Benjamim. *Rebeldias*. São Paulo: Tipografia Brasil de Carlos Gerke & Cia, 1898 e MOTA, Benjamim. *A razão contra a fé – analyse das conferências religiosas do Padre Dr. Júlio Maria*. 2ª ed., São Paulo: Casa Endrizzi, 1901.

249 Benjamim Mota ao final do século XIX também trabalhava na escrita de uma obra intitulada *Santíssima Obreia*, que assim como *Jesus Cristo, perante a história e a religião*, não chegou a ser publicada.

tão somente pela razão" chegou à irreligião e ao ateísmo. E "da religião que me ensinaram" - escreveu Mota - "só ficou o que era humanamente grande", isto é, Cristo, "o filósofo revolucionário da Galileia".[250]

Neste ínterim, em 1905, na emblemática data de 24 de dezembro, o militante Everardo Dias realizou, na recém-fundada Liga Operária de Campinas, uma conferência intitulada: "Jesus Cristo, agitador social". Por sua vez, ao referir-se à figura de Jesus como uma espécie de arauto de uma nova sociedade, a militante anarquista Maria Antonia Soares escreveu: "O Jesus dos pobres ainda não nasceu", ele "ainda está em gestação, no ventre da Humanidade, e nascerá quando a vossa consciência estiver formada". Logo, "não nascerá entre a passividade do barro e a indiferença do boi, como o Jesus de Nazareth", mas sim "entre a altivez do condor e a bravura do leão. Símbolo de justiça e liberdade não implorará, impor-se-á, será batizado com sangue e chamar-se-á: Emancipação!".[251] Na visão desses militantes, a representação de Jesus poderia tanto assumir o papel de subversivo, quanto se tornar uma figura alegórica da Revolução Social.

Pouco a pouco, a ideia de um Jesus como força simbólica sediciosa se tornava corrente no meio anticlerical-libertário brasileiro, como bem ficava explícito nesses versos - intitulados "Jesus Cristo" -, publicado em 1920, no periódico carioca *Voz do Povo*: "Grande Anarquista!/ Ó pálida figura de rebelado que,/ entre gente insana, ousaste erguer,/ como uma durindana,/ o ingente brado contra a escravatura".[252]

Na mesma época, Everardo Dias publicou o opúsculo *Jesus Cristo era Anarquista* (1920),[253] editado pelo Comitê de Defesa dos Direitos do Homem, núcleo de São Paulo - possivelmente constituído por membros do grupo d'*A Plebe*. Na sequência, o texto foi traduzido para o castelhano e publicado em Monterrey, no México. Em linhas gerais, essa obra tinha como objetivo tratar

250 Cópia do manifesto *Nem Deus, Nem Pátria* se encontra em anexo na segunda edição da obra *A razão contra a fé* (1901).

251 DIAS, Everardo. *A acção da mulher na revolução social.* São Paulo: Empresa Editora de Publicações, 1922, p. 11-12.

252 Da autoria de Sylvio de Figueiredo, publicado no jornal *Voz do Povo*, do Rio de Janeiro, em 3 de julho de 1920, p. 1.

253 Um exemplar deste folheto encontra-se na Biblioteca Daniel Cosío Villegas, Cidade do México, [agradeço a Eduardo Ruvalcaba Burgoa pela cópia desse documento].

da questão social e da perseguição aos indesejáveis (a exemplo do próprio Everardo), valendo-se para tal feito da personalidade de Jesus enquanto notável revolucionário (socialista, ácrata e/ou maximalista), que, por sua destemida atuação no cenário social acabou perseguido, preso e executado. Desse modo, no referido folheto, Everardo Dias afirmava: "ao pregar a rebelde doutrina entre os pobres, os famintos, não há dúvida que, antecipando-se aos séculos, Jesus pensou como Bakunin que – *a flor rubra nasce da estrumeira*", assim, "apesar de alguns escritores o negarem, Jesus (de Nazareth) foi um completo e acabado revolucionário", ou seja, "embora demasiadamente sentimental e místico, foi um anarquista perfeito".[254] Após filiar-se ao Partido Comunista do Brasil (PCB), no ano de 1923 – ironias à parte –, o autor mudou o título do seu folheto para *Jesus Cristo era Socialista*.

Anos depois, em 1935, Maria Lacerda de Moura, durante o lançamento do seu livro *Fascismo, Filho Dileto da Igreja e do Capital*, ocorrido em São Paulo, afirmava de forma categórica que negava a existência de anarquistas, excetuando Cristo. Tal afirmativa, de imediato, agravou a sua relação com o movimento anarquista, especialmente em São Paulo, visto que Oswaldo Salgueiro e Pedro Catalo, ligados à redação do jornal *A Plebe*, passaram a atacar duramente a sua postura política e esotérica, inclusive direcionando a sua oponente adjetivos como "freira". Além do que, os livros de Maria Lacerda que eram vendidos por intermédio d'*A Plebe* foram suprimidos das suas páginas.

Em 1936, seguindo pelo caminho da apropriação cristológica, o escritor e professor mineiro Aníbal Vaz de Melo – maçom e amigo fidelíssimo de Maria Lacerda de Moura –, ao publicar, em Buenos Aires, pela editora *Claridad*, a primeira edição do seu livro *Cristo, el Anarquista*, buscou fazer frente – segundo as palavras do próprio autor – a "aqueles que só conheciam o Cristo desfigurado das igrejas, sem carne, sem sangue, sem músculos e sem nervos, mostrando em sua obra outro Cristo", ou seja, um ser de natureza humana, rebelde, revolucionária e anarquista. Referindo-se ao eventual impacto da sua obra na opinião pública, Aníbal Vaz, em tom provocativo, afirmava: "poderá causar espanto" àquelas "almas vulgares e medíocres", assim como "escândalo

254 Até aqui, tudo em DIAS, Everardo. *Jesus-Christo era anarchista! – Pamphleto dedicado aos srs. Senadores e deputados*. São Paulo: Comitê de Defesa dos Direitos do Homem, 1920, p. 7 e 11-12.

nas ingênuas meninas frequentadoras domingueiras de missa", já "que veem, em cada batina, uma capa de Nossa Senhora", de mais a mais, "poderá provocar um derrame de bile nas beatas velhuscas".[255]

Mas, o que motivou esses setores anticlericais e anarquistas a reivindicarem um passado indômito e revolucionário para o personagem bíblico? Algumas hipóteses podem ser aventadas: 1) Arregimentar alas cristãs desgostosas com as práticas do clero católico; 2) Apresentar um anarquismo conciliatório para com um cristianismo primitivo; ou 3) Sustentar simplesmente essa ideia de acordo com convicções pessoais. Também, segundo apontou Jean Maitron, diante da doutrina de Jesus, "os anarquistas, em geral, e os anarquistas cristãos, em particular, descobriram certo parentesco",[256] ou em outras palavras, reconheceram-se como autênticos herdeiros do cristianismo primitivo.

Além disto, para Francisco José Martín – um estudioso do anarquismo na Espanha –, a reivindicação do cristianismo primitivo por parte do anarquismo europeu confluía com o aceso debate literário em defesa de um "naturalismo espiritual" ou "realismo espiritualista" e que estava fortemente vinculado à figura de Tolstói.[257]

Seja como for, enquanto autores como Tomás da Fonseca, em *Sermões da Montanha* (1909), e Han Ryner, em *O Quinto Evangelho* (1911), ponderavam sobre a natureza humana e revolucionária do personagem Jesus Cristo, outros escritores preferiram afirmar a sua inexistência (quer divina, quer histórica), a exemplo do suíço Emilio Bossi e do dinamarquês Georg Brandes.

Seguramente, a obra *Cristo Nunca Existiu*, lançada em 1900, por Emilio Bossi (que se valia do pseudônimo Milesbo), vinha em resposta às afirmações de Renan, uma vez que, segundo a ótica do escritor suíço, o célebre cristólogo cometeu o erro de fazer da *Vida de Jesus* uma biografia, quando não passa de uma hábil novela.[258] E, contra a visão de um Jesus histórico e humano, Bossi lançou-se na defesa de que Jesus Cristo não passava de um mito, adaptado de diversas alegorias do Antigo Testamento, com o objetivo de confirmar as

255 Até aqui, tudo em MELO, Aníbal Vaz de. *Op. cit.*, p. 39 e 44.

256 Cf. MAITRON, Jean. *Le mouvement anarchiste en France* – vol. 1: *des origines à 1914.* Paris: François Maspero, 1983, p. 25, [tradução nossa].

257 Cf. MARTÍN, Francisco José. *Op. cit.*, p. 334.

258 BOSSI, Emilio. *Christo nunca existiu.* 2ª ed., Lisboa: Abel D'Almeida & C.ª, 1909, p. 13.

profecias acerca da vinda do messias. Por fim, atacava a falta de originalidade do Cristianismo, visto que ele havia se alimentado de diversas tradições e religiões (a exemplo do Budismo).

Esta literatura rapidamente adentrou nos círculos anticlericais, socialistas e anarquistas, visto que, no Brasil, ao lado dos livros de Renan, a obra de Bossi teve ampla difusão através da Biblioteca d'*A Lanterna*, durante a segunda fase desse jornal.

Por certo, tal produção literária não passou despercebida às lentes do clero, uma vez que suscitou respostas, a exemplo do padre José Joaquim de Sena Freitas. Como contraponto à análise feita por Bossi, esse clérigo publicou *Historicidade da Existência Humana de Jesus - Contra Emilio Bossi* (1910).

Em meio a isto, outras obras centradas na figura de Jesus ganhavam circulação nos círculos anticlericais brasileiros, como *A Loucura de Jesus* (1908), do francês Charles Binet-Sanglé,[259] que, se valendo da "psicologia histórica", apresentava um Jesus tuberculoso e alienado, que sofria patologicamente de excessivo delírio religioso. Ou o romance *A Carne de Jesus* (1910), do brasileiro Almachio Diniz - professor de filosofia da Faculdade de Direito da Bahia -, que, influenciado pela leitura do livro de dr. Binet-Sanglé, deu vida, na sua obra, a um Jesus baixo, magro e fraco, que despertaria o desejo sexual em Claudia (esposa de Pôncio Pilatos). Originalmente publicada em Portugal, em 1910, a obra *A Carne de Jesus* logo entrou para o Índex. Ademais, o arcebispo da Bahia, Dom Jerônimo Tomé da Silva, na data de 21 de abril de 1910, declarava:

> Tendo-nos sido apresentado um opúsculo intitulado *A Carne de Jesus*, escrito por Almachio Diniz, editado em Lisboa, na Livraria Central, de Gomes de Carvalho, e, como nele se encontram horripilantes ofensas à pureza e santidade infinita de Nosso Senhor Jesus Cristo, Nós, em cumprimento dos Nossos deveres como Pastor das almas que Nos foram confiadas, Havemos por bem declarar aos fiéis, que lhes é absolutamente proibida, sob pena de excomunhão, a leitura do mencionado opúsculo.[260]

259 Na França, a obra *La folie de Jésus* foi publicada em 4 volumes, entre os anos de 1908 e 1915. Porém, até onde se sabe apenas o 1º volume - *A loucura de Jesus: hereditariedade, constituição e fisiologia* - ganhou tradução para o português, publicado em Lisboa, em 1910.

260 DINIZ, Almachio. *A carne de Jesus*. Bahia, Livraria Catilina, 1913, p. V.

Mas, alegadamente, este édito de proibição seguido de excomunhão acendeu ainda mais o interesse do público pelo dito livro "imoral e sacrílego",[261] uma vez que, em 1913, diante de uma nova edição, publicada no Brasil, rapidamente já circulava o quinto milheiro de exemplares.

De qualquer forma, vale lembrar que, desde tempos imemoriais, a censura, o boicote e a excomunhão, assim como a perseguição, a condenação sem defesa e o degredo (ou ainda o confisco de livros e jornais) foram empregados pela Igreja, contra tudo e todos/as que se opunham aos seus desígnios. No Brasil, a título de exemplo, têm-se os anátemas desferidos contra *A Lanterna*, *O Livre Pensador*, *A Carne de Jesus* e *O Clarão* – que, através do aviso nº 14, datado de 26 de novembro de 1916, da lavra do bispo Joaquim Domingues de Oliveira, e que foi lido nas igrejas de Florianópolis e cercanias, decretava-se a excomunhão, naquela paróquia, do referido jornal. Todavia, ao que tudo indica, o efeito disso entre os anticlericais era praticamente nulo, como bem demonstra as palavras de Júlio Perneta, ao afirmar: "parece impossível que ainda hoje num século como o nosso [século XX], tão cheio de luz e de ciência [...], ainda existam almas que estremeçam sentido o peso asnático de uma excomunhão".[262] Uma visão similar a respeito da excomunhão se fez ainda presente em outras obras, a exemplo da peça de teatro *O Dever*, de Joaquim Alves Torres, que, a certa altura do drama, diante da ameaça lançada pelo padre Angelini de valer-se da excomunhão contra aqueles que desafiavam a autoridade da sua Igreja, o jovem e maçom Jorge de Mattos, rindo, rebatia: "Excomunhão! E falas de excomunhão neste século [século XX], ó enorme imbecil!".[263]

Entrementes, ao trilhar pelo mesmo caminho "negacionista" de Emilio Bossi, o dinamarquês Georg Brandes, em seu estudo *Jesus Cristo é um Mito* (1926), defendeu que a figura de Jesus descrita pelos Evangelhos sinóticos era incongruente, contraditória e isenta de fundamento histórico. Igualmente, entre às críticas direcionadas à religião que alimentavam o folheto *O Livro*

261 Tal classificação foi efetuada por frei Pedro Sinzig. Cf. SINZIG, Pedro. *Atravéz dos romances: guia para as consciências* - vol. 1..., p. 247.

262 PERNETA, Júlio. "Apresentação". *In:* BANDEIRA, Euclides. *Op. cit.*, p. 5.

263 TORRES, Joaquim Alves. *O dever*. Porto Alegre: Livraria do Globo, 1901, p. 39.

da Verdade, de I. A. Betoldi, publicado em 1914, pela redação do periódico *O Livre Pensador*, de São Paulo,[264] constava a proposição "Cristo nunca existiu"!

Em certa medida, tudo isso sobressaltava a heterogeneidade de pensamento dentro do anticlericalismo (e do anarquismo), tendo em vista que esses movimentos comportaram preceitos agnósticos, antirreligiosos, materialistas e, em menor grau esotéricos e espiritualistas, como é identificável pelos títulos dos livros comercializados pela imprensa libertária, em especial n'*A Lanterna*. Em meio a isso, no campo literário, o "satanismo" também teve seu poder de atração, uma vez que a figura de Satã[265] – "sublime rebelde, o primeiro livre-pensador e emancipador dos mundos"[266] – foi corriqueiramente evocada como revolta simbólica contra a opressão divina, ou, em outras palavras, como "metáfora da subversão e da liberdade, Satã é no limite a personificação da razão, da alteridade em relação à fé".[267]

Aparentemente, em grande parte, instigado pelos anarquistas, o ateísmo manteve-se em relevo. Enfim, além do clássico ataque à Igreja e às religiões, os anarquistas, em seus opúsculos, lançaram sua cólera à ideia de Deus. No Brasil, nos primeiros anos do século XX, edições traduzidas e editadas em Lisboa, de obras de propaganda antirreligiosa e ateísta, eram facilmente encontradas nas bibliotecas pessoais, ou nas dos grupos anticlericais e anarquistas, a exemplo de *A Peste Religiosa* [Lisboa, 1904], de John Most; *Catecismo Ateu* [Lisboa, 1906], de Brito Bethencourt; *Os Crimes de Deus* [Porto, 1906] e *Doze Provas da Inexistência de Deus* [Porto, 1921], de Sébastien Faure (ex-seminarista jesuíta). Fruto de uma série de conferências promovidas pelo

---

264 BETOLDI, I. A. *O livro da verdade (primeiro volume)*. São Paulo: O Livre Pensador, 1914.

265 Vale mencionar que o anarquista português Roberto das Neves (1907-1981), na década de 1920, ao ingressar numa loja maçônica em Coimbra (Portugal), adotou o nome simbólico de Satã. Posteriormente, em 1942, muda-se para o Brasil, fixando residência no Rio de Janeiro. Nessa época, Roberto das Neves, que, aliás, foi um dos defensores da compatibilidade entre anarquismo e maçonaria, valeu-se na imprensa libertária do pseudônimo Dr. Satã. Segundo as palavras do próprio Roberto: "O Dr. Satã é a minha voz subterrânea. Basta concentrar-me, um momento, à meia-noite, hora solene do Sabá, quando regresso a casa, para que a minha mão, deixada livre, corra sobre o papel, impelida por força misteriosa – a do espírito de Lúcifer", cf. NEVES, Roberto das. *O diário do Dr. Satan: comentários subversivos as escorrências cotidianas da sifilização cristã*. Rio de Janeiro: Germinal, 1954, p. 11-12.

266 MOTA, Benjamim. *A razão contra a fé...*, p. 33.

267 PIVA, Paulo Jonas de Lima. *Op. cit.*, p. 25.

Grande Oriente da França, a obra *Douze Preuves de L'Inexistence de Dieu*, ao ganhar difusão impressa a partir de 1908, foi um sucesso de vendas, marcado por diversas reedições e traduções.[268]

É certo que, em mais de uma ocasião, as campanhas contra a Igreja abrigaram, entre seus porta-vozes, ex-alunos de seminários e colégios geridos por clérigos, a exemplo de Sébastien Faure, Ernest Renan, Tomás da Fonseca etc. Aliás, o ímpio poeta Guerra Junqueiro chegou a estudar Teologia na Universidade de Coimbra, mas desistiu do curso por ver que não tinha vocação religiosa.

Ademais, entre as obras que cruzaram o Atlântico cativando leitores no Brasil, têm-se: *A Mentira Religiosa* [Lisboa, 1902], de Max Nordau; o *Ateísmo* [Lisboa, 1907], de Félix Le Dantec; e *A Anarquia e a Igreja* [Lisboa, 1907], de Elisée Reclus - escrito em parceria com George Guyou (pseudônimo de Elie Reclus). A propósito, em *A Anarquia e a Igreja*, publicado, originalmente, em 1901 - e que no Brasil, foi distribuído, em 1907, pela Biblioteca d'*A Terra Livre*, de São Paulo -, os autores afirmavam: "Rejeitamos absolutamente a doutrina católica, bem como a de todas as religiões conexas, amigas ou inimigas; combatemos suas instituições e suas obras; trabalhamos para destruir os efeitos de todos os seus atos".[269] Também fizeram parte desse itinerário literário os escritores portugueses Chacon Siciliani, com *Mentiras Divinas* (1913); e Heliodoro Salgado, tradutor (entre outros, de Ernest Renan e David Strauss) e autor de uma obra numerosa, em que consta *Asneiras Bíblicas* (1900), *O Culto da Imaculada* (1905) e *Mentiras Religiosas* (1906). No entanto, a coloração antirreligiosa de sua obra não impediu que Heliodoro Salgado identificasse em Cristo um importante doutrinador social.

268 Na década de 1930, a recém-fundada editora libertária A Sementeira, localizada em São Paulo, publicou este texto em opúsculo, tendo como título *Deus Existe? Eis a Questão*.

269 RECLUS, Élisée. "A anarquia e a igreja". *In: Anarquia pela educação*. São Paulo: Hedra, 2011, p. 54.

3. Vozes que dizem: "Esmagai a infame!"

A cada passo que dá o espírito da intolerância clerical, renasce Voltaire.

Henri-François-Alphonse Esquiros

O Clericalismo é o inimigo nato da Liberdade.

Emilio Bossi

Atribui-se a Voltaire a expressão "esmagai a infame!", uma referência direta a sua luta contra a Igreja que, como grito de guerra, ganhou notoriedade internacional na imprensa anticlerical. No Brasil, essa afirmativa inclusive tornou-se epígrafe nos jornais *Electra* (1901) e *Bombarda* (1910), publicados em Curitiba. A propósito, no Paraná, a figura de Voltaire ganharia uma exaltação especial, nas mãos de livres-pensadores como Dário Vellozo, autor do artigo "O Riso de Voltaire", publicado em 29 de junho de 1905, no jornal *Diário da Tarde*, em que escreveu: "para abater o Infame, basta reeditar Voltaire".[1] De imediato, o referido texto despertou a ofensiva do padre Desidério Deschand que, por uma série de artigos publicados na imprensa paranaense, investiu sua pena contra os "apetrechos, gastos e ridículos do arsenal anticlerical" de Vellozo (acusado pelo referido padre de pedante professor) e dos seus discípulos, bem como contra o diabólico Voltaire "o mais terrível inimigo da Religião católica" e "o mais vil de todos os homens".[2] Posteriormente,

1 *Diário da Tarde*, Curitiba, 29 de junho de 1905, p. 1.

2 Até aqui, tudo em DESCHAND, Desidério. *Voltaire e os anticlericaes do Paraná*. Petrópolis: Vozes de Petrópolis, 1914, p. 8.

por iniciativa do Centro da Boa Imprensa (localizado em Petrópolis, no Rio de Janeiro), os textos do padre Deschand seriam coligidos e publicados em opúsculo, sob o título *Voltaire e os Anticlericais do Paraná* (1914).

Sem dúvida, além de Curitiba, o fomento anticlerical fez-se atuante em outras capitais do país, em que se destacam Porto Alegre, Florianópolis, São Paulo, Rio de Janeiro, Belo Horizonte, Fortaleza, Belém, Maceió, São Luís, Recife, Cuiabá, João Pessoa, Teresina, bem como desenvolveu ramificações em regiões adjacentes, a exemplo de diversas cidades no interior de São Paulo, do Paraná e do Rio Grande do Sul.

Assim, com certa intensidade, o movimento anticlerical no Brasil manteve importante rede de contatos entre distintas regiões, seguida de fecunda programação político-cultural, que incluía um conjunto de viagens por cidades vizinhas, denominadas de excursões de propaganda, sendo uma constante a circulação de militantes entre as cidades, Estados e países. Dessa maneira, não era de estranhar que, em mais de uma ocasião, militantes de renome internacional aportassem em São Paulo ou no Rio de Janeiro, para realizarem conferências, que tinham como pano de fundo, o anticlericalismo. Note-se ainda que a campanha anticlerical configurou-se em um debate internacional, especialmente em países com forte influência católica, a exemplo da Espanha, França, Itália, México, Argentina etc.

Nestas circunstâncias, em especial nas primeiras duas décadas do século XX, tem-se a presença, no Brasil, entre outros, de Léon Furnémont, Enrico Ferri, Georges B. Clemenceau, Guido Podrecca e Belén de Sárraga. É certo que a estadia de tais personalidades inquietou setores católicos, visto que, rapidamente, promoveram protestos, inclusive incumbindo clérigos da tarefa de refutar as conferências dos inóspitos visitantes.

Em 1909, a notícia do fuzilamento do professor Francisco Ferrer – fundador das escolas racionalistas na Espanha –, instigou ainda mais a ira contra a Igreja. Nessa mesma época, que foi marcada por intensas campanhas, o desaparecimento da menor Idalina, interna do Orfanato Cristovão Colombo (São Paulo), deu origem a uma história cheia de mistérios, em que dois padres eram os principais suspeitos dessa trama, que, alimentada de rumores, envolvia estupro, assassinato e ocultação de cadáver. Sem demora, tudo isso deu novos ares à causa anticlerical e à ofensiva anarquista.

Quando o entusiasmo fez-se anticlerical

Em 1909, frente à prisão (e posterior execução) do livre-pensador catalão Francisco Ferrer i Guardia, as campanhas anticlericais ganharam novos vislumbres. Esse episódio, que reverberou pela imprensa internacional, passaria a figurar na programação política de diversos círculos anticlericais, anarquistas, socialistas, republicanos, maçônicos etc.

Desde a prisão de Ferrer, ocorrida em setembro de 1909, diversas vozes de protesto se levantaram contra esse fato. No Brasil, não foi diferente. Ao lado da agitação internacional, a Associação do Livre Pensamento (São Paulo) organizou, para o dia 4 de outubro daquele ano, uma grande manifestação de protesto contra as perseguições de que tem sido vítima, na Espanha,[3] o professor, maçom e anarquista[4] Francisco Ferrer - considerado o autor e maior responsável pelos sucessos revolucionários ocorridos em Barcelona - episódio que ganhou o nome de Semana Trágica.[5]

Ao ser responsabilizado de fomentar a revolta e financiar grupos de rebeldes em Barcelona, Francisco Ferrer é preso, em 1º de setembro de 1909. Sua editora de livros é fechada e milhares de volumes são confiscados.[6] Submetido a um Conselho de Guerra,[7] é sentenciado à pena capital, decisão que "impactou profundamente a opinião pública e provocou o mais raivoso protesto internacional contra a Espanha até então conhecido".[8] Frente à desaprovação geral que a prisão de Ferrer havia despertado, em São Paulo, viu-se surgir comitês de protesto, com a adesão, entre outras, da Associação do Livre Pensamento, da União dos Sin-

3 *Gazeta de Notícias*, Rio de Janeiro, 3 de outubro de 1909, p. 7.

4 Ao final do século XIX, iniciou importantes ligações com os anarquistas Charles Malato, Clément Duval, Jean Grave, Paul Robin, Élisée Reclus, Errico Malatesta, Emma Goldman, Sébastien Faure, Piotr Kropotkin etc.

5 Cf. BERGASA, Francisco. *¿Quién mato a Ferrer i Guardia?* Madrid: Aguilar, 2009, p. 11, [tradução nossa].

6 TRAGTENBERG, Maurício. "Francisco Ferrer e a Pedagogia Libertária". *In: Sobre educação, política e sindicalismo.* São Paulo: Autores Associados/Cortez, 1982, p. 102.

7 Para detalhes acerca do processo instaurado contra Francisco Ferrer i Guardia, cf. *Juício ordinario seguido ante los tribunales militares en la plaza de Barcelona contra Francisco Ferrer Guardia.* Palma de Mallorca: Pequeña Biblioteca Calamvs Scriptorivs, 1977.

8 BERGASA, Francisco. *Op. cit.*, p. 20, [tradução nossa].

dicatos, da União dos Chapeleiros e do Grêmio dos Fundidores, bem como da Federação Operária e do Centro Republicano Espanhol, ambos de Santos.

Apesar das manifestações de solidariedade e protesto que agitaram distintos países, Ferrer foi fuzilado no dia 13 de outubro de 1909, no fosso de Santa Amália, localizado no Castelo de Montjuic. Desse modo, "com a execução do diretor da Escola Moderna, a Espanha institucional, o *status quo*, pretendeu silenciar uma voz perturbadora e acabar com um incomodo adversário, com quem tinha antigas dívidas pendentes", uma vez que Francisco Ferrer "representava, em sua opinião, uma ameaça para o sistema de valores então imperante".[9] Diante de tal sentença cáustica, "em todo o mundo, manifestações espontâneas de protesto atestavam a indignação popular e foram acompanhadas por escritos e discursos de intelectuais".[10] Não obstante, esta trama urdida pelo governo e pela Igreja, que resultou na prisão de Ferrer, seguida da sua execução, marcou um novo alento das campanhas do anticlericalismo em nível internacional.

Assim, repercutiu, dolorosamente, no Brasil, a notícia do fuzilamento de Francisco Ferrer. No Rio de Janeiro, o Sindicato dos Sapateiros convocava, para o dia 18 de outubro, no largo de São Domingos, um *meeting* em resposta a divulgação da execução de Ferrer.[11] Também em Curitiba iniciou-se um movimento de protesto contra esse ato do governo espanhol. Esse *meeting*, realizado na Praça Tiradentes, contou com a presença de representantes da maçonaria (Dario Vellozo e José Niepce da Silva), da Federação Espírita do Paraná (José Lopes Neto), assim como com um grupo de literatos. A manifestação foi marcada por "vivas a memória de Ferrer" e "ao livre-pensamento", em meio a "gritos de morras a Alfonso XIII e ao ministro Maura".[12]

Enquanto resultado deste cenário de indignação diante do assassinato de Ferrer, em 17 de outubro de 1909, ressurge o jornal *A Lanterna*, pela iniciativa do anarquista Edgard Leuenroth.[13] Nessa segunda fase, a redação do periódico con-

---

9 Ambas as passagens, BERGASA, Francisco. *Op. cit.*, p. 15, [tradução nossa].

10 BRIGNOLI, G. Luigi. Francisco *Ferrer y Guardia: un revolucionário que no hay que olvidar*. Bergamo: Vulcano, 1993, p. 22, [tradução nossa].

11 *O Estado de S. Paulo*, 17 de outubro de 1909, p. 2.

12 Cf. *O Estado de S. Paulo*, 15 de outubro de 1909 p. 3; *A República*, Curitiba, 16 de outubro de 1909, p. 1. Também se fez presente no ato José Gambús – presidente da Sociedade Beneficente Cervantes.

13 Edgard Leuenroth (1881-1968) foi um libertário paulista que colaborou ativamente na propaganda anarquista e anticlerical, via os jornais *Terra Livre*, *A Lanterna*, *O Combate*,

tinuou fiel ao seu programa de outrora, ou seja, de desvendar todas as "patifarias clericais" e de trabalhar pela emancipação da consciência humana, bem como de "encetar novos e fortes combates contra o monstro clerical que, sorrateiramente, cada vez mais se infiltra na imensa extensão do território brasileiro".[14]

Por certo, a reaparição d'*A Lanterna* impacientou os ânimos de determinados adeptos do catolicismo, visto que, no dia 11 de dezembro de 1909, na Praça Antonio Prado – no centro de São Paulo –, um grupo de garotos arrebatou os exemplares desta folha anticlerical dos pequenos vendedores, rasgando-os. Além disso, a malta de garotos, fazendo uma algazarra infernal, dirigiu-se ao Largo da Sé e aí vaiou a redação d'*A Lanterna*, tentando apedrejá-la. Na ocasião, um dos infratores foi detido: era o menor Vicente Franchini – vulgo Macambira –, de 14 anos de idade, vendedor de jornais, que liderava o grupo de garotos. Levado à Central da Polícia, o menor Vicente declarou ter sido mandado por um padre, residente à Rua Florêncio de Abreu, que lhe prometeu e aos seus companheiros roupas novas e pares de botinas para apedrejar a redação d'*A Lanterna* e rasgar todos os exemplares desse jornal que encontrassem.[15]

Valendo-se do ressurgimento do órgão anticlerical paulista e das manifestações em torno da execução de Ferrer, o professor Dario Vellozo, destacado membro da maçonaria paranaense, escreveu, em 1910, n'*A Lanterna*:

> Fulcro da Razão, a Escola Moderna será reclamada com ímpeto pelas multidões ávidas de verdade; porque a Escola Moderna é a mais perfeita adaptação do ensino as necessidades da época; ensina, agremia, orienta, faz seres capazes de justiça, de amor, aptos.
>
> [...] o magno delito de Francisco Ferrer, e perante o altar, e perante o trono, – foi a sugestiva ousadia da Escola Moderna.
>
> Mais demolidora que a dinamite, mais rija em sua tranquila ascensão gloriosa, a Escola Moderna assombrou a Serpente negra e seus asseclas...[16]

A Plebe, *A Vanguarda*, *Ação Direta*, entre outros. Foi um dos mentores da Federação Operária de São Paulo (1905) e do Primeiro e Segundo Congressos Operários Brasileiros (1906; 1913). Para detalhes sobre sua vida e obra, cf. KHOURY, Yara Maria Aun. *Edgard Leuenroth: uma voz libertária – imprensa, memória e militância anarcosindicalistas*. Tese (doutorado em Sociologia) – FFLCH – USP, São Paulo, 1988.

14 *A Lanterna*, São Paulo, 17 de outubro de 1909, p. 1. Artigo assinado por Benjamim Mota, que, nessa 2ª fase do jornal, passou a ser apenas um colaborador.

15 *O Estado de S. Paulo*, 12 de dezembro de 1909, p. 7.

16 *A Lanterna*, São Paulo, 16 de abril de 1910, p. 1.

Em nome da memória de Ferrer, *A Lanterna* publicará edições especiais na data da sua morte. Aliás, o texto de estreia do professor José Oiticica, na imprensa libertária, versava justamente sobre Francisco Ferrer que, a propósito, foi publicado em 12 de outubro de 1912, nas páginas dessa mesma folha anticlerical. Como observou Sheldon Leslie Maram, "a prisão e execução de Francisco Ferrer, fundador das escolas racionalistas na Espanha, tornou-se por muitos anos uma causa célebre no Brasil".[17]

Sem demora, a figura de Ferrer converteu-se em um mártir laico, ou melhor, em santidade leiga do livre-pensamento (uma espécie de Cristo moderno). Reforçando este ponto de vista, é publicado, em Roma, ao final do ano de 1909, o opúsculo *Francisco Ferrer y Guardia: Ultimo Martire del Libero Pensiero*, da autoria do anarquista italiano Luigi Fabbri.

Por sua vez, no Brasil, em homenagem ao novo mártir do livre-pensamento, a Loja Capitular União Espanhola, localizada em São Paulo, via sessão solene, realizada em 16 de outubro de 1909, mudou o seu nome para Loja Francisco Ferrer. De mais a mais, uma série de associações imergiria ostentando o nome do pedagogo catalão, a exemplo do Círculo Anticlerical Francisco Ferrer.

17 MARAM, Sheldon Leslie. *Anarquistas, imigrantes e o movimento operário (1890-1920)*. Rio de Janeiro: Paz e Terra, 1979, p. 87.

Ilustração 3. Sede social do Círculo Anticlerical "Francisco Ferrer" (Jardinópolis - São Paulo) - correligionários reunidos, em 1911, para uma passeata em homenagem a Francisco Ferrer (13 de outubro), acompanhados da Corporação Musical Lyra Guarany[18]

O Círculo Anticlerical Francisco Ferrer, fundado em 22 de maio de 1910, na cidade de Jardinópolis (São Paulo), era uma iniciativa de militantes operários ligados à União Operária Italiana e de colaboradores dos jornais *La Battaglia*, *A Lanterna*, *Il Pungolo* e *La Scure*. Além da escolha do "nome glorioso" de Francisco Ferrer, "assassinado pelo jesuitismo espanhol", a nova associação amparada nos princípios de "constante hostilidade aos sacerdotes", propunha unir forças com todos os grupos liberais para, assim, manter "viva a agitação contra a negra falange".[19]

18 Imagem extraída de *O Malho*, nº 482, Rio de Janeiro, 9 de dezembro de 1911, p. 46.

19 *La Scure*, São Paulo - Rio de Janeiro, 4 de junho de 1910, p. 135; *La Scure*, São Paulo - Rio de Janeiro, 14 de maio de 1910, p. 87, [tradução nossa].

Ano	Entidade	Membros	Cidade	UF
1910	Círculo de Estudos Sociais Francisco Ferrer	--------------------	São Paulo	SP
1911	Círculo Libertário Moderno Francisco Ferrer	--------------------	Poço de Caldas	MG
1911	Grupo de Estudos Científicos e Sociais Francisco Ferrer	--------------------	Petrópolis	RJ
1912	Círculo de Estudos Sociais Francisco Ferrer	Ambrósio Bertolini	Curitiba	PR
1913	Centro de Livres Pensadores Francisco Ferrer	Adolfo Silveira, Benedito Peixoto de Matos, Aureliano Silveira	Curitiba	PR

Quadro 2. Associações surgidas em homenagem a Francisco Ferrer

Inegavelmente, dada a situação de crescente agitação em torno da execução de Ferrer, os anarquistas, habilmente, levantaram a bandeira do anticlericalismo. Assim, o jornal *A Lanterna* anunciava, em 1912, a constituição, no Rio de Janeiro, do Grupo Dramático 13 de Outubro – alusão à data de execução de Francisco Ferrer –, que se dedicaria ao desenvolvimento da propaganda anticlerical e libertária por meio de representações, conferências, excursões, festas etc.[20] Posteriormente, passou a se chamar Grupo Dramático Francisco Ferrer.

Anos antes, em homenagem à Escola Moderna – essa "grandiosa obra de regeneração social" – e ao seu idealizador Francisco Ferrer, ganhou circulação um opúsculo intitulado *Número Especial Dedicado aos Acontecimentos de Espanha e à Obra de Ferrer*, que havia sido organizado e editado, no Rio de Janeiro, em 1909, pela Comissão Contra a Reação Espanhola, tendo à frente Manuel Moscoso – membro da Confederação Operária Brasileira (COB) e diretor de *A Voz do Trabalhador*.

Neste mesmo período, em São Paulo, começou-se a cogitar a criação de uma Escola Moderna, que seguiria o mesmo programa da escola fundada, em Barcelona, por Ferrer. Com essa finalidade, constituiu-se um Comitê Pró-Escola Moderna, que ficou responsável de promover conferências e festas

20 *A Lanterna*, São Paulo, 3 de fevereiro de 1912, p. 4.

em benefício da edificação da escola,[21] formado, entre outros, pelos jornalistas anarquistas Gigi Damiani, Neno Vasco, Edgard Leuenroth, Oreste Ristori e Eduardo Vassimon, que promoviam excursões de propaganda (visando à arrecadação de fundos) pelo interior do Estado de São Paulo. Essa iniciativa logo resultou no surgimento de subcomitês Pró-Escola Moderna, a exemplo do grupo criado na cidade de Mairinque,[22] que organizou, para o dia 21 de abril de 1910, grande festival com espetáculos musicais, conferências etc., em beneficio da Escola Moderna de São Paulo.[23] Igualmente, em 1910, surge a Comissão Pró-Escola Moderna do Rio de Janeiro, com o intuito de arrecadar fundos na cidade e região para enviá-los a capital paulista.[24]

Este projeto educativo contou ainda com o apoio de outros/as entusiastas, entre os/as quais, a Sociedade Feminina de Educação Moderna (São Paulo, 1910), o Centro Progressista Aurora do Porvir (Ribeirão Preto, 1910) e o jornal *A Lanterna*, que se tornou o principal aglutinador da iniciativa, uma vez que os anarquistas Edgard Leuenroth e Neno Vasco – do Comitê Pró-Escola Moderna de São Paulo –, eram integrantes da redação desse jornal.

Mas qual era o programa educacional proposto por Francisco Ferrer por meio das Escolas Modernas? Em linhas gerais, Ferrer tomava como inspiração as "ideias da educação integral (Paul Robin)" e os "projetos educativos de Rousseau, Tolstói e Sébastien Faure". Ao rejeitar "o ensino laico estatal à francesa e o ensino religioso", Ferrer propunha um modelo de "educação popular embasada na ciência positiva, a serviço da razão natural ou das necessidades naturais da vida" e que estava assentada na "coeducação dos sexos e das classes sociais", bem como na autonomia do indivíduo.[25]

21 *O Estado de S. Paulo*, 19 de novembro de 1909, p. 6.

22 Além do subcomitê Pró-Escola Moderna da cidade de Mairinque, sabe-se da existência de subcomitês localizados em Cândido Rodrigues, Bom Retiro e Belenzinho.

23 *O Operário* – Órgão de defesa da Classe Operária e Noticioso, Sorocaba, 10 de abril de 1910, p. 3. Edição Fac-Similar. Sorocaba: Crearte, 2007.

24 JOMINI, Regina Celia Mazoni. *Uma educação para a solidariedade: contribuição ao estudo das concepções e realizações educacionais dos anarquistas na República Velha*. Campinas: Pontes, 1990, p. 75.

25 Até aqui, tudo em PERES, Fernando Antonio. *João Penteado: o discreto transgressor de limites*. São Paulo: Alameda Casa Editorial, 2012, p. 189.

Neste sentido, para os anarquistas, "a educação era um dos mecanismos de redenção da classe operária e, por conseguinte, uma via privilegiada para a construção de um novo homem e de uma nova sociedade", porém, "a realização destes princípios somente seria possível por meio de uma escola laica".[26] Seguramente, a questão da educação teve um papel de relevo nas pretensões anarquistas e anticlericais de derrocada da Igreja. Assim, pela manutenção de escolas primárias - leigas e gratuitas - moldadas no princípio racionalista, os anarquistas buscaram fazer dianteira ao predominante sistema de ensino das escolas católicas.

Certamente, essa verve educacionista acerca do melhoramento e da transformação da sociedade, tão presente no programa do anarquismo e do livre-pensamento, foi um dos pontos de convergências entre anarquismo e maçonaria - uma vez que as lojas maçônicas compartilhavam dessa mesma perspectiva. Para tanto, vale assinalar que, além de Francisco Ferrer i Guardia - o idealizador da Escola Moderna - ser anarquista e maçom, entre os colaboradores (leia-se professores) da Escola Moderna de Barcelona estava o anarquista e maçom Anselmo Lorenzo, assim como os livres-pensadores e maçons Odón de Buen e Andrés Martínez Vargas.

Em 1912, enfim, o projeto de implantação da Escola Moderna, em São Paulo, se concretizou,[27] surgindo a Escola Moderna nº 1, sob a direção do libertário e espírita João Penteado[28] e, no seu encalço, a Escola Moderna nº 2, sob a direção de Avelino Tavares de Pinho. Nessa senda, novas escolas de inclinação racionalista serão fundadas, a exemplo da Escola Moderna de Petrópolis (Rio de Janeiro, 1913), a Escola Moderna de Porto Alegre (Rio Grande do Sul, 1919) e a Escola Racional Francisco Ferrer, localizada em Belém do Pará (Pará, 1919). E, desde o assassinato de Francisco Ferrer i Guardia, ocorrido em 13 de outubro de 1909, essa data, anualmente, será lembrada, prefigurando, no calendário de diversos círculos anticlericais, anarquistas, maçons, liberais etc., como um dia

---

26 Ambas as passagens, OLIVEIRA, Anderson José Machado de; RODRIGUES, Cláudia. "El anticlericalismo en el Brasil". *In:* DI STEFANO, Roberto & ZANCA, José (comps.). *Pasiones anticlericales - un recorrido iberoamericano*. Bernal: Universidad de Quilmes, 2013, p. 226-227, [tradução nossa].

27 Antecedendo a iniciativa paulista, em 1911, era fundada em Fortaleza (Ceará) uma Escola Moderna.

28 Sobre essa experiência ocorrida em São Paulo, cf. PERES, Fernando Antonio. *Op. cit.*

de lutas em prol do livre-pensamento. Assim, durante o Congresso Internacional do Livre Pensamento, realizado em outubro de 1913, em Lisboa (Portugal), se frisou a importância de rememorar internacionalmente essa data, como o aniversário do suplício e morte de Ferrer.

Evidentemente, tudo isso incomodou o clero no Brasil, já que, em novembro de 1913, vem a lume o folheto *Ferrer "Mártir" ou "Patife"*, da lavra do frei Pedro Sinzig - membro da Ordem de São Francisco -, em que se lê: "os protestos vigorosos em todo o mundo contra o fuzilamento de Ferrer, se deram... porque o patife não valia a carga de chumbo que levou!".[29]

Sem dúvida, esse texto era um ataque às comemorações em torno da figura de Francisco Ferrer, organizadas para outubro de 1913, pelo Centro Operário 1º de Maio, localizado em Petrópolis, em que o referido frei teria participado e efetuado a sua réplica *tête-à-tête*. Aliás, o folheto, em seu título, traz o complemento: quatro horas entre os anarquistas.

Segundo relatava o próprio frei Sinzig: "meu confrade Frei Paulo me trouxe o manifesto anarquista", que trazia as frases de costume: "mataram Ferrer porque a verdade por ele espalhada destruía a mentira convencional mantida pelos hipócritas", "clericais e legalistas", logo, "olhei para Frei Paulo. Entendemo-nos. Devia--se fazer algo para não abandonar o terreno, sem combate, aos anarquistas".[30]

Concomitantemente, por intermédio do jornal *A Lanterna*, surgem as primeiras respostas contra o folheto de Sinzig, entre elas, uma sessão de textos publicados, a partir de 13 de dezembro de 1913, intitulados "Os detratores de Ferrer - Fustigando um miserável tartufo", da autoria do libertário e professor João Penteado (um dos fundadores da Escola Moderna nº 1, de São Paulo), que, em sua réplica, escreveu: "o monstruoso folheto publicado por frei Pedro Sinzig nos causa pasmo, ao mesmo tempo em que nos enche de repugnância".[31] E, prosseguindo em suas críticas, completou:

> Frei Pedro vê no desenvolvimento do ensino racionalista neste país um grave perigo para a paz, para a grandeza e para o predomínio do clero que de um tempo a esta parte se tem aumentado consideravelmente com

29 SINZIG, Pedro. *Ferrer "mártir" ou "patife"*. Petrópolis, [1913], p. 4.

30 Até aqui, tudo em SINZIG, Pedro. *Op. cit.*, p. 4.

31 *A Lanterna*, São Paulo, 20 de dezembro de 1913, p. 1.

> a vinda de uma multidão de padres, frades e freiras expulsos de Portugal e da França como elementos perniciosos.[32]

Deveras, desde o final do século XIX, será expressivo o número de novas congregações religiosas que se radicaram no Brasil, empenhadas em atuar na esfera educativa. Com a proclamação da República, seguida da defesa da laicidade do ensino público, alas eclesiásticas passaram a ver nessa medida de caráter leigo uma marcante dissonância para com a consciência (leia-se fé) católica. Diante disso, em 1890, o episcopado brasileiro, reunido em São Paulo, destacava, entre seus planos de ação, a catequese e a ampliação dos colégios católicos e das escolas paroquiais. Assim, desde 1890 até 1913, esses esforços empreendidos resultaram em pelo menos 126 institutos católicos de educação.[33]

Desta forma, em Petrópolis, a educação estava nas mãos dos clérigos da Ordem de São Francisco, que, em 1897, haviam fundado a Escola São José. Valendo-se deste fato, frei Sinzig, em seu folheto, escreveu: "atacam hoje, repetidas vezes, a Igreja Católica e seus ministros. Pois, Srs., vejam por si, quem é que faz mais pelo operariado: a Igreja ou os anarquistas". Ao apontar para frei Paulo – que o acompanhava na reunião do Centro Operário 1º de Maio –, acrescentou: "todos os dias frei Paulo ensina vossos filhos na escola gratuita que dirige. Nesta e na outra que temos em Petrópolis", enquanto "as Irmãs de S. Catarina ensinam centenas de meninas. Gratuitamente", por sua vez, "onde estão as escolas que os Srs. anarquistas fundaram e mantêm?". Além disso, referindo-se ao projeto educativo de Ferrer, afirmou: "as escolas modernas ensinam o uso da bomba e do punhal envenenados". E, diante da pretensão dos anarquistas de fundarem em Petrópolis uma Escola Moderna, o frei arrebatava: "graças a Deus que por enquanto isso não foi feito".[34]

Inegavelmente, a questão do ensino racionalista, expresso na difusão das Escolas Modernas, era o ponto central da ojeriza do frei Pedro Sinzig, já que um dos objetivos do evento, realizado no Centro Operário 1º de Maio, era a

32 *A Lanterna*, São Paulo, 3 de janeiro de 1914, p. 1.

33 Cf. MOURA, Laércio Dias de. *A educação católica no Brasil.* Brasília: ANAMEC; São Paulo: Edições Loyola, 2000, p. 93-100.

34 Até aqui, tudo em SINZIG, Pedro. *Op. cit.*, p. 9 e 13.

implantação, em Petrópolis, de uma Escola Moderna – seguindo o exemplo das escolas racionalistas já operantes em São Paulo, Rio de Janeiro e Minas Gerais.

Por certo, essas disputas ideológicas não eram novidades, visto que o enfrentamento entre anarquistas e Igreja fez-se constante durante praticamente toda a Primeira República. Anos antes, em 1910, quando ainda subscrições eram angariadas com a finalidade de dar concretude ao projeto de criação da Escola Moderna, um episódio envolvendo o clero de São Paulo, devido ao sumiço de uma das internas do Orfanato Cristovão Colombo – que ficará conhecido como o Caso Idalina (tratado mais adiante) – já ganhava ênfase nas movimentações anticlericais.

Neste sentido, o jornal *A Lanterna*, além de divulgar as realizações dos diversos grupos atuantes em torno da questão da criação da Escola Moderna, passava a dar destaque ao escândalo eclesiástico envolvendo os padres scalabrianos do Orfanato Cristóvão Colombo. Com efeito, a defesa da pedagogia racionalista de Francisco Ferrer (e da Escola Moderna), seguido do Caso Idalina, ganhou, durante a década de 1910, atenção especial no programa anticlerical dos anarquistas. Aliás, caracterizando-se como um dos momentos altos do anticlericalismo durante a Primeira República.

Ademais, a implantação da República em Portugal, ocorrida em 5 de outubro de 1910, que resultou na expulsão de diversas ordens religiosas – as quais, se aventava, aportariam no Brasil – intensificou a agitação anticlerical, via a organização de manifestações de oposição à entrada desses elementos religiosos no país. Porém, não se tratava de um sentimento nativista, uma vez que, apartado de questões ligadas à nacionalidade, frisava-se apenas a aversão ao clericalismo. Logo, essas vozes de protesto alcançaram repercussão em distintas cidades, a exemplo de Salvador, Campinas, Rio de Janeiro, São Paulo, Porto Alegre, Curitiba etc. Diante dos *meetings* populares, muitos sacerdotes receosos de desacatos, pediram garantias à polícia para poderem sair à rua.[35]

Em certos momentos a reação anticlerical que ganhou corpo em 1910 foi marcada por conflitos, a exemplo do ocorrido no Rio de Janeiro. A partir de um apelo anônimo, publicado nos jornais daquela capital, convocou-se para o dia 12 de outubro do corrente um comício contra o clericalismo. Assim, concentrados no Largo de São Francisco de Paula, em um primeiro momento, fez

35 *A República*, Curitiba, 13 de outubro de 1910, p. 2.

uso da palavra o dr. Coelho Lisboa, que expôs o grande perigo da vinda para o Rio de Janeiro de diversos padres jesuítas, expulsos de Portugal. Na ocasião, o referido orador, ao tratar do programa político daquela campanha anticlerical, destacou que a mesma visava "impedir terminantemente o desembarque dos frades no Brasil".[36] Após os discursos de outros oradores, que foram ouvidos entre aplausos, a massa popular, aos gritos de "morram os padres!", "fora a batina!" e "aos conventos!", caminhou em direção ao convento da Ajuda (mantido pela Ordem Franciscana) e, embalada pelo frenesi anticlerical, tentou invadir o mosteiro. Tendo sua ação impedida pela força policial, o grupo apedrejou o estabelecimento religioso, partindo suas vidraças. Tal atitude resultou em conflito, sendo agredido o delegado da polícia. Ainda, no calor do momento, o grupo de manifestantes, ao visualizar num bonde um sacerdote que ali viajava, procurou linchá-lo, mas, este ato acabou impedido pela guarda civil. Na sequência, os manifestantes rumaram ao convento dos Carmelitas e ao mosteiro de São Bento (fundado pelos Beneditinos). Porém, ambos estavam sob vigilância da polícia.[37] Ao final do ato, a massa popular se dirigiu ao Dr. Nilo Peçanha, presidente da República, pedindo-lhe para reprimir a invasão clerical.[38]

Poucos dias depois, outro comício anticlerical ganhava forma em São Paulo. Realizado no dia 14 de outubro, no Largo São Francisco, além de homenagear a figura de Francisco Ferrer, vinha em protesto à vinda para o Brasil dos frades expulsos de Portugal. De imediato, temendo atentados ao convento dos franciscanos, localizado no Largo São Francisco, o governo do Estado mandou guardar por força pública o lugar.[39] Apesar dos violentos discursos contra o clericalismo, não houve conflitos. Ao saírem organizados, numa "marcha *aux flambeaux*, precedida de estandartes" e embalada ao canto de a marselhesa internacional, o grupo de manifestantes percorreu distintos pontos do centro da cidade, dando "vivas a República leiga" e "morras ao jesuitismo e ao clericalismo".[40]

Por sua vez, na cidade de Curitiba (Paraná), no dia 15 de outubro de 1910, ganhou circulação um jornal anticlerical intitulado *Bombarda,* que ex-

36 *Jornal Pequeno*, Recife, 18 de outubro de 1910, p. 2.

37 *A Federação*, Porto Alegre, 13 de outubro de 1910, p. 4.

38 *A República*, Curitiba, 13 de outubro de 1910, p. 2; *Jornal Pequeno*, Recife, 18 de outubro de 1910, p. 2.

39 *A Federação*, Porto Alegre, 15 de outubro de 1910, p. 4.

40 *Ibidem*.

plicitava o seu grito de protesto frente à eventual entrada no Brasil de clérigos enxotados de Portugal, devido a Revolução de 5 de Outubro de 1910, que implantou a República naquele país. Desta forma, em suas páginas, tem-se: "o velho Portugal que parecia ser um refinado beato, vivendo dentro das igrejas, sob o místico perfume do incenso, deu-nos o mais vibrante e o mais vivo exemplo do divórcio que existe entre o século atual e os embusteiros de Roma", visto que expulsou "a canalha que durante tantos séculos sugou as mais belas energias do heroico país ibero". Entretanto, "é possível que a grande tolerância do Brasil e [o] descaso de nosso governo, atraiam para aqui as aves da morte", diante disso, "se os governos não nos ajudarem em tão palpitante obra de higiene, vamos para as ruas defender o nosso lar ameaçado, gritando com[o] gritou Voltaire: *Esmaguemos o infame!*".[41]

Claramente, o nome do periódico paranaense era uma homenagem ao médico, maçom e anticlerical português Miguel Bombarda, membro da Junta Liberal e autor da obra *A Ciência e o Jesuitismo* – que lhe rendeu notoriedade por "exigir a deportação para uma ilha deserta, ou o internamento em manicômios, de todos os jesuítas, que ele considerava uma raça degenerada".[42] Assassinado às vésperas da revolução, Miguel Bombarda se converteu em símbolo republicano e anticlerical, como bem demonstrou a criação, em 1919, em Curitiba, do Centro Republicano Português Miguel Bombarda, por iniciativa, entre outros, do militante anticlerical e maçom Carlos Alberto Teixeira Coelho.

Entre os resultados visíveis destas manifestações que ganharam corpo em diversas cidades, tem-se, em Porto Alegre, a fundação da Liga Anticlerical (que em breve, seria responsável pela publicação do jornal *A Verdade*).[43] Criada em 15 de novembro de 1910, a partir de uma reunião ocorrida na Escola

---

41 Até aqui, tudo em *Bombarda*, Curitiba, 15 de outubro de 1910, p. 2, [grifo no original]. Tratava-se de um periódico de distribuição gratuita, que se publicou apenas um único exemplar.

42 RAMOS, Rui. "A cultura republicana". In: MATTOSO, José (dir.). *História de Portugal* – vol. 6*: a segunda fundação (1890-1926)*. Lisboa: Estampa, 2001, p. 354. Curiosamente, Miguel Bombarda nos seus estudos psiquiátricos também proclamou que a mulher era um ser espiritualmente fraco e degenerado. Anos depois, a libertária brasileira Maria Lacerda de Moura visando rebater as afirmações de Bombarda publicou o livro *A mulher é uma degenerada* (1924), em que contestava a suposta inferioridade mental das mulheres.

43 Estreou em 1911, como órgão porta-voz da Liga Anticlerical de Porto Alegre. Ainda no transcurso de 1911, a partir do nº 5, passou a ser publicado pelo Centro Acadêmico Racionalista (Porto Alegre).

Eliseu Reclus, a nova liga lavrou uma moção de simpatia para como o jornal *Correio do Povo*, que havia se manifestado contra a entrada no país dos frades estrangeiros.[44] Por seu turno, o Centro da Mocidade Livre Pensadora (fundado em 1905), localizado em Curitiba, encaminhava, ao ex-senador federal dr. Coelho Lisboa, o seguinte telegrama: os "Anticlericais do Estado do Paraná, secundando vossa atitude contra a invasão [da] peste negra [que] ameaça a República, vos felicitam [pelo] entusiástico protesto".[45]

Neste cenário de incisivos protestos que marcaram aquele outubro de 1910, a Liga Anticlerical da Bahia resolveu telegrafar ao dr. Nilo Peçanha, pedindo-lhe para impedir a entrada dos frades estrangeiros no Brasil, executando a mesma lei que priva a entrada de anarquistas e caftens.[46] Por conseguinte, na cidade de Campinas (São Paulo), organizou-se um *meeting* anticlerical aplaudindo a atitude do governo, em proibir a entrada dos frades estrangeiros no território brasileiro.[47] Essas manifestações eram tonificadas pelo decreto expedido por Nilo Peçanha – em exercício na presidência – que proibia o desembarque, nos portos brasileiros, dos clérigos expulsos de Portugal. Porém, essa medida, considerada ilegal pelo Supremo Tribunal Federal, sem demora, acabou vetada.

É certo que o presidente Nilo Peçanha (grão-mestre da maçonaria), que governou de 14 de junho de 1909 a 15 de novembro de 1910, cativou a simpatia de diversos círculos de livres-pensadores, visto que, ao fim do seu mandato, recebeu uma placa comemorativa com a seguinte frase: "Mantive e fiz respeitar, como era meu dever, a liberdade de cultos, e se estivesse na presidência da República quando desaparecer o último frade brasileiro, teria feito reverter para a nação o patrimônio da ordem".[48]

Inegavelmente, desde o início da República, algumas das reivindicações anticlericais encontraram posição de relevo entre ilustres políticos li-

44 Cf. *O Paiz*, Rio de Janeiro, 16 de novembro de 1910, p. 5.

45 *O Paiz*, Rio de Janeiro, 14 de outubro de 1910, p. 7.

46 *O Paiz*, Rio de Janeiro, 18 de outubro de 1910, p. 4. Além disso, a Liga Anticlerical da Bahia enviou ao Congresso Nacional uma mensagem pedindo uma lei contra a entrada dos padres estrangeiros. *In: O Paiz*, Rio de Janeiro, 19 de outubro de 1910, p. 8.

47 *Pátria*, Sobral, 23 de novembro de 1910, p. 2.

48 *O Estado de S. Paulo*, 16 de novembro de 1910, p. 1.

gados a maçonaria, a exemplo de Nilo Peçanha, Coelho Lisboa, Rui Barbosa, Lauro Sodré e Antonio Moreira da Silva - membro da diretoria da Liga do Livre Pensamento, de São Paulo.

Seja como for, em resposta à crescente ofensiva anticlerical, o Círculo Católico do Rio de Janeiro convocou uma reunião para o dia 17 de outubro de 1910, tendo como pauta "O Movimento Anticlerical", a partir da qual tomou várias resoluções. E, para fazer dianteira ao anticlericalismo e seus múltiplos agentes, os clérigos estavam dispostos a promover "as medidas que forem necessárias para salvaguardar os interesses da religião".[49]

Nesta mesma época, em que estava ocorrendo, no Estado de Santa Catarina, o aporte de um grande número de religiosos estrangeiros,[50] passou-se a publicar, na cidade de Florianópolis, o jornal *O Clarão*. Surgindo pela iniciativa de Chrysanto Eloy de Medeiros, foi o mais expressivo órgão de propaganda anticlerical editado em Santa Catarina. E, no calor do momento, por iniciativa da redação de *O Clarão*, lançou-se o seguinte concurso anticlerical: "Por que é que o Brasil não expulsa de seu território todos os padres e freiras?".[51] A melhor resposta teria como premiação uma assinatura do jornal. Além dos vínculos que manteve com os periódicos paulistas *O Livre Pensador* e *A Lanterna*, o jornal *O Clarão* atuou como contraponto informativo frente às publicações católicas, sobretudo o jornal *A Época* - órgão porta-voz da Federação das Associações Católicas de Florianópolis. Também, em 1912, *O Liberal* - hebdomadário anticlerical -, recém-lançado em Guaratinguetá, interior de São Paulo, na data simbólica de 14 de Julho (Queda da Bastilha), em seu editorial declarava: tratar-se de "um jornal de combate franco ao clericalismo", motivado pelas atuais circunstâncias, em que o Brasil "foi invadido por milhares de Frades", "não para impulsionar as nossas indústrias e nem tão pouco para desenvolver a nossa agricultura", mas, "sim para enriquecerem-se a custa da nossa tolerância religiosa".[52]

49 *Gazeta de Notícias*, Rio de Janeiro, 18 de outubro de 1910, p. 3.

50 CORREIA, Ana Maria Martins Coelho. *A expansão da Igreja em Santa Catarina: a reação anticlerical e a questão do clero nacional (1892-1920)*. Dissertação (mestrado em História) - CFH - UFSC, Florianópolis, 1988, p. 104.

51 *O Clarão*, Florianópolis, 15 de junho de 1912, p. 2.

52 *O Liberal*, Guaratinguetá, 14 de julho de 1912, p. 1.

Com efeito, as tensões ocasionadas pelo assassinato de Ferrer, seguido do Caso Idalina e dos reflexos da Proclamação da República em Portugal, resultou em grande incidência de novas associações anticlericais e livres-pensadoras. De imediato, no transcurso de 1910-1914, tem-se, diante desse novo panorama, a fundação de pelo menos 38 entidades (nas regiões Sul, Sudeste, Nordeste, Norte e Centro-oeste). Por mais que alguns desses grupos tenham desempenhado um papel menor, ficava evidente que o anticlericalismo havia se tornado um movimento de projeção nacional.

Entretanto, o epicentro mantinha-se ainda na região Sudeste (com 23 associações), onde, entre outras, surgem agremiações como a Liga Anticlerical Brasileira (São Paulo), a Liga Anticlerical de São Paulo (reativada em 1910), a Liga Anticlerical do Rio de Janeiro e a Liga do Livre Pensamento (Santos). Fundada em 1910, a Liga do Livre Pensamento encontrava-se instalada junto à Federação Operária Local de Santos e, entre seus membros, estava Luiz La Scala - militante sindical da referida federação, Eladio Cesar Antunha - militante do Sindicato dos Pedreiros e Saturnino Barbosa - professor e literato. Em 1911, passam a promover conferências, a exemplo de "A Inutilidade das Religiões", proferida por Saturnino Barbosa - autor das obras *A Morte de Deus* e *Ensaio de Crítica Racionalista.*

Ademais, a Associação do Livre Pensamento (fundada em São Paulo, em 1908), a Liga Anticlerical da Bahia (fundada em Salvador, em 1908) e a Associação Feminil Livre Pensadora (fundada em Curitiba, em 1909) continuavam em franca atividade.

Nesta gama de associações, ganhará destaque a Liga Anticlerical Brasileira que, em fins de 1910, surge pelo intermédio de "um grupo de intransigentes batalhadores, inimigos acérrimos da batina - símbolo da treva e do mal".[53] Instalada anexa à redação de *A Lanterna*, a nominada liga objetivava estabelecer, entre os anticlericais do Brasil, o "necessário vínculo moral para maior proveito e probabilidade de vitória na luta contra a nefasta e deletéria preponderância do clero na vida e nos destinos do povo".[54] Essa entidade

53 *A Lanterna*, São Paulo, 29 de outubro de 1910, p. 1.

54 *Ibidem.*

nascia impulsionada pelas campanhas contra a vinda de clérigos expulsos de Portugal e pelo incipiente caso do desaparecimento da menor Idalina.

No encalço disto, viu-se surgir, em 21 de fevereiro de 1911, a Liga Anticlerical do Rio de Janeiro, que tomaria como base para suas diretrizes, a mesma postura política propugnada pela Liga Anticlerical Brasileira (São Paulo). Percebe-se também que será, a partir da Liga Anticlerical Brasileira, que aparecerá a Liga Anticlerical de São Paulo, logo substituindo sua precedente.

Deste modo, a Liga Anticlerical de São Paulo defendia, em seu programa político, a luta contra o "perigo negro", que sufocava o Brasil e que, há tempos, desenvolvia uma "obra surda e tenebrosa de embrutecimento moral", uma vez que essa "seita sacerdotal", habilmente, "conspira nas sacristias e nos conventos contra a civilização e o progresso".[55] Instalada no início de maio de 1911, na sede da Associação do Livre Pensamento, a referida liga tinha, entre seus impulsionadores, Benjamim Mota, Passos Cunha, Raimundo Reis, Edgard Leuenroth, Oreste Ristori, sendo que a sessão de instalação contou com a presença da livre-pensadora espanhola Belén de Sárraga, que, naquela ocasião, se encontrava no Brasil para realizar uma série de conferências anticlericais.

Em meio a tais esforços coletivos, em 1911, foi proposta a realização do I Congresso Anticlerical Estadual, em São Paulo, para congregar, exclusivamente, os "elementos que combatem o clericalismo como um mal a humanidade".[56] Contudo, nenhum documento registra a sua realização.

É interessante destacar que os estatutos que regiam tanto a Liga Anticlerical de São Paulo (publicados em 1911) quanto a Liga Anticlerical do Rio de Janeiro (adotados e impressos em 1912) possuíam, em linhas gerais, a mesma redação.[57] Assim, em ambos os estatutos, que estavam ancorados num programa político

55 Até aqui, tudo em *A Lanterna*, São Paulo, 6 de maio de 1911, p. 1.

56 *A Lanterna*, São Paulo, 8 de outubro de 1911, p. 2.

57 Os dois documentos seriam idênticos, se não fosse duas pequenas mudanças. Assim, no Capítulo I - Art. 1º, a Liga Anticlerical do Rio de Janeiro acrescentou um § 11º, em que consta: "Promover pela propaganda o estabelecimento do divórcio pleno", por conseguinte, na versão do estatuto adotado por essa mesma agremiação carioca, foi suprimido o § 9º (Capítulo I - Art. 2º), outrora existente no estatuto original da Liga Anticlerical de São Paulo, que defendia "A fundação de outras Ligas com programa idêntico ao desta, promovendo uma Federação de todas", cf. Estatutos da Liga Anticlerical de São Paulo, *In: A Lanterna*, São Paulo, 6 de maio de 1911, p. 4; *Estatutos da Liga Anticlerical do Rio de Janeiro*. Rio de Janeiro: Ao Luzeiro, 1912.

antirreligioso e ateísta, estabeleceu-se entre os objetivos: "agremiar todas as forças e boas vontades decididas a combater pela liberdade de consciência, sem partidarismo político", tendo em vista o combate ao "clero como elemento historicamente funesto a sociedade sob o tríplice ponto de vista político-econômico-moral", bem como "combater o clero no complexo de suas doutrinas metafísicas e das suas ideias supersticiosas não baseadas na observação escrupulosa dos fatos e rejeitadas como insustentáveis ou absurdas pela ciência".[58]

Evidentemente, tal tipo de posicionamento de não somente fazer oposição ao clericalismo católico, mas, a todas as religiões, estava marcadamente em sintonia com agrupamentos existentes em São Paulo – a exemplo do Grupo Livre Pensador (1904) –, e no Rio de Janeiro, devido à forte presença de militantes anarquistas e socialistas de verve ateia e agnóstica no seio do movimento anticlerical. Acresce a isto o fato do livre-pensamento ter no seu seio "uma força militante contra a alienação religiosa, a qual se acusava de estar mancomunada com a opressão política e com a exploração econômica, bloqueando assim a emancipação definitiva da humanidade".[59]

E, entre os meios de difusão a serem usados, tanto a Liga Anticlerical de São Paulo quanto a do Rio de Janeiro estipularam: a) a manutenção de escolas primárias, leigas e gratuitas, diurnas e noturnas, com o ensino moldado no princípio racionalista; b) o auxílio e o apoio à imprensa francamente liberal e de combate; c) a publicação e a divulgação de livros, manifestos, opúsculos e boletins que defendam os princípios da[s] Liga[s]; d) A propaganda por meio de conferências públicas em teatros, salas, ou em reuniões na praça pública, em favor das ideias liberais e contra o confessionário e o ensino religioso; e) a criação de bibliotecas populares circulantes e em salas públicas; f) o apoio decidido a todas as iniciativas que se propuserem a desenvolver o ensino racionalista.[60]

58 Até aqui, tudo em *Estatutos da Liga Anticlerical do Rio de Janeiro...*, p. 3-4.

59 CATROGA, Fernando. "Anticlericalismo y librepensamiento en el Portugal decimonónico". *In:* DI STEFANO, Roberto & ZANCA, José (comps.). *Pasiones anticlericales – un recorrido iberoamericano.* Bernal: Universidad de Quilmes, 2013, p. 68, [tradução nossa].

60 CAPÍTULO I: Da Liga, sua sede, duração, fins e meios. *In: Estatutos da Liga Anticlerical do Rio de Janeiro...*, p. 4.

Enquanto uma das mais representativas associações, a Liga Anticlerical do Rio de Janeiro,[61] que estava instalada, provisoriamente, na Rua General Câmara, nº 335 – sede da Federação Operária do Rio de Janeiro (FORJ) –, contava, em suas fileiras, entre outros, com o tipógrafo Ulisses Martins,[62] o ex-senador João Coelho Gonçalves Lisboa, o professor José Oiticica (a partir de 1912) e o intelectual António Tomás Pinto Quartin (que militou na liga entre os anos de 1913 e 1915). Logo, ao atuar intensamente no campo da propaganda, a referida associação assumiria um papel saliente nas campanhas anticlericais. Aliás, configurando-se em uma das organizações mais duradouras.

Em constante intercâmbio com agrupamentos anticlericais tanto em nível nacional quanto atuantes em outros países, a Liga Anticlerical do Rio de Janeiro, durante o XV Congresso Internacional do Livre Pensamento, que se realizou em Munique (Alemanha), no início de setembro de 1912, incumbiu o jornalista José Joaquim de Campos da Costa de Medeiros e Albuquerque (residente em Paris) para representá-la.

No ano seguinte, mediante a 16ª edição do Congresso Internacional do Livre Pensamento, prevista para os dias 6, 7 e 8 de outubro de 1913 e sediada em Lisboa (Portugal), a referida liga nomeou como seus representantes os correligionários Manuel de Campos Lima (socialista português e maçom), Adolfo Vásquez Gómez (republicano liberal espanhol e maçom) e Léon Furnémont – que, além de membro do partido socialista belga, atuou junto à associação *Libre Pensée* e a *Fédération Internationale de la Libre Pensée* (ambas localizada

61 A Liga Anticlerical do Rio de Janeiro teve duas fases (1ª, 1911-1920; 2ª, 1929-1933). Durante sua primeira fase, fez-se marcante a atuação de operários italianos, portugueses e espanhóis, havendo entre os estes um expressivo número de militantes anarquistas. Em 1911, a Liga contou na sua diretoria, com Ulisses Martins (1º secretário), Carlos Augusto de Lacerda (2º secretário), Maximiano de Macedo (contador), Jacob Chain (comissão de propaganda), Elpídio Nunes (comissão de propaganda).

62 No Brasil, este anarquista espanhol atuou num primeiro momento na cidade de São Paulo, depois rumando e fixando-se no Rio de Janeiro. Ali, fortemente engajado nas lutas sociais, em 1909, tomou parte nos comícios contra a execução de Francisco Ferrer, bem como exerceu papel de destaque na Liga Anticlerical, inclusive fazendo parte de grupos de teatro. Aliás, segundo Edgar Rodrigues, Ulisses Martins, identificado com as artes cênicas, anos depois, tornou-se ator profissional. Cf. RODRIGUES, Edgar. *Os companheiros* - vol. 5. Florianópolis: Insular, 1998, p. 174; BATALHA, Claudio H. M. *Dicionário do movimento operário: Rio de Janeiro do século XIX aos anos de 1920, militantes e organizações*. São Paulo: Fundação Perseu Abramo, 2009, p. 100.

em Bruxelas). A respeito de Furnémont, vale destacar que, durante sua militância no socialismo e no livre-pensamento, ele defendeu "que o movimento do Livre-Pensamento, na luta contra os prejuízos religiosos, favorece o progresso da ideia socialista e que a persistência do sentimento religioso é o principal obstáculo para a adesão total do proletariado ao programa socialista".[63]

Desde a sua fundação, em 1880, a *Fédération Internationale de la Libre Pensée*, com seu quartel-general em Bruxelas (Bélgica), conquistou grande notoriedade nos círculos livres-pensadores e anticlericais existentes nos países de tradição católica. Desta forma, no Brasil, em 1912, a Liga Anticlerical do Rio de Janeiro filia-se à federação belga.

Na mesma época, Carlos Augusto de Lacerda, secretário da Liga Anticlerical do Rio de Janeiro e assíduo colaborador do jornal *A Lanterna* - que assinava comumente os seus textos como Adrecal (inversão do sobrenome Lacerda) –, afirmou: "um sopro vivificador de entusiasmo vem agitando, do extremo norte do país ao extremo sul, visto que aqui forma-se um grupo, ali outro, além uma liga; todos querem tomar parte na luta!".[64] Esse entusiasmo era corroborado pelo surgimento da Associação Livre Pensadora (Porto Alegre, 1909), da Liga Mato-Grossense de Livres Pensadores (Cuiabá, 1909) e do Grupo Rosariense de Livre Pensadores (Rosário Oeste, 1912)[65] – filiado à Liga Mato-Grossense.

Em Florianópolis, também um grupo de anticlericais ligado ao jornal *O Clarão*, aventou a fundação de uma liga anticlerical naquela cidade - porém, não há indícios que tal projeto tenha se concretizado. Por seu turno, em 1913, é criada a Liga Anticlerical de Pernambuco, filiada à Liga Anticlerical do Rio de Janeiro e ao Círculo Cívico Berthelot, de Paris (França).

Fundada em junho de 1913, na cidade de Recife, a Liga Anticlerical de Pernambuco tinha como propósito combater a "influência nefasta" e "perniciosa do clericalismo",[66] via a promoção de conferências, palestras etc. Anos depois de sua fundação, em 1917, a liga lançava apelo a todos os verdadeiros

63 ARBELOA, Victor M. *Socialismo y anticlericalismo*. Madrid: Taurus, 1973, p. 43, [tradução nossa].

64 *A Lanterna*, São Paulo, 28 de junho de 1913, p. 1.

65 Sua primeira diretoria ficou composta por Manuel Pereira Cuiabano (presidente), Generoso Corrêa (secretário), Miguel M. Boabaid (tesoureiro), Sinfrônio O. C. Lins (orador).

66 *A Lanterna*, São Paulo, 28 de junho de 1913, p. 3.

republicanos, livres-pensadores, ateus e anarquistas, em prol de uma campanha contra a colocação da efígie de Cristo, no salão do júri de Pau d'Alho.[67] Ao considerar esse ato um atentado à República, assim como à liberdade de consciência garantida pela Constituição, a liga protestava perante o presidente Venceslau Brás. Por certo, o fato ocorrido em Recife não era um caso isolado. Desde os primeiros anos da República, a questão de símbolos religiosos em repartições públicas foi alvo de pertinentes críticas. Em 1892, diante da postura paradoxal do Poder Executivo Federal, que determinava a permanência de tais símbolos, o Dr. Rodrigo Octávio de Langaard Menezes, no cargo de Procurador da República, afirmou: "a permanência de um símbolo religioso em lugar público, onde são chamados os cidadãos de um país sem religião do Estado a cumprir um dever cívico, ofende os preceitos constitucionais da liberdade de consciência".[68] Décadas depois, em 1919, valendo-se dessas prerrogativas (garantidas pela Carta Magna de 1891), na cidade de Curitiba, o Centro Livre Pensador – ao objetar a reposição da imagem de Cristo na sala do Tribunal da capital paranaense –, editou o folheto de sonetos *A Luta pela Liberdade de Pensamento*, da autoria de Olímpio Salatiel Bezerra Leite, um dos fundadores da União Operária do Paraná.

Em meio a isto, em 1913, visando à organização e à coesão dos diversos núcleos espalhados pelo Brasil, passava a ganhar visibilidade, nas páginas de *A Lanterna*, a ideia da criação de uma Federação Brasileira do Livre Pensamento, em que os grupos locais, por intermédio dos seus secretários, manter-se-iam conectados a uma comissão federal, gerenciada pela liga carioca. Esse projeto de um movimento coordenado, através de uma federação de ligas, tinha como principal encorajador Eugênio Hins – secretário da Federação Internacional do Livre Pensamento (Bruxelas). A propósito, anos antes, em 1907, a ideia da criação de uma Federação do Livre Pensamento já havia animado alguns núcleos de livres-pensadores e anticlericais do Paraná, que, em defesa de melhores êxitos nas campanhas de resistência ao clericalismo, con-

67 *A Província*, Recife, 27 de janeiro de 1917, p. 4.

68 LINS, Ivan. *História do positivismo no Brasil*. 2ª ed., São Paulo: Companhia Editora Nacional, 1967, p. 390.

sideraram importante a organização de uma federação gerenciada pela Liga Anticlerical Paranaense (Curitiba).[69] No entanto, tal intuito não obteve êxito.

Apesar da criação, entre os anos de 1912 e 1915, de pelo menos 12 novas entidades envolvidas na campanha anticlerical, não há nenhuma referência que comprove a fundação efetiva da Federação Brasileira do Livre Pensamento. Assim, em mais de uma ocasião, certos projetos de organização nunca saíram do papel.

Ano	Entidade	Membros	Cidade	UF
1912	Liga Contra o Confessionário	Barão do Triunfo	Belém	PA
1912	Clube Anticlerical Amargosense	----------------	Amargosa	BA
1912	Liga Anticlerical de Niterói	----------------	Niterói	RJ
1912	Grupo Operário Anticlerical	João Louzada	Ponta do Caju	RJ
1912	Centro do Livre Pensamento	----------------	Bauru	SP
1912	Liga Anticlerical de Belo Horizonte	Enéas Campos Pires, Teófilo de Oliveira, Alexandre Pereira, Dimas de Carvalho e Valdemar da Silveira	Belo Horizonte	MG
1913	Liga Anticlerical de Porto Alegre	----------------	Porto Alegre	RS
1913	Liga do Livre Pensamento	----------------	Sete Lagoas	MG
1913	Centro de Livres Pensadores Francisco Ferrer	Adolfo Silveira, Benedito Peixoto de Matos, Aureliano Silveira	Curitiba	PR
1913	Grupo Anticlerical de Maceió	Arsênio Lanuza	Maceió	AL
1914	Liga dos Livres Pensadores	----------------	Rosário Oeste	MT
1915	União do Livre Pensamento	----------------	Rio de Janeiro	RJ

Quadro 3. Associações surgidas entre 1912-1915

69 *O Combate*, Curitiba, 27 de janeiro de 1907, p. 4.

Como um dos principais núcleos anticlericais existentes no Brasil, a Liga Anticlerical do Rio de Janeiro investiu em diversas atividades de propaganda contra o domínio do clericalismo, a exemplo de uma série de conferências semanais, promovidas no transcurso de 1912, às quintas-feiras, entre as quais, tem-se: "Origens das Religiões e o Valor da Ciência", ministrada pelo anarquista Carlos Dias. Evidentemente, "a importância do anticlericalismo para a doutrina e propaganda anarquista era muito grande e conjugava tanto a defesa que faziam do livre-pensamento [...], quanto com sua crença no progresso social orientado pela ciência e pela experiência".[70]

Considerando-se o fato de que a Liga Anticlerical do Rio de Janeiro tinha o intuito de facilitar a educação primária do proletariado,[71] esta passou a oferecer aulas para os associados e suas famílias, tendo como grade curricular: a) Português (José Oiticica); b) História (Coelho Lisboa); c) Aritmética (João P. da Silva); d) Geografia (Carlos Augusto de Lacerda); e) Francês (Carlos Augusto de Lacerda). Aliado a esse programa de ensino, inaugurou um Curso de Sociologia, tendo como responsável o professor José Oiticica.

Além disto, pela iniciativa de alguns sócios, é criado o Grupo Dramático Anticlerical, que passou a encenar peças anticlericais e de temas afins. Em 11 de agosto de 1912, via ato solene, a Liga inaugurou sua nova sede social na Rua Marechal Floriano Peixoto, nº 112 (2º andar), em que, nas paredes do salão, figuravam os retratos de Giordano Bruno e Francisco Ferrer. Em outubro daquele mesmo ano, *A Lanterna* passou a ser publicada sob os seus auspícios. Aliás, será, naquele mesmo período, ou seja, entre os anos de 1912 e 1914, que a Liga Anticlerical do Rio de Janeiro viverá seu momento áureo. A partir daí, mudou diversas vezes de endereço e, envolta num lento processo de declínio, realizará atividades esporádicas até 1919,[72] ano que marca o fim das suas atividades devido à repressão levada a cabo pelo governo de Epitácio Pessoa.[73] Em

70 GOMES, Angela de Castro. *A invenção do trabalhismo*. 2ª ed., Rio de Janeiro: Relume Dumará, 1994, p. 85.

71 *O Imparcial*, Rio de Janeiro, 29 de março de 1915, p. 6.

72 Nesse mesmo ano, a liga publicava o folheto *A Internacional Negra*, da autoria de Fábio Luz.

73 Um conjunto de fatores irá contribuir para que o governo central adote medidas extremas contra os anarquistas, assim, vale destacar as diversas greves operárias que marcaram o ano de 1919. No entanto, em 1918, antes de Epitácio Pessoa assumir o governo, tem-se, no Rio de Janeiro, uma frustada insurreição fomentada por elementos anarquis-

1920, a aquisição do seu mobiliário ficou a cargo da União dos Alfaiates (Rio de Janeiro) – na qual militavam destacados membros da extinta liga.

Entrementes, no ano de 1916, o periódico *A Lanterna* havia encerrado suas atividades. Porém, dentro em breve, pela iniciativa do seu ex-diretor Edgard Leuenroth, em 1917 – em plena Greve Geral – viu-se circular *A Plebe*, em substituição a *A Lanterna*, que declarava: "com nova feição ressurge para desenvolver a luta emancipadora em uma esfera de ação mais vasta, de mais amplos horizontes".[74]

Àquela altura, em meio aos infortúnios durante os anos da Primeira Guerra Mundial (1914-1918) – que agravaram ainda mais a questão social – e, posteriormente, diante do frenesi político ocasionado pela Revolução Russa (1917), a causa anticlerical perdia força, reduzindo sua ação drasticamente na década de 1920.

Belén de Sárraga, uma livre-pensadora entre dois mundos

Nas primeiras décadas do século XX, propagandistas do livre-pensamento de prestígio internacional aportaram no Brasil, a exemplo de Guido Podrecca, Enrico Ferri, Georges Benjamin Clemenceau, Léon Furnémont e Bélen de Sárraga. Recepcionados pela maçonaria local, ou por círculos socialistas e anticlericais, realizaram conferências, especialmente, nas cidades de São Paulo, Rio de Janeiro e Curitiba. Desse modo, em 1906, numa rápida passagem pelo Brasil, o socialista belga Léon Furnémont – secretário da *Fédération Internationale de la Libre Pensée* – realizou conferências no templo maçônico da Loja Antica Roma (São Paulo), assim como estreitou contato com círculos anticlericais paulistas.

Anos depois, em novembro de 1908, no retorno de Buenos Aires, o criminologista, sociólogo e socialista italiano Enrico Ferri – ligado a direção do *Avanti!*, órgão do Partido Socialista Italiano –, realizou, em São Paulo e no

---

tas (entre os quais, estava José Oiticica), que inspirados nos sucessos da Revolução Russa (1917), almejavam derrubar pela força das armas o governo. Diante disto, a repressão redobrará sua atenção aos núcleos anarquistas, prendendo diversos dos seus militantes, bem como fechando suas associações, a exemplo da Liga Anticlerical do Rio de Janeiro e das Escolas Modernas (São Paulo). Sobre a insurreição de 1918, cf. ADDOR, Carlos Augusto. *A insurreição anarquista no Rio de Janeiro*. Rio de Janeiro: Dois Pontos, 1986.

74 *A Plebe*, São Paulo, 9 de junho de 1917, p. 1.

Rio de Janeiro, uma série de conferências, em que afirmou: "a Igreja é uma instituição decadente". Inegavelmente, para os clérigos, Ferri era um materialista, "filiado, com ardor de irreligiosidade, àquilo que o evolucionismo de Darwin e Haeckel podia eventualmente produzir de mais materialista, de mais incrédulo, de mais anticristão, de mais antirreligioso". Dessa forma, "foi este o grande nome que acatólicos ou anticatólicos em S. Paulo quiseram trazer para nosso meio, para desmoralização e descrédito do catolicismo aos olhos do povo".[75] Logo, por indicação da União Católica Brasileira, em mais uma cruzada contra o liberalismo, imbuiu-se o padre João Gualberto do Amaral, ligado ao Seminário Provincial de São Paulo, da tarefa de refutar Enrico Ferri, ou, em outras palavras, de efetuar "o revide da religião, da fé e da cultura da nossa gente em face das grandes diatribes, anticlericais e ateias de outras plagas",[76] por meio da realização de três conferências públicas, que, inclusive, ganhariam difusão impressa. A primeira réplica do padre João Gualberto, realizada em 11 de novembro, no Salão Steinway, mobilizou tanto católicos quanto anticlericais, o que resultou em protestos, seguidos de intervenção policial. Terminada a conferência, os adeptos do orador saíram em manifestação pública dando vivas à religião católica.[77]

Também diante da visita ao Brasil de Enrico Ferri, o abade Dom Miguel Kruse, do convento São Bento, de São Paulo, lançou veemente protesto. Essa atitude resultou na publicação do jornal *A Bomba* enquanto parte de uma contraofensiva anticlerical ao sacerdote Kruse, promovida pelos alunos da Faculdade de Direito de São Paulo, Villalva Júnior e Heitor de Moraes. Tendo como intuitos "Desmascarar tartufos" e "Esbarrigar jesuítas", o periódico *A Bomba* apresentava-se como "o brado trovejante de todas as cóleras irreprimíveis de uma legião de moços, feridos no mais íntimo de suas convicções liberais", portanto, "é um jornal de combate, de viseira erguida, rubro e valente no ataque ao ultramontanismo, se-

75 Ambas as passagens, CARVALHO, João B. de. "À guisa de prefácio". *In:* AMARAL, João Gualberto do. *Refutação a Ferri: três conferências realizadas em São Paulo em 1908*. Petrópolis: Vozes, 1948, p. 8.

76 CARVALHO, João B. de. "À guisa de prefácio". *In:* AMARAL, João Gualberto do. *Op. cit.*, p. 9.

77 Cf. BROCA, Brito. *A vida literária no Brasil - 1900*. 4ª ed., Rio de Janeiro: José Olympio, 2004, p. 225.

vero e rigoroso no julgamento e processo dos fatos que diretamente se relacionam com o viver untuoso e místico dos fanáticos e jesuítas".[78]

Ainda, em 1908, o padre Júlio Maria, cuja figura, comumente, foi alvejada pelos anarquistas e anticlericais, investiu em conferências que tinham como pano de fundo a defesa da vinda de frades estrangeiros ao Brasil e o combate ao anarquismo e ao protestantismo, aparado na afirmativa de que ambos têm como essência a desobediência.[79]

Anos depois, ao referir-se ao cenário político e social dos primeiros anos do século XX e à presença de Enrico Ferri em São Paulo, o padre João B. de Carvalho escreveu: "começou a soprar em São Paulo um vento intempestivo de incredulidade, de anticatolicismo. Vento que soprava movido por influências exóticas e estranhas à tradicionalidade de nosso meio brasileiro, paulista, cristão e católico".[80] É curioso notar que, na visão desse clérigo, o anticlericalismo não passava de um ranço estrangeiro, apartado de identidade nacional. Mas, valendo-se desta mesma atribuição de equivalências, não seria também a disseminação no Brasil do ultramontanismo (atrelado a figura do Papa que é um soberano estrangeiro) fruto de "influências exóticas", cuja atuação conservadora alimentou a existência do anticlericalismo, bem como o "vento intempestivo" do "anticatolicismo"?!

Seja como for, em 1910, outro adversário da Igreja aportava, no Rio de Janeiro e em São Paulo, para a realização de um conjunto de conferências. Tratava-se do jornalista e estadista francês Georges Benjamin Clemenceau, que, estrondosamente, causou arrepios na "alma dos clericais e teocratas".[81] Segundo destacou a imprensa anticlerical, "foi ele quem, levando a cabo a obra iniciada por Rousseau e Combes, escorraçou da França a corja negra que a sugava, que a esmagava sob o peso da sua ignorância e dos seus crimes".[82] Não obstante, por intermédio do jornal *Correio da Manhã*, do Rio de Janeiro,

78 Ambas as passagens, *A Bomba*, São Paulo, agosto de 1908, p. 1; *A Bomba*, São Paulo, setembro de 1908, p. 3.

79 *Gazeta de Notícias*, Rio de Janeiro, 23 de março de 1908, p. 2.

80 CARVALHO, João B. de. "À guisa de prefácio". *In:* AMARAL, João Gualberto do. *Op. cit.*, p. 7-8.

81 *O Paiz*, Rio de Janeiro, 27 de setembro de 1910, p. 3.

82 *A Lanterna*, São Paulo, 1º de outubro de 1910, p. 2.

Pio Benedito Otoni - acadêmico de direito e secretário da União Católica Brasileira - declarava: "não concordamos de forma alguma com essa enfiada de ateus que uns após outros vêm *fazer a América*".[83]

Para os clérigos, não havia dúvidas de que Clemenceau "detestava o Catolicismo e combatia-o na tribuna da Câmara como nos salões de conferências, com uma violência brutal", sendo, na França, "o pior perseguidor da Igreja",[84] depois de Émile Combes (que foi responsável pela estatização dos bens das congregações religiosas). Como resposta a sua presença no Rio de Janeiro e em São Paulo, a União Católica Brasileira - na ocasião, presidida pelo dr. Nerval de Gouveia -, com o apoio de várias associações católicas, a exemplo das Congregações Marianas, faz uma ação de protesto, que resultou em uma série de conferências católicas, visando minar o brio do estadista e maçom francês. Essas conferências foram seguidas de manifestações públicas, como a ocorrida em São Paulo, no dia 2 de outubro, um domingo, em que elementos clericais tomaram as ruas do centro da cidade. Além disso, segundo destacou *A Lanterna*: "coincidindo com a estadia de Clemenceau nesta capital [São Paulo], estiveram aqui reunidos todos os dominantes da Igreja no Brasil".[85]

Na senda de proeminentes figuras identificadas com o anticlericalismo, que, no Brasil vinham marcando presença, a exemplo de Anatole France (1909) e de Georges B. Clemenceau (1910), tem-se, em 8 de dezembro de 1910, o desembarque, no Rio de Janeiro, do padre Gaffre (ex-dominicano), que, no papel de pregador católico, realizará uma série de conferências como contraponto aos tribunos do livre-pensamento francês.[86] Em resposta a esta iniciativa católica, o socialista Antonio Piccarolo realizou, na Associação do Livre Pensamento (São Paulo), em fevereiro de 1911, uma conferência que tinha como alvo as dissertações do padre Gaffre.

83 BROCA, Brito. *Op. cit.*, p. 237.

84 Ambas as passagens, GABAGLIA, Laurita Pessoa Raja. *O cardeal Leme (1882-1942)*. Rio de Janeiro: José Olympio, 1962, p. 40.

85 *A Lanterna*, São Paulo, 8 de outubro de 1910, p. 1.

86 Para detalhamentos das visitas de Anatole France, George Clemenceau e do padre Gaffre, cf. CAMPOS, Regina Salgado. "A latinidade na América do Sul: Anatole France e Paul Adam". *In:* PERRONE-MOISÉS, Leyla (org.). *Do positivismo à desconstrução: ideias francesas na América*. São Paulo: Edusp, 2004, p. 79-126.

Deveras, no duelo de forças entre anticlericais e clérigos, o debate de ideias foi uma constante. A título de exemplo, vale lembrar que, em 1899, o anarquista Benjamim Mota, por intermédio do jornal *O Brazil* (São Paulo), escreveu uma série de textos contra as conferências do padre Júlio Maria.[87] Anos depois, em 1912, a Liga Anticlerical do Rio de Janeiro, também tendo como alvo o padre Júlio Maria, realizou um conjunto de conferências em contradita às que o padre vinha realizando na matriz da Glória.[88] Além disso, Jardinópolis, cidade do interior de São Paulo, foi palco de um curioso debate público, ocorrido, em 1910, entre o anarquista Oreste Ristori e o padre João Ravaioli, em torno do tema "a influência nefasta das religiões e do clero sobre a civilidade das populações", proposto pelo núcleo anarquista do jornal *La Battaglia*.[89] Por sua vez, na década de 1920, o anarquista José Oiticica lançava, via imprensa - *Correio da Manhã* -, suas farpas às afirmações do padre Leonel Franca - autor do artigo "Catolicismo e Modernismo" -, ao qual Oiticica respondeu com o texto "Modernismo Católico", seguido de uma série de escritos intitulados de "Resposta a um jesuíta", que resultou em vigorante e extensa discussão.[90]

Seja como for, em 1914, no retorno de Buenos Aires, o jornalista, professor, maçom e socialista italiano Guido Podrecca, diretor do *L'Asino* - órgão político, humorístico e anticlerical -, marcou presença nas cidades do Rio de Janeiro, São Paulo e Curitiba. De imediato, diversos órgãos da imprensa eclesiástica se manifestaram contra a estadia de Podrecca no Brasil, onde realizaria uma série de conferências, visando - na ótica da imprensa católica -, "tripudiar" sobre "as crenças da grande maioria dos brasileiros".[91] Dessa forma, o jornal carioca *A União* - órgão do Centro Católico do Brasil - escreveu: "chama-se Podrecca o nauseante personagem italiano, o redator do imundo e infame

87 Esses escritos de Benjamim Mota deram forma ao livro *A razão contra a fé*, editado em 1900.

88 *O Pharol*, Juiz de Fora, 28 de maio de 1912, p. 1.

89 Sobre o debate entre Ristori e Ravaioli, cf. ROMANI, Carlo. *Oreste Ristori: uma aventura anarquista*. São Paulo: Annablume; Fapesp, 2002, p. 192-194.

90 Por iniciativa do padre Franca, a discussão ganhou publicação em livro, sob o título: *Relíquias de uma polêmica*, publicado em 1926. Para detalhes sobre tal debate, cf. FIGUEIRA, Cristina Aparecida Reis. *A trajetória de José Oiticica: o professor, o autor, o jornalista e o militante anarquista na educação brasileira*. Tese (doutorado em Educação: História, Política, Sociedade) - PUC, São Paulo, 2008, p. 136-141.

91 *A União*, Rio de Janeiro, 4 de abril de 1915, p. 3.

pasquim que também apropriadamente se chama: *O Asno*, pois que tem por fim principal escoicear as coisas e pessoas veneráveis, inclusive o Papa".[92] Além disso, o sobrenome do jornalista italiano foi, em mais de uma ocasião, motivo de chacota entre os clérigos, que o denominavam pejorativamente de Guido "Podre". O caso, em particular, de Guido Podrecca deixava em evidência que o uso de estereótipos na criação de caricaturas não era exclusividade da imprensa anticlerical, uma vez que, com certa constância, fez-se presente nos jornais católicos, quando o assunto era depreciar os seus adversários.

Também de passagem pelo Brasil e representando a ala feminina do livre-pensamento, a oradora espanhola Belén de Sárraga esteve, em 1910, no Rio Grande do Sul, a convite da maçonaria, visto que mantinha vínculos com as lojas Electra e Ordem e Luz, ambas de Porto Alegre, sendo "membra" honorária do Grande Oriente do Rio Grande do Sul. Na sequência, em 1911, e depois em 1919, fez turnê por diversos estados brasileiros. Mas, quem era essa propagandista que afirmava "Nem um centavo ao culto", assim como "nem uma mulher" ou criança "sob o domínio do padre"?[93]

Belén de Sárraga Hernández nasceu em 10 de julho de 1873, em Valladolid, na Espanha. Feminista, livre-pensadora - por diversas vezes atuou próxima ao anarquismo e ao movimento operário. Ainda na Espanha, militou no Partido Republicano Federal Español - fundado por Francisco Pi y Margall, o principal divulgador da obra de Proudhon em território espanhol. Aliás, possivelmente por intermédio de Pi y Margall -, que foi seu professor na Universidade de Barcelona -, Sárraga tomou contato com a obra de Proudhon, seguido de Bakunin e Kropotkin.

Ligada à maçonaria, Sárraga foi iniciada, em 1896, na Loja *Severidad nº 88*, localizada em Valência, adotando o nome simbólico de *Justicia*. Não raro, almejando a emancipação humana, a maçonaria na Espanha permitiu, em diversas de suas lojas, o ingresso de mulheres. Desse modo, o Grande Oriente Espanhol defendia que "a mulher tem direito a toda nossa atenção,

---

92 *A União*, Rio de Janeiro, 1º de novembro de 1914, p. 3.

93 SÁRRAGA, Belén de. *El clericalismo en América: - a través de un continente*. Lisboa: Lux, 1915, p. 237, [tradução nossa].

e nós orientalistas a queremos a nosso lado com iguais deveres e direitos".[94] Valendo-se dessa abertura existente em algumas alas da maçonaria, Sárraga esteve filiada a um grande número de lojas, tanto na Espanha quanto na Argentina, inclusive sendo vice-presidente da *Federación Argentina de El Derecho Humano*, alcançando o grau 33.

Durante a sua militância na Espanha, Belén de Sárraga ajudou a fundar, na cidade de Barcelona, a *Asociación de Mujeres Librepensadoras* (1896), porém, essa associação acabou proibida pelo governo e Sárraga foi presa. Nessa mesma época, passou a dirigir o semanário *La Conciencia Libre* (Málaga). Em 1897, ao lado da feminista e livre-pensadora Ana Carvia y Bernal – também ligada à maçonaria espanhola –, criaram a *Asociación General Feminina* (Valência), que mantinha um gabinete de leitura e uma escola laica destinada a operários/as.

Devido, sobretudo, à campanha que encetou na Espanha contra a Igreja, ela sofreu perseguições e atentados contra sua vida. Assim, "em 1893, em um ato em Bilbao, tentaram envenená-la e durante uma viagem de trem, apunhalá-la, defendendo-se Belén de Sárraga, neste último caso, com um revólver em mão". Anos depois, em 1904, "foi condenada a dois meses de prisão devido ao discurso pronunciado", em Málaga, contra o general cristão Camilo Garcia de Polavieja (ex-governador das Filipinas), "censurando-o pelo fuzilamento do poeta, maçom e herói da independência das Filipinas, José Rizal"[95] – autor da obra *Noli me Tangere*, que ganhou notoriedade entre os anticlericais.

Em 1907, acompanhada do marido Emilio Ferrero Balaguer – republicano e maçom –, mudou-se para Montevidéu, ali criando a *Asociación de Damas Liberales*, assim como assumindo a direção do diário *El Liberal* (1908-1910). Como destaca Maria Dolores Ramos, "Belén de Sárraga foi a propagandista que as forças livres-pensadoras necessitavam a um e outro lado do Atlântico nas primeiras décadas do século XX".[96]

---

94 CAMPOS, Mauricio Javier. *Belén de Sárraga: – vida y revolución feminista*. Santiago de Chile: Fundación María Deraismes de la Federación Española de la Orden Masónica Mixta Internacional Le Droit Humain-El Derecho Humano, [s. d.], p. 31, [tradução nossa].

95 Até aqui, tudo em CAMPOS, Mauricio Javier. *Op. cit.*, p. 11.

96 RAMOS, Maria Dolores. "Belén de Sárraga: una 'obrera' del laicismo, el feminismo y el panamericanismo em el mundo ibérico". *In*: *Baética – Estudios de Arte, Geografía e História*, nº 28. Málaga: Universidad de Málaga, 2006, p. 702, [tradução nossa].

Enquanto delegada, participou dos Congressos Internacionais do Livre Pensamento, realizados em Genebra (1902), Roma (1904) – aliás, nessa ocasião, Enrico Ferri a denominou de "anjo da revolução –, Paris (1905), Buenos Aires (1906) – ali representando a Loja *Virtud*, de Málaga (Espanha) – e em Lisboa (1913). Durante o congresso realizado na capital argentina, Sárraga estreitou vínculos com o livre-pensador e anarquista Benjamim Mota, aproximação que resultou na longa *tournée* de propaganda do livre-pensamento, que, em 1911, a oradora espanhola efetuou pelo Brasil.

A bordo do vapor espanhol *Valbanera*, Bélen de Sárraga chegou ao Brasil em 12 de abril daquele ano, sendo calorosamente recepcionada em Santos por Edgard Leuenroth e José Romero – da redação d'*A Lanterna* (São Paulo) – e por comissões da Loja União Espanhola (São Paulo), da Associação do Livre Pensamento (São Paulo), da Federação Operária Local de Santos, da Liga do Livre Pensamento (Santos), entre outras agremiações. Dali rumou de trem para a capital paulista, onde associações maçônicas – a exemplo das lojas Ordem e Progresso, e Roma –, assim como entidades operárias e livres-pensadoras – entre as quais a Liga dos Pedreiros e a Liga Anticlerical –, esperavam por ela. No dia seguinte, foi para o Rio de Janeiro, sendo solenemente recebida pelo Grande Oriente do Brasil. Sobre a sua chegada, registrou a imprensa carioca:

> Grande número de pessoas foi à estação Central esperar a ilustre jornalista e conferencista espanhola, cujo nome é universalmente conhecido pela energia e dedicação com que defende e propaga as suas doutrinas.
>
> Entre os presentes notamos comissões da maçonaria, de sociedades do livre-pensamento, jornalistas, estudantes e famílias, ansiosas de conhecer a aureolada pensadora.[97]

Na capital federal, Sárraga realizou três conferências. No dia 25 de abril, a oradora deixou o Rio, voltando para São Paulo. No calor do momento, a redação do jornal *A Lanterna* enviou suas "saudações de boas-vindas à querida companheira de luta", que, acompanhada do seu secretário Luiz Porta Bernabé – redator do *El Liberal* (Montevidéu) –, marcava presença especial no Estado de São Paulo. Na capital paulista, com o Teatro São José lotado,

97 *O Século*, Rio de Janeiro, 11 de abril de 1911, p. 3.

sua conferência de estreia intitulava-se "Religião e Livre Pensamento". Nessa senda, entre maio e julho, Sárraga esteve em pelo menos 29 cidades do interior paulista, dissertando sobre temas diversos, a exemplo de "A Mulher e a Religião"; "O Livre Pensamento em Geral"; "A Mulher e a Igreja"; "Jesus e seus Sucessores"; "A Razão Frente ao Dogma" etc.

Vista como uma extraordinária oradora, suas conferências infundiam alentos, acendendo a centelha nos espectadores, uma vez que "a sua palavra fervorosa, que atrai e que convence tem o dom de abstrair, de arrastar, de enlevar a alma do auditório em sucessivas emoções".[98] Em mais de um caso, foi recepcionada por manifestações populares e cortejos, como demonstra a sua chegada à cidade de Rio Claro, onde uma enorme massa popular (cerca de três mil pessoas), ao vê-la na estação, entusiasticamente gritou vivas a Sárraga, ao Livre-Pensamento e à Escola Moderna.[99]

Referindo-se a uma de suas viagens de trem pelo Estado de São Paulo, Sárraga escreveu:

> Depois de percorrer quilômetros e mais quilômetros, de via férrea, por entre cafezais, cheguei a Vila Americana, e os olhos do visitante europeu tem como um deslumbramento: é a visão do velho continente, com suas cidades fabris, repletas de chaminés, que estendem ao ar seus cabelos de fumaça.[100]

Com efeito, durante suas conferências pelo interior paulista, Sárraga afirmou: é no livre-pensamento que as aspirações para a emancipação feminina encontrarão seu impulso e não nos "estreitos moldes do catolicismo".[101] Autora de textos e conferências que tratavam da influência da Igreja no espírito da mulher, em certa ocasião, declarou: "o clericalismo usa da mulher como o aventureiro de uma arma", visto que por intermédio dela "protege-se das avançadas liberais". Ainda, na ótica de Sárraga, as mulheres "sem refletir nunca, sem querer escutar, sequer, se é bom ou mal, falso ou verdadeiro o catolicismo, o praticam",

98 *A Maçonaria no Estado de São Paulo*, nº 8, Abril de 1911, p. 151

99 *O Estado de S. Paulo*, 22 de maio de 1911, p. 6.

100 SÁRRAGA, Belén de. *Op. cit.*, p. 21-22.

101 *O Estado de S. Paulo*, 15 de maio de 1911, p. 4.

quer "escutando a missa", participando "das quermesses" ou de campanhas pias, e, assim, por intermédio das mulheres "o culto se perpetua em casa".[102]

Inegavelmente, na propaganda anticlerical, a questão da mulher, como agente da Igreja aparecerá em mais de uma ocasião. Logo, especialmente "no confessionário estaria, segundo alguma literatura, um dos principais meios utilizados para seduzir a mulher e levá-la à devassidão".[103]

Em vista disso, a aproximação feminina para com a Igreja foi contestada por outros expoentes femininos que estavam ligados às lutas do livre-pensamento, a exemplo da brasileira Maria Lacerda de Moura, que destacou: "de todos os empecilhos ao progresso da mulher, a religião é o mais importante, o que mais concorre para a conservação da sua ignorância", uma vez que faz das mulheres "instrumentos passivos e exclusivos da igreja".[104] Curiosamente, parte dessa apreciação de Maria Lacerda se destinava a um público feminino dito anticlerical, mas, que ainda se mantinha atrelado à tradição católica, frequentando a Igreja para confessar, comungar e ouvir missas.

De mais a mais, visando minar esse jogo de influências do clero para com a mulher, na cidade de Curitiba (Paraná), em 1910, pela iniciativa de um grupo de professoras, com apoio da maçonaria paranaense, viu-se emergir a Associação Feminil Livre Pensadora. Enquanto que, em São Paulo, nessa mesma época, era constituída a Sociedade Feminina de Educação Moderna, que, entre as conferências que promoveu, consta "A Mulher e o Livre Pensamento". Além disso, diversos núcleos investiram grandes esforços na publicação de opúsculos, a exemplo de *A Mulher e o Romanismo*, de Euclides Bandeira – redator de *Electra* e membro da Liga Anticlerical Paranaense. Ao reportar-se ao referido folheto, a imprensa paranaense interpelava "será uma boa mãe, a mulher educada sob a influência da religião romana?". E, prosseguindo com a crítica, acrescentava: tais mulheres acreditam "piamente na infalibilidade papal, na confissão, nos santos milagreiros, nas promessas, nas procissões, no

102 Até aqui, tudo em SÁRRAGA, Belén de. *Op. cit.*, p. 56 e 229.

103 ABREU, Luís Machado. *Ensaios anticlericais*. Lisboa: Roma, 2004, p. 57.

104 Ambas as passagens, MOURA, Maria Lacerda de. *Renovação*. Belo Horizonte: Athene, 1919, p. 115.

céu cheio... de neutros – no inferno – repleto de diabos e anticlericais – enfim em todo esse aluvião de absurdos católicos romanos".[105]

Evidentemente,

> A tutela das consciências exercida pelo clericalismo contra o espírito laico e livre-pensador dominava, sobretudo o universo feminino. Fazendo vibrar a corda da sensibilidade feminina, os clericais transformavam as mulheres em instrumentos perfeitos na defesa dos seus interesses, através da direção espiritual implícita na confissão e da pregação, animando-as de um fervor fanático capaz de dominar toda a família.[106]

Por sua vez, o socialista e anticlerical italiano Guido Podrecca, ligado ao jornal *L'Asino*, em certa ocasião, declarou: "a mulher católica tem dois maridos: o marido do corpo e o marido da alma", referindo-se à figura do padre como esse segundo cônjuge, "o qual possui da mulher o pensamento, a inteligência e o coração".[107] E, como era de se esperar, na ótica de Podrecca, o confessionário é um porta-voz a serviço dos opressores, que, juntamente a figura do padre, precisam ser combatidos, extirpados.

Diante disto, era salutar – segundo Belén de Sárraga – que as mulheres livres-pensadoras ensinassem as suas companheiras de sexo os novos ideais sociais, libertando-as do estado de escravidão em que viviam. Para Sárraga, sem dúvida, concerne ao livre-pensamento emancipar da tutela da Igreja tanto a mulher quanto o proletariado.[108]

Claramente, tudo isso não ficou despercebido ao clero, que, advertidamente, passou a acompanhar os passos da livre-pensadora espanhola em sua turnê pelo Estado de São Paulo. Mais de uma vez, vigários, beatas e afins se manifestaram contrários à vinda de Sárraga às suas paróquias. Na cidade de

---

105 *Tribuna de Paranaguá apud A Lanterna*, São Paulo, 13-14 de junho de 1903, p. 2.

106 FERREIRA, Ivone Bastos. "O lugar da mulher nos dramas anticlericais dos finais do séc. XIX". *In:* ABREU, Luís Machado de & MIRANDA, Antônio José Ribeiro (coords.). *Actas do colóquio – O anticlericalismo português: história e discurso.* Aveiro: Universidade de Aveiro, 2002, p. 155.

107 Ambas as passagens, PODRECCA, Guido. *O marido da alma.* São Paulo: Associação de Propaganda Liberal, 1931, p. 3. Originalmente, *Il marito dell'anima* foi publicado em Roma, em 1907.

108 *O Estado de S. Paulo*, 15 de maio de 1911, p. 4.

Mogi das Cruzes, o vigário proibiu os católicos de tomarem parte no cortejo de boas-vindas; atitude igual adotou o vigário de Amparo, que, em "uma reunião de católicos e de diretores de associações e de irmandades", declarava expressamente proibida a participação dos fiéis de sua igreja "na recepção preparada a Belén Sárraga",[109] bem como na conferência "Os Jesuítas e o Porvir da América". Ademais, como protesto às ideias da conferencista (leia-se à defesa do livre-pensamento), em várias cidades do interior paulista, grupos de senhoras católicas promoveram abaixo-assinados. Apesar de todo esse barulho, o itinerário das conferências de Sárraga prosseguiu sem interrupções.

Referindo-se a sua visita, a maçonaria paulista – que nas primeiras décadas do século XX, foi uma importante aliada nas campanhas anticlericais – escreveu:

> A curta estadia dessa genial adepta da nossa Ordem entre nós, reanimará a campanha encetada para eliminação dos preconceitos católicos, reforçando o golpe de morte que se está preparando para essa ave agoureira e sinistra que em nome de um Cristo crucificado vem cobrindo o mundo de misérias e desgraças.[110]

Em Campinas, a convite da Loja Independência, numa sessão magna, Sárraga falou sobre a mulher e a maçonaria, declarando: à "maçonaria coube sempre através dos tempos, um papel saliente na obra das reivindicações sociais e hoje lhe toca formar a consciência pública e proclamar a liberdade individual".[111]

109 *O Estado de S. Paulo*, 13 de maio de 1911, p. 5.

110 *A Maçonaria no Estado de São Paulo...*, p. 151.

111 *O Estado de S. Paulo*, 17 de maio de 1911, p. 5.

Ilustração 4. Conferência "A mulher e a religião", realizada no Rio de Janeiro (Palácio Monroe), em abril de 1911. A direita da oradora Belén de Sárraga, vê-se sentado Coelho Lisboa – presidente da Liga Anticlerical do Rio de Janeiro.[112]

Após meses de intensa propaganda no Brasil, em agosto, Sárraga retornava ao Uruguai. Mais tarde, em 1914, a ilustre propagandista do livre-pensamento publicou *El Clericalismo en América* – lançado pela editora Lux, de Lisboa. Nessa obra emblemática, a autora declarava:

> Não há República que ao seguir as correntes evolutivas impostas pelo século, deixe de sentir, gravitando sobre ela, o peso enorme do obstrucionismo religioso. Nem uma única lei reivindicadora, nem uma única melhora social, nem uma única conquista democrática se realizou na América, sem o combate, ou pelo menos, o protesto católico.[113]

Fruto da experiência de suas viagens ao México, Guatemala, Costa Rica, Panamá, Cuba, Porto Rico, Venezuela, Colômbia, Peru, Chile, Argentina e Brasil, *El Clericalismo en América* tratava da "sua vida, tão intensa e tão variada, a psicologia de seus diversos países, seu grau de cultura e seus progressos intelec-

112 Imagem extraída de *O Malho*, nº 450, Rio de Janeiro, 29 de abril de 1911, p. 20.
113 SÁRRAGA, Belén de. *Op. cit.*, p. 178.

tuais e econômicos".[114] Ao divulgá-lo, *A Lanterna*, de São Paulo, destacou: "merece ser lido pelos que acompanham a luta contra a Igreja e o clericalismo".[115]

Anos depois, em 1919, Sárraga aportou novamente no Brasil,[116] realizando, durante o mês de outubro, uma série de conferências que tinham como moldura o liberalismo, o anticlericalismo e a emancipação feminina. Entretanto, sem a intensidade de outrora.

O caso da menina que virou poeira

Em 1923, a imprensa paulista noticiava: "Uma velha questão que revive: o caso da menor Idalina". Esse assunto, que voltava à pauta em agosto do corrente, dizia respeito ao desaparecimento ocorrido em 1908, de uma menor chamada Idalina, que estava sob os cuidados de um orfanato em São Paulo. Uma vez que o caso envolvia um estabelecimento dirigido por sacerdotes, não tardou para que, naquele momento, alguma imprensa aproveitasse a oportunidade para uma apaixonadíssima campanha anticlerical.[117]

Curiosamente, após mais de uma década, o misterioso e ruidoso Caso de Idalina, voltava à baila. Desse modo, o periódico *O Combate*, na matéria de capa da sua edição de 3 de agosto de 1923, registrava: há poucos dias, o delegado geral de São Paulo, o Dr. João Baptista de Souza, que "de longa data vem trabalhando em silêncio para esclarecer, entre outros, esse caso, conseguiu deter, uma moça", que valia-se do nome de Ítala da Conceição Idalina.[118] Neste ponto, uma interpelação ganhava forma, teria a polícia de fato encontrado a desventurada Idalina?

Antes de qualquer afirmativa sobre ser Ítala a verdadeira Idalina ou não, algumas informações fazem-se necessárias. Encaminhada pela polícia de São Paulo, Ítala encontrava-se internada acerca de oito meses no asilo do Bom Pastor. O delegado geral, o Dr. João Baptista, que conduzia a investigação, esteve nesse asilo para interrogá-la e mandou chamar também algumas irmãs do Orfanato Cristovão Colombo, localizado na Vila Pruden-

114 *Ibidem*, p. 7.

115 *A Lanterna*, São Paulo, 1º de maio de 1915, p. 4.

116 Em 1931, Sárraga esteve outra vez no Brasil, realizando uma série de conferências feministas, tratando, sobretudo, da questão do divórcio.

117 Cf. *Correio Paulistano*, São Paulo, 4 de agosto de 1923, p. 2.

118 *O Combate*, São Paulo, 3 de agosto de 1923, p. 1.

te, em que, outrora, estivera internada Idalina. Uma das irmãs do orfanato declarou "que podia identificar Idalina", uma vez que, antes da menor desaparecer do orfanato, havia rasgado-lhe um tumor no pé, ficando uma cicatriz que facilitaria a sua identificação. Ao examinar o pé de Ítala, a referida freira "não teve dúvidas em afirmar ser ela a Idalina, a mesma Idalina que desaparecera misteriosamente do Cristovão Colombo". Ademais, segundo registrava o jornal carioca *Correio da Manhã*, Ítala havia contado ao padre Ernesto Pilatti, capelão do asilo Bom Pastor, "que era Idalina, e que nunca revelara sua identidade porque recebia dinheiro pelo seu silêncio".[119]

Durante a apuração dos fatos pelo delegado geral, Ítala contou que "fora retirada pela sua mãe do Orfanato Cristovão Colombo e levada para o interior do Estado [Monte Alto] onde viveu presa até a morte de sua progenitora". Na sequência, ela veio para São Paulo, empregando-se em serviços domésticos e "sempre recebendo dinheiro de um senhor interessado em seu silêncio. E aqui permaneceu até que a polícia a internou no Asilo do Bom Pastor".[120]

Uma vez que o inquérito foi mantido em segredo de Justiça, o pouco que se sabe sobre o andamento da investigação – marcada por diligências às cidades de Jaboticabal (local em que muitos anos antes a verdadeira Idalina residiu) e Monte Alto (onde Ítala alegava ter sido mantida em cativeiro), seguido do relato de testemunhas que conheceram Idalina –, deve-se ao jornal *O Combate*, que realizou uma reportagem especial sobre o caso, apurando o seguinte: 1°) – Que a verdadeira Idalina deveria ter o porte, o semblante, os modos, os gestos e a pronúncia mais acentuadamente brasileiros (embora vivendo entre italianos, muito tempo), por sua vez, a moça apresentada parece ser italiana; 2°) – Que em frente ao sobrado onde Idalina vivera (em Jaboticabal), havia uma confeitaria de que esta não se lembrava em absoluto, duvidando-se que se esquecesse de seu fornecedor de pão e doces; 3°) – Que nenhuma criança de seu tempo de brincadeiras, a suposta Idalina se lembrava; 4°) – Que a verdadeira Idalina deveria lembrar-se de algumas particularidades contadas pelo Prof. Vicente Quirino e outros que a conheceram bem e eram assíduos frequentadores da casa do Sr. Domingos Stamato (seu tutor);

119 Até aqui, tudo em *Correio da Manhã*, Rio de Janeiro, 11 de agosto de 1923, p. 3.

120 Ambas as passagens, *Ibidem*.

5º) – Que a verdadeira Idalina deveria ter o nariz um tanto achatado e não afilado e fino como Ítala; além de outras notas mais e circunstâncias que se lhes pareciam contrapor-se à identidade de Idalina.[121]

Talvez, por motivos semelhantes às conclusões acima expostas – de que nada confirmava a identidade de Ítala como sendo de fato Idalina –, as investigações levadas a cabo, em 1923, pela polícia paulista, ao que parece, não tiveram êxito, haja vista que, de uma hora para outra, novas informações sobre o caso deixam de ser noticiadas.

Mas, o que teve de tão singular esse caso ocorrido no começo do século XX, que, rapidamente, se tornou uma das mais intensas campanhas promovidas contra a Igreja no transcurso da Primeira República?

Desde 1908, nas páginas da imprensa libertária, uma pergunta começou a ganhar destaque, assim, em *La Battaglia*, lê-se: *"Dov'è la Idalina?"*. Identificando-se com essa campanha, dentro em breve, *A Lanterna* lançou, em 1909, a mesma interrogação: "Onde está Idalina?". Entretanto, quais mistérios essa pergunta "lacônica" e "anatemizadora" ocultava?! Quem era Idalina? Por que esse caso ganhou destaque especial na programação anticlerical dos anarquistas?

Idalina de Oliveira era filha de Francisca de Oliveira (também conhecida por Chiquinha), que, havia cometido suicídio em Bebedouro, deixando-a pequenina. Morta sua mãe, Idalina fora adotada pelo industrial Domingos Stamato, em cuja casa passou a viver. Porém, devido aos afarezes do seu ofício, o Sr. Stamato, momentaneamente, residindo fora de São Paulo, em 1º de outubro de 1905, confiou a menor – na época, com 5 anos de idade –, aos cuidados do Orfanato Cristóvão Colombo. Apesar disso, o seu protetor, por intermédio de escritura pública de 20 de outubro de 1906, veio a recebê-la por filha.[122]

Em março de 1907, o padrasto Domingos Stamato, que almejava passar alguns dias com a filha adotiva, dirigiu-se até o orfanato – mantido pela ordem dos scalabrianos, em São Paulo, para retirar a menina, mas, a diretoria do instituto criou empecilhos à licença do pai adotivo. Após insistentes (e infrutíferas) tentativas, que se estenderam pelo mês de junho, o Sr. Domingos Stamato ficou

121 *O Combate*, São Paulo, 28 de agosto de 1923, p. 1.

122 *Boletim do Grande Oriente do Brasil*, nº 2, 36º ano, Rio de Janeiro, fevereiro de 1911, p. 125-126.

sabendo que a menina havia sido entregue, no dia 28 de junho do corrente, aos cuidados de uma senhora chamada Maria Luiza (ou Ítala Fonte). Uma vez que, no decorrer de 1907, nem Idalina e nem Maria Luiza foram encontradas, o tutor de Idalina, em 1º de fevereiro de 1908, dirigiu petição ao juiz da 2ª Vara de Órfãos, sendo, a partir daí, aberto inquérito policial. Esse caso de desaparecimento, marcado por uma forte aura de mistérios, não se encerraria por aqui.

Reportando-se ao caso, *La Battaglia* publicava: "de muitos lugares, pessoas que se interessam nos perguntam por explicações em mérito à desventurada Idalina Stamato misteriosamente desaparecida do Orfanato Cristóvão Colombo, onde se encontrava recolhida", contudo, "verdadeiramente, as explicações que nos pedem não somos, nós absolutamente estranhos ao fato, que devemos dá-las, mas o diretor do Orfanato a quem a menina foi confiada".[123]

Em meio a esse clima de inquietações acerca do desaparecimento da menor Idalina, o periódico anarquista *La Battaglia* denunciou o caso à justiça paulista e, aproveitando a ocasião, transformou-o em propaganda anticlerical, logo ganhando a simpatia de outros periódicos, a exemplo de *La Vita*, *Fanfulla*, *O Malho*, *Commercio de São Paulo*, mas, sobretudo do jornal *A Lanterna* – que passaria a dar destaque especial ao episódio. Assim, os anarquistas fizeram o possível para transformar esse evento em uma oportunidade de difundir as suas ideias anticlericais.

Nos idos de 1910, o periódico *A Lanterna* afirmava – a partir de informações fornecidas por correligionários – que a menor Idalina e mais duas internas do Orfanato Cristovão Colombo encontravam-se na Europa, na companhia de algumas freiras que haviam engravidado no convento, fato que, sarcasticamente, o órgão anticlerical denominou de uma "esquisita anomalia física em esposas de Cristo".[124] Porém, alguns meses depois, em agosto, esse mesmo jornal voltava à enigmática pergunta: "Onde está Idalina?". Evidenciando que o caso não havia sido solucionado, como anteriormente se supôs. E, para a redação d'*A Lanterna*, "cada vez mais nos convence de que a podre menina foi vítima de um desses infames crimes dos quais constantemente nos

123 Ambas as passagens, *La Battaglia*, São Paulo, 20 de agosto de 1909, *apud* ROMANI, Carlo. *Op. cit.*, p. 187.

124 *A Lanterna*, São Paulo, 26 de fevereiro de 1910, p. 2.

ocupamos e de que são teatro os colégios dirigidos por padres".[125] Ante essa especulação, não faltaram vozes que lançassem a seguinte interpelação: "Que fizeram de Idalina os padres do Orfanato Cristovão Colombo?".

O fato é que "as localidades indicadas pelos scalabrianos como paradeiro de Idalina não condiziam com a realidade, pois, quando buscavam o local para onde a menina teria sido levada, segundo o instituto, os anarquistas ou a polícia nada encontravam".[126] Durante o inquérito, depoimentos contraditórios efetuados pelos membros do orfanato aumentavam as suspeitas da consumação de um crime hediondo. Segundo o relato dos padres Faustino Consoni e João Capelli - diretores do orfanato –, a menina Idalina havia sido entregue a uma mulher chamada Ítala Fonte; já para o secretário do orfanato, José Santanello, a mulher que levou a menor se apresentou como Maria Luiza. Por sua vez, afirmava a irmã Cristina - responsável pela seção feminina do orfanato - que a tal mulher que teria levado Idalina sequer havia revelado o seu nome. Também, o menor Sócrates Henrique do Patrocínio (irmão de Idalina), interno do Orfanato Cristóvão Colombo, em depoimento, afirmou que a sua irmã havia sido levada por Maria Luiza.

Essa história, cheia de emoção compassiva, ganharia novos elementos que iam além do delito de desaparecimento. Em agosto de 1909, nas páginas de *La Battaglia*, publicou-se: "aquele que souber dizer onde foi sepultada a infeliz órfã Idalina Stamato, estuprada e assassinada pelos padres do Orfanato Cristóvão Colombo, dando-nos naturalmente indicações precisas, receberá de nós um prêmio de *um conto de réis*".[127]

Nesta senda, em 29 de outubro de 1910, *A Lanterna* lançava um suplemento extraordinário, que, em letras garrafais, trazia escrito: "MISTÉRIO DESVELADO. DUAS MENINAS ESTUPRADAS E ASSASSINADAS PELOS PADRES DO ORFANATO C. COLOMBO". Assim, valendo-se do depoimento de uma ex-interna do Orfanato, chamada América Ferraresi, *A Lanterna*

---

125 *A Lanterna*, São Paulo, 3 de setembro de 1910, p. 2.

126 SOUZA, Wlaumir Doniseti de. *Anarquismo, Estado e pastoral do imigrante. Das disputas ideológicas pelo imigrante aos limites da ordem: o Caso Idalina*. São Paulo: UNESP, 2000, p. 179.

127 *La Battaglia*, São Paulo, 20 de agosto de 1909, *apud* ROMANI, Carlo. *Op. cit.*, p. 191.

tornou pública a hipótese de um duplo crime (estupro e assassinato), em que, no encalço de Idalina, também fora vítima outra menor, de nome Josefina.

Desta forma, segundo essa versão do caso, Idalina de Oliveira (ou Stamato) teria sido estuprada pelo padre Conrado Stefani e, ao tentar fugir do convento, foi recuperada pelo padre Faustino, que a teria matado com uma pazada na fronte,[128] enquanto Josefina havia sido estuprada pelo padre Faustino Consoni e, em seguida, estrangulada.

De imediato, na imprensa anticlerical, o caso passou a ser comparado com escândalos envolvendo membros do clero em outros países, a exemplo do caso do convento das Trinas (Lisboa), onde, em 1891, uma noviça de 14 anos, chamada Sara de Matos, teria sido violada e assassinada por envenenamento.[129] Visto que, em Portugal, "explorado pelos anticlericais, o acontecimento transformou-se num verdadeiro escândalo e acabaria por provocar grande agitação social",[130] no Brasil, tentou-se conseguir um mesmo resultado com o Caso Idalina.

Evidentemente, casos de violência sexual e de outros escândalos envolvendo membros do clero não eram novidades e, comumente, foram explorados pela imprensa anticlerical. Em 1901, no Rio de Janeiro, um sacerdote católico era acusado de abusar da honra de duas jovens pertencentes a distintas famílias cariocas. Diante disso, na imprensa anticlerical, aparecia: "Imaginem agora quantas infâmias não andam aí pelos confessionários e pelas sacristias", já que "não são poucas as vezes que temos chamado a atenção dos nossos leitores para o grande número de escândalos praticados por padres romanos, em todas as partes do mundo".[131] Deste modo, *A Lanterna*, durante sua 1ª e 2ª fases, manterá uma seção intitulada "Rol dos Culpados", em que abusos e crimes – sobretudo de natureza sexual –, envolvendo membros da Igreja, ganharão visibilidade com o intuito de colocar em cheque a credibilidade moral do clero.

---

128 SOUZA, Wlaumir Doniseti de. *Op. cit.*, p. 185.

129 Para detalhes sobre o caso, cf. ARAÚJO, António de. *Jesuítas e antijesuítas no Portugal republicano*. Lisboa: Roma, 2004, p. 108.

130 NETO, Vítor. "Igreja Católica e Anticlericalismo (1858-1910)". *In:* HOMEM, Amadeu Carvalho; SILVA, Armando Malheiro da; ISAÍA, Artur César (coords.). *Progresso e religião: a República no Brasil e em Portugal (1889-1910)*. Coimbra: Imprensa da Universidade de Coimbra, 2007, p. 176.

131 Ambas as passagens, *Jerusalém*, Curitiba, 10 de outubro de 1901, p. 4.

Indiscutivelmente, desde o início, o Caso Idalina esteve marcado por informações inexatas e contraditórias. Por vezes, os jornais afirmaram que Idalina havia sido retirada do orfanato pela suposta mãe adotiva (Ítala Fonte ou Maria Luiza), em 28 de junho de 1908, o que permitia vincular a figura do padre Stefani, na cena do dito crime (visto que o mesmo entrou para o orfanato em fevereiro daquele mesmo ano). Em outros momentos, a imprensa fazia referência como sendo 28 de junho de 1907, a data correta – aliás, versão essa defendida pelo clero, visto que o padre Stefani, nesse período, encontrava-se na Itália.

Seja como for, por iniciativa de Oreste Ristori e Edgard Leuenroth, os jornais *La Battaglia* e *A Lanterna* passaram a apresentar depoimentos que reforçavam a versão de um crime envolvendo os padres do orfanato. E, ao fomentarem um movimento de excitação pública, conseguiram, em outubro de 1910, que o Estado, por meio do aparato judicial representado pelo juiz de menores sr. Luiz Ayres de Almeida Freitas, encaminhasse a denúncia a Washington Luís, secretário da Justiça e da Segurança Pública, que designou o primeiro delegado auxiliar Arthur Xavier Pinheiro e Prado para dar andamento ao inquérito.[132] Com efeito, para a opinião pública, cada vez mais, "se arraigavam provas veementes e concludentes da existência de um crime horrivelmente monstruoso", que clamava pela "expiação dos seus autores", fossem eles quais fossem.[133]

Desde os primeiros meses de 1908, quando a história veio à tona na capital de São Paulo, espalhando-se de boca em boca, propagando-se de casa em casa com uma "vertiginosidade fantástica", o caso passou a ser assunto corrente nas conversas.[134] Nas esquinas das ruas, nos postes, nos muros dos templos e nos estabelecimentos católicos, a frase escrita com carvão, tinta ou piche e com grandes caracteres, persistia: "Onde está Idalina?".[135] Ou ainda, muitos jovens, "quando viam ondular diante deles a sotaina do sacerdote ou o hábito de frade, gritavam à distância a frase que tem sido o toque de alarme contra o clérigo 'Onde está

132 Ambas as passagens, SOUZA, Wlaumir Doniseti de. *Op. cit.*, p. 186.

133 *A Maçonaria no Estado de São Paulo...*, p. 153.

134 *Correio da Manhã*, Rio de Janeiro, 2 de agosto de 1923, p. 3.

135 SÁRRAGA, Belén de. *Op. cit.*, p. 154; AZZI, Riolando. "Onde está Idalina?". *In:* A *Igreja e os migrantes* – vol. II: *a fixação da imigração italiana e a implantação da obra escalabriana no Brasil (1904-1924)*. São Paulo: Paulinas, 1988, p. 144.

Idalina?"'.[136] É factível que Idalina, muito mais do que Josefina, canalizou os esforços da campanha anticlerical, tornando-se sua veemente bandeira de luta.

Diante do caso envolvendo o "orfanato sinistro" (denominação forjada pelos anticlericais), os jornais *La Battaglia* e *A Lanterna* faziam sua própria investigação, trazendo à tona relatos, a exemplo dos testemunhos de América Ferraresi e Domingos Egidio (ambos ex-internos), que afirmavam que o corpo da menor Idalina estaria sepultado no campo de futebol do convento. Logo, a redação d'*A Lanterna* exigia que a polícia agisse com maior rigor e rapidez para não dar tempo aos acusados a eliminar as provas.[137]

Na propaganda anticlerical, como bem demonstra a ordenação das narrativas em torno do Caso Idalina, é inegável que, nas representações a respeito da reputação de certos lugares, a exemplo dos conventos, orfanatos e colégios mantidos por padres e freiras, comumente, eram vistos como lugares sinistros e perigosos, ou enquanto espaços quase naturais de violações e de crimes, além de despertar o temor no imaginário social, também contribuíam para tornar inteligível o crime.[138]

Convicto da consumação de um crime por parte do clero, o periódico *A Lanterna* deu visibilidade a um plano de ação destinado à investigação policial, em que constava: 1º) Separar os alunos dos padres e interrogá-los, bem como as freiras e suas alunas, separadamente, com o maior rigor; 2º) Dar busca minuciosa no Orfanato e verificar cuidadosamente os livros e registros desse estabelecimento; 3º) Procurar o paradeiro dos alunos contemporâneos de Idalina; 4º) Submeter todos os internados (e internadas) a um exame médico, a fim de se observar se estavam isentos de sevícias, equimoses e, bem assim, se não tinham sido contaminados pelo contato carnal de seus mestres; 5º) Fazer as imprescindíveis e necessárias acareações; 6º) Mandar proceder a escavações nos sítios apontados pela menina América.[139] E, criticando a inércia policial em torno do caso, escreveu-se: "Infelizmente a polícia, em nosso país, é apta somente para perseguir a infelizes que roubam porque têm fome ou a grevistas que pugnam

---

136 SÁRRAGA, Belén de. *Op. cit.*, p. 154.

137 *A Lanterna*, São Paulo, 5 de novembro de 1910, p. 2.

138 Cf. KALIFA, Dominique. *Crime y cultura de masas en Francia, siglos XIX-XX*. México: Instituto Mora, 2008, p. 15-33, [tradução nossa].

139 *A Lanterna*, São Paulo, 5 de novembro de 1910, p. 2.

pela obtenção de alguma regalia".[140] Além disso, em tom irônico, os redatores d'*A Lanterna* publicaram: "o dr. Pinheiro e Prado pede, por nosso intermédio, a pessoa que encontrou o seu inquérito sobre o caso Idalina, o favor de entregá-lo na Central, pelo que será fartamente remunerado".[141]

Obviamente, tal intensa campanha em torno do Caso Idalina contribuiu para o aumento de vendas do jornal anticlerical *A Lanterna*, engordando o número de leitores e assinantes, que, em suas páginas, procuravam detalhes sobre esse misterioso acontecimento, uma vez que, para alguns legentes, o caso tinha o frenesi dos folhetins policiais ao estilo Sherlock Holmes e Nick Carter.

Por sua vez, os clérigos continuavam insistindo na versão de que Idalina havia sido retirada do orfanato pela suposta mãe adotiva. Neste mesmo período, uma notícia animou diversos leitores que acompanhavam o caso, uma vez que, em fevereiro de 1911, os diretores do nomeado estabelecimento de educação e o delegado dr. Pinheiro e Prado apresentaram ao público, a Idalina desaparecida. Essa menina, localizada em São Paulo, na casa de um coronel, em que realizava serviços domésticos, havia revelado que, quando Maria Luiza a retirou do Orfanato, disse-lhe que não revelasse a pessoa alguma que o seu verdadeiro nome era Idalina. Diante dessa declaração, o delegado acelerou o inquérito, enviando-o a promotoria pública, assim como expedindo a prisão da dita raptora.[142]

Todavia, os elementos liberais de São Paulo não engoliram facilmente essa história. Ao realizarem algumas investigações, rapidamente desmitificaram o embuste. A menina em questão, "pacientemente ensaiada para representar o papel de Idalina" e usada nesse plano grotesco arquitetado pelo clero, era Maria Magdalena Silvestre,[143] filha de Custódio Silvestre e de Maria Luiza Belloni, nascida e criada em Atibaia. Frente a acareação de testemunhas, Maria Magdalena "contestou apesar da sugestão dos próprios pais e por ventura, dos interessados, a identidade emprestada",[144] afirmando que havia sido su-

140 *A Lanterna*, São Paulo, 5 de novembro de 1910, p. 2.

141 *A Lanterna*, São Paulo, 10 de dezembro de 1910, p. 2.

142 *Correio da Manhã*, Rio de Janeiro, 2 de agosto de 1923, p. 3.

143 Cf. *O Malho*, Rio de Janeiro, nº 444, 18 de março de 1911, p. 10. Coincidência ou não, o nome da mãe da menor Maria Magdalena era Maria Luisa [Belloni].

144 *Boletim do Grande Oriente do Brasil*..., p. 121.

gestionada pelo padre Marcos, membro do Orfanato Cristovão Colombo,[145] a assumir a falsa identidade de Idalina. Além disso, a certidão de nascimento de Maria Magdalena, anexada ao inquérito, deixava explícito que ela e Idalina não eram a mesma pessoa. Apesar de tudo, a polícia em momento algum procurou apurar responsabilidades.

Uma vez revelada a farsa, veio a reação popular, ora promovendo *meetings*, ora atacando com pedras os estabelecimentos clericais. Ao referir-se à agitação em torno do caso, a imprensa carioca publicou: "O clamor de – Justiça! Justiça! Onde está Idalina? – não é propriedade exclusiva dos anticlericais de São Paulo e do Rio de Janeiro: é, antes de tudo, uma expansão irreprimível de sentimentos humanos, diante desse fato gravíssimo que fere a sociedade".[146] Nesse ínterim, intensificaram-se os ataques contra o delegado dr. Pinheiro e Prado, que, em breve, foi exonerado do seu cargo.

Em meio a isso, não faltaram vozes vindas do lado eclesiástico que acusassem os anarquistas ligados *A Lanterna* e *La Battaglia* de manterem Idalina escondida, visando com isso desmoralizar o clero e promover a agitação social. Ante a insistente pergunta: "Onde está Idalina?", que um operário dirigiu ao frei Pedro Sinzig – membro da Ordem de São Francisco (em Petrópolis, no Rio de Janeiro) –, esse último rebatia: "Mas Idalina ainda não apareceu! E isso o admira? Quer saber onde ela está? Pergunte ao presidente de seu congresso anarquista no Rio,[147] o Sr. Edgard Leuenroth; pergunte aos irmãos Stamato;[148] eles poderão informá-lo perfeitamente onde está Idalina".[149] Décadas depois, ao reportar o caso, uma freira escrevia: os "anarquistas mais trêfegos" de São Paulo, tendo à frente Oreste Ristori, raptaram Idalina, acusando o Padre Faustino ("virtuoso sacerdote") de ter lhe dado o sumiço.[150]

---

145 Cf. *O Combate*, São Paulo, 27 de julho de 1918, p. 1.

146 *O Malho*, Rio de Janeiro, nº 444, 18 de março de 1911, p. 10.

147 Alusão ao Segundo Congresso Operário Brasileiro, realizado em setembro de 1913, no Rio de Janeiro, sob direção da Confederação Operária Brasileira (COB) – na qual o anarquista Edgard Leuenroth era militante.

148 Referência à família Stamato, responsável pela tutela de Idalina.

149 SINZIG, Pedro. *Ferrer "mártir" ou "patife"*. Petrópolis, [1913], p. 11.

150 GABAGLIA, Laurita Pessoa Raja. *Op. cit.*, p. 34.

Deste modo, em 1910, Edgard Leuenroth, em nome da redação de *A Lanterna*, escreveu: "não estranhamos, pois, a fúria com que somos alvejados pela imprensa de sacristia, por um aluvião de cartas anônimas e ameaçadoras e mil outros meios com os quais já nos habituamos".[151] Consequentemente, nesse cenário de disputas ideológicas, também se tornaram uma constante os insultos e as ameaças de violências direcionadas aos padres envolvidos no caso e ao Orfanato Cristovão Colombo, que não sabia explicar (e provar) convincentemente o desaparecimento de Idalina. Aliás, em meio a tais hostilidades, não faltaram promessas de pelo uso da dinamite, mandar pelos ares o "sinistro orfanato".

Em especial, entre os anos de 1910 e 1911 – quando o Caso Idalina ganhou força pública tornando-se a questão do dia, mediante a abertura de novo inquérito –, a maçonaria, representada pelo Grande Oriente do Estado de São Paulo e pelo Grande Oriente do Brasil (com sede no Rio de Janeiro), deixava evidente o seu apoio à campanha, que era endossado por diversas lojas maçônicas paulistas, a exemplo das lojas Guglielmo Marconi, Amor e Trabalho II, Antica Roma, Lealdade e Firmeza, Amor e Luz, Roma, Giuseppe Mazzini e União Espanhola (também conhecida como Loja Francisco Ferrer). Localizada em Jacareí, a Loja Amor e Trabalho II, por intermédio do seu secretário Firmino Martins, afirmava: "esta Oficina tendo em vista a verdade dos fatos escandalosos praticados pelos frades do Orfanato Cristóvão Colombo, [...] resolveu por unanimidade de votos, ser solidária [...] na campanha saneadora [...] contra os corruptores dos bons costumes que são os criminosos do Orfanato".[152]

Igualmente, no início de 1911, em solidariedade aos anticlericais de São Paulo envolvidos na campanha do Caso Idalina – vinculados aos jornais *A Lanterna* e a *La Battaglia*, assim como a Liga Anticlerical Brasileira –, um grupo de operários cariocas fundava a já referida Liga Anticlerical do Rio de Janeiro, que encaminhou uma comissão ao Catete pedindo apoio moral ao presidente Hermes da Fonseca.[153]

Para fins de propaganda, os anticlericais de São Paulo e do Rio de Janeiro passaram a imprimir papéis, cartões e envelopes (destinados a sua corres-

151 *A Lanterna*, São Paulo, 16 de julho de 1910, p. 1.

152 *Boletim do Grande Oriente do Brasil...*, p. 132-133.

153 *O Malho*, Rio de Janeiro, nº 444, 18 de março de 1911, p. 9.

pondência) com o dístico: "Clericais, respondam: Onde está Idalina?", assim como tiras com a lacônica pergunta e que eram usadas nos chapéus.[154] No calor do momento, nem o Chafariz do Menino, localizado no Passeio Público do Rio de Janeiro, escapou de ganhar o estandarte "Onde está Idalina?". Não obstante, no Carnaval de 1911, um agrupamento de foliões, denominado Grupo da Chaleira, "andaram *pintando o padre*" pelas ruas de Santos, "exibindo no símbolo do grupo a interrogação que todo o Estado de S. Paulo e todo o Brasil fazem"[155] sobre o destino de Idalina.

Ilustração 5. Campanha "Onde está Idalina?", promovida no Carnaval de 1911, pelo Grupo da Chaleira.[156]

Como parte da intensa propaganda, "panfletos eram distribuídos em reuniões, procissões e à porta das igrejas".[157] Também a fábrica de cigarros Brasão, em 1911, lançava os cigarros Idalina, os quais traziam nos seus envoltórios estampados o retrato da desventurada vítima do Orfanato e uma gra-

154 Segundo atesta depoimento de Elvira Boni, que na época do Caso Idalina, atuou junto a Liga Anticlerical do Rio de Janeiro. Cf. GOMES, Angela de Castro (coord.). *Velhos militantes - depoimentos*. Rio de Janeiro: Jorge Zahar, 1988, p. 25.

155 Ambas as passagens, *O Malho*, nº 444, Rio de Janeiro, 18 de março de 1911, p. 42.

156 Imagem extraída de *O Malho*, nº 444, Rio de Janeiro, 18 de março de 1911, p. 42.

157 SOUZA, Wlaumir Doniseti de. *Op. cit.*, p. 208.

vura representando um número de *A Lanterna*.[158] De qualquer forma, para os anticlericais envolvidos na campanha do Caso Idalina, "enquanto não houver uma explicação cabal e categórica, enquanto não houver provas em contrário, nós diremos que realmente Idalina Stamato foi vítima da lubricidade de um padre e por outro padre foi assassinada".[159] Assim, pelas ruas de São Paulo, circulavam anedotas:

> Onde está Idalina?
>
> No buraco da latrina!
>
> Quem foi o assassino?
>
> Foi o padre Faustino!.[160]

Seguida da publicação de versos:

> Quase um dia me mataram
>
> Por tua causa, menina,
>
> Por trazer teu nome escrito
>
> No meu peito, Idalina.[161]

---

158 *A Lanterna*, São Paulo, 8 de abril de 1911, p. 3.

159 *A Lanterna*, São Paulo, 17 de novembro de 1910, p. 1.

160 PENTEADO, Jacob. *Belènzinho, 1910 (retrato de uma época)*. 2ª ed., São Paulo: Carrenho/Narrativa Um, 2003, p. 134.

161 *O Malho*, nº 447, Rio de Janeiro, 8 de abril de 1911, p. 21.

Ilustração 6. Campanha "Onde está Idalina?".[162]

Efetivamente, em distintas regiões, a campanha despertou grande interesse. Até então, no Sul do Brasil, o caso já havia ganho as páginas de *O Clarão* (Santa Catarina), *A Batina* (Paraná) e *A Verdade* (Rio Grande do Sul), instigando o debate e fomentando atos públicos, como o promovido pela Liga Anticlerical de Porto Alegre – entidade responsável pelo órgão *A Verdade*. De mais a mais, algumas lojas maçônicas, entre elas, Dever e Humanidade, de Caruaru (Pernambuco), Atalaia no Norte, de Diamantina (Minas Gerais), Amor e Luz, de Sertãozinho (São Paulo), Caridade e Firmeza, de Juiz de Fora (Minas Gerais), manifestavam sua solidariedade ao jornal *A Lanterna*. Enquanto à redação deste órgão chegavam cartas e mais cartas de apoio à campanha, inclusive de correligionários localizados na Argentina. Por sua vez, na obra *El Clericalismo en América*, publicada em 1914, a livre-pensadora espanhola Belén de Sárraga, ao destinar um pequeno capítulo ao desaparecimento de Idalina, exclamava: "Onde estão as incontáveis Idalinas, perdidas nos obscuros fundos da existência monástica?".[163]

162 Charge extraída de *O Malho*, nº 444, Rio de Janeiro, 18 de março de 1911, p. 9.

163 SÁRRAGA, Belén de. *Op. cit.*, p. 154.

Ao reportar-se à agitação em torno do Caso Idalina, Edgard Leuenroth escreveu: ela foi marcada por "vivíssimas campanhas jornalísticas, de processos clamorosos, de agitações barulhentas que repercutiram por todo o País e cujos ecos chegaram a vencer as fronteiras e encontrar abrigo nos jornais estrangeiros", logo, por toda parte se exclamava: "Onde está Idalina?". Assim, "pelas grandes cidades como nas pequenas vilas e aldeias; nos jornais, em manifestos, boletins e etiquetas, apareceu a pergunta famosa, que em todos os tons foi ouvida desde as praças públicas da capital até as sossegadas ruas dos lugarejos do interior". E, "dela se fizeram canções e as crianças tornaram-na objeto de seus folguedos".[164]

No transcurso de 1911, frente à campanha impetrada pela *A Lanterna* e *La Battaglia*, o Orfanato Cristovão Colombo passou a publicar o jornal *La Voce della Verità*. No mesmo ano, viu-se circular o opúsculo *O Caso da Menor Idalina: Retirada do Orfanato Cristovão Colombo*, editado em São Paulo, ao que parece, pelos scalabrianos,[165] visando, assim, rechaçar as acusações que pesavam sobre a sua ordem. Esse mesmo livreto agregava os relatórios do primeiro inquérito (1908), aberto com o intuito de saber onde se localizava a menor retirada do orfanato, e do segundo inquérito (1910), que trazia a acusação de estupro, seguida de assassinato da menor, por clérigos do orfanato.[166] Em linhas gerais, a redação do inquérito inocentava da acusação de estupro e assassinato os referidos clérigos, alegando que as provas apresentadas por Oreste Ristori e Edgard Leuenroth eram nulas e questionáveis.[167] De qualquer forma, tencionando rebater os ataques promovidos pela *A Lanterna*, o diário católico paulista *Gazeta do Povo* saiu em defesa do lado eclesiástico.

Em março de 1911, após a revelação do embuste da Idalina (reaparecida), a campanha intensificou-se e os ânimos exaltaram-se, ao ponto de um grupo de anticlericais exigirem o fechamento do Orfanato Cristovão Colombo. Para o dia 12 de março, organizou-se em São Paulo um grande comício no Largo São Francisco, "e, apesar da proibição pública e do notório policiamento osten-

---

164 Até aqui, tudo em *O Combate*, São Paulo, 30 de julho de 1918, p. 3.

165 Para tais deduções, tomou-se como referência SOUZA, Wlaumir Doniseti de. *Op. cit.*, p. 180.

166 *Ibidem*, p. 180-1.

167 Cf. SOUZA, Wlaumir Doniseti de. *Op. cit.*, p. 204-205.

sivo que foi mantido, a aglomeração realizada foi uma das maiores já vistas na capital".[168] Ao percorrerem em passeata as ruas centrais da cidade, os manifestantes bradavam "Onde está Idalina?", seguido de gritos de morras aos clérigos do Orfanato. Nessa ocasião, "o Dr. Passos Cunha dirigia algumas palavras ao povo, mas ali, onde os ânimos estavam exaltados, um popular seguidamente disparou seis tiros de revólver. Assim começou toda a confusão".[169] Durante o conflito entre polícia e manifestantes, mais disparos foram efetuados, até que o reforço policial pôs fim ao comício. Além dos diversos feridos, dezenas de manifestantes acabaram presos, entre os quais, Edgard Leuenroth e José Romero, ligados a *A Lanterna*, Oreste Ristori e Alessandro Cerchiai, de *La Battaglia*, assim como o dr. Passos Cunha. Responsabilizados pela morte de um soldado e pelos ferimentos de um recruta extraordinário, o grupo foi levado a Júri.[170]

Nestas circunstâncias, o intrépido Everardo Dias escreveu em *A Lanterna*:

> [...] o que me preocupa, e até me irrita pela flagrante injustiça e pela cínica audácia que encerra – é que quatro jornalistas se acham presos e a imprensa, exceção feita do [*Estado de*] *São Paulo* e da *La Vita*, se cale imbecilmente ou entoe loas insensatas ao valor do exército glorioso do burlesco Napoleão paulistano, que foi de uma coragem sem limites para espaldeirar mulheres e homens pacatos.[171]

Logo, quem saiu em defesa dos respectivos dirigentes da campanha anticlerical, foi o advogado e correligionário Benjamim Mota (fundador do jornal *A Lanterna*). Cabe destacar que, desde o início da campanha "Onde está Idalina?", Benjamim Mota agitou o caso no Tribunal de Justiça de São Paulo. E, frente às maquinações da polícia (que cogitava a expulsão dos anarquistas italianos Ristori e Cerchiai), ou à pressão de certas lideranças eclesiásticas que, tentando persuadir o tribunal, exigiam duras penas aos envolvidos, Mota, ao atuar com presteza e eloquência, conseguiu a absolvição de todos. Porém, o anarquista Oreste Ristori, que, a princípio, havia sido indiciado como autor

---

168 SOUZA, Wlaumir Doniseti de. *Op. cit.*, p. 201-202.

169 ROMANI, Carlo. *Op. cit.*, p. 199.

170 *A Lanterna*, São Paulo, 21 de setembro de 1912, p. 2.

171 *A Lanterna*, São Paulo, 24 de março de 1911, p. 2.

do disparo contra o soldado, acabaria posto em liberdade vigiada, o que limitou sua atuação em *La Battaglia*.[172]

De qualquer forma, tudo isso serviu para desarticular o movimento contra o Orfanato,[173] apesar do intento anarquista de ainda continuar com a campanha. Em meio a isso, em abril de 1911, em comemoração à libertação dos redatores de *A Lanterna* e *La Battaglia*, um *pic-nic* foi realizado no Bosque do Jabaquara, em São Paulo, com grande concorrência de anticlericais e, aproveitando a ocasião, os participantes estamparam adereços com a velha pergunta: "Onde está Idalina?".

Ilustração 7. *Pic-nic* anticlerical realizado no Bosque do Jabaquara, em São Paulo (1911).[174]

Neste mesmo período, buscando reunir num formidável grupo de luta com todas as forças vivas dos elementos liberais,[175] os anticlericais paulistas deram forma à já referida Liga Anticlerical de São Paulo, visando assim, entre outras coisas, manter ativo o Caso Idalina, uma vez que, segundo a ótica anarquista, os padres haviam se entendido com as autoridades e os grandes órgãos

172 ROMANI, Carlo. *Op. cit.*, p. 201.

173 *Ibidem*.

174 Imagem extraída de *O Malho*, nº 454, Rio de Janeiro, 27 de maio de 1911, p. 39.

175 *A Lanterna*, São Paulo, 6 de maio de 1911, p. 1.

da opinião pública apressavam-se em por uma pedra em cima do caso.[176] Todavia, as tentativas de reativar a campanha já se mostravam sem grande êxito.

Anos depois, em 1918, a questão mais uma vez veio à tona, mediante as investigações promovidas pelo jornal *O Combate*, de São Paulo. Segundo esse periódico, que passou a publicar os seus resultados como matéria de capa, uma jovem de nome Italia da Conceição, poderia ser a órfã Idalina, há anos desaparecida. Para tal dedução, valia-se de alguns índicos, entre os quais, a recordação da moça de que quando mais jovem lhe chamavam Idalina, assim como que esteve recolhida ao Orfanato Cristovão Colombo; a coincidência das datas entre o sumiço de Idalina e o aparecimento de Italia; o reconhecimento por parte de padre Faustino, irmã Cristina e de Sócrates de Oliveira.[177]

É claro que, depois do caso Maria Magdalena e de outros embustes – aliás, até aquela data já haviam aparecido três falsas Idalinas –, as investigações requeriam redobradas precauções. Nesse meio tempo, diante do desinteresse da polícia, o jornal *O Combate* desabafava que era notável que a polícia que já tinha conhecimento do caso, não tivesse se movido para sindicar algo a respeito.

Apesar de, em um primeiro momento, Sócrates de Oliveira – irmão de Idalina –, ter visto certa semelhança na jovem de nome Italia, após conversar com o seu tutor o Sr. Stamato e lhe mostrar a fotografia da moça, mudou de opinião, afirmando: "Italia não pode ser Idalina" porque ela já morreu. Também o Sr. Stamato, que outrora "gastou uma fortuna e que revolveu céus e terras a procura de Idalina" e que, diante da deficiência da ação dos srs. Washington Luís e Pinheiro e Prado, dirigiu-se ao presidente da República, "a fim de pedir providências para que Idalina fosse descoberta, viva ou morta", mostrou-se pouco sensível a essa nova eventualidade. Ademais, Sócrates declarava que, na época, que esteve interno do Orfanato Cristovão Colombo, havia sido ameaçado e espancado pelos padres, sendo forçado a dizer que viu Idalina sair do estabelecimento em companhia de Maria Luiza. Essa revelação vinha acrescida de uma interpelação: "se os padres do Orfanato não a mataram, porque me forçaram a mentir no inquérito?".[178]

176 *A Terra Livre*, São Paulo, 6 de novembro de 1910, p. 3.

177 *O Combate*, São Paulo, 26 de julho de 1918, p. 1.

178 *O Combate*, São Paulo, 27 de julho de 1918, p. 1.

Diante das notícias que ganhavam as páginas de *O Combate*, não faltaram críticas de ambas as partes envolvidas no caso. De um lado os clericais acusavam o jornal de estar "agitando de novo esta questão com fins tendenciosos de guerra à Igreja", enquanto, por outro lado, os anticlericais receavam que o periódico estivesse "a serviço do padre Faustino", visando à falsificação de uma nova Idalina.[179]

Em meio a isso, alguns anarquistas que estiveram envolvidos com as campanhas que agitaram o Brasil em torno do Caso Idalina, entre os quais Edgard Leuenroth (*A Lanterna*) e Gigi Damiani (*La Battaglia*), se manifestaram. Ao escrever no periódico *Il Piccolo*, Damiani receava que a agitação, levada a cabo pelo *O Combate*, pudesse servir de pretexto para novas perseguições contra os elementos avançados.[180] Além disso, Edgard Leuenroth, ao enviar uma carta à redação de *O Combate*, considerava a hipótese do reaparecimento de Idalina, "na pessoa da moça de olhar contemplativo do bairro da Liberdade", inaceitável e absurda, embora reconhecesse que vivendo sobre o estado de sítio instituído pelo governo de Venceslau Brás, estavam "num período de medidas excepcionais", e "que poderia permitir a repetição, quase livremente, da farsa de 1911".[181]

Curiosamente, no encalço das declarações de Leuenroth, a censura lançou seu espesso véu sobre *O Combate*. No dia 2 de agosto, pegando de surpresa a redação do jornal, os censores cancelaram toda notícia relativa ao Caso Idalina, uma vez que, para as autoridades, tal reportagem era um perigo para as instituições, leia-se Estado e Igreja. Segundo o delegado de polícia Thyrso Martins, "tratava-se de uma agitação" que *O Combate* estava "promovendo de comum acordo com elementos libertários para golpear o Estado na pessoa do padre Faustino Consoni".[182]

Frente esta censura direcionada ao jornal *O Combate*, retirou-se da composição da página a respectiva matéria (ainda no prelo), colocando no seu lugar, a seguinte nota: "toda a matéria foi retirada da página por determinação da censura, tendo o Dr. Cyro Costa nos declarado ter ordem para não

---

179 *O Combate*, São Paulo, 29 de julho de 1918, p. 1.

180 *O Combate*, São Paulo, 1º de agosto de 1918, p. 1.

181 *O Combate*, São Paulo, 30 de julho de 1918, p. 3.

182 *O Combate*, São Paulo, 18 de dezembro de 1918, p. 1.

consentir alusões ao assunto". Nesse ínterim, logo que os primeiros números dessa edição foram expostos a venda, a polícia, que "estava a serviço do clericalismo", os apreendeu, visto que a redação do jornal conservou os títulos e subtítulos, em que aparecia escrito "Onde está Idalina?". De mais a mais, as tentativas do jornal em voltar a tratar do caso não surtiam muito efeito, haja vista que a censura, munida de seu lápis vermelho, rabiscava furiosamente, de alto a baixo, as provas encaminhas ao órgão censor. Assim, no lugar de notícias sobre o Caso Idalina, o jornal passou a ostentar colunas em branco, esperando que os dias de restrição acabassem.[183]

Meses depois, com a censura tendo saído de cena, o periódico *O Combate* trouxe à baila informações sobre o caso, que vinham acrescidas de dúvidas, uma vez que não se comprovou que Italia da Conceição era de fato Idalina. Nessa mesma época, na cidade de Guaratinguetá, registrava-se a aparição de uma nova Idalina. Até então, já era cinco o número de falsas Idalinas que ganharam forma no imaginário social.

Por mais que durante todos esses anos o caso não houvesse sido resolvido satisfatoriamente, visto que a pergunta "Onde está Idalina?" permaneceu sem respostas, tal história relegada ao papel de apenas mais um *causo*, perder-se-ia no tempo, consumida feito poeira ao vento.

---

183 Até aqui, tudo em *O Combate*, São Paulo, 18 de dezembro de 1918, p. 1.

4. Novos rebentos de aversão

O clericalismo, quer dizer, a dominação da Igreja
em aspectos tanto civis como religiosos.
E desde longa data há levado consigo a opressão espiritual,
política e econômica.

Peter C. Knudsen

Por ironia das circunstâncias, "a primeira República, que iniciara sua história estabelecendo a separação entre a Igreja e o Estado [...] sai paradoxalmente de cena, 40 anos depois, pelas mãos de um membro da hierarquia da Igreja".[1] Deste modo, Washington Luiz – o último presidente da República Velha –, sitiado por tropas insurretas e temendo pela própria vida, deixava, ao anoitecer da sexta-feira, dia 24 de outubro de 1930, o Palácio de Guanabara, assistido pelo cardeal Dom Sebastião Leme, que o havia aconselhado a aceitar a incondicional deposição.

Naquele momento, por pressão de um movimento constituído por lideranças políticas (tenentes, industriais e setores da classe média), a antiga estrutura de governo – dominada, desde longa data, pelas oligarquias tuteladas pelos cafeicultores – recebia seu ultimato em 1930, alçando ao poder, através de uma Junta Militar, o político gaúcho Getúlio Dornelles Vargas.

---

1 BEOZZO, José Oscar. "A Igreja entre a Revolução de 1930, o Estado Novo e a Redemocratização". *In*: FAUSTO, Boris (dir.). *O Brasil Republicano – 4º volume: economia e cultura (1930-1964)*. Coleção História Geral da Civilização Brasileira. 2ª ed., São Paulo: Difel, 1986, p. 290.

Este novo governo, na busca por legitimação, encontraria na Igreja Católica e na figura de Dom Sebastião Leme – cardeal e arcebispo do Rio de Janeiro – importantes aliados. Como bem observou Alcir Lenharo:

> São dois os planos de auxílio que a Igreja prestou ao Estado no Brasil dos anos 30: o primeiro, de caráter mais constitucional, significou um apoio político decisivo em momentos cruciais da década; o segundo, não menos importante, relacionou-se à função milenar e indispensável de domesticação das consciências.[2]

Definitivamente, essas aproximações entre Estado e Igreja, ocorridas especialmente entre os anos de 1930 e 1934, permitiram reformulações acerca do lugar e do papel político da Igreja Católica na sociedade.

Ademais, o ano de 1931 foi marcado por diversas mobilizações católicas populares. Em 12 de outubro do mesmo ano, na capital federal, prestigiada por 45 bispos, bem como pelo presidente Vargas, ocorreu a inauguração da estátua do Cristo Redentor, no alto do Corcovado, enquanto um dos atos simbólicos da força moral católica. Aproveitando aquela ocasião solene, o cardeal Dom Sebastião Leme entregava a Getúlio Vargas a lista de recomendações/reivindicações católicas para o novo governo e à futura Constituição, afirmando: "ou a Revolução" reconhece "a religião da maioria do povo brasileiro" ou o povo não a reconhecerá![3]

Deste modo, a década de 1930 sinalizava novos tempos e concessões para a Igreja, via a forte atuação de um grupo de intelectuais católicos no cenário político da nova República. Enquanto fruto desse catolicismo militante e leigo, tem-se a fundação, por Jackson de Figueiredo, em 1921, no Rio de Janeiro, do Centro Dom Vital,[4] com a dupla função de "selecionar e educar uma elite leiga capaz de atuar pelos interesses da Igreja onde fosse necessário defendê-los e arregimentar o apoio passivo da grande massa de católicos".[5] Para tais

---

2 LENHARO, Alcir. *Sacralização da política.* 2ª ed., Campinas: Papirus, 1986, p. 190.

3 BEOZZO, José Oscar. "Igreja e Política", *História Viva* – Edição Especial Temática nº 2, São Paulo: Duetto, 2005, p. 42.

4 O nome do centro é uma homenagem a Dom Vital Maria Gonçalves de Oliveira (1844-1878) – bispo de Olinda –, um dos envolvidos na Questão Religiosa de 1873.

5 ARDUINI, Guilherme Ramalho. *Em busca da idade nova: Alceu Amoroso Lima e os projetos católicos de organização social (1928-1945).* São Paulo: Edusp, 2015, p. 54.

fins, além de promover cursos e conferências, investiu na publicação de revistas e livros em prol de campanhas contra o liberalismo. Após a morte de Jackson de Figueiredo, em 1928, Alceu Amoroso Lima - mais conhecido pelo pseudônimo Tristão de Ataíde - assumiu a liderança do centro. Em suma, o cardeal Dom Leme logo compreendeu o papel do intelectual como vanguarda do catolicismo e, a partir daí, voltando sua atenção ao Centro Dom Vital, confiou-lhe, entre 1930 e 1935, tarefas políticas e pedagógicas, assim como de formação intelectual e de militância apostólica.[6]

Neste percurso, outro importante núcleo, que concentrou parte das forças intelectuais do catolicismo, foi o Instituto Ozanam,[7] fundado em 1930, na cidade de São Paulo, que atuou especialmente contra o comunismo. Também em 1932, era criada a Liga Eleitoral Católica (LEC), seguida da Ação Católica Brasileira (ACB), em 1935. Paulatinamente, "a Igreja sensibilizou o Estado, galvanizou os católicos e reconquistou a posição e a influência decrescida durante a Primeira República".[8]

É plausível supor que o caminho iniciado na década de 1920, por alguns setores do clero católico que pregavam a subordinação do poder temporal à autoridade eclesiástica, visando aproximações com o Estado, consolidava-se no transcurso de 1930. Igualmente, cabe esclarecer que, durante a década precedente, em meio à revisão constitucional na Câmara Federal (Rio de Janeiro), ocorrida em 1926, o clero católico, representado pelo deputado federal Plínio Marques, tentou aprovar um conjunto de emendas religiosas, entre as quais, a obrigatoriedade do ensino religioso nas escolas públicas. No entanto, a bancada liderada por políticos gaúchos de inclinação "borgista" (partidários republicanos ligados a Antonio Augusto Borges de Medeiros) rebateu tais interesses. Curiosamente, naquela ocasião, um desses deputados borgistas era Getúlio Vargas.

6 Cf. BEOZZO, José Oscar. "A Igreja entre a Revolução de 1930, o Estado Novo e a Redemocratização". *In*: FAUSTO, Boris (dir.). *Op. cit.*, p. 299

7 Uma referência ao intelectual italiano, cristão e leigo, Antonio Frederico Ozanam (1813-1853). Em 1831, ele muda-se para a França, logo se empenhando num ativismo católico em que defendeu melhores condições de trabalho e vida para as classes populares, bem como uma postura contrária ao socialismo.

8 CASTRO, Eduardo Góes de. *Os "quebra-santos": anticlericalismo e repressão pelo DEOPS/SP.* São Paulo: Humanitas, 2007, p. 21.

Anos depois, em 1929, a postura de Getúlio Vargas seria outra, considerando-se seguinte afirmação: "fui batizado católico; a minha educação foi católica e católico continuo permanecendo".[9] Assim, apartado de qualquer eventual feição anticlerical (de matriz positivista) que outrora lhe fora atribuída, o então candidato da Aliança Liberal viu-se envolto de prestígio e apoio de importantes integrantes da hierarquia católica, tal como Dom João Becker – arcebispo da Arquidiocese de Porto Alegre. Também, em 1930, na busca por legitimação popular do seu governo provisório, Vargas encontraria fortes aliados no cardeal Dom Sebastião Leme e em outros setores da Igreja Católica. Aliás, diante da oportunidade que lhe batia à porta, a Igreja voltava-se para o Estado e emprestava-lhe todo seu poder, esperando, em troca, conseguir mudanças substanciais no plano político e social, rumo à nova hegemonia.

Logo, não era de se estranhar que, durante uma das primeiras grandes concentrações de católicos (objetivando mostrar a força social católica), ocorrida devido à visita da imagem da padroeira Nossa Senhora Aparecida ao Rio de Janeiro, em maio de 1931, o cardeal Dom Leme declarasse, em alto e bom som, o fim do laicismo da República.[10] Ainda, no mesmo ano, mediante a oficialização do ensino religioso nas escolas públicas, Sebastião Leme, convicto dos novos tempos para a sua Igreja, afirmava:

> O Decreto sobre o ensino religioso não deve ser considerado senão como uma etapa, a primeira. O que precisamos é colocar a Igreja Católica no lugar que lhe compete na futura Constituição, restabelecermos a religião do Estado, fazermos do catolicismo religião oficial, ensinada nas escolas, proclamada nas repartições. *Toleraremos os outros cultos que serão permitidos. Mas a religião oficial será a católica. O Estado não será neutro. Podemos impor a nossa vontade.*[11]

9 ISAIA, Artur Cesar. *Catolicismo e autoritarismo no Rio Grande do Sul.* Porto Alegre: EDIPUCRS, 1998, p. 82.

10 É interessante notar que, anos antes, em 1916, na carta pastoral elaborada pelo cardeal Leme, então arcebispo de Olinda, consta: "Na verdade, [nós] católicos, somos a maioria do Brasil e, no entanto, católicos não são os princípios e os órgãos da nossa vida política. Não é católica a Lei que nos rege. Da nossa fé prescindem os depositários da Autoridade. Leigas são as nossas escolas, leigo é o Ensino". Cf. ROSÁRIO, Maria Regina do Santo, *O cardeal Leme (1882-1942).* Rio de Janeiro: José Olympio, 1962, p. 67.

11 *Diário Popular de São Paulo*, 08/06/1931, [grifo nosso], *apud Annaes da Assembléa Nacional Constituinte* – vol. II. Rio de Janeiro: Imprensa Nacional, 1935, p. 492.

Todavia, "estas posturas das lideranças católicas e sua definida colaboração com o governo de Getúlio Vargas foram amplamente criticadas e rejeitadas pelos oponentes à religião católica",[12] entre os quais, figuravam anarquistas, socialistas, comunistas, liberais, maçons, espíritas, metodistas, protestantes, teosofistas, que, em defesa da secularização/laicidade, somaram forças, organizando um programa político de feições anticlericais contra o poder interventivo do clero em qualquer manifestação da vida pública, familiar ou social.[13]

Deste modo, o presente capítulo tem por objetivo dar visibilidade a essas mobilizações de oposição à Igreja que ganharam forma a partir de 1930, focado sobretudo na atuação dos anarquistas, bem como nos seus sólidos veículos de propaganda, a exemplo da Liga Anticlerical do Rio de Janeiro, da Liga Anticlerical de Campinas e do jornal *A Lanterna* (3ª fase).

Passagens em reverso

Em 1933, na cidade de São Paulo, pelo intento do militante anarquista Rodolfo Felipe - que viu, na literatura, um terreno fértil para a difusão das ideias de transformação social -, nascia A Sementeira. Nessa mesma época, entre 1932 e 1935, Rodolfo Felipe esteve à frente do jornal libertário *A Plebe*, como redator-gerente. Isso explica o fato de a editora e livraria A Sementeira valer-se, para seus serviços postais, da Caixa Postal 195, ou seja, a mesma usada pela redação d'*A Plebe*.

Apesar de sua existência relativamente curta, a editora e livraria A Sementeira trouxe a lume uma série de opúsculos de valor propagandístico, tais como: *Serviço Militar Obrigatório para a Mulher? Recuso-me! Denuncio!*, de Maria Lacerda de Moura; *Poesias e Hinos Libertários*, coletânea da lavra de diversos autores, entre os quais, Ricardo Gonçalves, Passos Souza e Guerra Junqueiro; *Deus Existe? Eis a Questão*, de Sébastien Faure - um grande sucesso de vendas, que, rapidamente, se esgotou; *O Evangelho da Hora*, de Paul Berthelot; e *Alforria Final: os Objetivos da Revolução Social Libertária*, de Diego Abad de Santillán.

---

12 WERNET, Augustin. "Prefácio", CASTRO, Eduardo Góes de. *Op. cit.*, p. 13.

13 Moção de Protesto contra a Lei de Oficialização do Ensino Religioso. Prontuário 829 - *Comitê Pró-Liberdade de Consciência*, DEOSP/SP.

Além disto, disponibilizou amplo acervo que incluía obras de sociologia, filosofia, ciência, literatura e teatro. No primeiro catálogo, constituído de quatro páginas, que circulou no ano de 1934, ganharam destaque autores internacionais como Émile Zola, Victor Hugo, Max Nordau, Piotr Kropotkin e Voltaire, seguidos de diversos títulos em espanhol, oriundos da editora argentina *Claridad*, assim como obras de Maria Lacerda de Moura, Florentino de Carvalho e Afonso Schmidt. Prontamente, através d'A Sementeira, toda uma biblioteca de material de leitura libertária tornava-se facilmente disponível em forma de brochuras. Será também por intermédio de Rodolfo Felipe e da biblioteca d'A Sementeira que alguns textos, considerados necessários para a propaganda anticlerical, ganhariam distribuição, tal como o opúsculo *Monita Secreta*, ou ainda a edição, em 1934, de um volume de 60 páginas, contendo as peças *Leão X ou o Celerado João de Médicis*, da autoria de A. de Andrade e Silva, e *Vozes do Céu*, de Mota Assunção, destinada a levantar fundos para o jornal *A Lanterna*.

Parece claro que, após os anos amargos da década de 1920, vividos sob a repressão patrocinada pelo governo de Epitácio Pessoa (1919-1922) e sob o estado de sítio do governo Arthur Bernardes (1922-1926),[14] que aniquilou boa parte dos núcleos libertários atuantes no Rio de Janeiro e em São Paulo, tem-se, especialmente a partir da década de 1930, a retomada de importantes canais de expressão libertária, sobretudo em São Paulo, a exemplo do Ateneu de Cultura Libertária (1931), do jornal *A Plebe* (1932 – nova fase), do Centro de Cultura Social (1933), da editora A Sementeira (1933) e do jornal *A Lanterna* (1933 – nova fase). Um pouco antes, em 1929, no Rio de Janeiro, o anarquista José Oiticica instigava a reativação da Liga Anticlerical do Rio de Janeiro.

Desde a segunda metade de 1910, o anticlericalismo passou a mostrar indícios de declínio e a perder força coletiva. Entre as causas, talvez se possa apontar a canalização de esforços para resolver o agravamento da questão social, devido ao arrocho econômico em decorrência da Primeira Guerra Mundial (1914-1918).

14 Coincidência ou não, durante estes dois governos ocorrem as primeiras aproximações entre Estado e Igreja. Vale lembrar que durante o governo de Epitácio Pessoa é assinado o decreto permitindo a construção do monumento do Cristo Redentor no alto do Corcovado. Há quem afirme que o sucesso de tal projeto contou com a influência de Maria da Conceição de Manso Saião da Silva Pessoa, beata fervorosa e esposa de Epitácio Pessoa. A propósito, uma das filhas do casal, Laurita Pessoa Raja Gabaglia (Irmã Maria Regina do Santo Rosário) será uma das principais biógrafas do cardeal Sebastião Leme da Silveira Cintra.

Em meio a isso, intensificaram-se as greves operárias, tonificadas, desde 1917, pelos sucessos revolucionários ocorridos na Rússia. Frente às novas demandas políticas, que cada vez mais instigavam os anseios de insurreição social, o anticlericalismo ficaria em segundo plano, visto que, na ótica anarquista, uma revolução enquanto transformação radical incluía a derrocada da Igreja.

Desta forma, na senda das grandes greves de 1917, que convulsionaram São Paulo e o Rio de Janeiro, os anos de 1918, 1919 e 1920 foram marcados por novas greves e agitações operárias, que, além de reivindicações por melhores de condições de trabalho, nutriram perspectivas de expropriação da burguesia em prol da revolução social. No Brasil, motivados pelo evento da revolução no Leste Europeu, os anarquistas Edgard Leuenroth e Hélio Negro (pseudônimo de Antonio Candeias Duarte) escrevem e publicam às pressas, em abril de 1919, o opúsculo *O Que é Maximismo ou o Bolchevismo*, ou seja, um programa político de transformação social, amparado na experiência dos sovietes. Na cidade do Rio de Janeiro, também por uma iniciativa anarquista, que contou com José Oiticica e Astrogildo Pereira, era fundado o jornal *Spartacus* (1919-1920), como órgão porta-voz do Partido Comunista do Brasil, criado em 1919.

Inegavelmente, frente à forte atuação anarquista nos sindicatos na Rússia, para muitos libertários no Brasil, a revolução que ocorria no Leste Europeu soava como um almejado caminho para a realização das perspectivas anarquistas. Além disso, em meio a esse conturbado período, na imprensa operária anarquista, que se produzia no Brasil, os termos maximismo[15] e bolchevismo apareciam decantados de suas reais proposições políticas, o que, em certa medida, resultou na utilização confusa das acepções socialismo anarquista,[16] comunismo ou maximismo, como termos equivalentes e/ou correlatos. Desse modo,

15 Adeptos do programa máximo do partido socialista russo. Sobre o uso do termo maximalista adotado no Brasil pela imprensa operária a partir de 1917, Edgard Leuenroth, explica: "Maximalismo, Bolshevikismo etc., são idiotismos que tiveram origem na tradução do idioma russo para o inglês e deste para o português". *In:* LEUENROTH, Edgard & NEGRO, Hélio. *O que é maximismo ou o bolchevismo: programa comunista*. São Paulo: [s. ed.], 1919, p. 5.

16 Não raro, na perspectiva anarquista, as denominações comunismo, socialismo e anarquismo foram vistas como agrupáveis, desde que amparadas na defesa da liberdade e eximidas de atributos autoritários. Consequentemente, em 1917, "numerosos anarquistas não distinguiam claramente suas diferenças com o bolchevismo, vendo em Lênin um marxista-bakuninista". *In:* TRAGTENBERG, Maurício. *A Revolução Russa*. São Paulo: Atual, 1988, p. 91.

> Para os anarquistas, o grande evento na Rússia configurava, ao menos nos primeiros anos, a possibilidade de uma conjunção de esforços entre tendências revolucionárias nem sempre afinadas. As divergências em relação aos métodos do marxismo-leninismo passaram ao largo da imagem otimista presente nas primeiras notícias que chegaram ao Brasil.[17]

É neste clima de euforia e entusiasmo[18] que surge, em 1919, o Partido Comunista-Anarquista, primeiro no Rio de Janeiro e depois em São Paulo. Apesar de ostentar expressões como "partido" e "comunista", estava embasado em diretrizes libertárias. Ainda no Rio de Janeiro, um grupo de anarquistas (cujo um dos membros era José Oiticica[19]), motivado pelos sucessos da Revolução Russa, tentaria promover uma insurreição em novembro de 1918, mas, a tentativa fracassou. Logo, tal episódio serviu como combustível para a repressão, desmantelando núcleos anarquistas do Rio de Janeiro e São Paulo. Vale lembrar que, desde as greves de 1917, a repressão voltada ao movimento operário foi ganhando contornos mais amplos, como denota o fechamento pela polícia da Federação Operária do Rio de Janeiro (FORJ), em agosto de 1917.

Apesar disto, no Rio de Janeiro, entre 21 e 23 de junho de 1919, é organizado o Primeiro Congresso Comunista-Anarquista, que tinha, como elementos norteadores, a discussão e aprovação das bases do programa político do Partido Comunista-Anarquista, bem como o desenvolvimento da organização do movimento libertário.[20]

---

17 SAMIS, Alexandre. "Ecos da Revolução Russa no Brasil". *In*: *Libertários* – revista trimestral de expressão anarquista, nº 1, São Paulo – Rio de Janeiro, 3º trimestre de 2002, p. 24.

18 Após a Revolução de Fevereiro, o notório anarquista russo emigrado Peter Kropotkin decide retornar à Rússia. Também, em meio aos anseios revolucionários que contagiavam o cenário internacional, a CNT (*Confederación Nacional del Trabajo* – organização operária espanhola de tendência anarquista) aderiu entre os anos de 1920 e 1922 à III Internacional. Para detalhes sobre a participação anarquista da Revolução de 1917, cf. SKIRDA, Alexandre. *Os anarquistas russos, os sovietes e a Revolução de 1917*. São Paulo: Intermezzo, 2017.

19 Além de José Oiticica, faziam parte do grupo, os libertários Astrojildo Pereira, Manuel Campos, Carlos Dias, Álvaro Palmeira, José Elias da Silva, João Pimenta e Agripino Nazaré. Para detalhes sobre tal episódio, cf. ADDOR, Carlos Augusto. *A insurreição anarquista no Rio de Janeiro*. Rio de Janeiro: Dois Pontos, 1986.

20 Cf. LEUENROTH, Edgard. *Anarquismo – roteiro da libertação social*. Rio de Janeiro: Mundo Livre, 1963, p. 130-131.

Em 1919, devido à agitação operária, que resultou em uma greve, o jornal *A Plebe*, de São Paulo, foi empastelado. Entre outras coisas, visando por fim à tipografia do sedicioso jornal, caixas, tipos, bolandeiras, originais perdidos e papel de impressão foram lançados à rua.[21] Além do mais, diversos militantes operários acabaram presos, entre os quais, Everardo Dias, que, na época, colaborava com o jornal *A Plebe*, escrevendo textos sobre a questão social e "artigos francamente anticlericais, o que era no seio do clero e das rodas clericais causa de antipatia"[22] a sua pessoa. Haja vista a "onda vermelha" que seduzia alguns círculos libertários, na Delegacia, as perguntas do interrogatório, direcionadas a Everardo Dias, tinham o seguinte teor: você "escreve na *A Plebe*" e "pertence ao Partido Comunista"? – referindo-se ao Partido Comunista-Anarquista de São Paulo; ou ainda, "quem é Hélio Negro" e "onde foi impresso *O que é maximismo ou bolchevismo*"?.[23]

Durante sua prisão, ocorrida em 27 de outubro de 1919, em que a polícia insistia em tachá-lo de anarquista (um ótimo estigma para a sua deportação), Everardo Dias negou qualquer vínculo explícito com o anarquismo. Apesar disso, é certo que atuando junto a organismos anárquicos, tal como *A Plebe*, nutria simpatia pelo movimento libertário. Referindo-se ao anarquismo, escreveu: "quanto custa a fazer entrar uma ideia boa e generosa, igualitária e fraterna, no coração das massas entorpecidas pelas sombras da ignorância!".[24]

Everardo Dias foi um esfíngico militante de origem espanhola que colaborou com as movimentações anticlericais e anarquistas ocorridas no Brasil, contribuindo, em mais de uma ocasião, na imprensa libertária. Na década de 1920, publicou os livros *Delenda Roma!*, *Semeando...*, *Memórias de um Exilado*, *Bastilhas Modernas*; assim como os folhetos *A Ação da Mulher na Revolução Social*, *A Propriedade Privada e os Santos Padres* e *O Processo de Jesus (A propósito das leis celeradas)* – desse conjunto de escritos, os dois últimos não sobreviveram à posteridade, compondo hoje o rol de obras inencontráveis. A propósito, o

21 Cf. SCHMIDT, Afonso. *São Paulo de meus amores/ Lembrança (crônicas)*. São Paulo: Brasiliense, [s. d.], p. 308.

22 DIAS, Everardo. *Memórias de um exilado (episódios de uma deportação)*. São Paulo: [s. ed.], 1920, p. 88.

23 Cf. DIAS, Everardo. *Memórias de um exilado...*, p. 14-15.

24 *Ibidem*, p. 33.

folheto *A Ação da Mulher na Revolução Social* tratava-se de versão impressa de uma conferência realizada na União dos Trabalhadores Gráficos de São Paulo, em junho de 1920. Na ocasião, reconhecendo a importância da participação feminina nas lutas sociais, Everardo Dias declarou: "como namorada, como companheira, como mãe – a mulher em muito pode contribuir para o próximo advento da sociedade que almejamos e entrevemos", dessa maneira, "ela, em vez de entrevar a ação, como tem feito até aqui, por infundado temor, ou mesmo por deploráveis defeitos de educação, desde que compreenda que passará [...] a um ser consciente e livre – será a primeira a acoroçoar e entusiasmar os mais dúbios ou retardatários", ou seja, "é inegável, é indiscutível que a mulher, no nosso meio, muito pode fazer para que o glorioso dia da libertação integral se avizinhe de nossas retinas de lutadores indefesos".[25]

Em 1919, ao ser acusado de subversão por colaborar com o jornal paulista *A Plebe*, em que escreveu textos de caráter contestatório, Everardo Dias foi enquadrado na lei de expulsão de estrangeiros indesejáveis. Ao publicar *Memórias de um Exilado* (1920), reportou-se à dolorosa experiência da sua prisão e a subsequente deportação rumo à Espanha. A bordo do navio *Benevente*, ficou por dois meses à deriva, até que, por pressão política do deputado socialista e maçom Maurício de Lacerda (que contou com o apoio do Grande Oriente do Brasil), em fevereiro de 1920, conseguiu *habeas corpus* favorável ao retorno de Everardo Dias ao Brasil.

Também durante o processo das expulsões de agitadores estrangeiros, ocorridas em 1919, o anarquista italiano Gigi Damiani, atuante em São Paulo – e que, por diversas vezes, levantou a bandeira do anticlericalismo –, foi preso e compulsoriamente embarcado no navio Mafalda, com destino à Itália. Não por acaso, em meio àquela onda de repressão levada a cabo pela polícia, em 1919, tem-se o fechamento das Escolas Modernas nº 1 (dirigida por João Penteado) e nº 2 (sob a responsabilidade de Adelino de Pinho). Nesse sentido, é certo que a repressão desempenhou um papel crucial no fim de importantes núcleos do anarquismo e do anticlericalismo.

25 Até aqui, tudo em DIAS, Everardo. *A acção da mulher na revolução social*. São Paulo: Empresa Editora de Publicações, 1922, p. 22-23.

Em 1920, Everardo Dias, amparado na sua experiência de martírio político, em que recebeu das autoridades a pecha de anarquista ("basta à gente reclamar para ser anarquista"), lançava um folheto intitulado *Jesus Cristo era Anarquista!* Curiosamente, essa obra, lançada em comemoração aos três anos da implantação dos sovietes na Rússia, se prestava ao serviço de sensibilizar o povo para o socialismo libertário, valendo-se, para tal feito, do personagem central dos Evangelhos, que, segundo a ótica do autor, era um revolucionário, assim como anarquista e maximalista. Aliás, este é um dos poucos documentos produzidos por Everardo Dias em que fica explícito uma forte simpatia pelas ideias libertárias.

Na década de 1920, novos tempos de repressão política - efetuada "a pata de cavalo e a metralhadora" - se abateu sobre o movimento operário, visando frear a militância anarquista, como demonstra o Decreto nº 4.269, de 17 de janeiro de 1921, que regulamentava a repressão ao anarquismo. Diante deste cenário de contenção, na cidade de São Paulo, surgiu o Comitê Pró-Presos e Deportados, que, por intermédio da publicação e venda de folhetos de propaganda libertária, nutria esperanças de "minorar o sofrimento daqueles companheiros que hoje expiam nos ergástulos burgueses o crime horrível de terem ambicionado um pouco mais de pão e justiça para a humanidade explorada e aflita, vítima indefesa de um conluio de padres, capitalistas e governantes [...]".[26]

Entre 1924 e 1926, não foram poucos os militantes socialistas, anarquistas e comunistas que, a contragosto, conheceram aqueles "antros de horrores", aquelas "masmorras espectrais", a exemplo da Casa de Detenção, e das prisões insulares - Ilha Rasa, das Cobras, das Flores e do Bom Jesus. Por aquelas prisões, entre outros presos políticos, estiveram o gráfico Everardo Dias, o advogado Benjamim Mota e o professor José Oiticica, três militantes que, anos antes, agitaram as fileiras do anticlericalismo. Esse cenário de convulsões sociais, instaurado a partir de 1924, resultou no fechamento do jornal *A Plebe* (São Paulo) e na prisão de diversos anarquistas, entre os quais, Domingos Braz, Antônio Alves da Costa e Domingos Passos, que conheceram os tormentos do navio-presídio Campos (atracado na Baía da Guanabara) e da colônia penal de Clevelândia, no Oiapoque.

26 Nota dos editores, cf. MOST, João. *A peste religiosa*. São Paulo: Comitê Pró-Presos e Deportados, 1921.

Inegavelmente, o ano de 1924 foi "muito mais turbulento que o anterior. Mesmo antes da eclosão do movimento rebelde, no dia 5 de julho, em São Paulo, os acontecimentos vinham apresentando maior gravidade e a ação policial crescia na proporção das agitações".[27] O notório militante anticlerical Everardo Dias, preso novamente em agosto de 1924, enquanto trabalhava na Oficina Gráfica, no Rio de Janeiro, reportou-se àquele triste momento, no seguinte tom:

> [...] penei dois anos e meio nos ergástulos policiais, passando meses e meses em prisões tenebrosas; sofri fome, sede, frio. Fui caluniado, escarnecido, vilipendiado. Doente, febril, reclamei assistência – e tive, como resposta, a ameaça insultante. Meus papéis e livros foram roubados. Meu lar foi saqueado. Espoliaram-me de tudo.[28]

A partir dessa sua experiência enquanto prisioneiro político, bem como coligindo relatos de outros supliciados pelo processo repressivo dos anos de 1920, Everardo Dias, em 1926, publicou *Bastilhas Modernas*, "um extraordinário documento de seu tempo, relato fiel e detalhado da repressão a que foram submetidos os inimigos do governo na vigência do estado de sítio".[29]

De qualquer forma, ao ter-se em vista que a mais forte presença no movimento anticlerical foi a dos anarquistas, na década de 1920, frente à repressão que levou à prisão de destacados militantes, tornando quase impossível toda atividade política e operária, o movimento anticlerical, outrora bastante atuante no cenário social, teve sua ação reduzida.

Como contraponto, nessa mesma época, a Igreja Católica passava a assumir uma "presença marcante na sociedade civil com ampla proteção e privilégios nos círculos governamentais".[30] Ademais, seguindo a orientação do Papa XI e da sua encíclica *Urbi Arcano* (1922), que defendia a restauração do reinado de Cristo "na sociedade, nas famílias e nos indivíduos", rapidamente,

---

27 SAMIS, Alexandre. *Clevelândia: anarquismo, sindicalismo e repressão política no Brasil.* São Paulo: Imaginário, 2002, p. 91.

28 DIAS, Everardo. *Bastilhas modernas (1924-1926).* São Paulo: Empresa Editora de Obras Sociais e Literárias, [1927], p. 262.

29 RIDENTI, Marcelo. *Brasilidade revolucionária.* São Paulo: Unesp, 2010, p. 39.

30 WERNET, Augustin. "Prefácio". *In*: CASTRO, Eduardo Góes de. *Op. cit.*, p.12.

as lideranças católicas do Brasil empenharam-se em "restituir o Brasil a Cristo" e em "regenerar a sociedade brasileira pela religião católica".[31]

Frente a tudo isso, no transcurso dos anos de 1920, com o pouco de fôlego que ainda lhe restava, o livre-pensamento de feições anticlericais continuou ativo via algumas pequenas iniciativas, a exemplo da *Revista Liberal* (Porto Alegre, 1920-1922) e do jornal *Emancipação* (Bagé, 1928-1931) - órgão do Grupo Cultural dos Livres Pensadores -, publicações que contavam em suas redações com militantes anarquistas, entre os quais, o jornalista e gráfico Polidoro Santos e o jornalista e escritor Venâncio Pastorini Sobrinho.

De resto, no campo editorial, entre um conjunto de obras que figuravam pretensões anticlericais e/ou antirreligiosas, publicou-se, em 1920, na cidade de Pelotas (RS), *Mentiras Religiosas* - que ganhou divulgação especial nas páginas da *Revista Liberal*. Nessa obra composta de dois volumes, o autor, Luís Pedro Osório Filho, refutava os preceitos religiosos católicos.

Na mesma época, em São Paulo, enquanto iniciativa anarquista, tem-se a publicação de uma literatura de cariz marcadamente combativo. A título de exemplo, o Centro Editor Juventude do Futuro fez circular, em 1920, o folheto *O Pecado de Simonia*, de Neno Vasco. No mesmo ano, o Grupo Editor de Obras Sociais Neno Vasco lançava o opúsculo *O Evangelho da Hora*, de Paul Berthelot. Enquanto que, em 1921, pela iniciativa do Comitê Pró-Presos e Deportados, publicou-se *A Peste Religiosa*, de John Most. Por certo, esses esforços propagandísticos contra a Igreja vinham como resposta à crescente infiltração de elementos religiosos no movimento operário, especialmente por meio dos círculos operários católicos. Desse modo, para os editores de *A Peste Religiosa*, esse "primoroso folheto de propaganda libertária", destinado, especialmente, aos trabalhadores, tinha, entre os seus fins, concorrer "para o arejamento, o aclaramento e a higienização da consciência de milhares de trabalhadores ainda hoje obscurecidas pela noite ancestral dos Dogmas Malditos".[32]

Diante da atuação de entidades como o Centro Operário Católico Metropolitano (localizado no Brás - São Paulo), que investia no controle social

31 Até aqui, tudo em WERNET, Augustin. "Prefácio". *In:* CASTRO, Eduardo Góes de. *Op. cit.*, p. 12.

32 Extraído da contracapa do folheto MOST, João. *A peste religiosa*. São Paulo: Comitê Pró-Presos e Deportados, 1921.

do operariado, ou ainda do serviço de propaganda católica efetuado no meio operário pelos jornais *O Operário* e *O Legionário*, o periódico *A Plebe* (São Paulo), em 1919 – tendo como diretor Edgard Leuenroth e entre seus colaboradores Everardo Dias –, conclamava os operários a manterem distância da Igreja e dos ministros do Vaticano, uma vez que ambos "cerceiam a liberdade e promovem a corrupção dos lares". Além disso, ainda afirmava: é o padre "o maior inimigo do progresso e da ciência", visto que "a vida da Igreja periclita perante a Luz da Verdade, originária do progresso e da ciência".[33] A propósito, corroborando em tal campanha, tem-se, no Rio de Janeiro, a atuação de um Comitê Anticlerical, que realizava "comícios de protestos contra a intromissão da horda clerical nos meios proletários".[34]

Nesta senda, em 1922, pelo intento do anarquista Rodolfo Felipe, que fazia parte da redação do jornal *A Plebe* (São Paulo), surgia a Biblioteca Social A Inovadora. Entre os diversos livros comercializados por esta biblioteca postal, na seção de Sociologia, encontravam-se alguns clássicos da literatura antirreligiosa, ou seja, títulos que, de longa data, vinham animando as leituras de militantes anarquistas e anticlericais, a exemplo de *Não Creio em Deus*, de Timotheon; *A Peste Religiosa*, de John Most; *Mentiras Divinas*, de Chacon Siciliani; *Ciência e Religião*, Malvert [trata-se de um pseudônimo]; e *O Anticristo*, de Friedrich Nietzsche.[35] Ainda no campo literário, em 1924, os irmãos Carlos e Edgar Sussekind de Mendonça lançavam, no Rio de Janeiro, o opúsculo *Iniciando uma Campanha: Contra a Ação Católica no Brasil*, enquanto que José Martins publicava, em São Paulo, *História das Riquezas do Clero, Católico e Protestante* (em dois volumes). No prefácio dessa segunda obra, escrito por José Oiticica, tem-se:

> Se os fatos te convencerem da ação nefasta da Igreja Católica, Apostólica e Romana, une-te aos demais trabalhadores teus irmãos que por fim por aluir essa instituição, faze-te anticlerical, instrui teus camaradas de oficina, mostra-lhes o mal e arrasta-os contigo à grande Revolução.[36]

---

33 *A Plebe*, São Paulo, 22 de novembro de 1919, p. 1.

34 *Spártacus*, Rio de Janeiro, 2 de agosto de 1919, p. 2.

35 Cf. RODRIGUES, Edgar. *Novos rumos – pesquisa social (1922-1946)*. Rio de Janeiro: Mundo Livre, [1978], p. 106.

36 MARTINS, José. *História das riquezas do clero, católico e protestante*. São Paulo: Editora do Autor, 1924, p. 5.

No Rio de Janeiro, em meio a isso, em 1922, diante do decreto assinado no governo de Epitácio Pessoa que autorizava a construção do monumento do Cristo Redentor, no cimo do Corcovado, organizaram-se manifestações contrárias, tendo um papel de destaque as campanhas fomentadas por José Oiticica. Em 1926, visando persuadir a população católica de que sua objeção à construção da estátua do Cristo Redentor não era motivada por sua militância de oposição à Igreja, Oiticica dirigia-se aos católicos o seguinte apelo: "Peço-lhes por quantos anjos há no céu que desistam da empresa começada".[37]

Enquanto, por um lado, a Igreja Católica movimentava suas legiões de esmoleiros, com o objetivo de angariar recursos para a construção da estátua do Cristo Redentor, por outro lado, em 1923, viu-se surgir, no Rio de Janeiro, um Comitê de Propaganda Anticlerical, que se lançou em campanha contra "aquela construção absurda com o dinheiro de um povo que habitava em cabeças de porco, nas favelas e debaixo das pontes e marquises, à espera de uma oportunidade para conseguir um modesto lar".[38] O pouco que se sabe sobre esse comitê é que surgiu em setembro de 1923, visando, num primeiro momento, fazer frente à atuação eclesiástica entre os indígenas e que, para tal feito, buscou agremiar "todos os anticlericais, sejam ateus, espíritas, protestantes, teosofistas ou prosélitos de quaisquer escolas filosóficas".[39] É plausível supor que faziam parte desse agrupamento elementos remanescentes da extinta Liga Anticlerical do Rio de Janeiro, a exemplo de José Oiticica. Aliás, em reposta à inauguração do monumento do Cristo Redentor, ocorrida em outubro de 1931, tem-se, de autoria de Oiticica, uma sátira em que ele apresentava o Cristo Redentor, conduzindo com seus braços abertos (como um guarda de trânsito), lá do alto do Corcovado, o tráfego citadino.[40]

Apesar de episódios como a construção do monumento ao Cristo Redentor terem resultado em objeções de uma coloração anticlerical, a déca-

---

37 *Correio da Manhã*, Rio de Janeiro, 17 de abril de 1926, p. 4.

38 Cf. RODRIGUES, Edgar. *Op. cit.*, p. 166.

39 *O Paiz*, Rio de Janeiro, 14 de setembro de 1923, p. 7.

40 Cf. NEVES, Roberto das. "José Oiticica: um anarquista exemplar e uma figura ímpar na História do Brasil". *In:* OITICICA, José. *Ação Direta: antologia dos melhores artigos publicados na imprensa brasileira - meio século de pregação libertária.* Rio de Janeiro: Germinal, 1970, p. 28.

da de 1920, de modo geral, não produziu grandes e motivadoras campanhas contra o clero. Deste jeito, isento de maior mobilização, o anticlericalismo limitou-se praticamente à publicação de alguns poucos periódicos e aos debates de ideias - conforme a acalorada discussão ocorrida, em 1926, na imprensa carioca, entre José Oiticica e o padre Leonel Franca –, seguidos da circulação de manifestos e opúsculos.

Durante a década de 1930, as aproximações da Igreja com o Estado foram um fator determinante para que o anticlericalismo ganhasse impulso, convertendo-se novamente em força coletiva. Com isso, em 1931, pelo intento do militante Everardo Dias (recém–expulso do PCB), foi fundada a Associação de Propaganda Liberal, cujo comitê central estava localizado na cidade de São Paulo. Embora a documentação acerca da atuação dessa agremiação seja rala, sabe-se que era "um centro de propaganda ativa das ideias liberais, de exposição de princípios e de crítica franca à atuação, na sociedade, do clericalismo", mantendo-se em atividade até 1935. Além disso, a partir de 1933, com o ressurgimento do periódico *A Lanterna*, Everardo Dias passou a dar a sua carga de contribuição para o referido jornal.

A esta altura, cabe observar que, num sentido amplo, o termo liberal - um substantivo que ganharia força como adjetivo –, significava a autonomia do indivíduo em defesa da liberdade de consciência. Assim, ancorada nessa interpretação, surgiram no Brasil, nas primeiras três décadas do século XX, periódicos como *O Liberal* (Paranaguá, 1903), *O Liberal* (Guaratinguetá, 1912), a *Revista Liberal* (Porto Alegre, 1920) e *Tribuna Liberal* (Jaboticabal, 1931), seguidos de agrupamentos como a Associação de Propaganda Liberal (São Paulo, 1931). Não obstante, o jornal *O Liberal* (Guaratinguetá), ao lançar-se em defesa da classe operária, foi considerado, por certos entusiastas, como digno adepto dos ideais pregados por Tolstói e Bakunin.[41]

Deveras, nos círculos católicos, a palavra liberal causava tanto assombro quanto a expressão anticlerical. Desta forma, na ótica de intelectuais ligados à Igreja, como Tristão de Ataíde, "foi a Maçonaria que condensou, em código de ação, os princípios filosóficos do individualismo liberal, muito especial-

41 *O Liberal*, Guaratinguetá, 14 de julho de 1912, p. 1.

mente em seu aspecto anticatólico".[42] Logo, atuando como presidente do Centro Dom Vital, localizado no Rio de Janeiro, Tristão de Ataíde instigaria seus correligionários a investirem seus esforços e sua pena contra o liberalismo laicista. Essa cruzada patrocinada pelo Centro Dom Vital resultou em diversas publicações, entre as quais, a revista *A Ordem* (criada em 1921) e uma série de livros da autoria de Perilo Gomes, a exemplo de *O Liberalismo*, lançado em 1933, e *O Laicismo*, publicado anos antes, em 1927.

Mas, reportando-se à Associação de Propaganda Liberal, algumas informações fazem-se necessárias. Seguramente, o nome dessa agremiação criada por Everardo Dias, em 1931, era uma referência direta à *Asociación de Propaganda Liberal*, de Montevidéu (Uruguai), fundada em 1900. Desde o seu início, tal entidade despertou a simpatia de Everardo Dias, que, aliás, em 1906, junto a outros correligionários, fundou em São Paulo, a Liga Anticlerical Intransigente, tomando como modelo a militância do agrupamento uruguaio (conferir Capítulo I).

Intituladas de "o que todo anticlerical deve ter em vista", as diretrizes da Associação de Propaganda Liberal eram:

> - Não casar na Igreja.
>
> - Não batizar nela os filhos.
>
> - Não ser padrinho de casamentos, nem batizados.
>
> - Não entregar à Igreja a educação de seus filhos.
>
> - Não celebrar funerais católicos nem a eles assistir.
>
> - Não pedir e/ou pagar orações pelos falecidos.
>
> - Não dar dinheiro, sob nenhum pretexto à Igreja, mesmo com fins de caridade.
>
> - Não se associar, nem prestigiar, direta ou indiretamente, nenhuma cerimônia da Igreja.[43]

Em suma, esse programa político era o mesmo da *Asociación de Propaganda Liberal* (1900-1925), na sua primeira versão, elaborada em 1903, que,

42 GOMES, Perillo. *O liberalismo*. Barcelona: Imprenta Boada, 1933, p. 15.

43 Cf. PODRECCA, G. *O marido da alma*. São Paulo: Associação de Propaganda Liberal, 1931.

na busca de traçar princípios básicos da conduta anticlerical, partilhava um compromisso mais radical de ruptura com as cerimônias da vida religiosa e a frequência aos sacramentos etc.

Desde longa data, a postura de alguns anticlericais e "livres-pensadores de fachada" foi foco de críticas de militantes mais engajados, como denota o teor do programa político adotado pela Associação de Propaganda Liberal, destinado a balizar comportamentos individuais e coletivos no combate aos preceitos católicos, ou seja, a não cooperação com a Igreja. Nessa mesma época, Maria Lacerda de Moura, tratando da velha antítese pensamento *versus* ação, escreveu: "a força do clero reside nas concessões de todos os livres-pensadores de rebanho, maçons e ateus que frequentam a Igreja – por dever social"[44] e, continuando em seus questionamentos, a autora ainda afirmava:

> Não nos rotulemos de anticlericais indo à missa e prestando homenagens ao clero açambarcador, comparecendo a batizados ou entronizações de santos, ou *Te Deum* ou procissões, casamentos religiosos ou extrema-unção – multiplicando o número de covardes mentais que plasmam as suas ações em desacordo com as suas ideias.[45]

A partir de sua criação, a Associação de Propaganda Liberal,[46] espelhando-se na extinta congênere uruguaia, investiu na edição de folhetos de expressão anticlerical, editados por meio de subscrições voluntárias. Entre 1931 e 1935, depositando esperanças de que a publicação e divulgação desses folhetos tinham a função de "esclarecer as consciências ainda agrilhoadas aos dogmas mistificadores",[47] essa associação trouxe a lume, pelo menos oito opúsculos, entre os quais, *O Marido da Alma*, de Guido Podrecca, *O Clerica-*

---

44 MOURA, Maria Lacerda de. *Ferrer o clero romano e a educação laica*. São Paulo: Paulista, 1934, p. 72.

45 *Ibidem*, p. 72-73.

46 Contava com o apoio de um grande número de comitês e delegações, existentes em 35 cidades – algumas das quais, bem distantes dos centros urbanos mais dinâmicos –, e espalhadas pelos Estados de São Paulo, Rio de Janeiro, Minas Gerais, Bahia, Goiás, Pernambuco, Rio Grande do Sul e Santa Catarina. Anos depois, em 1935, abrangendo novas regiões, já somavam 74 cidades, constituindo uma rede de núcleos que ia de Norte a Sul.

47 Cf. PODRECCA, G. *O marido da alma*. São Paulo: Associação de Propaganda Liberal, 1931. O pouco que se sabe sobre a Associação de Propaganda Liberal decorre do fato que os folhetos traziam nas suas contracapas concisas informações.

lismo: Inimigo da Civilização e da Liberdade, do Barão do Triunfo [trata-se de um pseudônimo],[48] e *O Clericalismo Desobedece às Leis do País* [sem autor], em que consta: "o clericalismo é a forma mais moderna do jesuitismo", assim, "no púlpito, nas pastorais, nas bulas, encíclicas, os padres preconizam ideias reacionárias contra toda a forma de governo leigo".[49]

	Título do opúsculo	Autor	Ano
Nº 1	Absurdos do Catholicismo	--------	1931
Nº 2	O Marido da Alma	Guido Podrecca	1931
Nº 3	A Confissão	--------	---
Nº 4	O Perigo Negro	Manuel d'Oliveira	---
Nº 5	O Clericalismo e seus malefícios	Barão do Triunfo	1934
Nº 6	O Clericalismo desobedece às leis do paiz	s. autor	1934
Nº 7	O Clericalismo: inimigo da civilização e da liberdade	Barão do Triunfo	1934
Nº 8	Os exploradores da credulidade pública	Barão do Triunfo	1935

Quadro 4. Relação de opúsculos publicados pela Associação de Propaganda Liberal

Por ora, faz-se necessário abrir um parêntese sobre o autor de *O Marido da Alma*. Guido Podrecca, que, durante longa data, esteve a frente do periódico italiano *L'Asino*, foi um entre tantos outros intelectuais que, na Itália, seduzido pela demagogia do *Duce*, entregou-se de corpo e alma ao fascismo, numa guinada ideológica que o próprio Guido batizou de "nova consciência".

É certo que, num primeiro momento, o fascismo esteve inclinado a uma postura política laica, agnóstica e anticlerical, fazendo frente à religião cristã e ao clero,[50] que, em certa medida, serviu como força atrativa, despertando a simpatia e levando à adesão de inúmeros maçons, bem como

48 Tratava-se de um escritor liberal e maçom (contemporâneo do verdadeiro barão do Triunfo). Desta forma, tal pseudônimo usado por este anticlerical anônimo era uma referência direta a figura de José Joaquim de Andrade Neves (1807-1869, primeiro e único barão do Triunfo), maçom e militar brasileiro que participou da Guerra do Paraguai (1864-1870).

49 *O clericalismo desobedece às leis do paiz*. São Paulo: Associação de Propaganda Liberal, 1934, p. 4 e 9.

50 Cf. SAVARINO, Franco. "Relaciones peligrosas: anticlericalismo, Iglesia y fascismo en Italia". *In:* SOLIS, Yves y SAVARINO, Franco (coords.). *El anticlericalismo en Europa y América Latina: una visión transatlântica*. México: Instituto Nacional de Antropologia e História; Lisboa: Centro de Estudos de História Religiosa – Universidade Católica Portuguesa, 2011, p. 81.

militantes anticlericais, socialistas, sindicalistas revolucionários etc. Além de Podrecca, a título de exemplo, tem-se o caso emblemático do socialista Enrico Ferri, que, mesmo não estando filiado ao Partido Fascista, tornou-se um apaixonado apoiador do *Duce*.

Desde suas origens intelectuais e ideológicas, o fascismo esteve envolto por paradoxos que ganharam relevo especial na figura do seu líder máximo, Benito Mussolini, socialista, ateu e anticlerical feroz – autor do romance *L'Amante del Cardinale* (1910). Na década de 1920, no fervor do seu jogo político, Mussolini lançava para escanteio a velha herança anticlerical. Assim, em 1925, submete-se a um casamento religioso tardio com sua companheira de longa data Rachele Guidi, seguido do batismo dos seus filhos;[51] bem como firmará a famosa concordata com o Vaticano (1929). Durante a década de 1930, estreitando os caminhos entre o fascismo e o clericalismo, o líder fascista, motivado, entre outras coisas, por uma visão política pragmática de que não se poderia prescindir da tradição religiosa e da sua função civil "em nome de racionalismos frios e abstratos", destinaria ao catolicismo um lugar de destaque entre as características peculiares do povo italiano. Em outros termos, na busca por novos aliados, passava a reconhecer "o catolicismo como um componente histórico vital da identidade nacional italiana".[52]

Nesta mesma época, as notícias da concordata, denominada de Tratado de Latrão,[53] assinada entre o Estado italiano e o Vaticano, foram recebidas com alarde em diversos círculos libertários. Como resposta a essa aproximação entre clero e fascismo, marcada por atribuições à Igreja de cumplicidade para com os regimes autoritários, o anarquista italiano Luigi Fabbri, referindo-se à Igreja Católica, escreveu: "aliada de todos os movimentos antiliberais e regressivos, de todos os governos conservadores e reacionários".[54] Em meio a isso, no Brasil,

51 Cf. PAXTON, Robert. O. *A anatomia do fascismo*. São Paulo: Paz e Terra, 2007, p. 228-229.

52 Ambas as passagens, SAVARINO, Franco. "Relaciones peligrosas: anticlericalismo, Iglesia y fascismo en Italia". *In:* SOLIS, Yves y SAVARINO, Franco (coords.). *Op. cit.*, p. 87 e 96, [tradução nossa].

53 Assinado em 11 de fevereiro de 1929 por Benito Mussolini e o cardeal Pietro Gasparri, o Tratado de São João Latrão resultou na criação do Estado do Vaticano, bem como instituiu o catolicismo como religião oficial da Itália.

54 FABBRI, Luigi. *Clericalismo y fascismo*. Buenos Aires: Ediciones Folletos Antirreligiosos, 1934, p. 7, [tradução nossa].

surgem iniciativas, como a reativação da Liga Anticlerical do Rio de Janeiro, levada a cabo por José Oiticica, contando, entre seus apoiadores, com a figura de Maria Lacerda de Moura, que, desde 1928, investiu sua pena contra o fascismo e o clero, via a publicação de um conjunto de obras, como *De Amundsen a Del Prete* (1928), *Clero e Fascismo: Horda de Embrutecedores!* (1935) e *Fascismo Filho Dileto da Igreja e do Capital* (1935), seguidas por uma série de conferências. Além disso, Maria Lacerda de Moura esteve envolvida no Comitê Antiguerreiro de São Paulo, entidade constituída em 1933, que objetivava combater o fascismo, o integralismo e a guerra. Também, em 1935, Maria Lacerda anunciava seu desligamento da Ordem Rosa Cruz (Rio de Janeiro), sob a alegação que o alemão Arnold Krumm-Heller, fundador da Fraternitas Rosicruciana Antiqua, cultivava simpatias pelo nazismo.

Frente a isto, é de se supor que a escolha editorial da Associação de Propaganda Liberal, pela publicação, no Brasil, em 1931, do folheto de Podrecca - mesmo se tratando de uma obra de sua fase anterior ao fascismo -, tenha causado certo estranhamento, acompanhado por críticas de alas mais radicais do movimento anticlerical, que estavam comprometidas com as campanhas antifascistas.

Episódios de um lamentável romance

Em 1931, Dom Duarte, arcebispo de São Paulo, dirigia-se ao cardeal Dom Leme, no seguinte tom: "Getúlio não nos serve. Precisamos gente que nos obedeça. Vá ao Catete e o convide a se retirar no Forte de Copacabana, como se fez com Washington Luís. Já esperamos 40 anos! É o momento".[55] Ao que parece, de imediato, a conduta de Getúlio Vargas não se mostrou tão afinada aos interesses das lideranças eclesiásticas de São Paulo.[56] No entanto, visando dissipar uma possível oposição por parte do clero ao seu Governo Provisório (1930-1934), Vargas investiu em iniciativas de maior aproximação entre Estado e Igreja, que resultariam em consideráveis espaços de barganha

55 MOURA, Maria Lacerda de. *Fascismo, filho dileto da Igreja e do Capital*. São Paulo: Paulista, [1935], p. 112.

56 No Rio Grande do Sul, o arcebispo Dom João Becker foi um dos apoiadores da candidatura de Getúlio Vargas, em 1929. Além disso, "para alguns integrantes da alta hierarquia católica, a exemplo de D. João Becker, o movimento de 1930, tinha um caráter popular e católico". Cf. ISAIA, Artur Cesar. *Op. cit.*, p. 85.

para o clero e que, dentro em breve, elevaram a Igreja Católica a uma posição político-social de privilégio.

Como primeiro passo, em 30 de abril de 1931, Getúlio Vargas assinou o Decreto nº 19.941, que reintroduziu, em caráter facultativo, o ensino religioso nas escolas públicas. Essa reforma educacional estava sob o comando do ministro da Educação, Francisco Campos (católico praticante), que, além de ser "um dos grandes defensores de uma aproximação entre Igreja e Estado",[57] atuou como importante canal "para fazer chegar ao Governo Provisório as reivindicações católicas, em especial no campo da educação".[58]

Nestas circunstâncias, em oposição àquele decreto, surgiu, em 17 de maio de 1931, a Coligação Nacional Pró-Estado Leigo, com sede no Rio de Janeiro. Da sua primeira diretoria, faziam parte, entre outros, o almirante e maçom Arthur Thompson (presidente efetivo), Dr. Demétrio Nunes Ribeiro (presidente de honra) e Dr. Arthur Lins de Vasconcellos Lopes (1º secretário) – membro da Liga Espírita do Brasil. Logo após a sua criação, a Coligação Nacional Pró-Estado Leigo já contava com uma numerosa legião de filiados pelo Brasil, ou seja, 604 igrejas protestantes, 487 associações espíritas, 306 lojas maçônicas, 166 corporações operárias, socialistas, anticlericais, 130 entidades positivistas, livres-pensadores e 9 associações teosóficas, esotéricas e filosóficas, totalizando 1.702 grupos.[59]

Desde 1931, diante do Decreto nº 19.941, não foram poucas as vozes que, contrárias à aplicação do ensino religioso nas escolas públicas, trouxeram à baila a defesa da liberdade de consciência e da liberdade religiosa, amparadas sobretudo na ideia de que as religiões eram uma questão de foro íntimo. Ainda ganhou certa tônica nas discussões o fato de, no Brasil, serem professadas outras religiões além do catolicismo, assim como de haver cidadãos que sequer professavam religião. Em contrapartida, em algumas regiões do Brasil, tal como o Maranhão, comissões de senhoras e senhoritas andavam "com listas pelas

---

57 FARIAS, Damião Duque de. *Em defesa da ordem: aspectos da práxis conservadora católica no meio operário em São Paulo (1930-1945)*. São Paulo: Hucitec, 1998, p. 100.

58 BEOZZO, José Oscar. "A Igreja entre a Revolução de 1930, o Estado Novo e a Redemocratização". *In:* FAUSTO, Boris (dir.). *Op. cit.*, p. 287.

59 Cf. CESAR, Benjamin L. A. *A Constituinte e o clero (aos liberais do Brasil)*. 2ª ed., São Paulo: Tipografia Nova, [1933], p. 21.

casas e pelas escolas públicas, adquirindo assinaturas para pedirem ao governo: 1) - O ensino religioso nas escolas; 2) - A imagem de Cristo nas repartições públicas; e 3) - A retirada da legenda Ordem e Progresso" da bandeira nacional.[60] Obviamente, aproveitando-se da mudança de regime, ocorrido em 1930, o catolicismo buscou incutir a vida nacional moldes mais cristãos.[61]

Enquanto isso, a Liga Anticlerical do Rio de Janeiro (reativada em 1929) fez circular, no dia 20 de maio de 1931, um manifesto ao povo brasileiro, em que afirmava ser "indispensável ainda velar para que o Estado seja entre nós realmente leigo, acabando com as subvenções a ordens religiosas e as regalias alfandegárias tão usuais aqui. Combatamos, defendamo-nos!".[62] Também, nos primeiros meses do ano de 1931, diversas entidades ganharam forma e se mobilizaram contra essa aliança entre Estado e Igreja, a exemplo da Liga Brasileira de Livre Pensamento (São Paulo, essa entidade surgiu ao final do ano de 1930); da Associação de Propaganda Liberal (São Paulo); da Liga Espírita do Brasil (Rio de Janeiro); da Liga Presbiteriana Pró-Liberdade de Consciência (Rio de Janeiro); da Legião Cívica 5 de Julho (Rio de Janeiro); e do Ateneu de Cultura Libertária (São Paulo). A propósito, em janeiro de 1931, a Liga Brasileira de Livre Pensamento já havia apelado "para o sr. Getúlio Vargas contra a adoção do ensino religioso nas escolas, ameaçando seus membros retirar os filhos das escolas".[63]

Todavia, entre tais grupos de natureza heterogênea, a Liga Anticlerical do Rio de Janeiro, fiel ao seu antigo programa de combate intransigente ao "obscurantismo clerical", desempenhará um papel de destaque nos debates em torno da questão religiosa que ganharam forma no transcurso da década de 1930, inclusive mantendo vínculo ativo na Coligação Nacional Pró-Estado Leigo, que agregava, em suas fileiras, distintas tendências políticas. Entre essas tendências, encontravam-se alguns anarquistas que, apesar do paradoxo, saíram em defesa do Estado leigo, talvez por verem nessa premissa um mal menor, uma vez que a sacralização da política, segundo a ótica libertária, prepararia o terreno para

60 CESAR, Benjamin L. A. *Op. cit.*, p. 5.

61 Cf. GABAGLIA, Laurita Pessoa Raja. *Op. cit.*, p. 289.

62 *Diário de Notícias*, Rio de Janeiro, 26 de maio de 1931, p. 6.

63 *Diário da Manhã*, Vitória, 6 de janeiro de 1931, p. 1.

o fascismo. Ao reportar-se acerca do papel da Coligação Nacional Pró-Estado Leigo, no cenário das lutas sociais, Maria Lacerda de Moura, afirmou: "é o protesto contra a avalanche das forças negras do passado reacionário, contra o princípio da autoridade e o despotismo tirânico a avolumar-se para impedir a evolução humana, amordaçando a liberdade individual".[64]

Numa das reuniões promovidas pela Liga Anticlerical do Rio de Janeiro, para tratar da questão do ensino religioso, o professor José Oiticica realizou

> Um exame minucioso da situação que atravessamos sob a ameaça da abolição da escola laica, que o orador considera como uma das mais belas conquistas da República. Abundando em considerações sobre o assunto [...], conclui a sua oração fazendo um apelo a todos os livres-pensadores, a fim de que unidos possam resistir à invasão clerical que se anuncia.[65]

Nesta mesma época, a Liga Anticlerical do Rio de Janeiro passou a investir na promoção de conferências públicas que tratavam da questão social e religiosa e cujo alvo principal era o clericalismo. Entre essas conferências, realizadas nos anos de 1931 a 1933, têm-se: "O Divórcio e o Catolicismo", de Isabel Cunha; "O Anacronismo Clerical", de Antônio Figueira de Almeida; "Catolicismo e Escola", de Edgar Sussekind de Mendonça; "Educação e Revolução", de Fábio Luz; "Abusos e Erros do Cristianismo", de Ramiro Nobrega; "As Ditaduras e a Igreja Católica", de João Scala; e "A Mulher e a Igreja", de Ilka Labarthe.

É interessante notar que, mediante a temática da conferência realizada pela socialista Ilka Labarthe, durante a década de 1930, novamente a questão da mulher como presa fácil da Igreja ganharia ênfase na propaganda anticlerical, tornando-se tema de conferências, artigos e folhetos, a exemplo do *O Marido da Alma*, de Guido Podrecca, editado pela Associação de Propaganda Liberal, de São Paulo. Também se referindo a essa suposta condição, Maria Lacerda de Moura escreveu:

> A mulher, apaixonada, exaltada, emotiva, domesticada até o servilismo – é a intermediária entre o padre e a sociedade, entre a igreja e a criança

64 MOURA, Maria Lacerda de. *Clero & Estado*. Rio de Janeiro: Liga Anticlerical, 1931, p. 29.

65 *Diário Carioca*, Rio de Janeiro, 6 de maio de 1931, p. 10.

> e a sua missão consiste em estar a serviço da ignorância, do crime, da superstição, do fanatismo, da intolerância obstinada e irredutível, e, por fim, presta-se a esmolar para encher os cofres fortes da Igreja toda poderosa, mascarada de pobreza e humildade.[66]

A partir de outubro de 1931, uma nova série de conferências visando estudar os vários aspectos da influência "perniciosa do clericalismo" na vida individual e social foi incorporada ao programa cultural da Liga Anticlerical do Rio de Janeiro. Esse projeto, segundo anunciava a liga, contava com a colaboração de vários intelectuais "cujos nomes garantirão um tratamento elevado dessa questão", bem como "orientarão com segurança a luta a ferir-se pela conquista de uma Constituição leiga".[67] Desse modo, esse grupo de oradores contava, entre outros, com o promotor público Carlos Sussekind de Mendonça e com os professores José Oiticica, Cecília Meireles e Maria Lacerda de Moura. Ademais, a primeira conferência da série, realizada na sede da liga, no dia 28 de outubro, tinha como tribuno o professor Edgard Sussekind de Mendonça, que discorreria sobre "A Pedagogia Moderna e a Religião", afirmando, naquela ocasião, que "para o combate à invasão clerical na Escola e na Vida" tornam-se necessárias "duas grandes coragens: a de lutar contra a superstição e a de resistir à força das convenções sociais".[68]

A propósito, em 1932, Edgard Sussekind de Mendonça e Cecília Meireles estavam entre os signatários do Manifesto da Escola Nova, empenhados em definir uma política educacional, durante o Governo Provisório de Getúlio Vargas, que fosse voltada para todos sem discriminação de classe social e amparada na laicidade e na gratuidade.[69] Também Cecília Meireles que, em mais de uma ocasião, saiu em defesa de uma educação de perfil leigo – inclusive, participando de eventos da Liga Anticlerical do Rio de Janeiro –, pontuou:

---

66 MOURA, Maria Lacerda de. *Fascismo, filho dileto da Igreja e do Capital...*, p. 28-29.

67 Ambas as passagens, *Diário de Notícias*, Rio de Janeiro, 24 de outubro de 1931, p. 6.

68 *Diário de Notícias*, Rio de Janeiro, 29 de outubro de 1931, p. 5.

69 Todavia, para militantes como o comunista José Neves – que atuou junto a Liga Anticlerical do Rio de Janeiro –, tal escola transformada não passava de mais um engodo do Estado burguês, assim, segundo a sua ótica "o problema educacional operário resume-se na conquista da Escola através da conquista do Poder pelo proletariado". Cf. NEVES, José. *Conquistemos a escola*. Rio de Janeiro: Liga Anticlerical, 1932, p. 24.

costuma-se "chamar leiga a escola que não tem ligações com o ensino religioso, embora outros venenosamente queiram insinuar que a escola leiga é uma escola sem ou contra a religião".[70] É certo que, alinhados à Igreja Católica, não faltaram lideranças leigas e eclesiásticas que endossassem uma visão negativa acerca da escola laica, marcada por afirmativas do seguinte teor: "em gênero de instrução e educação, laicismo, neutralidade, irreligião e ateísmo são termos que na prática se equivalem".[71]

A liga carioca ainda investiu na publicação de opúsculos, objetivando com essa iniciativa, entre outras coisas, ampliar a difusão de ideias e campanhas para além do eixo Rio-São Paulo. Entre os trabalhos publicados, têm-se: *Clero & Estado* (1931), de Maria Lacerda de Moura, e *Conquistemos a Escola* (1932), do professor e comunista José Neves. Além disso, a liga manteve, em sua programação a promoção de eventos em torno da memória da Queda da Bastilha (14 de Julho de 1789) e de alguns mártires do livre-pensamento, tais como Giordano Bruno (vítima da Inquisição) e Francisco Ferrer i Guardia (pedagogo catalão fuzilado em 1909). Aliás, em 1931, a liga, visando homenagear o 22º aniversário da morte de Ferrer, marcava uma atividade cultural para a data de 13 de outubro do corrente (dia e mês da sua execução), mas que acabou proibida pela polícia.

No entanto, mediante a mobilização dos seus sócios, que encaminharam pedido ao 4º delegado auxiliar, tem-se a liberação do evento, programado para ocorrer em 21 de outubro de 1931. Durante essa sessão solene, que contou com numerosa assistência, se coletaram assinaturas visando endossar um documento destinado ao Diretor da Instrução Pública da Prefeitura da cidade do Rio de Janeiro – Anísio Teixeira –, para que fosse dada a alguma escola primária do Distrito Federal o nome de Francisco Ferrer.[72] Por sua vez, evocando os preceitos pedagógicos de Ferrer, a professora Maria Lacerda de Moura publicava, em 1934, o livro *Ferrer, o Clero Romano e a Educação Laica*, no qual afirmava: "a homenagem máxima que nós outros podemos prestar a Ferrer, à sua memória e ao sacrifício nobre da sua vida heroica é não pactuar

70 *Diário de Notícias*, Rio de Janeiro, 29 de dezembro de 1931, p. 5.

71 GABAGLIA, Laurita Pessoa Raja. *Op. cit.*, p. 148.

72 Cf. *Diário de Notícias*, Rio de Janeiro, 22 de outubro de 1931, p. 5.

com os erros e os crimes de lesa-felicidade, sendo cúmplices da reação clerical e da superstição dogmática dos que sufocam a razão humana".[73]

Empenhada em fazer frente à Igreja, a Liga Anticlerical do Rio de Janeiro, em mais de uma ocasião, concitou todos os brasileiros contrários às ambições do clero a fundarem núcleos anticlericais. Porém, segundo sugerem as fontes coligidas, somente a partir de 1932 esse apelo se tornaria realidade, mediante o surgimento da Liga Anticlerical de São Luiz do Maranhão (1932), da Liga Anticlerical Marquês de Pombal (Bauru, 1933), da Liga Anticlericalista de Porto Alegre (1933), da Liga Anticlerical de Campos dos Goytacazes (1933), da Liga Anticlerical de Santos (1934), da Liga Anticlerical de Sorocaba (1934), da Liga Anticlerical de Campinas (1934), da Liga Anticlerical de Olímpia (1934), da Liga Anticlerical de Teresina (1934) e da Liga Anticlericalista de Quixadá (1934).

Por exemplo, a Liga Anticlericalista de Porto Alegre destacava, no seu programa político, a necessidade de combater o clericalismo (audaz e perigoso), em defesa dos direitos adquiridos, conquistados pela Constituinte de 1891.[74] Apesar da aparente expressão numérica das associações identificadas com a causa anticlerical, não faltaram críticas do seguinte teor:

> [...] não desconheço o grande número de anticlericais espalhados pelo Brasil e nem ignoro sua influência intelectual nos destinos da Pátria.
>
> Esse fato, entretanto, não me enche a alma de otimismo quando constato a apatia, a falta de ação decisiva e a carência de coragem moral por parte de muitos desses elementos com os quais podíamos contar na consolidação do dique contra o alude das pretensões clericais. Reputo um grande mal a indolência no momento em que mais indispensável se torna sua atuação enérgica. Parece que, embora odeiem Roma e suas doutrinas, ainda não perceberam o perigo a que se acham expostas nossas liberdades religiosas e civis diante da atividade intensa e organizada do clero.[75]

O descomprometimento de alguns anticlericais e livres-pensadores com as lutas travadas contra o clericalismo (ou a falta de uma postura mais intran-

73 MOURA, Maria Lacerda de. *Ferrer, o clero romano e a educação laica*..., p. 71.

74 *A Lanterna*, São Paulo, 13 de julho de 1933, p. 4.

75 CESAR, Benjamin L. A. *Op. cit.*, p. 2.

sigente diante do catolicismo) foi, em diversos momentos, alvo de debates no seio do livre-pensamento e do anticlericalismo.

Não obstante, fomentada pelas discussões em torno da elaboração de uma nova Constituição, em várias cidades brasileiras, pipocavam associações Pró-Estado Leigo, que traziam, entre as suas reivindicações, a separação do Estado e da Igreja, o ensino laico nas escolas públicas, o casamento civil, a secularização dos cemitérios e a defesa do divórcio. No transcurso de 1933, já era grande o número de adeptos, especialmente no Rio de Janeiro, São Paulo, Paraná, Bahia, Minas Gerais e no Rio Grande do Sul, onde, a título de exemplo, viu-se surgir a Legião Feminina Pró-Estado Leigo (Montenegro, 1933). Logo, diversas lojas maçônicas, igrejas e partidos (de vinte e duas correntes sociais, filosóficas, religiosas e políticas) engrossavam o quadro de adesões da Coligação Nacional Pró-Estado Leigo, com sede no Rio de Janeiro.[76]

Além disto, agregando em suas fileiras maçons, espíritas, protestantes etc., esses distintos setores produziram e colocaram em circulação livros e opúsculos, como a republicação, em 1932, de *O Catolicismo Romano ou a Velha e Fatal Ilusão da Sociedade* (1888), da autoria de Francisco Rodrigues dos Santos Saraiva (ex-sacerdote católico convertido ao protestantismo, que faleceu em 1900); *A Questão Religiosa*[77] (1931), publicado em São Paulo, pelo espírita Cairbar Schutel – um dos diretores do Comitê Pró-Liberdade de Consciência de São Carlos (São Paulo); *A Constituição e o Clero* (1933), publicado por Benjamin Lenz de Araújo Cesar – pastor da Igreja Presbiteriana de Campos dos Goytacazes (Rio de Janeiro); e *O Ensino Religioso nas Escolas Primárias* (1934), editado no Rio de Janeiro, pelo médico e maçom Manoel

76 *A Lanterna*, São Paulo, 12 de outubro de 1933, p. 4. Segundo registrava essa mesma edição do jornal *A Lanterna*, o quadro de entidades que aderiram à Coligação Nacional Pró-Estado Leigo era o seguinte: "Rio Grande do Sul, 485 associações, comunas e igrejas; Santa Catarina, 3; Paraná, 87; São Paulo, 170; Mato Grosso, 2; Minas Gerais, 95; Distrito Federal, 736; Estado do Rio de Janeiro, 99; Espírito Santo, 3; Bahia, 106; Sergipe, 11; Alagoas, 23; Pernambuco, 46; Paraíba, 5; Ceará, 18; Piauí, 1; Maranhão, 1 Liga; Pará, 1 Liga; Goiás, 1; Amazonas, 1 e Rio Grande do Norte, uma Liga".

77 Esta obra que saiu com uma edição de 5 mil exemplares, fazia parte da livraria de *O Clarim* (jornal espírita fundado em 1905, por Cairbar Schutel). No referido opúsculo o autor desenvolve uma rápida análise sobre algumas religiões, em que, por um lado exalta o cristianismo primitivo e o espiritismo, enquanto, por outro lado tece fortes críticas, sobretudo ao catolicismo e ao protestantismo.

Ligiero – membro da Loja Fraternidade Norte Fluminense. Desta forma, ao conclamar os liberais para a luta em defesa de um anteprojeto constitucional de perfil laico, o pastor Benjamin Lenz de Araújo Cesar, em *A Constituição e o Clero*, instituía como princípios fundamentais: 1) – evitar, por todos os meios legítimos, a influência maquiavélica do clero em nossa futura organização política; 2) – manter as conquistas liberais de 1889 e conseguir outras.[78]

Levando-se em conta que a causa anticlerical uniu distintas tendências. Durante a década de 1930, tem-se a curiosa cooperação entre anarquistas e protestantes (presbiterianos). Deste modo, a Liga Anticlerical do Rio de Janeiro, para a realização de algumas das suas atividades culturais – a exemplo de um festival literário, ocorrido em agosto de 1933, que contou com a participação da professora e escritora Cecília Meireles, que abordou o tema: "Os Males da Educação Clerical" –, valeu-se do salão Álvaro Reis, da Igreja Presbiteriana, localizado na Rua Silva Jardim, nº 23, nas proximidades da Praça Tiradentes. Aliás, esse mesmo lugar serviu como base provisória da Coligação Nacional Pró-Estado Leigo (1931), assim como foi sede da Liga Presbiteriana Pró-Liberdade de Consciência (1931) e da Liga Estudantil de Resistência ao Ensino Religioso Oficial (1933).

Entre os dias 21 e 30 de abril de 1933, realizou-se, no Rio de Janeiro, no salão da Rua da Conceição, nº 13, sobrado, cedido pelo Partido Democrático Socialista, o primeiro Congresso Regional da Liberdade de Consciência, idealizado pelo professor Francisco Alexandre, membro da comissão da Liga Anticlerical do Rio de Janeiro. Em síntese, o congresso almejava "examinar e assentar os meios mais eficazes de defesa da liberdade de consciência na próxima Constituinte".[79] Dentre os temas discutidos, constava: o direito de reunião, associação e propaganda; meios de defesa do regime republicano-democrático, do Estado leigo e da escola laica; a nacionalização do clero; o celibato clerical; o papel da mulher na política e a defesa do divórcio.[80] Apesar de as fontes disponíveis oferecerem poucos subsídios, é de se supor que esse encontro regional

78 CESAR, Benjamin L. A. *Op. cit.*, p. 3.

79 *O Radical*, Rio de Janeiro, 17 de março de 1933, p. 4.

80 Cf. *Correio da Manhã*, Rio de Janeiro, 3 de maio de 1933, p. 5; *O Radical*, Rio de Janeiro, 17 de março de 1933, p. 4.

possibilitou estreitar os vínculos entre as diversas correntes político-filosóficas identificadas com o livre-pensamento e atuantes no Rio de Janeiro, bem como definir objetivos e meios de ação, em torno das movimentações que se intensificavam contra a Igreja e seus agentes, tais como o Centro Dom Vital e a Liga Eleitoral Católica.

Em meio a isso, José Oiticica, um dos mentores da Liga Anticlerical do Rio de Janeiro, em maio de 1931, ponderava, diante desse "formidável entusiasmo" ocasionado pela "agitação contra o ensino religioso": faz-se "necessidade urgente de tirarmos o quanto antes, o nosso semanário, a velha Lanterna, de saudosíssima memória", porém, "resta saber onde se poderá tirar mais depressa", se aqui, no Rio de Janeiro, ou aí, em São Paulo.[81] Desse modo, pouco tempo depois, na cidade de São Paulo, circulou um panfleto que estampava:

> A LANTERNA volta à atividade para reencetar a luta decidida que durante longos anos sustentou contra a ação avassaladora do clericalismo. O ultramontanismo corruptor age hoje no Brasil como dominador absoluto. A sua influência nefasta infiltrou-se como um vírus peçonhento por toda parte: no âmbito familiar [...]; nas escolas [...]; na política [...]; em todos os ramos da administração pública [...]; nos centros associativos, nas esferas comerciais e industriais [...].
>
> O Brasil está sendo transformado em sucursal do Vaticano, que dispõe hoje de um governo com jurisdição por todo o mundo [...].
>
> Urge fazer-lhe frente com decisão, numa luta sem tréguas, ativa, tenaz, desassombrada.[82]

Em 13 de julho de 1933, uma quinta-feira, vinha a lume o jornal anarquista e anticlerical *A Lanterna*, editado em São Paulo, sob a direção de Edgard Leuenroth (nessa época, ele publicou diversos escritos com o pseudônimo de Xisto Leão). A propósito, durante a Primeira República, esse periódico, no papel de um dos principais porta-vozes da propaganda anticlerical em solo brasileiro, aglutinou diversos grupos, entre os quais, maçons, espíritas, livres-pensadores, anarquistas. Logo, nesta 3ª fase (que durou até 1935), entre as

81 Até aqui, tudo em Carta de José Oiticica, localizada no prontuário 860 – *José Oiticica*, DEOPS/SP.

82 Panfleto sem data, localizado no prontuário 1553 – *A Lanterna*, DEOPS/SP.

diversas tendências políticas comprometidas com as campanhas anticlericais d'*A Lanterna*, encontravam-se anarquistas e membros da Aliança Nacional Libertadora (ANL) – associação de tendência comunista[83] – que, por hora, deixavam de lado suas divergências ideológicas e políticas, em prol da luta contra inimigos em comum: o clericalismo e o fascismo – "essa aliança tragicômicomacabra", como, em certa ocasião, referiu-se Maria Lacerda de Moura.

Para tanto, durante conferência realizada em 29 de junho de 1935, em São Paulo, no salão da Federação Espanhola, tratou-se do tema "Os Anarquistas e a Aliança Nacional Libertadora". Entre os tribunos estavam os anarquistas Gusmão Soller, Edgard Leuenroth e Florentino de Carvalho que, durante o debate, definiram a seguinte posição: os anarquistas dariam o seu apoio a ANL, enquanto "os aliancistas combatessem o fascismo,[84] o latifundismo e a tirania governamental". No entanto, também estavam cientes que a ANL alimentava a pretensão de tomar o poder e de preservar o Estado e que, frente a tais prerrogativas, os anarquistas prosseguiriam firmes na sua luta pela emancipação humana, objetivando a abolição do Estado.[85]

De qualquer forma, como estava explícito no seu editorial,

> A LANTERNA é órgão anticlerical, isto é, órgão daqueles que dão combate a influência e ação do clero e defendem a liberdade de pensamento, e o seu escopo é congregar o maior número possível de elementos sinceramente animados do mesmo desejo, qualquer que seja a sua facção política.[86]

É certo que, desde 1931, alguns periódicos identificados com a campanha anticlerical já haviam surgido, tais como: *O Facho*[87] – jornal doutrinário e

83 Em linhas gerais, era composta por comunistas, socialistas e tenentes esquerdistas. O seu primeiro manifesto data de janeiro de 1935.

84 Esta campanha contra o fascismo agregava a luta contra a Ação Integralista Brasileira (AIB), criada no Brasil, em 1932, por Plínio Salgado.

85 *A Lanterna*, São Paulo, 13 de julho de 1935, p. 2. Cf. também SAMIS, Alexandre Ribeiro. "Anarquistas e sindicalistas revolucionários na luta antifascista (1933-1935)". *In:* VIANNA, Marly de Almeida Gomes; SILVA, Érica Sarmiento da; GONÇALVES, Leandro Pereira (orgs.). *Presos políticos e perseguidos estrangeiros na Era Vargas*. Rio de Janeiro: MAUAD; FAPERJ, 2014.

86 *A Lanterna*, São Paulo, 13 de julho de 1933, p. 2.

87 Saiu com uma edição de seis páginas. Sua direção estava a cargo de Clodomiro Garcia.

anticlerical –, lançado em abril de 1931, em plena Semana Santa, na cidade de Uruguaiana (São Paulo); a *Tribuna Liberal* – quinzenário de combate ao clero –, surgido em maio de 1931, em Jaboticabal (São Paulo), que, em suas páginas, investiu em ataques ao catolicismo, ao celibato e ao ensino religioso, bem como, curiosamente, trouxe a baila à velha pergunta: "Onde está Idalina?".[88] Nesse ínterim, em 1933, passariam a circular *A Voz da Egreja* – órgão porta-voz da Liga Anticlerical Marquês de Pombal –, editado em maio de 1933, em Bauru (São Paulo), e *Reacção* – Boletim Mensal da Liga Paraibana Pró-Estado Leigo –, publicado em João Pessoa. Porém, essas publicações estavam longe do fôlego político-cultural e a destreza inter-regional d'*A Lanterna*, uma vez que, nessa 3ª fase, iniciou sua publicação com uma tiragem de 10 mil exemplares e, durante sua circulação (de 13 de julho de 1933 a 2 de novembro de 1935), totalizou 48 edições publicadas.

Assim, tanto na Primeira República quanto durante os primeiros anos da Nova República, os anticlericais utilizaram o estratagema de encaminhar periódicos e folhetos para as casas, via serviço postal, visando agregar novos leitores, assinantes e correligionários. No contraponto, a imprensa católica, comumente, lançou boicotes aos jornais envolvidos com as campanhas anticlericais, que foram pejorativamente denominados de má imprensa. A título de exemplo, o periódico *O Apóstolo* – órgão do apostolado da oração –, publicado em Florianópolis, em sua edição de abril de 1930, divulgava os mandamentos da boa imprensa (leia-se imprensa católica), em que consta como primeira determinação: "afasta de ti todo jornal anticlerical".[89] Deste modo, sem abusar da lógica, é possível aventar que a escolha de um "cabeçalho católico", adotado pelo jornal *A Voz da Egreja* – órgão da Liga Anticlerical Marquês de Pombal –, tivesse como intuito burlar os censores, infiltrando-se mesmo que momentaneamente entre o público católico. Além disso, é interessante notar que o boicote promovido pelas lideranças católicas, em diversos momentos, se estendeu aos estabelecimentos comerciais que demonstrassem simpatia ou que patrocinassem a causa anticlerical.

88 Cf. *Tribuna Liberal*, Jaboticabal, 20 de junho de 1931; *Tribuna Liberal*, Jaboticabal, 27 de junho de 1931.

89 *O Apóstolo*, Florianópolis, abril de 1930, p. 2.

Seja como for, *A Voz da Egreja* era uma publicação mensal e gratuita que era impressa na oficina gráfica de *A Tribuna Operária*, do tipógrafo alemão Carlos Gewe. Aparentemente, teve apenas um único número publicado (que saiu com uma tiragem de 3 mil exemplares), a julgar que, após a circulação do primeiro número, a polícia empastelou a referida gráfica, sob a acusação de atuar ilegalmente.[90] Neste seu número de estreia, que saiu em maio de 1933, os redatores interpelavam: "Afinal, qual o resultado prático que nos tem advindo do CLERICALISMO? Qual o proveito que tem tirado o Brasil dessa vergonhosa subserviência ao Vaticano?".[91]

Sem dúvida, enquanto na imprensa (e na literatura) anticlerical os clérigos eram ridicularizados (em alguns casos, por sua ignorância intelectual),[92] não faltou também, do lado eclesiástico, o uso de artifícios de uma mesma coloração. Numa das edições da revista *A Ordem*, publicada pelo Centro Dom Vital, ao reportar-se a uma das conferências promovida pela Liga Anticlerical do Rio de Janeiro, os editores escrevem: "um dos seus dignos consócios, o Sr. Edgard Sussekind de Mendonça, roliço de corpo e de ideias, ocupou a tribuna para dissertar sobre a Escola e a Religião", realizando uma conferência que "não teve absolutamente nada de notável", marcada por aquela "lengalenga radical, que aplaude a pedagogia ateia, e insulta a pedagogia cristã". Em meio a isso, o tribuno falava para um "auditório escasso" e composto quase todo de elementos "alienígenas" e "cosmopolitas", que a muito custo "resistia à tentação de bocejar".[93]

Curiosamente, em mais de uma ocasião, a causa anticlerical foi vista pelas lentes do clero como sinônimo de bolchevização. Logo, ao tratar das campanhas do anticlericalismo, na imprensa católica, surgem expressões como "o Bol-

90 Cf. Prontuário 2355 – *Carlos Gewe*, DEOSP/SP.

91 *A Voz da Egreja*, Bauru, maio de 1933, p. 1. Exemplar localizado no prontuário 2355 – *Carlos Gewe*, DEOSP/SP.

92 No campo editorial, vale destacar a obra *Analphabetos Illustres*, da autoria de Daniel de Montalvão, publicada em São Paulo, em 1939. Trata-se de um estudo históricocrítico sobre o atraso intelectual, em que constam diversas personalidades eclesiásticas.

93 *A Ordem*, Rio de Janeiro, nº 23, janeiro de 1932, p. 78.

chevismo contra o Cristianismo",[94] seguida de afirmações: "propaganda comunista e insulto à religião", eis o programa da Liga Anticlerical do Rio de Janeiro.[95]

De qualquer modo, no interior de São Paulo, funda-se, em 17 de junho de 1933, a Liga Anticlerical de Campinas que tinha "por fim combater o clero, cuja influência econômica, política e moral é funesta à liberdade de pensamento". Segundo apontavam os seus estatutos, para inscrever-se na Liga bastava remeter a sua secretaria a declaração de adesão – contendo nome, endereço e profissão –, bem como de "comprometer-se expressamente não transigir com a Igreja, não comparecer de modo algum a qualquer ato da religião católica e não aceitar, em qualquer situação, a sua assistência religiosa", o não cumprimento dessas prerrogativas resultaria no imediato desligamento do respectivo sócio.[96]

A diretoria da referida liga, eleita em assembleia geral, estava composta por Atílio Pessagno (presidente), João Bagnolli (2° presidente), Virgílio Pessagno (secretário-geral), Raimundo Urbano (1° secretário), José Freitas (1° tesoureiro) e João Teixeira (2° tesoureiro). Em um dos seus manifestos, essa agremiação campinense incitava: "para evitar que os destinos dos povos sejam confiados aos grilhões do Vaticano e que o direito de opinião não seja definitivamente revogado à tirania negra do poder temporal", é indispensável "que todos despertem desse letargo criminoso do indiferentismo e que ninguém se abstenha de arregimentar-se nessa cruzada de salvação".[97]

Inegavelmente, a Liga Anticlerical de Campinas foi uma das principais entidades combativas de São Paulo, em atividade durante a década de 1930. Assim, mantendo importantes vínculos com o Centro de Cultura Social (São Paulo) e a Federação Operária de São Paulo (FOSP), levou a cabo uma importante programação cultural, promovendo, com afinco, conferências, que eram realizadas por destacados militantes anarquistas, socialistas, comunistas e anticlericais, entre os quais, José Oiticica, Maria Lacerda de Moura, Isa-

94 *A Cruz*, órgão da Liga Católica de Arquidiocese, Cuiabá, 26 de junho de 1932, p. 2.

95 *A Ordem*, Rio de Janeiro, n° 23, janeiro de 1932, p. 79.

96 Até aqui, tudo em "Estatutos da Liga Anticlerical de Campinas" (aprovados pelo comitê organizador em 17 de junho de 1933), *In: A Lanterna*, São Paulo, 20 de julho de 1933/ 27 de julho de 1933.

97 Ambas as passagens, Panfleto da Comissão de Propaganda, intitulado "Aos Anticlericais", localizada no prontuário 2904 – *Liga Anticlerical de Campinas*, DEOSP/SP.

bel Cerruti, Pedro Catalo, Edgard Leuenroth, Gusmão Soller, Oreste Ristori, Eduardo Maffei e Everardo Dias.

Logo, nesse cenário de resistências, que, em mais de uma ocasião, foi marcado por manifestações anticlericais, o jornal *A Lanterna* estampava dísticos como: "os vampiros da Igreja querem tudo pra si" ou "se o Brasil não acabar com a influência do padre, o padre acabará com o Brasil" – aliás, essa frase impressa na capa do jornal vinha acrescida da ilustração de um mapa do Brasil infestado de formigas saúvas, que burlescamente estavam representando o clero católico. Nessa iconografia que compõe a capa do jornal, em meio a treze formigas coroadas (padres com tonsura), vê-se um formigão com mitra e báculo (bispo) e quatro formigas com barretes na cabeça (cardeais).[98] Por sinal, ao lançar duras críticas aos conchavos entre Estado e Igreja, *A Lanterna* tornou-se, rapidamente, o mais importante veículo divulgador das mobilizações de aversão às ingerências católicas na esfera político-social, durante aquela década.

Como era de se esperar, diante da aproximação entre poder temporal e poder eclesiástico que ocorria no Brasil, não faltaram vozes que afirmassem: Estado e Igreja flertam um com o outro, "namoram-se e querem casar-se um com a outra. Já se casaram na Itália, pela Concordata de Latrão. Aqui já trocaram o primeiro beijo, com o ensino religioso".[99] Não raro, a partir da concordata entre Itália fascista e Vaticano, pipocaram críticas de teor anticlerical que acusavam a Igreja de cumplicidades com os regimes autoritários que surgiam na Europa. Ademais, a partir de 1932, a luta contra o fascismo tornava-se tema recorrente, ora nas conferências promovidas pela Liga Anticlerical do Rio de Janeiro, ora na publicação de certa gama de livros.

No campo editorial, pelas mãos do jornalista e professor Francisco Alexandre – outrora, um dos mentores do Grupo Clarté (1921) e membro da Liga Anticlerical do Rio de Janeiro –, publicou-se, em 1932, o folheto *O Complot Fascista-Clerical*. Também sob os auspícios da Liga Anticlerical de Campos dos Goytacazes, foi publicado, em 1933, *A Aliança Fascista Clerical*, que tinha como autor o professor e espírita Sebastião Clóvis Tavares – membro da referida liga. Pouco tempo depois, a acusação de estreitas relações entre Clero

98 *A Lanterna*, São Paulo, 13 de julho de 1933, p. 1.

99 *Diário de Notícias*, Rio de Janeiro, 5 de janeiro de 1932, p. 4.

e Fascismo ganharia tônica em outras duas obras da autoria de Maria Lacerda de Moura. Aliás, *Clero e Fascismo: Horda de Embrutecedores!* foi o título escolhido pela autora para um dos seus livros, publicado em São Paulo, em 1935, e que logo ganhou tradução na Argentina.

Em 1933, ante os interesses da Liga Eleitoral Católica (LEC) de aprovar junto à Assembleia Constituinte – encarregada de elaborar a nova Constituição brasileira –, uma série de reivindicações católicas, a Coligação Nacional Pró-Estado Leigo, rapidamente, se mobilizou para atravancar tais pretensões. Desta forma, diante da aprovação de um anteprojeto constitucional, cresciam discussões a respeito da questão da educação: ensino leigo *versus* ensino religioso. Todavia, a Liga Eleitoral Católica (LEC) contava com expressivo número de deputados comprometidos com as propostas de afirmação do catolicismo, tais como a indissolubilidade do casamento, a defesa do ensino religioso nas escolas públicas e a assistência eclesiástica às forças armadas. Entre os fins da Liga Eleitoral Católica (LEC), que era secretariada por Alceu Amoroso Lima, vale destacar:

> 1º) – instruir, congregar, alistar o eleitorado católico; 2º) – assegurar aos candidatos dos diferentes partidos a sua aprovação pela Igreja e, portanto, o voto dos fiéis, mediante a aceitação, por parte dos mesmos candidatos, dos princípios sociais católicos e o compromisso de defendê-los na Assembleia Constituinte.[100]

Frente a isto, na edição de 7 de dezembro de 1933 do periódico *A Lanterna*, a Coligação Nacional Pró-Estado Leigo, ao publicar um manifesto referente à Constituinte, defendia a promulgação de

> [...] uma Constituição que paire acima dos interesses particulares em conflito, conservando os poderes públicos equidistantes de todas as igrejas, cultos e doutrinas; uma Constituição que consagre a liberdade e igualdade de cultos, ensino leigo nas escolas oficiais, liberdade de pensamento, reunião e associação, laicidade absoluta do Estado, com proibição de práticas religiosas oficiais ou colocação de imagens ou símbolos de quaisquer cultos nos estabelecimentos públicos [...].[101]

---

100 GABAGLIA, Laurita Pessoa Raja. *Op. cit.*, p. 310.

101 *A Lanterna*, São Paulo, 7 de dezembro de 1933, p. 4.

Claramente, esse grupo lutava pela manutenção, na nova Constituição, das antigas conquistas de 1891, entre as quais, a separação entre Estado e Igreja, em nome de uma República de perfil laico. Para tanto, em 1933, durante as eleições para a Assembleia Constituinte (e para votação do anteprojeto), aventou-se a criação de um Partido Anticlerical que defenderia um projeto político laicista em contraponto às pretensões da Liga Eleitoral Católica (LEC). Porém, a documentação disponível não fornece indícios que comprovem a criação do referido partido. No mesmo ano, enquanto crítica aos interesses católicos em torno da Constituinte, ganha publicação, na cidade de Porto Alegre, no Rio Grande do Sul, o livro *Roma, o Jesuitismo e a Constituinte*, da autoria de Pedro Tarsier.

Nesta senda, o Supremo Tribunal de Justiça Eleitoral negou a participação do Partido Comunista do Brasil (PCB), nas eleições para a Assembleia Constituinte, sob a acusação de tratar-se de um partido político estrangeiro que atuava sob a orientação de Moscou. Tal medida adotada contra o PCB suscitou críticas, conforme sinaliza a publicação de *O Catolicismo, Partido Político Estrangeiro*, da autoria de Carlos Sussekind de Mendonça. Essa obra, lançada em 1934, tornou-se um sucesso de vendas, sua 1ª edição, composta de 3 mil exemplares, rapidamente esgotou-se, ganhando, no mesmo ano, uma 2ª edição, de 5 mil exemplares.[102] Entre afirmações de que os clérigos eram elementos temíveis a integridade da República, o autor defendia a tese de que a Igreja Católica, por seguir as determinações do Vaticano, também se configurava em um partido político estrangeiro e que, portanto, deveria ter a sua participação vetada na Constituinte, tal como ocorreu com o PCB. Aliás, a fundamentação dessa tese de que o catolicismo tratava-se de um partido político estrangeiro – representado, na Constituinte, pela Liga Eleitoral Católica (LEC) – havia sido elaborada e aprovada em abril de 1933, durante o Congresso Regional da Liberdade de Consciência, realizado no Rio de Janeiro.

Sabe-se ainda que, em 1933, valendo-se da dita alegação de que o catolicismo era um partido estrangeiro, a Liga Anticlericalista de Porto Alegre ma-

102 Tais informações sobre as tiragens baseam-se em dados contidos na 1ª e na 2ª edição da referida obra. Cf. MENDONÇA, Carlos Sussekind de. *O catholicismo, partido político estrangeiro.* Rio de Janeiro: Calvino Filho, 1934; MENDONÇA, Carlos Sussekind de. *O catholicismo, partido político estrangeiro.* 2ª ed., Rio de Janeiro: Typographia Baptista de Souza, 1934.

nifestou-se no Tribunal Superior de Justiça Eleitoral, pedindo a cassação dos mandatos dos deputados padres da Igreja romana. No entanto, ao tomar conhecimento da representação, o Tribunal Superior Eleitoral resolveu arquivar o pedido, sob a alegação que era absolutamente estranho a sua competência.[103]

Além do mais, não faltaram vozes que lamentassem que as diversas forças envolvidas nas campanhas em defesa do Estado laico não se organizassem para fundar um partido, "oferecendo ao inimigo uma formidável ofensiva, ou, melhor, uma admirável resistência e defesa".[104]

De qualquer forma, o pêndulo estava inclinado para o lado eclesiástico que seguiu com seus trabalhos sem maiores problemas. Desse modo, diante da possibilidade de derrotar alguns dos seus inimigos históricos, Dom Sebastião Leme, habilmente, instigou o eleitorado católico a comparecer às urnas e a votar nos políticos de predileção da Liga Eleitoral Católica (LEC). De resto, não se pode negligenciar o papel que desempenhou o voto feminino (instituído em 24 de fevereiro de 1932, via Decreto nº 21.076) durante esse pleito eleitoral, a julgar que boa parcela do público feminino (comprometido com suas paróquias) somou forças e votos, na defesa das reivindicações da Igreja Católica junto à Constituinte.[105] Anos antes, em 1931, diante das discussões do direito de voto às mulheres, que ganhou tônica em diversos setores, Maria Lacerda de Moura advertiu: "o voto feminino no Brasil colocará o país nas mãos de D. Sebastião Leme, um dos muitos que denominaram a Mussolini – *o homem de Providência*".[106] Anos depois, o resultado das eleições para a Assembleia Constituinte, ocorrida em 1933, revelou que aquela preocupação esboçada por Maria Lacerda tinha o seu fundo de verdade.

Numa situação sem precedentes na história do Brasil, por pressão da bancada católica, a Constituição de 1934 acabou estabelecendo mudanças nas relações entre Igreja e Estado, explícitas na inclusão de um capítulo relaciona-

---

103 *A Federação*, Porto Alegre, 16 de dezembro de 1933, p. 1.

104 CESAR, Benjamin L. A. *Op. cit.*, p. 21.

105 Para detalhes sobre a participação feminina nas eleições da Constituinte, cf. ARAÚJO, Rita de Cássia Barbosa de. "O voto de saias: a Constituinte de 1934 e a participação das mulheres na política". *In*: *Estudos Avançados*, São Paulo, vol. 17, nº 49, set./dez. 2003. Disponível em: <http://www.scielo.br/scielo.php?script=sci_arttext&pid=S0103-40142003000300009>. Acesso em: 17 fev. 2017.

106 MOURA, Maria Lacerda de. *Clero & Estado...*, p. 17.

do à família, que tratava, entre outras coisas, do casamento religioso e indissolúvel (Art. 144) e da aplicação da religião católica no ensino (Art. 153).[107] Não obstante, entre os líderes católicos, "Amoroso Lima rejubilava-se com a inclusão da proteção divina no preâmbulo da Constituição e a aprovação de uma fórmula que permitiria a colaboração entre o Estado e a Igreja".[108] Diante disso, um parêntese faz-se necessário. Ao que parece, em 1934, Getúlio Vargas e Darci Vargas, por intermédio de uma cerimônia executada de forma rápida e discreta, casaram-se no religioso. Pode-se deduzir, sem abusar da lógica, que, à véspera da promulgação da nova Constituição que oficializava o casamento religioso, Getúlio Vargas (vivendo há 23 anos casado apenas civil) foi pressionado por seus aliados eclesiásticos a dar o exemplo.

Neste percurso de explícitas aproximações entre Igreja e Estado, que se seguiu durante o Estado Novo (1937-1945), tem-se a publicação, em 1939 (aliás, a partir desse ano se intensifica a repressão a grupos não católicos), pelo Departamento Nacional de Propaganda (DNP), do opúsculo *A Igreja e a Nacionalidade - Homenagem do Presidente Getúlio Vargas ao Episcopado Brasileiro*, em que consta: "o primado da Igreja, na vida espiritual do povo brasileiro, representa uma das constantes que melhor afirmam, na formação nacional, uma perfeita fidelidade aos mais nobres e sólidos princípios que tem orientado as civilizações do Ocidente".[109] Durante a década de 1930, similar ao que ocorria nessa mesma época na Argentina, ou que anos antes se sucedeu na Itália de Mussolini, diversas lideranças leigas e eclesiásticas no Brasil passaram a reafirmar o caráter essencialmente católico da identidade nacional. Logo, não é de surpreender a seguinte afirmação atribuída a Tristão de Ataíde: "o Brasil católico tinha o direito de uma constituição católica".[110]

A promulgação da Constituição de 1934 projetava a real dimensão das palavras proferidas, ainda em 1931, pelo cardeal Dom Sebastião Leme: aos

107 Outro ponto da pauta católica, presente na Constituição de 1934, foi a assistência religiosa às forças armadas. Vale lembrar também que a menção à figura de Deus voltou a ser impressa no preâmbulo da nova Constituição.

108 ARDUINI, Guilherme Ramalho. *Op. cit.*, p. 109.

109 *A Igreja e a nacionalidade: homenagem do presidente Getúlio Vargas ao episcopado brasileiro.* Rio de Janeiro: Departamento Nacional de Propaganda, 1939, p. 3.

110 CESAR, Benjamin L. A. *Op. cit.*, p. 4.

"que só nos julgam capazes de defendermos os nossos direitos ao perfume das flores que ajardinam os altares ou as flores de retórica que trescalam em nossas assembleias. Enganam-se! Para defender os direitos de Cristo, sabemos também sair às ruas e cerrar fileiras junto às urnas".[111] Por sua vez, de acordo com Amoroso Lima, as "conquistas católicas na Constituição de 1934" eram "apenas o primeiro passo para algo maior: o predomínio da Igreja em todos os campos, inclusive o econômico".[112]

Porém, os anticlericais não se deram por vencidos, uma vez que núcleos como a Liga Anticlerical de Campinas e o jornal *A Lanterna* resistiriam em suas campanhas até 1935.

Sob o tacão dos algozes...

Em meio à tumultuada questão do ensino religioso desencadeada em 1931, o Comitê Pró-Liberdade de Consciência, de São Paulo,[113] organizou, em maio, um comício contra a lei de oficialização do ensino religioso nas escolas (públicas e particulares), previsto para ocorrer no Largo da Concórdia. Contudo, mesmo havendo autorização legal para a realização do ato, o evento foi proibido pelo delegado de Ordem Política e Social, que, para tal feito, valia-se da seguinte alegação: naquele momento se realizava uma grande procissão religiosa. Não raro, esse tipo de política de contenção em prol das práticas do catolicismo será aplicado no decorrer da década de 1930, como impedimento às manifestações públicas de verve operária e anticlerical. Desta forma, em maio de 1934, a Liga Anticlerical de Campinas (São Paulo) teve também um de seus comícios proibidos pelo delegado de polícia, motivo: realização de uma procissão.

Considerando-se que a data de 13 de outubro ganhou expressão comemorativa no programa cultural anticlerical e anarquista, em nível internacional, a Liga Anticlerical do Rio de Janeiro, como de praxe, marcava sessão solene, prevista para ocorrer em 13 de outubro de 1931, em memoração ao aniversário de morte de Francisco Ferrer. Entretanto, naquela mesma noite,

111 GABAGLIA, Laurita Pessoa Raja. *Op. cit.*, p. 236.

112 ARDUINI, Guilherme Ramalho. *Op. cit.*, p. 110.

113 A partir de 1931, surgem Comitês Pró-Liberdade de Consciência em diversas cidades do Brasil, tal como Porto Alegre (RS), Pelotas (RS), Cruz Alta (RS), Campinas (SP), São Carlos (SP).

um pouco antes da sede social abrir as suas portas aos sócios e demais participantes, o evento foi proibido pela polícia.

Ao reportar-se sobre aquele episódio circunstancial (e arbitrário), um dos membros da comissão da liga, Francisco Alexandre, mencionou: "certificado da sua proibição, procurei conhecer os motivos, já que o funcionário encarregado de impedir a reunião não queria ou não sabia dá-los". Sem delongas fui até a Delegacia, mas, o delegado não estava. Uma vez lá, "fui introduzido na sala do chefe da secção de ordem social", enquanto ali esperava, surgiu um homem de "aspecto alucinado" que correu "ao aparelho telefônico, colado na parede e, com voz exaltada", pedia "não sei quantos soldados de armas embaladas para a sede da Liga Anticlerical". Logo, esse mesmo homem de feição desvairada voltou-se "para um funcionário que estava ao seu lado" e ordenou: "Tome um carro, vá depressa e dissolva aquela gente à bala!". Frente a tudo isso que se passava, "fiquei estarrecido", o que "teria acontecido na minha ausência?". Claramente, "que a proibição, intempestiva, sem motivo justificável, havia chocado. Mas a sede ficara fechada, com o agente à porta. Os sócios e convidados da Liga deviam, certamente, estar nas imediações, aguardando o meu regresso". No entanto, isso "não constituía crime nem autorizava a polícia a uma dispersão à bala". A propósito, no meio daqueles que deviam ser enxotados pela força policial, estava o promotor público, o doutor Carlos Sussekind de Mendonça. "Felizmente, a autoridade subalterna" que recebera a dita ordem não a executou.[114]

Não obstante, tais ações de impedimento das atividades promovidas pelas associações anticlericais, paulatinamente, revelavam uma conjuntura em que, segundo destacou Alcir Lenharo, em *Sacralização da Política* (1986), ardilosamente, os católicos se lançaram como força atuante na arena política, numa aliança informal entre poder estatal e eclesiástico, que logo deu forma a um cenário massificador e repressivo, visando silenciar vozes que se colocavam contra a nova ordem vigente.[115]

Neste cenário, em mais de uma ocasião, congregações católicas encaminharam pedidos e moções de protesto às autoridades, exigindo a censura

114 Até aqui, tudo em *Diário de Notícias*, Rio de Janeiro, 2 de janeiro de 1932, p. 9.

115 Cf. LENHARO, Alcir. *Sacralização da política*. 2ª ed., Campinas: Papirus, 1986.

e a suspensão d'*A Lanterna*. Também não faltaram membros do clero que concitassem os seus adeptos a tomar uma posição contra as hostes defensoras da laicidade e suas heresias políticas. Assim, no começo de 1932, o arcebispo de Porto Alegre, João Becker, lançava a carta-pastoral "O Laicismo e o Estado Moderno", que se configurou num compêndio antilaicista. Anos depois, em julho de 1935, durante uma conferência realizada no Rio Grande do Sul, o padre jesuíta Leopoldo Brentano[116] conclamava: "soldados marianos", que estão sempre "aguerridos", "sempre alertas", "defendendo a Igreja de Cristo contra quaisquer inimigos", "venho dizer-vos que a hora é grave". Desta maneira, desde já "venho conclamar-vos para a luta", uma vez que "o inimigo marcha sobre nós". E, prosseguindo com o seu discurso de recrutamento, exclamava: "quem é este inimigo?", pois bem, "é a ressaca dos despeitados pela vitória dos postulados católicos na constituição federal e nas estaduais. São aqueles elementos heterogêneos e dissolventes, que com tanto furor e alarde impugnavam as nossas reivindicações", entre os quais, encontram-se "maçons, livres-pensadores, anticlericais, espíritas", ainda como "sequazes de seitas diversas e extremistas de todas as cambiantes, que unidos na Liga Pró-Estado Leigo, Liga Anticlerical, Liga Eleitoral Proletária, queriam impedir que o Brasil abandonasse o maldito laicismo e retomasse um rumo digno de sua tradição cristã". Ademais, "os mais avançados e tenebrosos daquele conluio anticristão e antipatriótico, raivosos por verem seus intentos frustrados, uniram-se novamente sob o nome pomposo e sedutor de Aliança Nacional Libertadora" e que marcha "sobre nós, para roubar a nossa vitória, derrubar o que com tanto esforço acabamos de construir".[117]

116 Durante sua atuação no Rio Grande do Sul, foi diretor da Congregação Mariana, bem como superior da Residência dos Jesuítas (na cidade de Pelotas). Além disso, foi o impulsionador dos Círculos Operários, que resultou na fundação, em 26 de outubro de 1935, da Federação dos Círculos Operários do Rio Grande do Sul. Em 1937, a pedido do cardeal Dom Leme, muda-se para o Rio de Janeiro, para ali dar expansão ao movimento circulista. É interessante notar que na década de 1930 os círculos operários configuravam-se em uma estratégia da Igreja para atuar no meio operário, contornando o entrave da lei de março de 1931, que vetava a existência de sindicatos confessionais. Cf. VALDUGA, Gustavo. *Paz, Itália, Jesus, uma identidade para imigrantes e seus descendentes: o papel do jornal Correio Riograndense (1930-1945)*. Porto Alegre: PUCRS, 2008, p. 196-197; FARIAS, Damião Duque de. *Op. cit.*, p. 189-190.

117 Até aqui, tudo em *A Federação*, Porto Alegre, 30 de julho de 1935, p. 4.

Apesar da Constituição de 1934, no seu Art. 113, instituir que "É inviolável a liberdade de consciência e de crença, garantido o livre exercício dos cultos religiosos, desde que não contravenham à ordem pública e aos bons costumes", em mais de uma ocasião, esse dispositivo dos "bons costumes" (marcado pela censura e apreensão de publicações) falou mais alto, quando a questão era a integridade do catolicismo frente aos grupos não católicos. Nesse tocante, vale destacar o caso da prisão do dentista José Gavronski, presidente municipal da ANL em São Paulo, secretário d'*A Lanterna* e autor da coluna "Hóstias Amargas",[118] publicada periodicamente na *A Lanterna* (3ª fase). Preso em 1935 e levado para o Presídio Político Maria Zélia, em São Paulo, ao escrever sobre o motivo do seu encarceramento, Gavronski concluía: encontro-me aqui "[...] pelas minhas convicções anticlericais expressas em artigos publicados sob a minha assinatura. Não, porém por atos contrários à boa ordem e à disciplina social, a menos que estejamos à voz de Roma, volvendo à Inquisição, o que me repugna acreditar".[119]

Prontamente, "comprometida com o passado e inimiga da modernidade, da secularização e do pragmatismo democrático, que minavam os fundamentos de uma ordem social sacra", a Igreja Católica também saiu em forte campanha contra o protestantismo, acusando-o de "ser uma perigosa força subversiva, a ponto de conceder-lhe uma repressão sob suspeita de comunismo".[120] Sem dúvida, durante o Estado Novo (1937-1945), se intensificou a repressão policial aos grupos religiosos acatólicos, entre os quais figuravam espíritas, testemunhas de Jeová, presbiterianos etc.

Além disto, frequentemente, agentes da polícia (alcunhados de lacaios) ou membros do clero se infiltravam nas atividades anticlericais, visando tomar nota do andamento político das reuniões e tecer perfis dos militantes mais ativos. Na visão da polícia: "Não resta dúvida que quem se alista nas

118 Estava prevista a publicação de tais textos no formato de opúsculo, o que não ocorreu devido o processo repressivo de 1935, que culminou com a suspensão de *A Lanterna* e a prisão dos seus redatores, entre os quais José Gavronski, ainda como o confisco dos originais da referida obra. Anos depois, em 1956, enfim a obra veio a lume

119 Carta de José Gavronski para Euzébio Egas (delegado de Ordem Social), datada de 28 de janeiro de 1936, localizada no prontuário 541 – *José Gavronski ou José Gravonski*, DEOSP/SP.

120 Ambas as passagens, CASTRO, Eduardo Góes de. *Op. cit.*, p. 58.

fileiras de uma liga, como a anticlerical, tendente a destruir um dos esteios em que se apoia a sociedade que se enquadra no regime vigente, certamente preferiria um regime político em que a Religião seja destruída".[121] Prontamente, na lista de anarquistas envolvidos nas campanhas anticlericais e fichados no DEOPS de São Paulo, constavam diversos nomes, entre os quais, Pedro Catalo, Florentino de Carvalho, Francisco Cianci, Gusmão Soller, Edgard Leuenroth, Atílio Pessagno.

Deste modo, em 5 de fevereiro de 1933, quando o professor José Oiticica fazia uma palestra na Liga Anticlerical do Rio de Janeiro, o local foi invadido pela polícia, que apreendeu todas as publicações que encontrou na sede e levou presos para a delegacia o orador e todos que ali estavam presentes.[122] Ao mesmo tempo, no mês de agosto daquele ano, a Liga Anticlerical do Rio de Janeiro, por determinação das autoridades, foi proibida de realizar conferências. Poucos dias depois, a sua sede social, localizada na Rua Theophilo Ottoni, nº 148, 2º andar, foi invadida e fechada pela polícia.

Efetivamente, "a vigilância constante sob a qual fora colocada toda a sociedade e a importância cada vez maior que adquiriu o aparato policial evidenciavam a disponibilidade da polícia em responder a um projeto político que não se absteve de aprisionar ou liquidar certas categorias da população", assim, "a negação explícita que o Estado enunciou para a luta de classes e a ordenação da sociedade no sentido de sua existência orgânica, somadas à fidelidade apregoada à mítica da violência, seriam os parâmetros para reger e disciplinar a sociedade".[123] No contexto deste controle social, qualquer indivíduo ou agrupamento que pudessem minar a estabilidade da ordem vigente com críticas ao Estado e/ou à Igreja, a exemplo de anarquistas, comunistas ou anticlericais, deveriam ser extirpados.

121 CASTRO Eduardo Góes de. *Op. cit.*, p. 223.

122 *A Plebe*, São Paulo, 18 de fevereiro de 1933, p. 1. Segundo noticiava esse mesmo jornal, José Oiticica foi liberado após 24 horas de detenção, tal sorte não tiveram os demais elementos, haja vista que foram submetidos a 4 dias de "detenção arbitrária, violenta e injustificada".

123 Ambas as passagens, CANCELLI, Elizabeth. *O mundo da violência: a polícia da era Vargas*. Brasília: Edunb, 1993, p. 26.

Neste percurso, a Liga Anticlerical de Campinas marcava um festival para o dia 22 de janeiro de 1934, cuja programação contava com uma conferência da professora Luíza Peçanha de Camargo Branco. Porém, a polícia, na tarde daquele mesmo dia, proibiu a realização do festival, valendo-se da alegação que duas bombas haviam sido encontradas na Igreja de São Benedito e que a suspeita apontava para os anticlericais. Apesar do cancelamento do festival – que ocorreu quando a caravana que vinha de São Paulo já estava a caminho –, nada se apurou de verídico a respeito das supostas bombas.

Mais eficiente na repressão que seus predecessores, Getúlio Vargas, em 4 de abril de 1935, promulgou a Lei de Segurança Nacional, que definia crimes contra a ordem política e social. Meses depois, durante o processo repressivo que se seguiu à Intentona Comunista (1935), ocorreu a invasão da redação do jornal *A Lanterna* e a prisão dos seus redatores. Naquele momento, "as milhares de prisões englobavam, sem distinção todas as correntes que se aproximaram da ANL, sendo todos os presos acusados de extremistas e indesejáveis".[124]

Ao promover uma cruzada anticomunista, o governo Vargas passou a reprimir movimentações como o anticlericalismo, tachado pelas autoridades como um movimento de ideias "avançadas e extremistas" e, para tanto, "qualquer espécie de manifestação anticlerical realizada por parte de grupos comunistas e anarquistas deveria ser banida".[125] Sob o peso da censura que se abateu sobre as atividades culturais fomentadas pelos núcleos anarquistas, que eram vigiadas por agentes da polícia, "os espetáculos teatrais continuaram até 1935, com maior ou menor intensidade, em razão das perseguições policiais, que em tudo viam subversão".[126]

Em meio a isto, livros sediciosos eram confiscados e incinerados, enquanto destacados militantes passavam a ser vigiados, indiciados e presos, entre os quais, Edgard Leuenroth – diretor d'*A Lanterna* –, José Gavronski – secretário d'*A Lanterna* –, os irmãos Atílio Pessagno e Virgílio Pessagno –

124 AZEVEDO, Raquel de. *A resistência anarquista: uma questão de identidade (1927-1937)*. São Paulo: Arquivo do Estado/Imprensa Oficial, 2002, p. 247-248.

125 CASTRO, Eduardo Góes de. *Op. cit.*, p. 23.

126 RODRIGUES, Edgar. *Quem tem medo do anarquismo?* Rio de Janeiro: Achiamé, 1992, p. 63.

respectivamente o presidente e o tesoureiro da Liga Anticlerical de Campinas – e José Oiticica – membro da Liga Anticlerical do Rio de Janeiro.

É certo que iniciativas ligadas à propaganda de ideias (tida por "perigosas") aguçaram a atenção das autoridades do Departamento Estadual de Ordem Política e Social (DEOPS), de São Paulo. Neste tocante, vale mencionar o caso da editora e livraria Sementeira, fundada em São Paulo, em 1933, pelo anarquista Rodolfo Felipe, que, devido o teor da literatura difundida, teve o seu catálogo anexado nos autos policiais. Entre os livros divulgados naquele catálogo datado de abril de 1934, constavam diversos títulos anticlericais e de crítica religiosa, tais como: *A Razão Contra a Fé*, de Benjamim Mota; *A Ceia dos Cardeais*, de Júlio Dantas; *A Inexistência da Alma*, de Leonidas Ninel; *Abusos e Erros do Catolicismo*, do Abade Meslier; *O Catolicismo, Partido Político Estrangeiro*, de Carlos Sussekind de Mendonça; e *Electra*, de Benito Pérez Galdós.[127] Também intimado "pela Delegacia de Ordem Social a prestar esclarecimentos a respeito de suas críticas à ordem social estabelecida", Rodolfo Felipe, que estava à frente d'*A Plebe*, ao recusar-se a submeter o periódico à censura – que teve edições apreendidas nas bancas de São Paulo –, acabou preso em 1934.[128]

Nesta senda, na noite de 29 de novembro de 1935, a Liga Anticlerical de Campinas – instalada no prédio nº 1.045 da Rua Regente Feijó –, foi invadida e fechada pela polícia. Na ocasião, foi confiscado todo seu acervo. Segundo o auto de busca e apreensão, havia desde livros anarquistas, anticlericais e comunistas (que despertaram um interesse especial na polícia política, haja vista que os títulos aparecem sublinhados), assim como obras de Émile Zola, Máximo Gorki e Leon Tolstói, seguidos de uma grande quantidade de panfletos de propaganda subversiva. Logo, neste cenário de repressão às ideias, em que, frequentemente, obras sediciosas foram apreendidas e queimadas, "a destruição de um livro se processava em etapas distintas: em primeiro lugar proibia-se a sua circulação junto à sociedade (posse e leitura), seguida da or-

127 Cópia do referido catálogo encontra-se anexado no Prontuário 581 – *Delegacia de Polícia de Jundaí* – vol. 1, DEOPS/SP.

128 Cf. PARRA, Lucia Silva. *Combates pela liberdade: o movimento anarquista sob a vigilância do DEOPS/SP (1924-1945)*. São Paulo: Arquivo do Estado; Imprensa Oficial do Estado, 2003, p. 98-99 e 173. No prontuário de Rodolfo Felipe, sem motivos declarados, consta também que ele esteve preso de 27 de fevereiro até 16 de março de 1933.

dem e do ato da apreensão. Confiscadas, as obras suspeitas eram relacionadas pelos investigadores, que anexavam um exemplar aos autos policiais".[129] Consequentemente, "os adjetivos que compõem a retórica policial expressam o endosso a valores preconcebidos acionados para acusar e julgar uma obra impressa. Tudo o que pudesse estar relacionado com a propaganda de ideias subversivas recebia um julgamento prévio, não se aceitando exceções".[130]

Além disto, durante a invasão da Liga Anticlerical de Campinas, foram detidos para interrogatórios Atílio Pessagno e Virgílio Pessagno. Na ótica das autoridades, Atílio era um elemento perigoso devido a sua militância anarquista, ou melhor, um inimigo das instituições políticas vigentes no país. Entre outras coisas, no seu processo junto ao DEOPS de São Paulo, consta que, em certa ocasião, diante de uma procissão católica que passava pelas ruas do centro de Campinas, Atílio Pessagno se negou a tirar o seu chapéu, provocando com essa atitude a ira de alguns elementos religiosos, fazendo-se necessário a intervenção da polícia.[131]Também encarcerado no Presídio Maria Zélia, Edgard Leuenroth em carta datada de 22 de janeiro de 1936 e destinada a Diretoria da Associação Brasileira de Imprensa, listava entre os jornalistas que ali estavam presos, Everardo Dias e Rodolfo Felipe.[132]

Valendo-se ainda dos arquivos policiais, é possível identificar parte da literatura que destacados militantes abrigavam em suas bibliotecas. De imediato, detendo-se apenas aos títulos de propaganda anticlerical e antirreligiosa que alimentaram a substancial relação de obras apreendidas dos irmãos Atílio e Virgílio Pessagno, que estavam à frente da Liga Anticlerical de Campinas, destacam-se diversos folhetos do Grupo Editor Livre Pensamento, a exemplo: *Abusos e Erros do Catolicismo*, do Abade Meslier; *A Igreja e o Povo*, de Heliodoro Salgado; *Derrocada Ultramontana*, de Dário Vellozo; *Cristo no Vaticano*, de Victor Hugo e *O Sagrado Coração de Jesus*, de N. Rouby; bem como as obras A *Igreja e a Liberdade*, e *Jesu Cristo Non è Mas Esistito*, ambas da autoria

129 CARNEIRO, Maria Luiza Tucci. *Livros proibidos, ideias malditas: o Deops e as minorias silenciadas*. São Paulo: Estação Liberdade; Arquivo do Estado, 1997, p. 17

130 *Ibidem*, p. 28

131 Cf. Prontuário 3748 – *Attílio Pessagno*, DEOPS/SP.

132 Cf. RODRIGUES, Edgar. *O ressurgir do anarquismo (1962-1980)*. Rio de Janeiro: Achiamé, 1993, p. 258.

de Emilio Bossi; seguidas de *Jesus Cristo era Anarquista!*, de Everardo Dias; *Jesus Cristo é um Mito*, de Georg Brandes; *O Ensino de Jesus*, de Leon Tolstói; ou ainda, *Le Infamie Secolari del Cattolicismo*, de Oreste Ristori; *A Peste Religiosa*, de John Most; *O Evangelho da Hora*, de Paul Berthelot; e *12 Provas da Inexistência de Deus*, de Sébastien Faure.[133] Claramente, esta literatura que nos primeiros anos do século XX cativou leitores nos círculos anarquistas e anticlericais, anos depois, continuava alimentando o impulso discursivo do anticlericalismo. Por outro lado, na ótica das autoridades, tal literatura portadora de ideias políticas, considerada perigosa e imoral, deveria desaparecer, logo, bibliotecas inteiras acabaram consumidas pelas chamas repressivas da década de 1930. Assim, "durante a vigência do DEOPS, a proibição e a apreensão de obras ditas subversivas foram uma constante".[134]

Sem dúvida, a repressão levada a cabo a partir de 1935, além de fechar jornais e ligas envolvidos em manifestações contrárias à Igreja e ao Estado, ou de confiscar e destruir livros sediciosos, prendeu e/ou expulsou do país alguns dos seus militantes mais ativos. Também, em 1936, a Caixa Postal nº 195, que pertencia a Edgard Leuenroth e a Rodolfo Felipe – que foi usada tanto pelo jornal *A Plebe* quanto pela livraria Sementeira –, foi colocada sob a vigilância da Censura Postal, que passou a confiscar as correspondências e encaminhá-la à Superintendência de Ordem Social.[135] Por fim, em 1937, segundo noticiava a imprensa, foi preso, na sede da Liga Anticlerical do Rio de Janeiro, o professor José Oiticica, elemento de destaque "nos meios revolucionário do país".[136] No mesmo ano, em São Paulo, tem-se o fechamento do Centro de Cultura Social (CCS), importante núcleo anarquista que, frenquentemente, engajou-se nas campanhas anticlericais. Deste modo, intensamente perseguido pelas autoridades, o anticlericalismo de verve anarquista saia de cena.

---

133 Cf. Prontuário 3748 – *Attílio Pessagno*, DEOPS/SP; Prontuário 3619 – *Virgilio Pessagno*, DEOPS/SP.

134 CARNEIRO, Maria Luiza Tucci. *Op. cit.*, p. 27.

135 Cf. PARRA, Lucia Silva. *Op. cit.*, p. 128.

136 *A Ordem*, Natal, 16 de outubro de 1937, p. 1.

Considerações Finais

Apesar de ainda serem um tanto tímidos os olhares a respeito das manifestações anticlericais, é indelével o seu papel político-social, quer como pensamento, quer como ação, sobretudo no conturbado cenário das primeiras décadas do século XX. Desse modo, o anticlericalismo foi "uma prática social difusa e uma mentalidade recorrente que apareceu com maior ou menor vigor em diferentes episódios históricos".[1] Ademais, no Brasil, o antirreligiosismo, enquanto uma face menos conhecida do anticlericalismo, foi uma constante em momentos distintos de excitação política.

Com o surgimento d'*A Lanterna*, em 1901, na cidade de São Paulo, pelas mãos do anarquista Benjamim Mota, esse periódico passou, rapidamente, a ser o veículo de expressão dos diversos indivíduos e grupos anticlericais atuantes no Brasil. Assim, tal ofensiva ao clero, que surgia como uma iniciativa anarquista, também contou com o apoio da maçonaria, uma vez que Mota, além de anarquista, era um livre-pensador maçom.

Inegavelmente, Benjamim Mota desempenhou um papel crucial nas primeiras manifestações ideológicas e práticas do anticlericalismo e do anarquismo. Por sua intrépida conduta, foi vigiado e preso, assim como, em certa ocasião, quando andava pelo centro de São Paulo, foi atacado com golpes de bengala. Comumente, como anarquista e advogado, lançou-se na defesa dos desfavorecidos. A propósito, a sua obra *A Razão Contra a Fé* (1900) traz uma dedicatória em que consta: "ao povo trabalhador, à mocidade brasileira e à memória veneranda de todas as vítimas da Intolerância Religiosa". E, em

1 SOUZA, Ricardo Luiz de. *Laicidade e anticlericalismo: argumentos e percursos*. Santa Cruz do Sul: EDUNISC, 2012, p. 139.

cujas páginas, têm-se: "É o povo que precisa saber o que é a mentira religiosa, porque dela é ele a mais lamentável vítima. Embrutecem-no com catecismos e missas para melhor explorá-lo, para conseguirem que ele não se revolte contra os seus opressores".[2] Ainda ao final do século XIX, visando fazer frente ao clero, junto com outros correligionários lançou a pedra fundante da Liga Anticlerical de São Paulo (1899).

Consequentemente, novos núcleos ganharam forma no Brasil, resultando numa rede de sociabilidade marcada por diversos credos e tendências. Não obstante, frente às ingerências do clero católico na vida política, social e cultural, "os ideais de liberdade, justiça, racionalidade científica, autonomia e progresso" estavam presentes no "núcleo temático da ideologia anticlerical e constituem a sua positividade posta ao serviço da luta contra o clericalismo".[3] Também, ao delinear-se uma posição geográfica do anticlericalismo, percebe-se que a causa anticlerical, no transcurso do século XX, ganhou corpo a partir das regiões Sudeste e Sul e que a imprensa desempenhou um importante papel, como se vê nas publicações de *A Lanterna* (SP, 1901), *Electra* (PR, 1901), *A Verdade* (RJ, 1901) e *O Livre Pensador* (SP, 1903).

É claro que, visando intensificar a propaganda, outras estratégias foram empregadas, a exemplo da publicação de folhetos e opúsculos, a encenação de peças teatrais, ou ainda a realização de festivais, conferências, *pic-nics* e *meetings*. Ao promoverem campanhas emblemáticas, ora frente à vinda de clérigos expulsos de Portugal (em decorrência da Proclamação da República), ora devido ao desaparecimento da menor Idalina, os anticlericais adicionaram ingredientes um tanto picantes ao caldeirão político da Primeira República. Além disso, em meio a esse cenário, o anticlericalismo expandia sua influência para outras regiões do Brasil, tornando-se um fenômeno nacional. Anos depois, durante a década de 1930, em torno da questão educacional (ensino leigo *versus* ensino religioso) – um dos campos de intensas disputas entre clérigos e anticlericais –, novas agitações ganharam volume, fazendo mais uma

---

2 MOTA, Benjamim. *A razão contra a fé – analyse das conferências religiosas do padre Dr. Julio Maria*. 2ª ed., São Paulo: Casa Endrizzi, 1901, p. 10.

3 Ambas as passagens, ABREU, Luís Machado de. *Ensaios anticlericais*. Lisboa: Roma, 2004, p. 30.

vez tremular a bandeira do anticlericalismo, em defesa do ensino laico e da liberdade de consciência.

Cabe notar que, em todas essas fases das movimentações anticlericais, houve o protagonismo de anarquistas, entre os quais, Benjamim Mota, Edgard Leuenroth e José Oiticica. Ou ainda a importante função desempenhada pelo jornal libertário *A Lanterna*, enquanto fórum de debate das diversas tendências anticlericais.

E, apesar da exaltação, em diversas campanhas, cantando a vitória do livre-pensamento sobre a Igreja Católica (considerada uma "velharia inútil"), isso se revelou um típico caso de autoengano em que se subestimou a força do inimigo. No entanto, ainda assim, é possível afirmar, sem exageros, que o anticlericalismo teve um papel ascendente no cenário social, causando desconforto nas autoridades eclesiásticas e governamentais, ao ponto de ter seu curso freado pela repressão.

De mais a mais, haja vista a complexidade que envolve o fenômeno anticlerical, a presente investigação constitui-se em mais um passo, entre outros, que ainda poderão ser dados ao seguir por esse percurso de discordâncias, disputas e conflitos. Aliás, recentemente, a análise do tema do anticlericalismo já tem dado amostras de maior constância, segundo indica um modesto conjunto de pesquisas produzidas em algumas universidades brasileiras, inclusive com repercussão internacional.

De qualquer forma, exceto os momentos de declínio temporário ou de insucessos, a causa anticlerical fez-se intensa, difusa e diversificada. Por fim, faço minhas as palavras do historiador James Joll: "se o desejo do historiador, como o do artista, é alargar o nosso horizonte do mundo, dar-nos uma nova maneira de olhar as coisas, então o estudo do fracasso pode muitas vezes ser tão instrutivo e benéfico como o estudo do sucesso".[4]

4 JOLL, James. *Anarquistas e anarquismo*. 2ª ed., Lisboa: Dom Quixote, 1977, p. 12.

Arquivos e Fontes

Acervo Pessoal do Pesquisador

Livros, folhetos, periódicos e estatutos

A Igreja e a nacionalidade: homenagem do presidente Getúlio Vargas ao episcopado brasileiro. Rio de Janeiro: Departamento Nacional de Propaganda, 1939.

BAKUNIN, Mikhail. *Federalismo, socialismo, antiteologismo*. São Paulo: Cortez, 1988.

BINET-SANGLÉ, *A Loucura de Jesus - hereditariedade, constituição e fisiologia*. Lisboa: Guimarães Editores, 1910.

Boletim do Grande Oriente do Brasil, nº 2, 36º ano, Rio de Janeiro, fevereiro de 1911.

BOSSI, Emilio. *Christo nunca existiu*. 2ª ed., Lisboa: Abel D'Almeida & C.ª, 1909.

________. *A Egreja e a liberdade*. Lisboa: Livraria Internacional, [s. d.].

BRANDES, Jorge. *Jesus Cristo é um mito*. Rio de Janeiro: Biblioteca Contemporânea, 1926.

CALDAS, José. *Os Jesuítas e sua influência na actual sociedade portuguesa: meio de a conjurar*. Porto: Chardron, 1901.

CHINIQUÍ, Ex-padre. *O padre, a mulher e o confessionário*. Rio de Janeiro: Livraria da Federação Espírita Brasileira, 1937.

DAMIANI, Gigi. *Cristo & Bonnot*. Montevideo: Ediciones Anarquía, 2008.

DESCHAND, Desiderio. *Voltaire e os anticlericaes do Paraná*. Petrópolis: Vozes, 1914.

DIAS, Everardo. *Memorias de um exilado (episodios de uma deportação)*. São Paulo: [s. ed.], 1920.

________. *Delenda Roma! Conferências anticlericais*. Rio de Janeiro: E. P. Maçônica José Bonifácio, 1921.

________. *Bastilhas Modernas (1924-1926)*. São Paulo: Empresa Editora de Obras Sociais e Literárias, [1927].

________. *História das lutas sociais no Brasil*. 2ª ed., São Paulo: Alfa-Ômega, 1977.

DINIZ, Almachio. *A carne de Jesus*. Bahia, Livraria Catilina, 1913.

ELTZBACHER. Paulo. *O anarchismo*. Lisboa: Typografia de Francisco Luiz Gonçalves, 1909.

Estatutos da Associação Feminil "Livre Pensadora". Curitiba: Livraria Econômica, 1910.

Estatutos da Liga Anticlerical do Rio de Janeiro. Rio de Janeiro: Ao Luzeiro, 1912.

FAGUET, Émile. *El anticlericalismo*. Madrid: La España Moderna, [1910].

FAURE, Sébastien. *Deus existe? Eis a questão*. São Paulo: A Sementeira, [1934].

FONSECA, Tomás da. *Sermões da montanha*. Rio de Janeiro: Germinal, 1948.

________. *Guerra Junqueiro: sua vida, obra e momentos finais (depoimento de uma testemunha)*. São Paulo: Editora Liberdade e Cultura, 1956.

FRANCA, Leonel. *Reliquias de uma polemica*. Rio de Janeiro: Tipografia do Annuario do Brasil, 1926.

GALDÓS, Benito Pérez. *Electra*. Madrid: Biblioteca Nueva, 1998.

GATTINA, Ferdinando Petruccelli della. *Memorias de Judas*. Barcelona: Ediciones Martínez Roca, 1989.

GOMES, Perillo. *O liberalismo*. Barcelona: Imprenta Boada, 1933.

GUZZONI, Félix. *A filha do cardeal* - vol. 1 e vol. 2. 3ª ed., Lisboa: Bertrand, 1907.

HAMON, A. *La revolucion a traves de los siglos*. Buenos Aires: TOR, 1943.

HERCULANO, Alexandre. *História da origem e estabelecimento da Inquisição* – Tomo I. 7ª ed. Lisboa: José Bastos & C.ª, 1907.

JOHANNING, Ambrósio. *Maná ou alimento da alma devota*. 18ª ed., Petrópolis: Vozes, 1941.

JUNQUEIRO, Guerra. *A velhice do padre eterno*. Porto: Lello & Irmão, [s. d.].

________. *Prosas dispersas*. Porto: Lello & Irmão, 1964.

LEUENROTH, Edgard & NEGRO, Hélio. *O que é maximismo ou o bolchevismo: programa comunista*. São Paulo: [s. ed.], 1919.

LEUENROTH, Edgard. *Anarquismo - roteiro da libertação social*. Rio de Janeiro: Mundo Livre, 1963.

LORENZO, Anselmo. *El proletariado militante*. Madrid: Alianza, 1974.

MANZONI, Romeu. *O padre na história da humanidade - ensaio popular de patologia-psicológica*. Lisboa: Tipografia Liberty, 1909.

MARTINS, José. *História das riquezas do clero, católico e protestante*. São Paulo: Editora do Autor, 1924.

MELO, Aníbal Vaz de. *Cristo, o maior dos anarquistas*. 3ª ed., São Paulo: Piratininga, 1956.

MENDES, R. Teixeira. *Abolissionismo i clericalismo*. Rio de Janeiro: Apostolado Pozitivista do Brazil, 1888.

MENDONÇA, Carlos Sussekind de. *O catholicismo, partido político estrangeiro*. Rio de Janeiro: Calvino Filho, 1934.

________. *O catholicismo, partido político estrangeiro*. 2ª ed., Rio de Janeiro: Typographia Baptista de Souza, 1934.

MESLIER, Jean. *Memória*. Lisboa: Antígona, 2003.

________. *Memoria contra la religión*. 2ª ed., Pamplona: Laetoli, 2012.

MEZZABOTTA, Ernesto. *O papa negro*. Rio de Janeiro: Livraria para Todos, 1954.

MICHELET, J. *O padre, a mulher e a família*. Lisboa: Typ. De José da Costa N. C., 1861.

Monita secreta: institvições [sic] *secretas dos jesvitas* [sic]. São Paulo: Seara, [s. d.].

MONTALVÃO, Daniel de. *Analphabetos illustres*. São Paulo: [s. ed.], 1939.

MOTA, Benjamim. *Rebeldias*. São Paulo: Tipografia Brasil de Carlos Gerke & Cia, 1898.

________. *A razão contra a fé – analyse das conferências religiosas do padre Dr. Julio Maria*. 2ª ed., São Paulo: Casa Endrizzi, 1901.

MOST, João. *A peste religiosa*. São Paulo: Comitê Pró-Presos e Deportados, 1921.

MOURA, Maria Lacerda de. *Renovação*. Belo Horizonte: Athene, 1919.

________. *De Amundsen a Del Prete*. São Paulo: O Combate, 1928.

________. *Religião do amor e da belleza*. 2ª ed., São Paulo: O Pensamento, 1929.

________. *Civilização – tronco de escravos*. Rio de Janeiro: Civilização Brasileira, 1931.

________. *Amai e... não vos multipliqueis*. Rio de Janeiro: Civilização Brasileira, 1932.

________. *Serviço militar obrigatório para a mulher? Recuso-me! Denuncio!* São Paulo: A Sementeira, 1933.

________. *Ferrer, o clero romano e a educação laica*. São Paulo: Editorial Paulista, 1934.

________. *Clero e fascismo: horda de embrutecedores!* São Paulo: Paulista, [1935].

________. *Fascismo, filho dileto da Igreja e do Capital*. São Paulo: Paulista, [1935].

________. *O silêncio*. Rio de Janeiro: Gráfica Tupy, 1948.

O Demolidor. Fac-Similar. Fortaleza: Imprensa Universitária, 2013.

OITICICA, José. *Sonetos (2ª série: 1911-1918)*. Maceió: Casa Ramalho, 1919.

O Livre Pensador, São Paulo, 1909, nº 1 a 13.

O Operário – Órgão de defesa da classe operária e noticioso. Edição Fac-Similar. Sorocaba: Crearte, 2007.

PERNETTA, Julio. "Apresentação". *In:* BANDEIRA, Euclides. *Heréticos*. Curitiba: Livraria Econômica, 1901.

PODRECCA, Guido. *O marido da alma*. São Paulo: Associação de Propaganda Liberal, 1931.

PROUDHON, Pierre-Joseph. *Filosofia da miséria*. Tomo I. São Paulo: Escala, 2007.

QUEIROZ, Eça de. *O crime do padre Amaro (cenas da vida devota)*. Porto: Lello & Irmão, [s. d.].

RECLUS, Élisée. *Anarquia pela educação*. São Paulo: Hedra, 2011.

REIS, Raimundo. *Breviário (Versos)*. São Paulo: Pocai & Weiss, 1912.

RENAN, Ernest. *Vida de Jesus: origens do cristianismo*. São Paulo: Martin Claret, 2000.

RIZAL, José. *Noli me tángere (El país de los frailes)*. Valencia: F. Sempere y Compañía, [s. d.].

ROSA, Antonio Joaquim da. *A cruz de cedro*. São Paulo: Livraria Teixeira, 1927.

RYNER, Han. *O quinto evangelho*. Rio de Janeiro: Germinal, 1961.

SÁRRAGA, Belén de. *El clericalismo en América: - a través de un continente*. Lisboa: Lux, 1915.

SCHMIDT, Afonso. *São Paulo de meus amores/ Lembrança (crônicas)*. São Paulo: Brasiliense, [s. d.].

SICILIANI, Chacon. *Mentiras divinas: cartas aos crentes*. Lisboa: Empresa de Publicações Populares, 1913.

SINZIG, Pedro. *Atravéz dos romances: guia para as consciências* - vol. 1. Petrópolis: Vozes de Petrópolis, 1915.

________. *Através dos romances: guia para as consciências* - vol. 2. Petrópolis: Vozes de Petrópolis, 1917.

TIMOTHEON. *Não creio em Deus*. Lisboa: Livraria Internacional, [s. d.].

TOLSTÓI, León. *Cuál es mi fe. La Igresia y el Estado*. Barcelona: Mentora, 1927.

________. *Cristianismo e anarquismo*. Rio de Janeiro: Achiamé, 2009.

VASCO, Neno. *O pecado de simonia*. São Paulo: Cooperativa Graphica Popular, 1920.

VELLOZO, Dario. "O Templo Maçônico". *In: Obras IV*. Curitiba: Instituto Neo-Pitagórico, 1975.

WHITE, A. D. *Historia da lucta entre a sciencia e a theologia*. Lisboa: Typografia do Commercio, 1910.

ZOLA. Emilio. *O crime do padre Mouret*. Lisboa: Guimarães & C.ª, [s. d.].

Arquivo Edgard Leuenroth. Universidade Estadual de Campinas – UNICAMP

Periódicos

Avanti!, (São Paulo, 1907)

La Battaglia, (São Paulo, 1910)

A Lanterna, (São Paulo, 1901-1904, 1909-1916, 1933-1935)

La Scure, (São Paulo – Rio de Janeiro, 1910)

O Liberal, (Guaratinguetá, 1912)

O Livre Pensador, (São Paulo, 1903-1909, 1911-1915)

Lúcifer, (Porto Alegre, 1907)

A Plebe, (São Paulo, 1917, 1919, 1933)

A Reacção, (Cuiabá, 1909-1914)

Reacção, (João Pessoa, 1933)

Revista Liberal, (Porto Alegre, 1921-1923)

A Terra Livre, (São Paulo, 1906, 1910)

Tribuna Liberal, (Jaboticabal, 1931)

Livros e Folhetos

A Confissão. São Paulo: Biblioteca da Lanterna, 1911.

A Confissão. Rio de Janeiro: Grupo Dramático Anticlerical, 1913.

AMARAL, João Gualberto do. *Refutação a Ferri: três conferências realizadas em São Paulo em 1908*. Petrópolis: Vozes, 1948.

BETOLDI, I. A. *O livro da verdade (primeiro volume)*. São Paulo: O Livre Pensador, 1914.

BERTHELOT, Paulo. *O evangelho da hora*. São Paulo: Sementeira, [s. d.].

CASTRO, José Augusto de. *Mensageiro da morte (poemeto antijesuítico)*. São Paulo: O Livre Pensador, 1914.

CESAR, Benjamin L. A. *A Constituinte e o clero (aos liberais do Brasil)*. 2ª ed., São Paulo: Tipografia Nova, [1933].

DIAS, Everardo. *Semeando...: palestras e conferências*. Rio de Janeiro: E. P. Maçônica José Bonifácio, 1921.

________. *A acção da mulher na revolução social*. São Paulo: Empresa Editora de Publicações, 1922.

DIAS, Guilherme. *O que é o celibato*. São Paulo: Grupo Editor Livre Pensamento, [1907].

FABBRI, Luigi. *Clericalismo y fascismo*. Buenos Aires: Ediciones Folletos Antirreligiosos, 1934.

GAVRONSKI, José. *Hostias amargas*. São Paulo: [s. ed.], 1956.

GICCA, Francisco. *Lo que entiendo por libre pensamiento*. Buenos Aires: Biblioteca de la Federación Anticlerical Intransigente del Libre Pensamiento, 1912.

GOMES, Perillo. *O lacismo*. Rio de Janeiro: Centro D. Vital, 1927.

LIGIERO, Manoel. *O ensino religioso nas escolas primárias*. Itaperuna: Folha Nova, 1934.

LIMA, Francisco Fagundes. *O milagre de Frei Lourenço (novela sertaneja)*. São Paulo: O Livre Pensador, 1915.

MELLO, Pedro de. *Sonho dantesco*. São Paulo: Grupo Editor Livre Pensamento, [1907].

MENDONÇA, Carlos Sussekind & MENDONÇA, Edgar Sussekind. *Iniciando uma campanha: contra a acção cathólica*. Rio de Janeiro: [s. ed., s. d.].

MESLIER, Abade João. *Abusos e erros do catolicismo*. São Paulo: Grupo Editor Livre Pensamento, 1915.

MOURA, Maria Lacerda de. *A mulher e a maçonaria*. São Paulo: Tipografia do Globo, 1922.

________. *Clero & Estado*. Rio de Janeiro: Liga Anticlerical, 1931.

PELLETAN, Eugène. *A Inquisição*. São Paulo: Grupo Editor Livre Pensamento, [s. d.].

PENTEADO, Jacob. *Belènzinho, 1910 (retrato de uma época)*. 2ª ed., São Paulo: Carrenho/Narrativa Um, 2003.

PERNETTA, Julio. *Missões jesuíticas no Brazil*. Curitiba: Livraria Econômica, 1903.

________. *Galileo e A Estrella*. Campos: Typ. Au Louvre, 1904.

ROUBY, N. *O sagrado coração de Jesus*. São Paulo: Grupo Editor Livre Pensamento, [s. d.].

SALGADO, Heliodoro. *A Igreja e o povo (1ª parte)*. São Paulo: Grupo Editor Livre Pensamento, [s.d.].

SCHUTEL, Cairbar. *A questão religiosa*. Matão: Edições Espíritas "O Clarim", 1931.

SINZIG, Pedro. *Ferrer "mártir" ou "patife"*. Petrópolis, [1913].

TRIUNFO, Barão do. *O clericalismo e seus malefícios*. São Paulo: Associação de Propaganda Liberal, 1934.

________. *O clericalismo: inimigo da civilização e da liberdade*. São Paulo: Associação de Propaganda Liberal, 1934.

________. *Os exploradores da credulidade pública*. São Paulo: Associação de Propaganda Liberal, 1935.

Um pai de família. *O baptismo*. São Paulo: Grupo Editor Livre Pensamento, [s. d.].

ZAPATA, Domingos. *As 67 célebres perguntas*. São Paulo: Grupo Editor Livre Pensamento, 1907.

Pastas

Pastas pessoais de Edgard Leuenroth, nº 1 a 20.

Arquivo do Estado de São Paulo

Periódicos

O Anticlerical (Ponta Grossa, 1909)

A Bomba (São Paulo, 1908)

Diário Oficial do Estado de São Paulo (São Paulo, 1909)

A Granada (Brotas, 1902)

O Grito (Salvador, 1908)

A Palavra (São Paulo, 1904)

O Pharol (São Paulo, 1901)

A Verdade (Rio de Janeiro, 1901)

FUNDO DEOPS/SP

Attilio Pessagno - 3748

Benjamim Motta - 70190

Carlos Gewe - 2355

Comitê Pró-Liberdade de Consciência - 829

Delegacia de Polícia de Jundaí (vol. 1) - 581

Edgard Leuenroth - 122

Everardo Dias - 136

Florentino de Carvalho - 144

Gusmão Soller - 4045

José Gavronski - 541

José Oiticica - 860

A Lanterna - 1553

Liga Anticlerical de Campinas - 2904

Maria Lacerda de Moura - 857

Rodolpho Felipe - 400

Virgilio Pessagno - 3619

Arquivo Público Mineiro, Belo Horizonte

FOLHETO

O Clericalismo desobedece às leis do paiz. São Paulo: Associação de Propaganda Liberal, 1934.

Biblioteca Daniel Cosío Villegas (Cidade do México)

FOLHETO

DIAS, Everardo. *Jesus-Christo era anarchista! – Pamphleto dedicado aos srs. Senadores e deputados*. São Paulo: Comitê de Defesa dos Direitos do Homem, 1920.

Biblioteca do Grande Oriente de São Paulo

REVISTA

A Maçonaria no Estado de São Paulo, nº 8, Abril de 1911.

Biblioteca Nacional do Rio de Janeiro (Hemeroteca Digital)

PERIÓDICOS

O Apóstolo (Florianópolis, 1930)

O Cachoeirano (Cachoeiro de Itapemirim, 1901)

O Combate (Curitiba, 1907)

O Combate (São Paulo, 1918, 1922, 1923)

O Commercio de São Paulo (São Paulo, 1901, 1905, 1908, 1909)

Correio da Manhã (Rio de Janeiro, 1923, 1926, 1933, 1940)

Correio Paulistano (São Paulo, 1899, 1902, 1903, 1909, 1910, 1911, 1912, 1923, 1938)

A Cruz (Cuiabá, 1932)

Diário Carioca (Rio de Janeiro, 1931)

Diário da Manhã (Vitória, 1931)

Diário da Tarde (Curitiba, 1902, 1904, 1905, 1906, 1908, 1909)

Diário de Notícias (Rio de Janeiro, 1931, 1932)

Diário do Maranhão (São Luiz do Maranhão, 1911)

Electra (Curitiba, 1901-1903)

Esphynge (Curitiba, 1905)

A Federação (Porto Alegre, 1903, 1910, 1933, 1935)

Gazeta de Joinville (Joinvile, 1909).

Gazeta de Notícias (Rio de Janeiro, 1902, 1907, 1908, 1909, 1910)

Gazeta de Petrópolis (Petrópolis, 1901)

Gazeta de Paraopeba (Paraopeba, 1938, 1946)

O Imparcial (Rio de Janeiro, 1915)

Jerusalém (Curitiba, 1901)

Jornal do Brasil (Rio de Janeiro, 1903, 1914)

Jornal Pequeno (Recife, 1910)

O Malho (Rio de Janeiro, 1911)

A Noite (Rio de Janeiro, 1940)

A Notícia (Curitiba, 1905, 1906)

O Olho da Rua (Curitiba, 1907)

A Ordem (Rio de Janeiro, 1932)

A Ordem (Natal, 1937)

Pacotilha (Maranhão, 1909, 1911, 1912)

O Paiz (Rio de Janeiro, 1908, 1910, 1923)

Pátria (Sobral, 1910)

O Pharol (Juiz de Fora, 1912)

A Província (Recife, 1917)

O Radical (Rio de Janeiro, 1933)

Ramo de Acácia (Curitiba, 1909, 1911)

A República (Curitiba, 1901, 1902, 1904, 1905, 1906, 1907, 1908, 1909, 1910, 1914)

Revista da Semana, (Rio de Janeiro, 1933)

O Século, (Rio de Janeiro, 1906, 1911)

A União, (Rio de Janeiro, 1914, 1915)

A Vanguarda, (Curitiba, 1905-1906)

Voz do Povo, (Rio de Janeiro, 1920)

Livros e folhetos

Annaes da Assembléa Nacional Constituinte - vol. II. Rio de Janeiro: Imprensa Nacional, 1935.

Bibliothéque Nationale de France – Gallica Digital Library (Paris)

Periódicos

L'AntiClérical (Paris, 1879-1882)

La Lanterne (Paris, 1877-1904)

Biblioteca Nacional de España – Hemeroteca Digital (Madrid)

Periódicos

Las Dominicales (Madrid, 1901, 1903, 1904)

Biblioteca Octávio Ianni do Instituto de Filosofia e Ciências Humanas – IFCH, UNICAMP, Campinas

Livros

BARRETO, Luiz Pereira. O século XX: *sob o ponto de vista brasileiro*. São Paulo: Typ. do *Estado de S. Paulo*, 1901.

FREITAS, Affonso A. de. *A imprensa periódica de São Paulo desde os seus primórdios em 1823 até 1914*. São Paulo: Diário Oficial, 1915.

TOLSTOI, Léon. *Razão, fé, oração (três cartas)*. Lisboa: Livraria Central, 1902.

________. *Ao clero: a destruição do inferno e a sua restauração*. Lisboa: Livraria Central, 1903.

Biblioteca Pública do Estado de Santa Catarina, Florianópolis

Periódicos

O Clarão (Florianópolis, 1911-1914; 1915-1918)

O Dia (Florianópolis, 1901)

A Época (Florianópolis, 1911)

Verdade (Florianópolis, 1903)

Biblioteca Pública do Paraná – Divisão de Documentação Paranaense, Curitiba

Livros e folhetos

FARIA, Roberto. *Abutres*. 2ª ed., Curitiba: Impressora Paranaense, 1910.

PERNETTA, Julio. *O clero e a monarquia*. Rio de Janeiro: [s. ed.], 1897.

________. *Os chacaes*. Curitiba: Typografia da Livraria Econômica, 1898.

Centro de Documentação e Memória – CEDEM, UNESP, São Paulo

Periódicos

Ação Direta (Rio de Janeiro, 1954)

Kultur (Rio de Janeiro, 1904)

Spártacus (Rio de Janeiro, 1919)

O Trabalhador Graphico (São Paulo, 1920)

A Voz do Trabalhador (Rio de Janeiro, 1913)

Centro de Estudos Bandeirantes, Curitiba

Folhetos

BANDEIRA, Euclides. *Heréticos*. Curitiba: Livraria Econômica, 1901.

MARTINS, Ismael. *Tartufos*. Curitiba: Typografia da Livraria Econômica, 1900.

Instituto de Estudos Avançados – Acervo José Honório Rodrigues, USP, São Paulo

Folhetos

NEVES, José. *Conquistemos a escola*. Rio de Janeiro: Liga Anticlerical, 1932.

Instituto Histórico e Geográfico do Paraná, Curitiba

Folhetos

BORGES, Generoso. *Semana santa*. Curitiba: Impressora Paranaense, 1902.

Instituto Neo-Pitagórico, Curitiba

Periódicos

A Batina (Curitiba, 1911)

Bombarda (Curitiba, 1910)

Hemeroteca Digital do Estadão, São Paulo

Periódicos

O Estado de S. Paulo (São Paulo, 1901, 1902, 1904, 1906, 1909, 1911)

Museu de Comunicação do Paraná, Curitiba

Periódicos

O Azorrague (Curitiba, 1902)

Sociedade Brasileira de Autores Teatrais, Rio de Janeiro

Peças

MARQUES, Salvador. *Tomada da Bastilha*. [Rio de Janeiro. Cópia de Renato da Silva Peixoto, s. d.].

PEIXOTO, Henrique. *Os ladrões da honra*. Lisboa: Livraria Popular de Francisco Franco, [s. d.].

TORRES, Joaquim Alves. *O dever*. Porto Alegre: Tipografia da Livraria do Globo, 1901.

Bibliografia

ABREU, Alzira Alves de (coord.). *Dicionário históricobiográfico da Primeira República* (1889-1930). Rio de Janeiro: FGV, 2015.

ABREU, Luís Machado. *Ensaios anticlericais*. Lisboa: Roma, 2004.

ABREU, Luís Machado (coord.). *Variações sobre tema anticlerical*. Aveiro: Universidade de Aveiro, 2004.

________. *Novas variações sobre tema anticlerical*. Aveiro: Universidade de Aveiro, 2005.

________. *Incidências anticlericais*. Aveiro: Universidade de Aveiro, 2006.

ABREU, Luís Machado & MIRANDA, António José Ribeiro (coords.). *Actas do colóquio – O anticlericalismo português: história e discurso*. Aveiro: Universidade de Aveiro, 2002.

ADDOR, Carlos Augusto. *A insurreição anarquista no Rio de Janeiro*. Rio de Janeiro: Dois Pontos, 1986.

ALMEIDA, Claudio Aguiar. "Em plena guerra: imprensa, catolicismo e política nas duas primeiras décadas do século XX". *In: Revista de História*, nº 174, São Paulo, 2016, p. 338. Disponível em: <http://www.scielo.br/pdf/rh/n174/2316-9141-rh-174-00327>. Acesso em: 18 set. 2017.

A Lâmpada – órgão do Instituto Neo-Pitagórico, nº 261-264, Curitiba, Janeiro-Dezembro, 2006.

ARAÚJO, António de. *Jesuítas e antijesuítas no Portugal Republicano*. Lisboa: Roma, 2004.

ARAÚJO, Rita de Cássia Barbosa de. "O voto de saias: a Constituinte de 1934 e a participação das mulheres na política", *Estudos Avançados*, São Paulo, vol. 17, nº 49, set./dez. 2003. Disponível em: <http://www.scielo.br/scielo.php?script=sci_arttext&pid=S0103-40142003000300009>. Acesso em: 17 fev. 2017.

ARAÚJO, Silvia & CARDOSO, Alcina. *Jornalismo & militância operária.* Curitiba: UFPR, 1992.

ARBELOA, Victor Manuel. *Socialismo y anticlericalismo.* Madrid: Taurus, 1973.

ARDUINI, Guilherme Ramalho. *Em busca da idade nova: Alceu Amoroso Lima e os projetos católicos de organização social (1928-1945).* São Paulo: Edusp, 2015.

ARVON, Henri. *História breve do anarquismo.* Lisboa: Verbo, 1966.

________. *O ateísmo.* 2ª ed. Mem Martins: Publicações Europa-américa, [s. d.].

AZEVEDO, Antonio Carlos do Amaral. *Dicionário de nomes, termos e conceitos históricos.* 3ª ed., Rio de Janeiro: Nova Fronteira, 1999.

AZEVEDO, Raquel de. *A resistência anarquista: uma questão de identidade (1927-1937).* São Paulo: Arquivo do Estado/Imprensa Oficial, 2002.

AZEVEDO, Thales de. *A guerra aos párocos. Episódios anticlericais na Bahia.* Salvador: EGBA, 1991.

AZZI, Riolando. "Onde está Idalina?". *In: A Igreja e os migrantes* – vol. II: *a fixação da imigração italiana e a implantação da obra escalabriana no Brasil (1904-1924).* São Paulo: Paulinas, 1988.

________. *A crise da cristandade e o projeto liberal.* São Paulo: Edições Paulinas, 1991.

________. *O Estado leigo e o projeto ultramontano.* São Paulo: Paulus, 1994.

________. "Presença da Igreja na sociedade brasileira e formação das dioceses no período republicano". *In:* SOUZA, Rogério Luiz de & OTTO, Clarícia (orgs.). *Faces do catolicismo.* Florianópolis: Insular, 2008.

BALAGUER, Menene Gras. "Introducción". *In:* MESLIER, Jean. *Crítica de la religion y del estado.* Barcelona: Ediciones Península, 1978.

BALHANA, Carlos Alberto de Freitas. *Ideias em confronto.* Curitiba: GRAFIPAR, 1981.

BARATA, Alexandre Mansur. *Luzes e sombras: a ação da maçonaria brasileira (1870-1910).* Campinas: Unicamp; Centro de Memória, 1999.

________. "A maçonaria e a Ilustração Brasileira", *História, Ciências e Saúde - Manguinhos*, nº 1 - vol. 1. Rio de Janeiro: Fiocruz, 1994.

________. *Maçonaria, sociabilidade ilustrada & Independência do Brasil (1790-1822)*. Juiz de Fora: UFJF; São Paulo: Annablume, 2006.

BARDIN, Laurence. *Análise de conteúdo*. 4ª ed., Lisboa: Edições 70, 2009.

BASSOLS, Jordi de Cambra. *Anarquismo y positivismo: el caso Ferrer*. Madrid: Centro de Investigaciones Sociologicas, 1981.

BASTIAN, Jean-Pierre (comp.). *Protestantes, liberales y francmasones. Sociedades de ideas y modernidad en América Latina, siglo XIX*. México: Fondo de Cultura Económica, 1990.

BATALHA, Claudio H. M. *Dicionário do movimento operário: Rio de Janeiro do século XIX aos anos 1920, militantes e organizações*. São Paulo: Fundação Perseu Abramo, 2009.

BAYET, Albert. *História do livre-pensamento*. Lisboa: Arcádia, 1971.

BEGA, Maria Tarcisa Silva. *Letras e política no Paraná: simbolistas e anticlericais na República Velha*. Curitiba: UFPR, 2013.

BENIMELI, José Antonio Ferrer. *La masonería*. Madrid: Alianza, 2001.

BEOZZO, José Oscar. "A Igreja entre a Revolução de 1930, o Estado Novo e a Redemocratização". *In*: FAUSTO, Boris (dir.). *O Brasil Republicano - 4º volume: economia e cultura (1930-1964). Coleção História Geral da Civilização Brasileira*. 2ª ed., São Paulo: Difel, 1986.

________. "Igreja e Política". *In*: *História Viva*. Edição Especial Temática nº 2, São Paulo: Duetto, 2005.

BERGASA, Francisco. *¿Quién mato a Ferrer i Guardia?* Madrid: Aguilar, 2009.

BERTONHA, João Fábio. *Sob a sombra de Mussolini: os italianos de São Paulo e a luta contra o fascismo, 1919-1945*. São Paulo: FAPESP; Annablume, 1999.

BIONDI, Luigi. *Classe e nação: trabalhadores e socialistas italianos em São Paulo, 1890-1920*. Campinas: Unicamp, 2011.

________. "Na construção de uma biografia anarquista: os últimos anos de Gigi Damiani no Brasil". *In:* DEMINICIS, Rafael Borges e FILHO, Daniel Aarão Reis (orgs.), *História do anarquismo no Brasil* - vol. 1. Niterói: EdUFF; Rio de Janeiro: MAUAD, 2006.

BONNILA, María del Prado Escobar. "Análisis de algunos aspectos de Electra. Posición de este drama en la dramaturgia galdosiana". *In*: *Philologica Canariensia*, nº 1. Las Palmas: Universidad de Las Palmas de Gran Canaria, 1995.

BOSI, Alfredo. *História concisa da literatura brasileira.* 2ª ed., São Paulo: Cultrix, [s. d.].

BRIGNOLI, G. Luigi. *Francisco Ferrer y Guardia: un revolucionário que no hay que olvidar*. Bergamo: Vulcano, 1993.

BRIHUEGA, Nicolás. "La influencia mutua entre anarquismo y masonería". *In*: *Cultura Masonica* - revista de francmasonería, Ano IV, nº 14. Oviedo: Ediciones del Arte Real, 2013.

BROCA, Brito. *A vida literária no Brasil* - 1900. 4ª ed., Rio de Janeiro: José Olympio, 2004.

CABRAL, Michelle Nascimento. "Futebol, teatro e anarquia no Rio de Janeiro". *In:* ADDOR, Carlos Augusto; DEMINICIS, Rafael (orgs.). *História do anarquismo no Brasil* - vol. 2. Rio de Janeiro: Achiamé, 2009.

CADERNOS AEL - Vol 1: *Operários e anarquistas fazendo teatro*. Campinas: Arquivo Edgard Leuenroth, 1992.

CANCELLI, Elizabeth. *O mundo da violência: a polícia da era Vargas*. Brasília: EdUnb, 1993.

CANDIDO, Antonio. *Teresina etc.* 2ª ed., Rio de Janeiro: Paz e Terra, 1980.

CAMPION, Léo. *Le drapeau noir, l'equerre et le compas.* Oléron: Éditions Alternative Libertaire, 1997.

CAMPOS, Cristina Hebling. *O sonhar libertário. Movimento operário nos anos de 1917 a 1921.* Campinas: Pontes Editores, 1988.

CAMPOS, Mauricio Javier. *Belén de Sárraga: - vida y revolución feminista.* Santiago de Chile: Fundación María Deraismes de la Federación Española de la Orden Masónica Mixta Internacional Le Droit Humain-El Derecho Humano, [s. d.].

CAMPOS, Regina Salgado. "A latinidade na América do Sul: Anatole France e Paul Adam". *In:* PERRONE-MOISÉS, Leyla (org.). *Do positivismo à desconstrução: ideias francesas na América.* São Paulo: Edusp, 2004.

CARLES, Federico Rivanera. *Anarquismo, judaismo y masoneria.* Argentina: Edição do Autor, 1986.

CARNEIRO, Maria Luiza Tucci. *Livros proibidos, ideias malditas: o Deops e as minorias silenciadas.* São Paulo: Estação Liberdade; Arquivo do Estado, 1997.

CARONE, Edgard. *Socialismo e anarquismo no início do século.* Petrópolis: Vozes, 1995.

CASTELLANI, José. *Os maçons e a questão religiosa.* Londrina: A Trolha, 1996.

________. *A ação secreta da maçonaria na política mundial.* São Paulo: Landmark, 2001.

________. *A Loja Ordem e Progresso e Everardo Dias, maçom e líder operário e libertário.* Disponível em: <http://www.lojaordemeprogresso.com.br>. Acesso em: 11 nov. 2014.

CASTRO, Eduardo Góes de. *Os "quebra-santos": anticlericalismo e repressão pelo DEOPS/SP.* São Paulo: Humanitas, 2007.

CATROGA, Fernando. "O laicismo e a questão religiosa em Portugal (1865-1911)". *In*: *Análise Social,* Lisboa, nº 100, 1988.

________. "Anticlericalismo y librepensamiento en el Portugal decimonónico". *In:* DI STEFANO, Roberto & ZANCA, José (comps.). *Pasiones anticlericales - un recorrido iberoamericano.* Bernal: Universidad de Quilmes, 2013.

CAMPBELL, Colin. *Hacia una sociología de la irreligión.* Madrid: Editorial Tecnos, 1977.

CÉCIUS, Jacques. "Anarchisme et franc-Maçonnerie". *In*: *L'anarchisme: une utopie nécessaire?* Éditions Castells et Labor. Disponível em: <http://fraternitelibertaire.free.fr>. Acesso em: 02 out. 2014.

CERRUTI, Isabel. *O triunfo da anarquia e outros escritos.* São Paulo: Biblioteca Terra Livre, 2018.

CHALMERS, Vera Maria. "Boca de cena: um estudo sobre o teatro libertário, 1895-1937". *In*: *Cadernos AEL, nº 1 - Operários e anarquistas fazendo teatro.* Campinas: AEL, 1992.

CHARTIER, Roger. *Origens culturais da Revolução Francesa*. São Paulo: Unesp, 2009.

COLOMER, Eduardo Comín. *La masonería en España*. Madrid: Editora Nacional, 1944.

COLUSSI, Eliane Lucia. "Os filhos da viúva: uma contribuição ao estudo da maçonaria no Rio Grande do Sul". *In*: *Revista de Filosofia e Ciências Humanas*, ano 12, nº 1/2. Passo Fundo: EDIUPF, 1996.

Constituição de Anderson. Disponível em: <http://www.fraternidadeserrana.com.br>. Acesso em: 12 nov. 2014.

CORREIA, Ana Maria Martins Coelho. *A expansão da Igreja em Santa Catarina: a reação anticlerical e a questão do clero nacional (1892-1920)*. Dissertação (mestrado em História) - CFH - UFSC, Florianópolis, 1988.

D'ALMEIDA, Raul. *História de Rio Negro – Estado do Paraná*. [s. ed.], *1976*.

DARNTON, Robert. *Boemia literária e revolução*: *o submundo das letras no Antigo Regime*. São Paulo: Companhia das Letras, 1987.

________. Edição e sedição: *O universo da literatura clandestina no século XVIII*. São Paulo: Companhia das Letras, 1992.

________. *Os Best-sellers proibidos da França pré-revolucionária*. São Paulo: Companhia das Letras, 1998.

DEAECTO, Marisa Midori & MOLLIER, Jean-Yves (orgs.). *Edição e revolução*: *leituras comunistas no Brasil e na França*. Cotia: Ateliê; Belo Horizonte: UFMG, 2013.

DELIGNE, Alain. "De que maneira o riso pode ser considerado subversivo?", *In:* LUSTOSA, Isabel (org.). *Imprensa, humor e caricatura: a questão dos estereótipos culturais*. Belo Horizonte: UFMG, 2011.

DI STEFANO, Roberto. *Ovejas negras: historia de los anticlericales argentinos*. Buenos Aires: Editorial Sudamericana, 2010.

DI STEFANO, Roberto & ZANCA, José (comps.). *Pasiones anticlericales – un recorrido iberoamericano*. Bernal: Universidad de Quilmes, 2013.

DUARTE, Regina Horta. *A imagem rebelde*: *a trajetória libertária de Avelino Fóscolo*. Campinas: Pontes, 1991.

DULLES, John W. Foster. *Anarquistas e comunistas no Brasil.* 2ª ed., Rio de Janeiro: Nova Fronteira, 1980.

ECO, Umberto. *O cemitério de Praga.* 8ª ed., Rio de Janeiro: Record, 2012.

ELLUL, Jacques. *Anarquia e cristianismo.* São Paulo: Garimpo, 2010.

FARIAS, Damião Duque de. *Em defesa da ordem: aspectos da práxis conservadora católica no meio operário em São Paulo (1930-1945).* São Paulo: Hucitec, 1998.

FAUSTO, Boris. T*rabalho urbano e conflito social.* 4ª ed., São Paulo: Difel, 1986.

FEDERACIÓN REGIONAL ESPAÑOLA DE LA AIT. Disponível em: <http://madrid.cnt.es/historia/la-federacion-regional-espanola>. Acesso em: 20 dez. 2017.

FERNÁNDEZ, Alberto Valín. "El movimento obrero y la masonería: el encuentro de dos culturas políticas y sus representaciones". *In*: *Criterios, res publica fulget - revista de pensamiento político y social*, nº 6, A Coruña, 2006.

FERREIRA, Ivone Bastos. "O lugar da mulher nos dramas anticlericais dos finais do séc. XIX". *In:* ABREU, Luís Machado de & MIRANDA, Antônio José Ribeiro (coords.). *Actas do colóquio - O anticlericalismo português: história e discurso.* Aveiro: Universidade de Aveiro, 2002.

FERREIRA, Maria de Nazareth. *A imprensa operária no Brasil* (1880-1920). Petrópolis: Vozes, 1978.

FIGUEIRA, Cristina Aparecida Reis. *A trajetória de José Oiticica: o professor, o autor, o jornalista e o militante anarquista na educação brasileira.* Tese (doutorado em Educação: História, Política, Sociedade) - PUC, São Paulo, 2008.

FRANCO, José Eduardo. "Génese e evolução do antijesuitismo em Portugal", *In:* ABREU, Luís Machado de & MIRANDA, António José Ribeiro (coords.). *Actas do colóquio - O anticlericalismo português: história e discurso.* Aveiro: Universidade de Aveiro, 2002.

________. "Anticlericalismo e universo feminino: polémicas e estereótipos". *In*: *Revista Lusófona de Ciência das Religiões.* Ano VI, nº 11, Lisboa, 2007.

FRANZINELLI, Mimmo. *Ateismo, laicismo, anticlericalismo*, vol. 1 - *Chiesa, Stato e società in Italia.* Ragusa: La Fiaccola, 1990.

FREIRE, João. *Anarquistas e operários. Ideologia, ofício e práticas sociais: o anarquismo e o operariado em Portugal, 1900-1940*. Porto: Afrontamento, 1992.

GABAGLIA, Laurita Pessoa Raja. *O cardeal Leme (1882-1942)*. Rio de Janeiro: José Olympio, 1962.

GARNEL, Maria Rita Lino. "O Caso Rosa Calmon (1900-1901): género, discurso médico e opinião pública". *In:* CASTRO, Zília Osório de; ESTEVES, João. *Falar de mulheres - História e historiografia*. Lisboa: Livros Horizonte, 2008.

GILABERT, Francisco Martí. *Política religiosa de La Restauración (1875-1931)*. Madrid: RIALP, 1991.

GINZBURG, Carlo. *Nenhuma ilha é uma ilha: quatro visões da literatura inglesa*. São Paulo: Companhia das Letras, 2004.

GÓES, Maria Conceição Pinto de. *A formação da classe trabalhadora: movimento anarquista no Rio de Janeiro, 1888-1911*. Rio de Janeiro: Jorge Zahar/Fundação José Bonifácio, 1988.

GOMES, Angela de Castro. *A invenção do trabalhismo*. 2ª ed., Rio de Janeiro: Relume Dumará, 1994.

________. (coord.). *Velhos militantes - depoimentos*. Rio de Janeiro: Jorge Zahar, 1988.

GONÇALVES, Adelaide e SILVA, Jorge E. (orgs.). *A imprensa libertária do Ceará (1908-1922)*. São Paulo: Imaginário, 2000.

________. *A bibliografia libertária: o anarquismo em língua portuguesa*. São Paulo: Imaginário, 2001.

GONÇALVES, Caroline. "Alma e Vida: os deslocamentos de Ernestina Lesina, o cotidiano e a luta das mulheres operárias (início do século XX – São Paulo)". *In*: *Anais do XXVI Simpósio Nacional de História - ANPUH*, São Paulo, julho de 2011. Disponível em: <http://www.snh2011.anpuh.org/resources/anais/14/1307935788_ARQUIVO_ArtigoanpuhFINAL-CarolineGonalves[1].pdf>. Acesso em: 12 ago. 2017.

GONZÁLEZ, Rafael Corazón. *Agnosticismo: raíces, actitudes y consecuencias*. Navarra: Ediciones Universidad de Navarra, 1997.

HARDMAN, Francisco Foot. *Nem pátria, nem patrão!: memória operária, cultura e literatura no Brasil.* 3ª ed., São Paulo: UNESP, 2002.

HARDMAN, Francisco Foot; PRADO, Antonio Arnoni; LEAL, Claudia Baeta. *Contos anarquistas: temas e textos da prosa libertária no Brasil (1890-1935).* São Paulo: Martins Fontes, 2011.

HOBSBAWM, Eric J. *Rebeldes primitivos. Estudio sobre las formas arcaicas de los movimientos sociales en los siglos XIX y XX.* Barcelona: Ariel, 1983.

________. *A era dos impérios (1875-1914).* Rio de Janeiro: Paz e Terra, 1988.

________. *A era das revoluções* (1789-1848). 18ª ed., Rio de Janeiro: Paz e Terra, 2004.

HOGGART, Richard. *As utilizações da cultura: aspectos da vida da classe trabalhadora* - vol. 1 e vol. 2. Lisboa: Presença, 1973.

ISAIA, Artur Cesar. *Catolicismo e autoritarismo no Rio Grande do Sul.* Porto Alegre: EDIPUCRS, 1998.

JOLL, James. *Anarquistas e anarquismo.* 2ª ed., Lisboa: Dom Quixote, 1977.

JOMINI, Regina Celia Mazoni. *Uma educação para a solidariedade: contribuição ao estudo das concepções e realizações educacionais dos anarquistas na República Velha.* Campinas: Pontes, 1990.

JOYCE, Donovan. *A outra história de Jesus.* Lisboa: Liber, 1975.

Juício ordinario seguido ante los tribunales militares en la plaza de Barcelona contra Francisco Ferrer Guardia. Palma de Mallorca: Pequeña Biblioteca Calamvs Scriptorivs, 1977.

KALIFA, Dominique. *Crimen y cultura de masas en Francia, siglos XIX-XX.* México: Instituto Mora, 2008.

KHOURY, Yara Maria Aun. *Edgard Leuenroth: uma voz libertária - imprensa, memória e militância anarcosindicalistas.* Tese (doutorado em Sociologia) - FFLCH - USP, São Paulo, 1988.

LALOUETTE, Jacqueline. "Dimensions anticléricales de la culture republicaine (1870-1914)", *Histoire, économie et société - époques moderne et contemporaine.* vol. 10 - nº 1, Paris: Armand Colin, 1991.

________. "El anticlericalismo en Francia, 1877-1914". *In:* CRUZ, Rafael (ed.). *El anticlericalismo.* Madrid: Marcial Pons, 1997.

________. *La république anticléricale, XIX-XX siècles*. Paris: Éditions Du Seuil, 2002.

LAMOUNIER, Aden Assunção. *José Oiticica: itinerários de um militante anarquista*. Curitiba: Primas, 2017.

LÁZARO, Pedro F. Álvarez. *La masoneria, escuela de formación del ciudadano: la educación interna de los masones españoles en el último tércio del siglo XIX*. 3ª ed., Madrid: Universidad Pontifícia Comillas, 2005.

LENHARO, Alcir. *Sacralização da política*. 2ª ed., Campinas: Papirus, 1986.

LEROY, Michel. *O mito jesuíta*. Lisboa: Roma, 1999.

LIMA, Sebastião de Magalhães. *O congresso de Roma (conferência realizada pelo delegado portuguez do congresso do livre-pensamento)*. Lisboa: Typ. de O Diário, 1904. Disponível em:<http://www.gutenberg.org>. Acesso em: 20 dez. 2017.

LINDBERG, Carter. *História da Reforma*. Rio de Janeiro: Thomas Nelson Brasil, 2017.

LINHARES, Hermínio. *Contribuição à história das lutas operárias no Brasil*. 2ª ed., São Paulo: Alfa-Ômega, 1977.

LINS, Ivan. *História do positivismo no Brasil*. 2ª ed., São Paulo: Companhia Editora Nacional, 1967.

LITVAK, Lily. *Musa libertaria: arte, literatura y vida cultural del anarquismo español (1880-1913)*. Barcelona: Antoni Bosch, 1981.

LOPES, Hélio. *Letras de Minas e outros ensaios*. São Paulo: Edusp, 1997.

LUSTOSA, Isabel (org.). *Imprensa, humor e caricatura: a questão dos estereótipos culturais*. Belo Horizonte: UFMG, 2011.

MAGNANI, Sílvia Lang. *O movimento anarquista em São Paulo (1906-1917)*. São Paulo: Brasiliense, 1982.

MAITRON, Jean. *Le mouvement anarchiste en France* – vol. 1: *des origines à 1914*. Paris: François Maspero, 1983.

MALARD, Letícia. *Hoje tem espetáculo: Avelino Fóscolo e seu romance*. Belo Horizonte: UFMG/PROED, 1987.

MARAM, Sheldon Leslie. *Anarquistas, imigrantes e o movimento operário brasileiro (1890-1920)*. Rio de Janeiro: Paz e Terra, 1979.

MARCHETTE, Tatiana Dantas. *Corvos nos galhos das acácias: o movimento anticlerical em Curitiba (1896-1912)*. Curitiba: Aos Quatro Ventos, 1996.

MARQUES, João Francisco. "Uma controvérsia entre o catolicismo e o protestantismo". *In: Des protestantismes en "lusophonie catholique"*, vol. 1. Paris: Karthala, 1998.

MARTÍN, Francisco José. "El anarquismo literário de José Martinez Ruiz", *Atti del XVIII Convegno [Associazione Ispanisti Italiani]*, Siena, 5-7 marzo 1998, vol. 1. Roma: Bulzoni Editore, 1999.

MARTÍN-ALBO, Miguel. *A maçonaria universal: uma irmandade de caráter secreto*. Lisboa: Bertrand, 2003.

MATEUS, João Gabriel da Fonseca. *Escritos sobre a imprensa operária da Primeira República*. Pará de Minas: VirtualBooks, 2013.

MATHYS, Cornélie. *La Bibliothèque de Propagande (1903-1914): une action maçonnique anticéricale vers le monde profane*. Bruxelles: Toiles@penser, 2014.

MELO, Paulo Correia de. *Anedotas e outras expressões de anticlericalismo na etnografia portuguesa*. Lisboa: Roma, 2005.

MELLOR, Alec. *Historia del anticlericalismo frances. Bilbao:* Mensajero, 1967.

MEYER, Marlyse. *Folhetim: uma história.* 2ª ed., São Paulo: Companhia das Letras, 1996.

MICELI, Sergio. *A elite eclesiástica brasileira*. São Paulo: Companhia das Letras, 2009.

MIRANDA, António José Ribeiro. "Contribuição para o estudo do discurso anticlerical na imprensa do século XIX – O caso da folha política *A Lanterna*", *In: Actas do colóquio – O anticlericalismo português: história e discurso*. Aveiro: Universidade de Aveiro, 2002.

MOLLIER, Jean-Yves. *A leitura e seu público no mundo contemporâneo: ensaios sobre história cultural*. Belo Horizonte: Autêntica, 2008.

MONREAL, Susana. "El anticlericalismo en el Uruguay". *In:* DI STEFANO, Roberto & ZANCA, José (comp.). *Pasiones anticlericales: un recorrido iberoamericano*. Bernal: Universidad de Quilmes, 2013.

________. "Antijesuitismo en Montevideo a comienzos del siglo XX: los folletos de la Asociación de Propaganda Liberal (1900-1905)". *In*: *Estudos Ibero-americanos*, Porto Alegre: PUCRS, vol. 39, nº 2, jul/dez. 2013.

MONTENEGRO, José Benjamin. "Lima Barreto: escritor negro e anarquista". in: DEMINICIS, Rafael Borges & FILHO, Daniel Aarão Reis (orgs.). *História do anarquismo no Brasil* - vol. 1. Niterói: EdUFF; Rio de Janeiro: MAUAD, 2006.

MONTSENY, Federica. *Que es el anarquismo.* Barcelona: Editorial La Gaya Ciencia, 1976.

MOREIRA, Miriam Lifchitz. *Outra face do feminismo*: *Maria Lacerda de Moura.* São Paulo: Ática, 1984.

MOREL, Marco. "Os primeiros passos da palavra impressa". *In:* MARTINS, Ana Luiza & LUCA, Tania Regina de (orgs.). *História da imprensa no Brasil.* São Paulo: Contexto, 2008.

MORETTI, Franco. *Signos e estilos da modernidade*: *ensaios sobre a sociologia das formas literárias.* Rio de Janeiro: Civilização Brasileira, 2007.

MOURA, Laércio Dias de. *A educação católica no Brasil.* Brasília: ANAMEC; São Paulo: Edições Loyola, 2000.

MOURÃO, José Augusto. "Da funesta liga do trono e do altar - a afecção (anti)clerical". *In:* ABREU, Luís Machado de & MIRANDA, António José Ribeiro (coords.). *Actas do colóquio - O anticlericalismo português*: história e discurso. Aveiro: Universidade de Aveiro, 2002.

NASCIMENTO, Rogério H. Z. *Florentino de Carvalho: pensamento social de um anarquista.* Rio de Janeiro: Achiamé, 2000.

NETO, Vítor. "Igreja Católica e Anticlericalismo (1858-1910)". *In:* HOMEM, Amadeu Carvalho; SILVA, Armando Malheiro da; ISAÍA, Artur César (coords.). *Progresso e religião*: *a República no Brasil e em Portugal (1889-1910).* Coimbra: Imprensa da Universidade de Coimbra, 2007.

NEVES, Roberto das. *O diário do Dr. Satan*: *comentários subversivos as escorrências cotidianas da sifilização cristã.* Rio de Janeiro: Germinal, 1954.

________. "José Oiticica: um anarquista exemplar e uma figura ímpar na História do Brasil". *In*: OITICICA, José. *Ação Direta*: *antologia dos melhores artigos publicados na imprensa brasileira - meio século de pregação libertária.* Rio de Janeiro: Germinal, 1970.

________. *Entre colunas: ensaios sociológicos e filosóficos.* Rio de Janeiro: Germinal, 1980.

NORDAU, Max. *As mentiras convencionais da nossa civilização.* 4ª ed., São Paulo: Edições e Publicações Brasil Editora, 1960.

OLIVEIRA, Anderson José Machado de; RODRIGUES, Cláudia. "El anticlericalismo en el Brasil". *In:* DI STEFANO, Roberto & ZANCA, José (comps.). *Pasiones anticlericales - un recorrido iberoamericano.* Bernal: Universidad de Quilmes, 2013.

OLIVEIRA, José Eduardo Montechi Valladares de. *O anticlericalismo na República Velha - a ação dos anarquistas.* Dissertação (mestrado em História) - FFLCH - USP, São Paulo, 1996.

OLIVEIRA, Walter da Silva. *Narrativas à luz d'A 'Lanterna': anticlericalismo, anarquismo e representações.* Dissertação (mestrado em História) - PUC, São Paulo, 2008.

OMENA, Maria Aparecida Munhoz de. *José Oiticica: da anarquia à anarcopoesia.* São Paulo: Annablume, 2010.

ORLANDI, E. P. "Discurso, imaginário social e conhecimento", *Em Aberto,* nº 61, ano 14. Brasília: INEP, jan./mar. 1994.

ORTIZ-ARMENGOL, Pedro. *Vida de Galdòs.* Barcelona: Crítica, 2000.

OTTO, Claricia. *Catolicidades e italinidades: tramas e poder em Santa Catarina (1875-1930).* Florianópolis: Insular, 2006.

PAIVA, Aparecida. *A voz do veto: a censura católica à leitura de romances.* Belo Horizonte: Autêntica, 1997.

PARRA, Lucia Silva. *Combates pela liberdade: o movimento anarquista sob a vigilância do DEOPS/SP (1924-1945).* São Paulo: Arquivo do Estado; Imprensa Oficial do Estado, 2003.

PAXTON, Robert. O. *A anatomia do fascismo.* São Paulo: Paz e Terra, 2007.

PERES, Fernando Antonio. *João Penteado: o discreto transgressor de limites.* São Paulo: Alameda, 2012.

PÉREZ-RAYÓN, Nora. "Anticlericalismo en el siglo XIX: el periódico El Libre Pensador (1870)". *In:* SOLIS, Yves y SAVARINO, Franco (coords.). *El anticlericalismo en Europa y América Latina: una visión transatlántica.* México: Instituto Nacional de Antropologia e História; Lisboa: Centro de Estudos de História Religiosa - Universidade Católica Portuguesa, 2011.

PERRONE-MOISÉS, Leyla (org.). *Do positivismo à desconstrução: ideias francesas na América.* São Paulo: Edusp, 2004.

PINHEIRO, Áurea da Paz. *As ciladas do inimigo: as tensões entre clericais e anticlericais no Piauí nas duas primeiras décadas do século XX.* Teresina: Fundação Cultural Monsenhor Chaves, 2001.

PIVA, Paulo Jonas de Lima. *Ateísmo e revolta:* os *manuscritos do padre Jean Meslier.* São Paulo: Alameda, 2006.

POLETTO, Caroline. "Um beato nada devoto: a escrita profana de Beato da Silva no jornal anticlerical *A Lanterna*". *In*: *Métis: história & cultura*, vol. 15, nº 30. Caxias do Sul: Universidade de Caxias, jul./dez. 2016.

PORTER, Katherine Anne. *Sacco e Vanzetti: um erro irreparável.* Rio de Janeiro: Salamandra, 1978.

PORTO, A. Campos. *A Igreja Católica e a Maçonaria.* 2ª ed., Rio de Janeiro: Espiritualista, [s. d.].

PRADO, Antonio Arnoni. *Trincheira, palco e letras: crítica, literatura e utopia no Brasil.* São Paulo: Cosac & Naify, 2004.

________. *Cenário com retratos: esboços e perfis.* São Paulo: Companhia das Letras, 2015.

PREPOSIET, Jean. *História do anarquismo.* Lisboa: Edições 70, 2007.

RAMOS, Maria Dolores. "Belén de Sárraga: una 'obrera' del laicismo, el feminismo y el panamericanismo en el mundo ibérico". *In*: *Baética - Estudios de Arte, Geografía e História*, nº 28. Málaga: Universidad de Málaga, 2006.

RAMOS, Rui. "A cultura republicana". *In:* MATTOSO, José (dir.). *História de Portugal* - vol. 6: *a segunda fundação (1890-1926).* Lisboa: Estampa, 2001.

RAMUS, Gustavo. "Anarquismo cristão e sua influência no Brasil". *In*: *Verve*, nº 13, São Paulo: Núcleo de Sociabilidade Libertária (Nu-Sol); Programa de Estudos Pós-Graduados em Ciências Sociais - PUC, 2008.

Remate de males, nº 18. Campinas: Departamento de Teoria Literária IEL/ UNICAMP, 1998.

RÉMOND, René. *L'anticlericalisme en France - De 1815 à nos jours*. Bruxelas: Editions Complexe, 1985.

RICHARD, Nathalie. *La vie de Jesus de Renan - La fabrique d'un best-seller*. Rennes: Press Universitaires de Rennes, 2015.

RIDENTI, Marcelo. *Brasilidade revolucionária*. São Paulo: Unesp, 2010.

RIOUX, Jean-Pierre. "A associação em política", *In:* RÉMOND, René (org.). *Por uma história política*. 2ª ed., Rio de Janeiro: FGV, 2003.

RODRIGUES, Edgar. *Socialismo e sindicalismo no Brasil*. Rio de Janeiro: Laemmert, 1969.

________. *Nacionalismo e cultura social (1913-1922)*. Rio de Janeiro: Laemmert, 1972.

________. *Novos rumos - pesquisa social (1922-1946)*. Rio de Janeiro: Mundo Livre, 1978.

________. *Alvorada operária: os congressos operários no Brasil*. Rio de Janeiro: Mundo Livre, 1979.

________. *Os anarquistas e os sindicatos (Portugal, 1911-1922)*. Lisboa: Sementeira, 1981.

________. *O anarquismo na escola, no teatro, na poesia*. Rio de Janeiro: Achiamé, 1992.

________. *O ressurgir do anarquismo (1962-1980)*. Rio de Janeiro: Achiamé, 1993

________. *Quem tem medo do anarquismo?* Rio de Janeiro: Achiamé, 1992.

________. *Os libertários*. Rio de Janeiro: VJR, 1993.

________. *Os companheiros* - vol. 1. Rio de Janeiro: VJR, 1994.

________. *Os companheiros* - vol. 2. Rio de Janeiro: VRJ, 1995.

________. *Os companheiros* - vol. 4. Florianópolis: Insular, 1997.

________. *Os companheiros* - vol. 5. Florianópolis: Insular, 1998.

________. *Pequeno dicionário de ideias libertárias*. 3ª ed., Rio de Janeiro: CC&P, 1999.

RODRIGUES, Leôncio. *Conflito industrial e sindicalismo no Brasil*. São Paulo: Difusão Europeia do Livro, 1966.

ROMANI, Carlo. *Oreste Ristori: uma aventura anarquista*. São Paulo: Annablume/Fapesp, 2002.

RUDY, Antonio Cleber. *Culturas da contestação: anarquistas e anticlericais em Santa Catarina (1900-1940)*. Rio de Janeiro: Achiamé, 2010.

RUSSO, Maurizio. "Entre racionalismo, nacionalismo, masonería, laicismo, positivismo, socialismo y anarquismo. Las mil almas del anticlericalismo italiano em la segunda mitad del silgo XIX", *In:* SAVARINO, Franco & MUTOLO, Andrea (coords.). *El Anticlericalismo en México*. México: Miguel Ángel Porrúa; Instituto Tecnológico y de Estudios Superiores de Monterrey (Campus Santa Fe), 2008.

SAMIS, Alexandre. *Clevelândia: anarquismo, sindicalismo e repressão política no Brasil*. São Paulo: Imaginário, 2002.

________. *Minha pátria é o mundo inteiro: Neno Vasco, o anarquismo e o sindicalismo revolucionário entre dois mundos*. Lisboa: Letra Livre, 2009.

________. "Ecos da Revolução Russa no Brasil". *In*: *Libertários – revista trimestral de expressão anarquista*, nº 1, São Paulo – Rio de Janeiro, 3º trimestre de 2002.

________. "Anarquistas e sindicalistas revolucionários na luta antifascista (1933-1935)". *In:* VIANNA, Marly de Almeida Gomes; SILVA, Érica Sarmiento da; GONÇALVES, Leandro Pereira (orgs.). *Presos políticos e perseguidos estrangeiros na Era Vargas*. Rio de Janeiro: MAUAD; FAPERJ, 2014.

SÁNCHEZ FERRÉ, Pedro. "Anselmo Lorenzo, anarquista y masón". *In*: *História 16*, Ano X, nº 105, Madrid, 1985.

SANT'ANA, Moacir Medeiros de. *Elysio de Carvalho, um militante do anarquismo*. Maceió: Arquivo Público de Alagoas; Rio de Janeiro: Secretaria de Cultura/MEC, 1982.

SANTOS, Cristian. *Devotos e devassos: padres e beatas na literatura anticlerical*. São Paulo: Edusp, 2014.

SAVARINO, Franco & MUTOLO, André (coords.). *El anticlericalismo en México.* Santa Fé: Instituto Tecnológico y de Estudios Superiores de Monterrey, 2008.

________. "Relaciones peligrosas: anticlericalismo, Iglesia y fascismo en Italia". *In:* SOLIS, Yves y SAVARINO, Franco (coords.). *El anticlericalismo en Europa y América Latina: una visión transatlántica.* México: Instituto Nacional de Antropologia e História; Lisboa: Centro de Estudos de História Religiosa - Universidade Católica Portuguesa, 2011.

SCHWARCZ, Lilia Moritz. *Lima Barreto - triste visionário.* São Paulo: Companhia das Letras, 2017.

SEIXAS, Jacy Alves de. *Mémoire et Oubli - anarquisme et syndicalisme révolutionnaire au Brésil: mythe et histoire.* Paris: Éditions de la Maison dês Sciences de l'Homme, 1992.

SERRET, Enric Olive. "El movimento anarquista catalan y la masoneria en el ultimo tercio del siglo XIX. Anselmo Lorenzo y la logia '*Hijos del Trabajo*'", *Recerques: Història, economia i cultura,* nº 16. Valencia: Universidad de Valencia, 1984.

SESBOÜÉ, Bernard & THEOBALD, Christoph (dir.). *História dos dogmas (Tomo 4): as palavras da salvação (séculos XVIII-XX).* São Paulo: Loyola, 2006.

SEVCENKO, Nicolau. *Literatura como missão: tensões sociais e criação cultural na Primeira República.* 2ª ed., São Paulo: Companhia das Letras, 2003.

SILVA, Eliane Moura. "Entre religião e política: maçons, espíritas, anarquistas e socialistas no Brasil por meio dos jornais *A Lanterna* e *O Livre Pensador*". *In:* ISAIA, Artur Cesar & MANOEL, Ivan Aparecido (orgs.). *Espiritismo e religiões afro-brasileiras: história e ciências sociais.* São Paulo: UNESP, 2012.

SILVA, Michel Goulart da. *Entre a foice e o compasso: imprensa, socialismo e maçonaria na trajetória de Everardo Dias na Primeira República.* Tese (doutorado em História) - CFH - UFSC, Florianópolis, 2016.

SILVA, Roberto Aguilar M. S. *A Maçonaria anarquista.* Londrina: A Trolha, 2014.

SKIRDA, Alexandre. *Os anarquistas russos, os sovietes e a Revolução de 1917.* São Paulo: Intermezzo, 2017.

SOLIS, Yves y SAVARINO, Franco (coords.). *El anticlericalismo en Europa y América Latina - una visión transatlántica.* Córdoba: Instituto Nacional de Antropología e História; Lisboa: Centro de Estudos de História Religiosa - Universidade Católica Portuguesa, 2011.

SOUZA, Ricardo Luiz de. "O anticlericalismo na cultura brasileira: da Colônia à República". *In*: *Revista de Ciências Humanas,* nº 37. Florianópolis: UFSC, 2005.

________. *Laicidade e anticlericalismo: argumentos e percursos.* Santa Cruz do Sul: EDUNISC, 2012.

SOUZA, Wlaumir Doniseti de. *Anarquismo, Estado e pastoral do imigrante. Das disputas ideológicas pelo imigrante aos limites da ordem*: *o Caso Idalina.* São Paulo: UNESP, 2000.

STEVENS, Jennifer. *The historical Jesus and the literary imagination (1860-1920).* Liverpool: Liverpool University Press, 2010.

TALAVERA, Maria Eugenia. "Libertad contra verdad: tensiones entre liberales y religiosos en la Venezuela del siglo XIX". *In:* SOLIS, Yves y SAVARINO, Franco (coords.). *El anticlericalismo en Europa y América Latina: una visión transatlántica.* México: Instituto Nacional de Antropologia e História; Lisboa: Centro de Estudos de História Religiosa - Universidade Católica Portuguesa, 2011.

TOLEDO, Edilene. *Travessias revolucionárias: ideias e militantes sindicalistas em São Paulo e na Itália (1890-1945).* Campinas: Unicamp, 2004.

TRAGTENBERG, Maurício. "Francisco Ferrer e a Pedagogia Libertária". *In: Sobre educação, política e sindicalismo.* São Paulo: Autores Associados/ Cortez, 1982.

________. *A Revolução Russa. São Paulo:* Atual, 1988.

VALLADARES, Eduardo. *Anarquismo e anticlericalismo.* São Paulo: Imaginário, 2000.

VALDUGA, Gustavo. *Paz, Itália, Jesus, uma identidade para imigrantes e seus descendentes: o papel do jornal Correio Riograndense (1930-1945).* Porto Alegre: PUCRS, 2008.

VALENTE, Silza Maria Pazello. *A presença rebelde na cidade sorriso: contribuições ao estudo do anarquismo em Curitiba (1890-1920)*. Londrina: UEL, 1997.

VARGAS, Maria Thereza (coord.). *Teatro operário na cidade de São Paulo*. São Paulo: Secretaria Municipal de Cultura; Departamento de Informação e Documentação Artística; Centro de Pesquisa de Arte Brasileira, 1980.

________. (org.). *Antologia do teatro anarquista*. São Paulo: WMF Martins Fontes, 2009.

VENTURA, António. *A carbonária em Portugal (1897-1910)*. Lisboa: Estúdios Horizonte, 2004.

________. *Anarquistas, republicanos e socialistas em Portugal: as convergências possíveis (1892-1910)*. Lisboa: Cosmos, 2000.

________. *Entre a República e a acracia: o pensamento e a acção de Emílio Costa (1897-1914)*. Lisboa: Colibri, 1994.

VENTURA, Tereza. *Nem barbárie, nem civilização!* São Paulo: Annablume, 2010.

VICENTE, Natália Simões de. *O satanismo na obra de Júlio Perneta*. Dissertação (mestrado em Teoria e História Literária) - IEL - UNICAMP, Campinas, 2004.

Vida e obra de Edgard Leuenroth. Disponível em: <http://www.ephemanar.net>. Acesso em: 12 jul. 2017.

Vida e obra de Maria Lacerda de Moura. Disponível em: <http://aesquerdalibertaria.blogspot.com.br>. Acesso em: 09 jul. 2017.

VOLTAIRE. *Contos e novelas*. São Paulo: Globo, 2005.

VOVELLE, Michel. *A Revolução Francesa contra a Igreja: da razão ao ser supremo*. Rio de Janeiro: Jorge Zahar, 1989.

WERNET, Augustin. *A Igreja paulista no século XIX: a reforma de D. Antônio Joaquim de Melo (1851-1861)*. São Paulo: Ática, 1987.

WINOCK, Michel. *As vozes da liberdade: os escritores engajados do século XIX*. Rio de Janeiro: Bertrand Brasil, 2006.

WOODCOCK, George. *Anarquismo: uma história das ideias e movimentos libertários*, vol. 1 - *A ideia*. Porto Alegre: L&PM, 1983.

________. *Anarquismo:* uma *história das ideias e movimentos libertários,* vol. 2 – *O movimento*. Porto Alegre: L&PM, 1983.

ZARAGOZA, Gonzalo. *Anarquismo argentino (1876-1902)*. Madrid: Ediciones de La Torre, 1996.

Anexos

Alguns dos expoentes libertários que estiveram vinculados à maçonaria

Anexo[1]

Albert Laisant (1873-1928)
Esteve vinculado na França às lojas *Raspail*, *Concordia* (que ajudou a fundar) e *La Fidélité.*
Augustin Frédéric Adolphe Hamon (1862-1945)
Iniciou-se, em 1882 via a Loja *Bienfaisance et Progrès* (Boulogne). Em 1901, torna-se membro da Loja *L'Homme Libre* (Paris), anos depois, em 1921, ingressa na Loja *Science et Conscience - Ernest Renan* (Saint-Brieuc).
Eleuterio Quintanilla Pietro (1886-1966)
Foi um pedagogo espanhol, discípulo de Francisco Ferrer i Guardia. No campo da propaganda, colaborou com os periódicos *Solidaridad Obrera* e *Acción Libertaria*, assim como esteve vinculado à *Confederación Nacional del Trabajo* (CNT) e à *Federación Anarquista Ibérica* (FAI). Ingressou na maçonaria em 1914, via a Loja *Jovellanos 337* (Gijón), desligando-se da ordem em 1933.
Élie Reclus (1827-1904)
Na França, esteve ligado às lojas *Renaissance* e *Les Émules d'Hiram.*
Élisée Reclus (1830-1905)
Foi iniciado em 1860, na Loja *Les Émules d'Hiram* (Paris) - o seu folheto *L'Anarchie* (1896) é a reprodução de uma conferência realizada na Loja *Les Amis Philanthropes* (Bruxelas). Aliás, durante sua visita ao Brasil, em 1893, para a realização de suas pesquisas para a obra *Nouvelle Géographie Universelle*, aventa-se que ele foi recepcionado pela maçonaria local.
Emílio Martins Costa (1877-1952)
Valia-se na imprensa libertária do pseudônimo Demétrio, foi membro da Loja Montanha (Lisboa).

1 Quadro organizado com informações extraídas de CAMPION, Léo. *Le drapeau noir, l'equerre et le compas.* Oléron: Éditions Alternative Libertaire, 1997; CARLES, Federico Rivanera. *Anarquismo, judaismo y masoneria.* Argentina: Edição do Autor, 1986; VENTURA, António. *A carbonária em Portugal (1897-1910).* Lisboa: Estúdios Horizonte, 2004.

Eudald Canibell i Masbernat (1858-1928)
Tipógrafo, livre-pensador e anarquista espanhol, que colaborou em jornais como *La Tramontana* e *Acracia*, assim como foi membro da *Federación de Trabajadores de la Región Española* (FTRE). Sua iniciação ocorreu na Loja *Emancipación* (Barcelona), adotando o nome simbólico Bakunin. Em 1886, fundou a *Gran Logia Simbólica Regional Catalano-Balear*.
Eugène Edine Pottier (1816-1887)
Foi iniciado, em 1875, na Loja *Les Égalitaires* (organizada em Nova Yorque por integrantes da extinta Comuna de Paris), anos depois, em 1887, filiou-se à Loja *Le Libre Examen* (Paris).
Gaston Havard (1874-1951)
Valendo-se do pseudônimo Jean Marestan, contribuiu com diversos periódicos, entre os quais, *La Libertaire* (1895-1914), *L'Anarchie* (1905-1914) e *L'Action Antimilitariste* (1904-1908). Sua atuação na maçonaria deu-se através da Loja *Parfaite Union* (Marselha).
George Mathias Paraf-Javal (1858-1941)
Anarquista francês e professor que, por vezes, valeu-se do pseudônimo Péji. Em 1902, participou da criação da *Sociéte pour la création et le développement d'um milieu libre* e da *Ligue antimilitariste*. Além disso, colaborou na imprensa libertária via jornais como *Le Libertaire* (1895-1914) e *L'Anarchie* (1905-1914). Ingressou na maçonaria por intermédio da Loja *La Montagne* (Paris).
Heliodoro Salgado (1861-1906)
Foi iniciado em 1890, na Loja Obreiros do Futuro (Lisboa), ali adotando o nome simbólico de Lutero. Na sequência, fez parte das lojas União Latina (Porto) e Elias Garcia (Lisboa).
Jacques Gross (ou Gross-Fulpius, 1855-1928)
Anarquista francês que, por vezes, colaborou na imprensa libertária valendo-se do pseudônimo Jean-qui-marche. Foi membro da Federação Jurassiana e, em 1890, colaborou na criação do jornal *Le Réveil Anarchiste*. No ano de 1905, é iniciado na Loja *La Fraternité des Loges Souverain Chapitre et Conseil Philosophique* (Genova).
João Evangelista de Campos Lima (1877-1956)
Em 1906, iniciou-se na Loja Fernandes Tomás nº 212 (Figueira da Foz), adotando o nome simbólico de Kropotkin.
Josep Llunas i Pujals (1846-1905)
Livre-pensador e tipógrafo espanhol. Foi membro da I Internacional (1870), assim como secretário do *Ateneu Catalá de la Classe Obrera*, de Barcelona. No ano de 1881, participou da fundação da *Federación de Trabajadores de la Región Española* (FTRE) e foi diretor do periódico anticlerical *La Tramontana* (1881-1893), estava vinculado à Loja *Constancia nº 102* (Barcelona).
Marcel Camille Victor Dieu (1902-1969)
Conhecido pelo pseudônimo de Hem Day, colaborou com os jornais *L'Émancipateur* e *Le Combat*. Em 1927, por sua iniciativa, surge o *Comité International de Défense Anarchiste* (CIDA), assim como publica o jornal *Rebelle* (1927-1928). Na década de 1930, editou a revista *Pensée et Action* (1932-1939) e dá forma às Éditions *Pensée et Action*. Sua vinculação com a maçonaria ocorreu em 1932, através da Loja *Vérite* nº 857 (Bruxelas).
Maurice Laisant (1909-1991)
Era filho do anarquista francês Albert Laisant. Foi poeta, pacifista, anarquista individualista e livre-pensador, esteve vinculado à *Fédération Anarchiste* (1945) fazendo parte da redação do jornal *Le Monde Libertaire*, bem como do grupo *Forces Libres de la Paix* (1950). Sua relação com a maçonaria foi breve, durando de 1926 a 1928, período em que esteve ligado à Loja *Concordia* (Paris).

Paul Robin (1837-1912)
Era membro da Loja *Thèleme* (Paris).
Pierre-Joseph Proudhon (1809-1865)
No ano de 1847, ingressou na Loja *Sincerité, Parfaite Union et Constante Amitié Réunis* (Besançon).
Pierre Robert Piller (1895-1978)
Mais conhecido pelo pseudônimo Gaston Leval, esteve ligado à Loja *La Chaîne d'Union* (Paris).
Auguste Louis Sébastien Faure (1858-1942)
Foi iniciado em 1884, na Loja *Vérité* (Bordeaux). No ano de 1905, ingressa na Loja *Le Progrès* (Paris) – sua obra *Douze Preuves de L'Inexistence de Dieu* é o resultado de uma série de conferências promovidas pelo Grande Oriente da França.

Anexo 2

A Lanterna

FOLHA ANTI-CLERICAL E DE COMBATE

Ilustração 8. Cabeçalho do periódico fundado no Brasil, em 1901, por Benjamim Mota.

La Lanterne

JOURNAL POLITIQUE

Ilustração 9. Cabeçalho do periódico fundado na França, em 1877, por Victor Ballay.

Ilustração 10. Retrato que ornava a redação *d'A Lanterna*.[2]

2 Tal imagem encontra-se na sede do Centro de Cultura Social de São Paulo.

Anexo 3

Ilustração 11. Benjamim Mota (1870-1940), fundador do jornal *A Lanterna* (SP, 1901-1904).[3]

3 Imagem extraída de *A Lanterna*, São Paulo, 27 de janeiro de 1912, p. 1.

Ilustração 12. Edgard Leuenroth (1881-1968), no papel de diretor reativa a publicação do jornal *A Lanterna* entre os anos de 1909-1916 e 1933-1935.[4]

4 Imagem disponível em <http://www.ephemanar.net>. Acesso em: 12 jul. 2017.

Anexo 4

Ilustração 13. Redação do jornal *A Lanterna*, durante sua segunda fase (1909-16). Sentados da esquerda para a direita: Neno Vasco, Edgard Leuenroth e José Romero. De pé, na mesma ordem: Leão Aymoré, Eugênio Leuenroth e Raimundo Reis.[5]

5 Imagem extraída de *O Malho*, nº 454, Rio de Janeiro, 27 de maio de 1911, p. 47.

Ilustração 14. Redação do jornal *A Lanterna*, durante sua 3ª fase (1933-35). Da esquerda para a direita: meninos Jairo Gavronski, Floreal Navarro; Edgard Leuenroth, Rodolfo Felipe, José Carlos Boscolo, José Gavronski, Antonio Araújo e Felipe Gil.[6]

6 Imagem extraída de GAVRONSKI, José. *Hostias amargas*. São Paulo: [s. ed.], 1956.

Anexo 5

Ilustração 15. Congresso Internacional do Livre Pensamento (Buenos Aires, 1906). Na foto, entre outros, Belén de Sárraga (Espanha), [ao centro, sentada]; Léon Furnémont (Bélgica), [sentado ao lado direito de Sárraga]; Fernando Lozano Montes (Espanha), [sentado ao lado esquerdo de Sárraga]; Benjamim Mota (Brasil), [o primeio da esquerda, sentado]; e Dario Vellozo (Brasil), [de pé, é a quarta pessoa da esquerda para a direita].[7]

7 Imagem extraída de *A Lâmpada* – órgão do Instituto Neo-Pitagórico, nº 261-264, Curitiba, Janeiro-Dezembro de 2006, p. 2.

Em Vargem Grande, S. Paulo :—Grupo, ao centro do qual se destaca, sentada, D. Belén Sarraga, a notavel oradora hespanhola, propagandista do livre pensamento e da educação da mulher sem a escravisação ao dominio dos padres. A' direita da eloquente oradora estão as senhoritas Elvira Fontão e Maria Ribeiro da Silva; as á direita são as Sras. Carolina Peres, Mercedes Marfil e Maria d'Avila Ribeiro. De pé, a contar da esquerda, as senhoritas Albina Peres, Basilissa Ferreira, Almerinda Ribeiro, Purificação Peres e Estephania Castroviejo. Os cavalheiros formam a commissão dos festejos a Belén Sarraga e são, a contar da esquerda: Gabriel d'Avila Ribeiro, presidente; Patrocinio Rodrigues, secretario; Belarmino R. Peres, José Marfil Fernandes, vogaes; Ranieri Rossi, thesoureiro; José Pellio Gianelli, Evaristo Rodrigues, Francisco R. Godoy, Antolin Castroviejo e Pedro Castroviejo, vogaes.

Ilustração 16. Grupo que recepcionou Belén de Sárraga na cidade de Vargem Grande (São Paulo), em 1911.[8]

8 Imagem extraída de *O Malho*, nº 462, Rio de Janeiro, 22 de julho de 1911, p. 36.

Anexo 6

Ilustração 17. Everardo Dias.[9]

9 Imagem extraída de DULLES, John W. Foster. *Anarquistas e comunistas no Brasil (1900-1935)*. 2ª ed., Rio de Janeiro: Nova Fronteira, 1980.

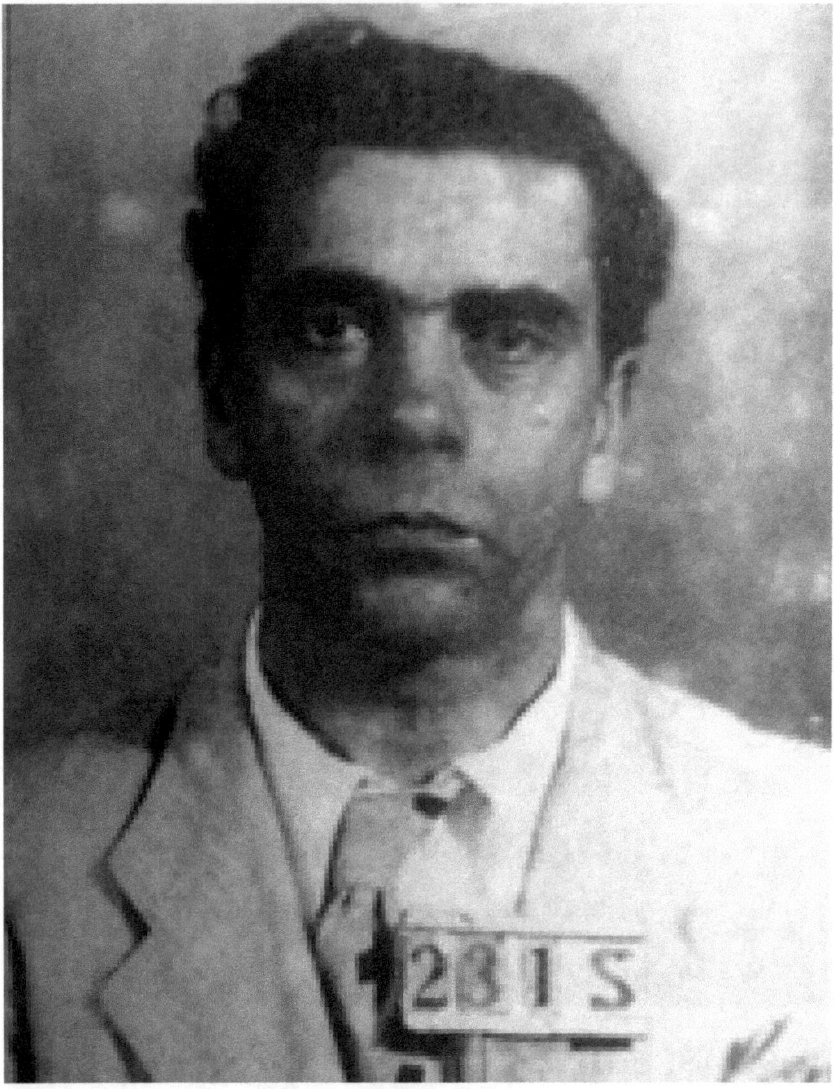

Ilustração 18. José Oiticica.[10]

10 Imagem localizada no Prontuário 860, DEOPS/SP.

Ilustração 19. Maria L. de Moura.[11]

11 Imagem disponível em <http://aesquerdalibertaria.blogspot.com.br>. Acesso em: 09 jul. 2017.

Ilustração 20. Atílio Pessagno.[12]

12 Imagem localizada no Prontuário 3748, DEOPS/SP.

Anexo 7

Ilustração 21. Fachada da sede social da Liga Anticlerical de Campinas.[13]

13 Imagem extraída de RODRIGUES, Edgar. *Novos rumos: pesquisa social (1922-1946)*. Rio de Janeiro: Mundo Livre, [1978].

Ilustração 22. Festival comemorativo do primeiro aniversário da 3ª fase do jornal *A Lanterna*, realizado em 1934, na data simbólica de 14 de Julho (Queda da Bastilha), no Salão Celso Garcia (São Paulo).[14]

14 Imagem extraída de RODRIGUES, Edgar. *Op. cit.*

Anexo 8

Ilustração 23. Cartaz do lançamento na Argentina da obra *Cristo, el anarquista*, pela editora *Claridad*.[15]

15 Esta imagem foi uma cortesia de Alcidez Rodríguez (Argentina).

OMITÉ DE DEFEZA DOS DIREITOS DO HOMEM
S. PAULO

A LEI SOBRE OS "INDESEJAVEIS"

Jesus-Christo
era anarchista!

Pamphleto dedicado aos srs. senadores e deputados
POR
EVERARDO DIAS

SÃO PAULO
—
1920
(III da implantação dos Soviets)

Ilustração 24. Capa do folheto *Jesus Cristo era anarquista!*, de Everardo Dias.[16]

16 Esta imagem foi uma cortesia de Eduardo Ruvalcaba Burgoa, da Biblioteca Daniel Cosío Villegas (Cidade do México).

Anexo 9

Ilustração 25. Campanha “Onde está Idalina?”.[17]

17 Imagem extraída de *O Malho*, nº 445, Rio de Janeiro, 25 de março de 1911, p. 13.

Ilustração 26. O caso da menor Idalina.[18]

18 Imagem extraía de *O Malho*, nº 445, Rio de Janeiro, 25 de março de 1911, p. 35.

Anexo 10

Ilustração 27. O caso Idalina.[19]

19 Imagem extraída de *O Malho*, nº 442, Rio de Janeiro, 4 de março de 1911, p. 11.

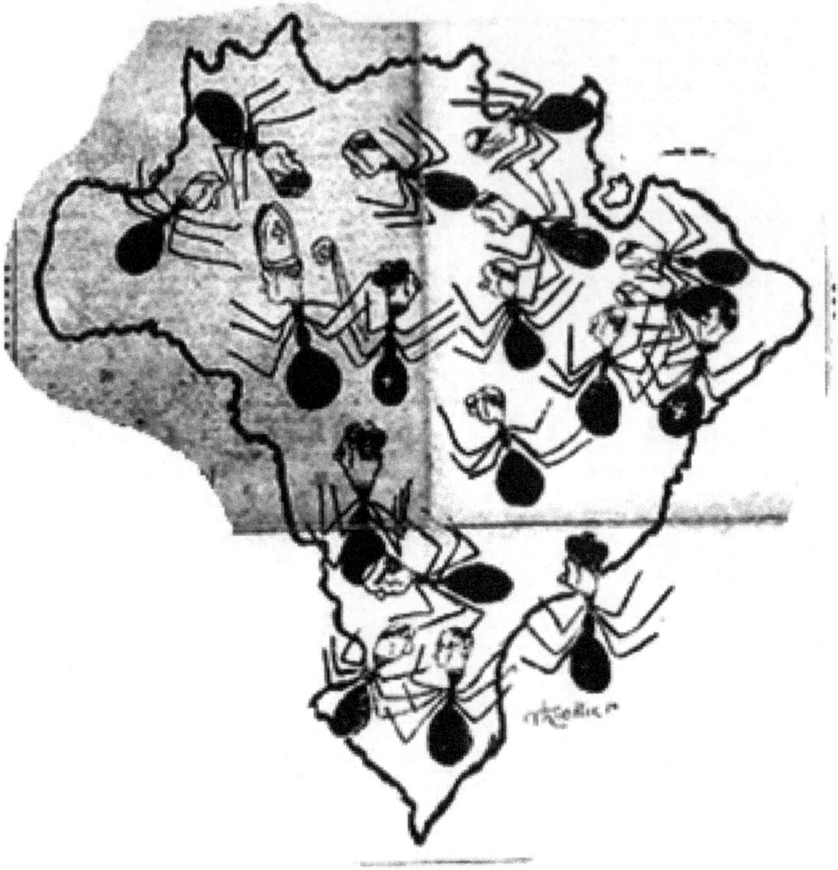

Ilustração 28. Formigões do clero, capa do jornal *A Lanterna* (São Paulo).[20]

20 Imagem extraída de *A Lanterna*, São Paulo, 13 de julho de 1933, p. 1.

Anexo 11

Imprensa Anticlerical & Livre-Pensadora

A Lanterna
JORNAL DE COMBATE AO CLERICALISMO
ANO XI — NUM.

Jornal fundado em São Paulo, por Benjamim Mota, em 1901. Durante a 2ª e 3ª fases o jornal teve como seu editor-chefe Edgard Leuenroth; *A Lanterna* foi num dos principais porta-vozes da propaganda anticlerical no Brasil. 1ª fase: 1901-1904 (60 números); 2ª fase: 1909-1916 (293 números); 3ª fase: 1933-1935 (49 números).

ELECTRA
ORGAM DA
LIGA ANTI-CLERICAL PARANAENSE
Distribuição gratuita.
VOLTAIRE.
ANNO Iº — N.º 1
Curityba, Agosto de 1901

Publicado a partir de 1901, em Curitiba (Paraná), por Generoso Borges, Ismael Martins, Euclides Bandeira, Leite Júnior. Órgão da Liga Anticlerical Paranaense.
Em sua trajetória que foi de 1901 a 1903, totalizou 18 números publicados.

O AZORRAGUE
PERIODICO DE
PROPAGANDA ANTI-CLERICAL
«Christo tendo feito de cordas um como que azorrague os lançou, a todos os vendilhões, fóra do templo.»
S. JOÃO, Cap. II.
Redactores diversos.
N. avulso ... 100 rs.
ANNO I
Curityba, 23 de Março de 1902
NUM. 1

Publicado em Curitiba (Paraná) em 1902. Número único.

A GRANADA

ORGAM DA MOCIDADE INDEPENDENTE

Humoristico, Litterario, Noticioso e Anti-clerical

Trimestre 1° || Brotas. 15 de Novembro de 1902. || N. 3

Publicação surgida em 1902, em Brotas (São Paulo). Órgão da Mocidade Independente.

ANNO VII S. Paulo, 1 de Junho de 1909 Numero 1

O LIVRE PENSADOR

Não impõe limites á Consciencia e á Razão

Periódico surgido em São Paulo, em 1903. Seu principal editor-chefe foi Everardo Dias. Durou de 1903 a 1915, sendo ao lado do jornal *A Lanterna* um dos mais duradouros porta-vozes do livre-pensamento e do anticlericalismo.

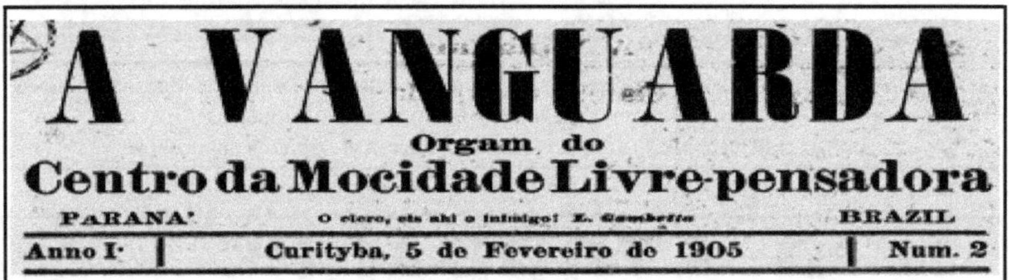

A VANGUARDA

Orgam do

Centro da Mocidade Livre-pensadora

PARANA' O clero, eis ahi o inimigo! L. Gambetta BRAZIL

Anno I | Curityba, 5 de Fevereiro de 1905 | Num. 2

Publicação surgida em 1905, em Curitiba (Paraná), dirigida por José Guahyba, Savino Gasparini, Raul Gomes, Albino Silva.
Órgão do Centro da Mocidade Livre Pensadora. Durou de 1905 a 1906, totalizando 14 números publicados.

Publicado a partir de 1907, em Curitiba (Paraná). Teve 13 números publicados.

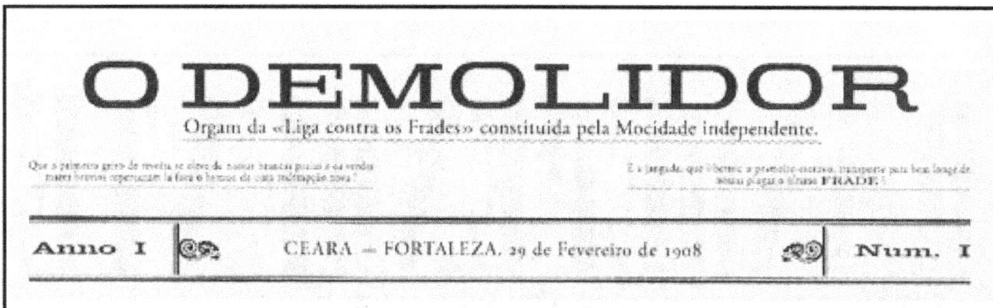

Publicação surgida em Fortaleza, em 1908, era o órgão porta-voz da Liga Contra os Frades. Teve cinco números publicados.

Publicação surgida em 1908, em Salvador (Bahia). Órgão da Liga Anticlerical da Bahia.

O ANTI-CLERICAL

FOLHA QUINZENAL

Orgam do "Centro Anti-Clerical" de Ponta Grossa

Anno I Numero 3

PARANA' BRASIL

Publicado a partir de 1909, em Ponta Grossa (Paraná), por Teixeira Coelho. Órgão do Centro Anticlerical de Ponta Grossa.

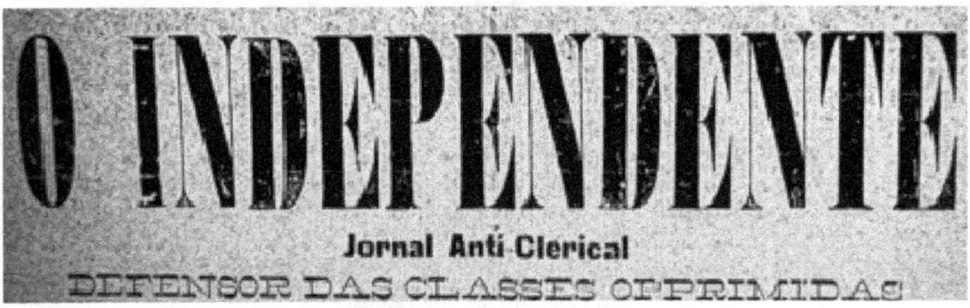

O INDEPENDENTE

Jornal Anti-Clerical

DEFENSOR DAS CLASSES OPPRIMIDAS

Veio a lume em 1909 na cidade do Rio de Janeiro.

BOMBARDA

JORNAL ANTI-CLERICAL

Distribuição gratuita

Esmaguemos o infame! *Voltaire.*

PARANA'—BRAZIL | CORITIBA, 15 DE NOVEMBRO DE 1910 | ANNO 1—No. 1

Jornal surgido em Curitiba (Paraná), em 1910, teve apenas um número publicado.

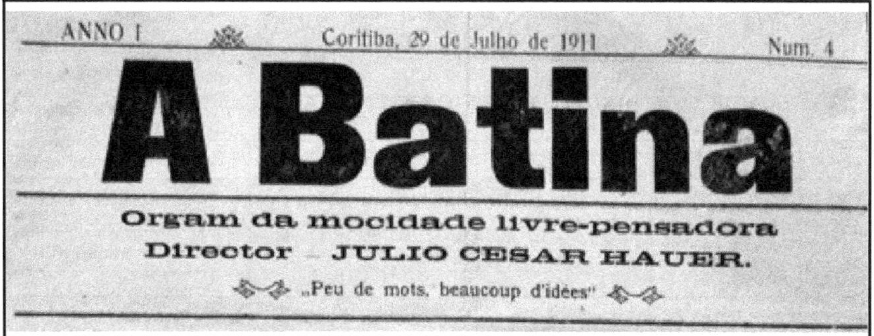

ANNO I — Coritiba, 29 de Julho de 1911 — Num. 4

A Batina

Orgam da mocidade livre-pensadora

Director JULIO CESAR HAUER.

„Peu de mots, beaucoup d'idées"

Publicado a partir de 1911, em Curitiba (Paraná). Tiragem de 4 edições.

Anexo 12

Periódicos engajados na propaganda anticlerical (1901-1934)

Ano	Jornal	Cidade	Responsável	Entidade
1901-1935	*A Lanterna*	São Paulo-SP	Benjamim Mota (1ª fase), Edgard Leuenroth (2ª e 3ª fases)	Liga Anticlerical de São Paulo (apenas no transcurso de 1901)
1901-1903	*Electra*	Curitiba-PR	Generoso Borges, Ismael Martins, Euclides Bandeira, Leite Júnior	Liga Anticlerical Paranaense
1901	*A Verdade*	Ponta Negra-RJ	Sylvio Lopes	Liga Anticlerical do Estado do Rio de Janeiro
1902	*A Granada*	Brotas-SP		
1902	*O Azorrague*	Curitiba-PR		
1902	*Lucifero*	São Paulo-SP	Angelo Bandoni	
1903-1914	*O Livre Pensador*	São Paulo-SP	Everardo Dias, Eugênio Gastaldetti, Isidoro Diego	
1903	*A Voz do Dever*	Curitiba-PR	Gigi Damiani, José Buzetti	Grupo Homens Livres
1903	*O Liberal*	Paranaguá-PR	Mariano Junior; Octaviano Branco	
1903	*A Reacção*	Antonina-PR	Julio Pernetta	
1903	*Verdade*	Florianópolis-SC	Pedro Maria Trompowsky Taulois	
1903	*La Veritá*	São Paulo-SP		
1904	*O Despertar*	Curitiba-PR	Gigi Damiani, J. Buzetti	Grupo Homens Livres
1904	*A Lanterninha*	Ribeirãosinho-SP		
1904	*14 de Julho*	Curitiba-PR	Gigi Damiani, J. Buzetti	Grupo Homens Livres
1905	*A Vanguarda*	Curitiba-PR	José Guahyba, Savino Gasparini, Raul Gomes, Albino Silva	Centro da Mocidade Livre Pensadora
1905	*Anticlerical*	São Paulo-SP	Cristovão Torres	
1905	*A Canalha*	Recife-PE		
1907	*O Combate*	Curitiba-PR		
1907-1911	*Lúcifer*	Porto Alegre-RS	Franco Carmelo Longo, Antonio Ghirotti	
1908	*A Batalha*	Porto Alegre-RS	Selistre de Campos	

1908	*O Demolidor*	Fortaleza-CE	Joaquim Pimenta, Pedro Augusto Motta	Liga Contra os Frades
1908	*O Escalpello*	Ponta Grossa-PR		
1908	*Avante*	Rio de Janeiro-RJ		
1908	*A Bomba*	São Paulo-SP	Villalva Junior	
1908	*O Grito*	Salvador-BA		Liga Anticlerical da Bahia
1909	*O Independente*	Rio de Janeiro-RJ		
1909	*O Anticlerical*	Ponta Grossa-PR		
1909-1914	*A Reacção*	Cuiabá-MT		Liga Mato-Grossense dos Livres Pensadores
1910	*A Bombarda*	Curitiba-PR		
1911	*A Batina*	Curitiba-PR		Centro da Mocidade Livre Pensadora
1911	*A Verdade*	Porto Alegre-RS		Liga Anticlerical de Porto Alegre; Centro Acadêmico Racionalista (a partir do nº 5).
1911	*A Evolução*	Ribeirão Preto -SP	Rubens Beltrão	
1911	*A Reacção*	Livramento-RS	Athos Saldanha, Gelon Santanna	
1911	*A Verdade*	Rio Claro-SP	Ruben Faro, David Filho, Belmiro Porto	
1911	*O Cometa*	Bebedouro-SP		Liga Anticlerical Bebedourense
1911	*O Protesto*	Rio Grande-RS	Venâncio Zamora	
1911-1918	*O Clarão*	Florianópolis-SC	Chrysanto Eloy de Medeiros	
1912-1914	*Lúmen*	Pelotas-RS		
1912	*A Evolução*	São Luiz do Maranhão-MA		
1912	*O Liberal*	Guaratinguetá-SP	Jesuíno Ramos	
1913	*O Binóculo*	Paranaguá-PR		
1913	*O Livre Pensador*	São Paulo-SP	Jorge N. Haddad	
1914	*Rebate*	Maceió-AL		Grupo Anticlerical
1916	*Reação*	Santa Maria-RS	Walter Jobim, Cícero Barreto	
1920-1922	*Revista Liberal*	Porto Alegre-RS	Polidoro Santos	

1928	*Emancipação*	Bagé-RS	Cecílio dos Santos, Venâncio Pastorini	Grupo Cultural dos Livres Pensadores
1931	*O Facho*	Uruguaiana-SP	Clodomiro Garcia	
1931	*Tribuna Liberal*	Jaboticabal-SP	Francisco B. Marino	
1932	*Reflexos*	Livramento-RS		
1933	*Reacção*	João Pessoa-PB		Órgão da Liga Pró-Estado Leigo
1933	*A Voz da Egreja*	Bauru-SP	Carlos Gewe	Liga Anticlerical Marquês de Pombal
1933	*Liberdade*	Sul de Minas-Machado	Urbano Rebelo	
1933	*O Anticlerical*	São Luiz do Maranhão-MA	Byron de Freitas, Abdegard Brasil Correia	
1934	*O Rebate*	Corumbá-MT		
1934	*O Echo*	Jaboticabal-SP		Movimento Pró-Estado Leigo

Anexo 13

Grupos editores de propaganda anticlerical e antirreligiosa no Brasil (1904-1921)

Editor	Título do opúsculo	Autor	Ano
O Livre Pensador (SP)	*Código dos Jesuítas*	s. autor	1904
Grupo Libertário Germinal (SP)	*A Peste Religiosa*	John Most	1907
Aurora e Libertas (SP)	*O Evangelho da Hora*	Paul Berthelot	1911
A Lanterna (SP)	*A Confissão*	s. autor	1911
A Lanterna (SP)	*Noli me Tangere (o paiz dos frades)*	José Rizal	1912
Grupo Dramático Anticlerical (RJ)	*A Confissão*	s. autor	1913
O Livre Pensador (SP)	*Mensageiro da Morte*	José Augusto de Castro	1914
O Livre Pensador (SP)	*O Livro da Verdade* (primeiro volume)	I. A. Betoldi	1914
O Livre Pensador (SP)	*O Milagre de Frei Lourenço*	Francisco Fagundes Lima	1915
Liga Anticlerical do Rio de Janeiro (RJ)	*A Internacional Negra*	Fábio Luz	1919
Centro Editor Juventude do Futuro (SP)	*O Pecado de Simonia*	Neno Vasco	1920
Grupo Editor de Obras Sociais Neno Vasco (SP)	*O Evangelho da Hora*	Paul Berthelot	1920
Comitê Pró-Presos e Deportados (SP)	*A Peste Religiosa*	"João" Most	1921

Anexo 14

Alguns dos folhetins anticlericais publicados na imprensa durante a Primeira República

Título do Folhetim	**Autor**	**Ano de Início**	**Periódico**
O Padre, a Mulher e o Confessionário	Ex-padre Chiniqui	1898	O Rebate (SP)
Electra	Benito Pérez Galdós	1901	Gazeta de Notícias (RJ)
Noli me Tangere (O País dos Frades)	José Rizal	1903	*A Lanterna* (SP)
O Crime de Olavarría (episódios da vida de um padre)	José Sarzedas	1903	O Livre Pensador (SP)
O Celibato dos Padres (novela livre-pensadora)	Francisco Gicca	1905	O Livre Pensador (SP)
A Morte dos Deuses (romance de Juliano o apóstata)	Dmitry de Merejkowsky	1905	O Livre Pensador (SP)
A Catedral	Vicente Blasco Ibanez	1907	Semana Operária (RJ)
Abutres	Roberto Faria	1908	O Livre Pensador (SP)
O "Asno" na Lua	Goliardo e Ratalanga	1909	*A Lanterna* (SP)
O Jubileu	Avelino Fóscolo	1909	*A Lanterna* (SP)
História dos Papas	Maurice Lachatre	1909	O Anticlerical (PR)
A Cruz de Cedro (romance paulista)	Antonio Joaquim da Rosa	1910	*A Lanterna* (SP)
Noli me Tangere (O País dos Frades)	José Rizal	1911	*A Lanterna* (SP)
Cavaleiro de La Barre (grande romance histórico)	Miguel Zevaco	1912	*A Lanterna* (SP)
A Filha do Catedral (novela histórica)	Felix Guzzoni	1912	O Livre Pensador (SP)
No Circo	Avelino Fóscolo	1913	*A Lanterna* (SP)
Os Comuneiros	Carlos Malato	1914	*A Lanterna* (SP)
Abutres	Roberto Faria	1914	A Reacção (MT)
As Memórias de Judas	Petrucelli Della Gattina	1915	O Livre Pensador (SP)
O Evangelho da Hora	Paul Berthelot	1925	O Syndicalista (RS)

Anexo 15

Algumas peças de teatro utilizadas como propaganda anticlerical[21]

Título	Autor
O Fuzilamento de Ferrer	Carlos Dias
O Mártir de Montjuich	Santos Barbosa
Os Mistérios da Inquisição na Espanha	s. autor
Giordano Bruno	Moro Mori
Os Ladrões da Honra	Henrique Peixoto
Deus e a Natureza	Arthur Rocha
Sua Santidade	Aristóteles Feliciano de Andrade Silva
Francisco Ferrer	Pierre Quiroulle
O Exemplo	Cezar Mendes
Cristo da Agonia	Pedro Ercomillo
O Tio Padre	s. autor
Na Catedral (baseada na obra de Ibáñez)	Ítalo Benesse
O Dever	Joaquim Alves Torres
A Morte Civil	Paulo Giacometti
Natal	Neno Vasco e Benjamim Mota
Elvira, a Monja	Nathanael Pereira
Galileu Galilei	s. autor
A Tomada de Bastilha	Salvador Marques
Santa Inquisição (baseada na obra de Júlio Dantas)	s. autor
Os Filhos da Canalha	Joaquim Nunes
Os Milagres de Santo Antônio	s. autor
Treva e Luz	Luiz de Azevedo Marques
A Casa dos Milagres	s. autor
Dall'Ombra al Sole	Libero Pilotto

21 Quadro elaborado a partir de VARGAS, Maria Thereza (coord.). *Teatro operário na cidade de São Paulo*. São Paulo: Secretaria Municipal de Cultura; Departamento de Informação e Documentação Artística; Centro de Pesquisa de Arte Brasileira, 1980; VARGAS, Maria Thereza (org.). *Antologia do teatro anarquista*. São Paulo: WMF Martins Fontes, 2009; RODRIGUES, Edgar. *O anarquismo na escola, no teatro, na poesia*. Rio de Janeiro: Achiamé, 1992; *CADERNOS AEL* – Vol 1: *Operários e anarquistas fazendo teatro*. Campinas: Arquivo Edgard Leuenroth, 1992.

Marquês de Pombal	Cézar Perini de Luca
A Fome	s. autor
Vozes do Céu	Souza Passos

Anexo 16

Associações anticlericais/livres-pensadoras surgidas entre 1899-1934[22]

Ano	Associação	Responsável	Cidade	UF
1899-1903	Liga Anticlerical de São Paulo	Benjamim Mota	São Paulo	SP
1901-1906	Liga Anticlerical Paranaense	Generoso Borges, Ismael Martins, Euclides Bandeira.	Curitiba	PR
1901-1903	Liga Anticlerical Guarapuavana	Antônio M. da Silva	Guarapuava	PR
1901	Liga Anticlerical do Estado do Rio de Janeiro		Ponta Negra	RJ
1902	Liga Anticlerical Rio-Negrense		Rio Negro	PR
1902	União Anticlerical			PR
1903	Liga Anticlerical de Jundiaí	Manuel José da Fonseca	Jundiaí	SP
1903	Sociedade Anônima *A Lanterna*	Luiz A. De Peixoto, Benjamim Mota, Ludgero de Souza	São Paulo	SP
1903	Liga Anticlerical Filhos da Fé	Alcides Silva, Solano Keinert	Guarapuava	PR
1903	Mocidade Anticlerical		Pelotas	RS
1903-1904	Grupo Homens Livres	Gigi Damiani, J. Buzetti	Curitiba	PR
1904	Grupo Livre Pensador	Antonio Piccarolo, Benjamim Mota, Ricardo Figueiredo	São Paulo	SP
1905-1906	Centro da Mocidade Livre Pensadora	José Guahyba, Savino Gasparini, Raul Gomes, Albino Silva	Curitiba	PR
1906	Liga Anticlerical Intransigente	Everardo Dias, Ricardo Figueiredo, Isidoro Diego, Germain Celestin.	São Paulo	SP
1906	Grupo Livre Pensador Espanhol	Fernando Lozano	Ribeirão Preto	SP
1906	Grupo Editor Livre Pensamento	Everardo Dias, Eugênio Gastaldetti	São Paulo	SP
1906	Sociedade dos Livres Pensadores		São Paulo	SP
1908	Centro Livre Pensador	Carlos Alberto Teixeira Coelho, Hugo Reis, Gigi Damiani.	Ponta Grossa	PR
1908	Liga Contra os Frades	Joaquim Pimenta, Pedro Augusto Motta	Fortaleza	CE
1908	Centro Anticlerical	Carlos Alberto Teixeira Coelho, Gigi Damiani.	Ponta Grossa	PR

22 Relação elaborada a partir da coleção de *A Lanterna* (1901-1935).

1908-1912	Liga Anticlerical Paraense	Barão do Triunfo	Belém	PA
1908-1911	Associação do Livre Pensamento	Everardo Dias, Raphael Noschese, Antonio Moreira da Silva	São Paulo	SP
1909-1914	Associação Feminil Livre Pensadora	Maria José da Costa Faria, Esther Silva, Rita Estrella Moreira, Dalila Darcanchy, Marietta Pernetta, Alda Silva, Jandyra Faria.	Curitiba	PR
1909	Círculo Anticlerical		Jundiaí	SP
1909	Associação Livre Pensadora	Bolivar Barbosa	Porto Alegre	RS
1909-1911	Liga Anticlerical da Bahia	Benvenuto Carneiro (major), Elísio José Medeiros, Américo Chamusca.	Salvador	BA
1909-1914.	Liga Mato-Grossense de Livres Pensadores	Ovídio de Paula Corrêa, Octavio Pitaluga, Possydonio Pereira Cuyabano	Cuiabá	MT
1910	Liga Anticlerical Brasileira	Edgard Leuenroth, Benjamim Mota	São Paulo	SP
1910	Liga do Livre Pensamento	Luiz La Scala, Saturnino Barbosa, Eladio Antunhas, Jorge Guimarães	Santos	SP
1910	Liga Anticlerical		São Vicente	SP
1910	Liga Anticlerical		Maceió	AL
1910	Círculo Anticlerical	Manuel José da Fonseca	Jundiaí	SP
1910	Liga Anticlerical de Porto Alegre	Paulo Laborth, Carlos Cavaco, Valdomiro Padilha	Porto Alegre	RS
1910	Círculo Anticlerical Francisco Ferrer	José Mingossa	Jardinópolis	SP
1910	Liga de Livres Pensadores		Corumbá	MT
1910-1913	Liga Anticlerical de Maceió		Maceió	AL
1911-1933	Liga Anticlerical do Rio de Janeiro	Carlos Augusto de Lacerda, Amilcar Boni, Maximiano de Macedo, Estevão Boni, Manuel Herculano dos Santos etc.	Rio de Janeiro	RJ
1911	Liga do Livre Pensamento		São Carlos	SP
1911	Liga do Livre Pensamento	Joaquim Alfredo Fernandes, Fabrício de Castro Diniz, Manoel Gonçalves da Rocha	São Luís do Maranhão	MA
1911	Liga Anticlerical de São Paulo	Benjamim Mota, Oreste Ristori, Passos Cunha, Gustavo Fischer	São Paulo	SP

1911	Círculo Anticlerical		São Carlos	SP
1911	Liga Anticlerical Bebedourense		Bebedouro	SP
1911	Associação Anticlerical 24 de Fevereiro	João Marcilio	Campinas	SP
1911	Liga Anticlerical e Livre Pensadora	Jonas de Toledo Ramos, Arthur Arantes (major). Annibal Jardim (tenente), João Pontes.	Batatais	SP
1911	Liga do Livre Pensamento	João Chrispim	São Vicente	SP
1911	Centro Acadêmico Racionalista		Porto Alegre	RS
1911	Liga Anticlerical de Juiz de Fora	Antonio Justiniano Brastos	Juiz de Fora	MG
1911	Centro Livre Pensador do Paraná	Carlos Alberto Teixeira Coelho	Curitiba	PR
1911	Liga Anticlerical		Guaratinguetá	SP
1911-1921	União dos Livres Pensadores	Vírgilio Rabello	São Carlos	SP
1911-1914	Liga Anticlerical da Cidade de Prata	Tollendal Bittencourt, Janetto Felloni	Cidade de Prata	MG
1912	Liga Contra o Confessionário	Barão do Triunfo	Belém	PA
1912	Clube Anticlerical Amargosense		Amargosa	BA
1912	Grupo Rosariense de Livres Pensadores	Manuel Pereira Cuyabano, Generoso Corrêa	Rosário do Oeste	MT
1912	Liga Anticlerical de Niterói		Niterói	RJ
1912	Grupo Operário Anticlerical	João Louzada	Ponta do Caju	RJ
1912	Centro do Livre Pensamento		Bauru	SP
1913	Liga Anticlerical de Porto Alegre		Porto Alegre	RS
1913-1917	Liga Anticlerical de Pernambuco	Elpidio Brazil, Samuel Gomes da Silva, Oscar Cavalcanti, Carlos Passos	Recife	PE
1913	Liga Anticlerical de Belo Horizonte	Aquilino Cendon	Belo Horizonte	MG
1913	Liga do Livre Pensamento		Sete Lagoas	MG
1913-1914	Centro de Livres Pensadores Francisco Ferrer	Adolfo Silveira, Benedito Peixoto de Matos, Aureliano Silveira	Curitiba	PR
1913	Grupo Anticlerical de Maceió	Arsênio Lanuza	Maceió	AL
1914	Liga dos Livres Pensadores		Rosário Oeste	MT
1915	União do Livre Pensamento		Rio de Janeiro	RJ
1928-1929	Grupo Cultural dos Livres Pensadores	Sebastião Lamotte, Francisco Fernandes	Bagé	RS
1930	Liga Brasileira de Livre Pensamento		São Paulo	SP
1931	Associação de Propaganda Liberal	Everardo Dias	São Paulo	SP

1931	Comitê Central Pró-Liberdade de Consciência	Carlos Frederico de Mesquita, Menna Barreto Jaime	Porto Alegre	RS
1931	Legião Feminina Pró-Liberdade de Consciência		Porto Alegre	RS
1931	Coligação Nacional Pró-Estado Leigo	Lins de Vasconcelos, José Oiticica	Rio de Janeiro	RJ
1931	Liga Paulista Pró-Estado Leigo	Augusto Militão Pacheco, Couto Esher, Edgard Leuenroth	São Paulo	SP
1931-1934	Liga Baiana Pró-Estado Leigo	Francisco Ferreira Gomes, João Lino da Rocha, Francisco Fontes Torres	Salvador	BA
1931	Comitê Pró-Liberdade de Consciência	Francisco Neves, Martin Garcia, José Nunes, Florentino de Carvalho, Ângelo Las Heras, Diogo Gimenez	São Paulo	SP
1931	Liga Mineira Pró-Estado Leigo	Álvaro Cavalcanti de Oliveira	Belo Horizonte	MG
1931	Comitê Pró-Liberdade de Consciência		Cruz Alta	RS
1931	Liga Paranaense Pró-Estado Leigo		Curitiba	PR
1931	Comitê Pró-Liberdade de Consciência		Campinas	SP
1931	Comitê Pró-Liberdade de Consciência		Pelotas	RS
1932	Liga Fluminense Pró-Estado Leigo		Rio de Janeiro	RJ
1933	Liga Paraibana Pró-Estado Leigo		João Pessoa	PB
1933	Liga Anticlerical Maranhense		São Luiz do Maranhão	MA
1933-1935	Liga Anticlerical de Campinas	Attilio Pessagno, Virgílio Pessagno	Campinas	SP
1933	Liga das Consciências Livres		Fortaleza	CE
1933	Liga Anticlerical Marquês de Pombal	Carlos Gewe	Bauru	SP
1933	Liga Pró-Estado Leigo	Vidal de Oliveira	Livramento	RS
1933	Liga Anticlericalista	Marechal Carlos Frederico de Mesquita, Manoel Rodrigues, Ivan Costa	Porto Alegre	RS
1933	Liga Anticlericalista de Pelotas	Manoel Serafim Gomes de Freitas, Ernane Abreu Martins	Pelotas	RS
1933	Aliança Estudantil Pró-Liberdade de Pensamento	Benjamin Albagni, Almicar Osório	Rio de Janeiro	RJ

1933	Legião Feminina Pró-Estado Leigo	Noêmia Nabinger, Dalmini Passos	Montenegro	RS
1933	Liga Pró-Estado Leigo		Niterói	RJ
1933	Comitê Vila-Velhense Pró-Estado Leigo		Vila Velha	ES
1933	Liga Estudantil de Resistência ao Ensino Religioso nas Escolas		Rio de Janeiro	RJ
1933	Liga Catarinense Pró-Estado Leigo		Florianópolis	SC
1933	Liga Anticlerical de Santos	Aníbal Silva, Antonio Loureiro	Santos	SP
1933	Liga Anticlericalista	Nodgi Brigido, Eliezer Solon, Dráurio Barreira Cravo	Quixadá	CE
1933	Liga Anticlerical		Olímpia	SP
1933	Liga Anticlerical de Campos		Campos de Goytacazes	RJ
1933	Liga Ação do Pensamento Livre	Nilo Câmara, Metódio Maranhão	Recife	PE
1934	Grupo Anticlerical ("partido")		São Paulo	SP
1934	Liga Anticlerical de Sorocaba		Sorocaba	SP
1934	Liga Anticlerical de Recife		Recife	PE
1934	Liga Universitária Pró-Estado Leigo		Salvador	BA
1934	Movimento Pró-Estado Leigo		Jaboticabal	SP
1934	Liga Maranhense Pró-Estado Leigo		São Luís do Maranhão	MA
1934	Liga Alagoana pelo Livre Pensamento	Manoel Zeferino dos Santos, Alfredo Uchôa	Maceió	AL
1934	Liga Anticlerical	Leonardo Severino, Teodoro Rodas, Ricardo Imaregna, João Carlos de Souza, Silvério Severino	Monte Azul	SP
1934	Liga Anticlerical		Teresina	PI
1935	Liga Laica		Porto Alegre	RS

Anexo 17

Algumas das conferências de Belén de Sárraga no Estado de São Paulo (1911)[23]

Data	Tema	Local
27/04	*Religião e Livre Pensamento*	Teatro São Pedro (São Paulo)
29/04	*A Igreja e a Família*	Teatro São Pedro (São Paulo)
12/05	*A Missão da Mulher*	Teatro Carlos Gomes (Bragança)
14/05	*A Mulher e a Religião*	Teatro Carlos Gomes (Campinas)
17/05	*A Família e a Educação Social*	Cine Rink (Campinas)
18/05	*O Livre Pensamento em Geral*	Teatro São José (Jundiaí)
21/05	*Frente ao Passado*	Teatro Municipal (Rio Claro)
22/05	*A Mulher e a Igreja*	Teatro Municipal (Rio Claro)
27/05	*Os Jesuítas e o Porvir da América*	Teatro de Variedades (Amparo)
11/06	*O Trabalho e a Igreja*	Teatro Carlos Gomes (Ribeirão Preto)
13/06	*Jesus e seus Sucessores*	Teatro Municipal (Batatais)
12/07	*Religião e Moral*	Teatro São Carlos (São Carlos)
13/07	*A Religião e a Família*	Teatro São Carlos (São Carlos)
24/07	*Religião e Livre Pensamento*	Iris Theatre (Araraquara)
24/07	*A Razão frente ao Dogma*	Teatro São Carlos (São Carlos)
25/07	*A Mulher e a Religião*	Iris Theatre (Araraquara)
25/07	*O Problema da Educação*	Teatro São Carlos (São Carlos)
26/07	*A Missão da Mulher*	Iris Theatre (Araraquara)

23 Fonte: *O Estado de S. Paulo*, 28 de abril de 1911, p. 8; 13 de maio de 1911, p. 5; 15 de maio de 1911, p. 4; 18 de maio de 1911, p. 5-6; 22 de maio de 1911, p. 6; 27 de maio de 1911, p. 5; 12 de junho de 1911, p. 5; 15 de junho de 1911, p. 5; 13 de julho de 1911, p. 5; 25 de julho de 1911, p. 4; 27 de julho de 1911, p. 4.

Agradecimentos

Este trabalho, originalmente concebido como tese de doutorado desenvolvida no Programa de Pós-Graduação em História da Universidade Estadual de Campinas (UNICAMP), tornou-se possível devido à colaboração de muitas pessoas, que de forma direta ou indireta prestaram algum tipo de auxílio a este peregrino que vos escreve. Nesse sentido, como frisou o escritor Érico Veríssimo: "quem caminha sozinho pode até chegar mais rápido, mas aquele que vai acompanhado, com certeza vai mais longe".

Deveras, não são poucos os nomes e lugares que fizeram parte desta caminhada. Desse modo, sou grato à figura solícita do professor Fernando Teixeira da Silva, ora pela paciente orientação, ora pelas leituras atentas, bem como pelo incentivo para a publicação deste trabalho. Ademais, aos professores Claudio Batalha, Rodrigo Camargo de Godoi, Luigi Biondi e José D'Assunção Barros que realizaram importantes intervenções e sugestões, algumas das quais, talvez, não seguidas à altura.

Ao Arquivo Edgard Leuenroth (Campinas-SP); à Biblioteca Octávio Ianni do Instituto de Filosofia e Ciências Humanas - IFCH (Campinas-SP); à Biblioteca Pública do Estado de Santa Catarina - Setor da Hemeroteca Catarinense (Florianópolis); à Elizeth, do Instituto Neo-Pitagórico (Curitiba-PR); à Lucimara, do Círculo de Estudos Bandeirantes (Curitiba-PR); à Denis Soares da Silva, do Arquivo Público Mineiro (Belo Horizonte); a Biblioteca Pública do Paraná - Divisão de Documentação Paranaense (Curitiba); ao Museu de Comunicação do Paraná (Curitiba); ao Arquivo Público do Estado de São Paulo; ao Instituto Histórico e Geográfico do Paraná (Curitiba); ao Centro de Documentação e Memória - CEDEM/UNESP (São Paulo); à Cesar Augusto P. Rago, do Grande Oriente de

São Paulo; à Sérgio Roberto dos Santos, da Sociedade Brasileira de Autores Teatrais (Rio de Janeiro) e ao Centro de Cultura Social (São Paulo).

Registro o apoio incondicional da minha família: Antonio e Zenilda, meus pais, Luana e Laís, minhas irmãs.

Sou grato ainda a Milton Lopes, Márcio Tomaz, Alex Brito, Robledo Mendes, Rogério Nascimento, Gualtiero Marini, Allyson Bruno, Adelaide Gonçalves, João Batista Marçal, Michael Hall, Hiran Luiz Zoccoli, Alexandre Samis, Rogério Carvalho, Rodrigo Cruz Gagliano, Marineiva Silvestrini, Débora Truppel, Polyana Ferraz de Oliveira, Adão Guedes, Marcelo Ribeiro, Felipe Souza, Gustavo Henrique, Sol Biscouto Fressato, Michel Goulart da Silva, Paula Nomelini, Tânia Braga Garcia, Caio Graco, Juliano Gonçalves Silva, Camila Silvestrini, Ângelo Nanni, Ana Maria Dropa, Simone Rangel, Alexandre Hecker, Roberto Corrêa dos Santos, Daniel Gomes Hatamoto (Secretaria da Pós-Graduação - IFCH/Unicamp), Eduardo Ruvalcaba Burgoa (da Biblioteca Daniel Cosío Villegas - Cidade do México), Franco Savarino (México), Alcidez Rodríguez (Argentina), Roberto Di Stefano (Argentina), Susana Monreal (Uruguai), Manuel Bivar (Portugal) e Luís Machado de Abreu (Portugal).

Por fim, à CAPES pelo auxílio que financiou parte desta pesquisa e tornou possível sua publicação em livro, assim como ao Programa de Pós-Graduação em História da UNICAMP pelo amparo prestado em indispensáveis saídas de campo pelos arquivos de São Paulo, tal como pela viabilização desta publicação. Ademais, que conste nos autos o pedido de desculpas por eventuais omissões.

Alameda nas redes sociais:

Site: www.alamedaeditorial.com.br
Facebook.com/alamedaeditorial/
Twitter.com/editoraalameda
Instagram.com/editora_alameda/

Esta obra foi impressa em São Paulo na primavera de 2020. No texto foi utilizada a fonte Minion Pro em corpo 10,5 e entrelinha de 15,5 pontos.